盤古大傳

李亞東　著

昌明文化

目　　錄

自　序

　　中國是世界四大文明古國之一，我們偉大的中華民族是世界上最古老的民族之一。因而像古印度、古巴比倫、古埃及三個文明古國一樣，中國古代也有著豐富的神話。

　　神話是什麼？馬克思說它是「在人民幻想中經過不自覺的藝術方式所加工過的自然和社會形態」。拉法格說它「既不是騙子的謊言，也不是無謂的想像的產物，而是人類思想的朴素的和自發的形式之一。只有當我們猜中了這些神話對於原始人和它們在許多世紀以來，喪失掉了的那種意義的時候，我們才能理解人類的童年」。這就是說，神話是基於社會生活的藝術誇張與渲染，並夾雜著空想與幻想，但也或多或少地反映著歷史的影像，然而它不太可能轉化為歷史。

　　但令人遺憾的是，我國古代豐富的神話到了後來大部分散失了，只保留下來一些零星的片斷，東一處西一處地分散在古人的著作裡。不僅毫無系統條理，而且充滿矛盾之處，因而不能與相當完整地保存下來的古希臘和印度神話相比美。對此，我國近代大學者沈雁冰早在其〈中國神話研究〉一文中，就深有感觸地說過：「中國神話不但一向沒有集成專書，並且散於古書的，亦復非常零碎，所以我們若想整理出一部中國神話來，是極難的。」正是由於這難作梗，直到今日我

1

國古代神話仍然沒有一部系統的史詩性的作品問世。

對於我國古代神話沒有系統的史詩性作品問世，我認為主要是由兩個原因造成的。一是由於歷史學家從古代神話中探求史前傳說時代的歷史，從其矛盾不一中推出結論說，傳說時代我們中華民族存在著數個部族集團，我國古代本來就零碎不一的神話個個歸屬於不同的部族集團。從而使得我國古代本來就零碎不一的神話更加零碎不一，形成不了系統。二是或許因為我國古代神話大部分散失造成了斷代，加之流傳中在不同的地域之上和不同時代的人群中造成了錯舛；也或許是我國傳說時代的歷史恰被歷史學家們的結論言中，在那時的華夏大地上確實存在著數個部族集團，各個部族集團傳說著不同的自己的神話，造成了我國古代神話的無法系統，無以條理，合則矛盾百出，分則肢離破碎。因此，造詣精深的學者深諳此點，不去系統；學力不足的凡夫雖苦破碎，卻不敢系統。由此，使得我國古代神話一直沒有系統的史詩性作品問世。

作者不量學識淺薄，斗膽試圖將中國古代神話進行系統，寫出一部試探性的系統的史詩性中國古代神話系列小說的預謀，最初萌生於在北京大學做學生之時。那時，作者在學習中對中國古代神話產生了濃厚的興趣，便想搜求一些系統的神話作品閱讀。但正如沈雁冰先生所說，無奈遍求無有系統之書，有的僅是隻言片語的傳說記載，而且個個不一，懸殊甚巨；自相矛盾，支離破碎；互不聯貫，不成體系。於是，作者便斗膽不量學力，「初生牛犢不怕虎」地萌生了寫作一部系統的古代神話作品，以補我國缺乏史前這一史詩性作品的天真稚幼的奇想。但由於寫作此書工程浩大，學識不足，力不勝任，末了只有望而卻步。

一晃擱置數載，1984 年至 1985 年作者在寫作《少林寺演義》一

書時，寫作系統神話作品的奇想又像心藏玉兔，在懷中不時咚咚撞動起來。與此同時，進一步萌生了這樣的想法：把《少》稿寫成現實主義的，把《神》稿寫成浪漫主義的；雙雙結構相因，篇幅相似，手法迴異，並蒂出書。後來仔細閱讀上海文化出版社 1955 年版《中國上古史演義》，與浙江文藝出版社 1985 年版《上古神話演義》，看到前書注重用辯證唯物主義講神話，後書篇幅浩大內容豐富；但覺得前書沒有了神話色彩，後書不適合今人閱讀口味。為此，決計取前人之長，開闢新的路徑，寫出一部系統的適合今人閱讀口味的浪漫主義的古代神話作品來。但具體行動起來，究竟如何系統神話，怎樣落筆，寫成什麼樣子等一系列難題，便一齊擋在了作者面前。加之日常工作繁忙，出版界不景氣和黃潮的氾濫衝擊，給作者在對上述難題躊躇不決之外又加上了信心動搖，因而再次把寫作此書擱置下來。

克服寫作困難需要來自作者內心或者外部的巨大壓力，今天正是這樣的巨大壓力使作者重新構劃出了書的整體構架：變原來設想的一體結構為系列結構，但分為系列合則仍為一體。即系列中的每一部都可單獨成為有機的整體，又可合起來成為一個有機統一的大整體。並通過長期地認真探索和艱苦地寫作努力，終於先後陸續寫出了這個系列的八卷書稿。今天這個系列的八卷中的首卷《盤古開天地》，已經呈現在了讀者面前；隨後，這個系列的後七卷書稿也將陸續與讀者見面。《盤》書的問世，可以說是初步實現了作者藏之于心十餘載的殷殷夙願；但至於它的成敗得失，作者卻不敢妄議，只有請最具權威的作者的「上帝」廣大的讀者，去評說裁決了。

一個人有高興的時候，也有愁苦的時候。當其高興之時對於一件困難的事情可以奮起去做好；當其愁苦之時，對於一件困難的事情不僅會同樣而且可能會更加奮起去做好。這「高興」就是「起升」，這

「愁苦」就是「跌落」；其起升與跌落的差距即落差越大，就越有可能建樹起大功大德。即所謂只有身經波濤跌宕、大起大落、大難不死之人，方可建樹起卓著千古的大功大德。如果一個人一生中沒有大高興或大愁苦，一直處於風平浪靜不起不落的中間狀態，那麼他就必然只能成為平平庸庸的俗流之輩，絕對建樹不起大功大德。

正因為這樣，我們可以概括地說，一部人類社會發展的歷史，便是歷朝歷代身經大起大落之人的歷史。功是他們的功，德是他們的德。對此，我國漢代大學者司馬遷，早就在其著名的＜報任安書＞中做出了深刻精闢的論述。他寫道：「古者富貴而名磨滅，不可勝記，唯倜儻非常之人稱焉。蓋文王拘，而演《周易》；仲尼厄，而作《春秋》；屈原放逐，乃賦《離騷》；左丘失明，厥有《國語》；孫子臏腳，兵法修列；不韋遷蜀，世傳《呂覽》；韓非囚秦，《說難》《孤憤》；《詩》三百篇，大底賢聖發憤之所為作也」。至於司馬遷自己，則在他四十七歲之年因替名將李陵戰敗被俘投降匈奴辯解，獲罪下獄受到宮刑的嚴處。司馬遷受此酷刑後心情敗落，心中充滿了無盡的悲苦和怨恨，一日日在世忍辱苟活，「是以腸一日而九回，居則忽忽若有所亡，出則不知其所往。每念斯恥，汗未嘗不發背沾衣也」。為此他發憤著述，終經十餘載辛苦耕耘，寫成了被魯迅先生譽之為「史家之絕唱，無韻之《離騷》」的千古名著《史記》。作者的這部中國古代神話系列小說，對於全社會來說當然不是什麼「大功大德」，亦無所謂功、德可言；更不敢與古代先賢並列，以掠其美；也決無與先賢並列之意，只是為了說明問題。但它對於作者自己來說，卻無疑是樹在自己人生之途上的一通「功德之碑」。至於是「起」是「落」給作者樹立自己的這通小小「功德之碑」帶來的動力，只有作者自己知曉。

做文人不易，出作品更難。記得我對人說過：「出一本書比生養

一個孩子還難。若與生養孩子同時起步開始醞釀寫作一本書，往往孩子養到可讀小學的年齡了，你寫的那本書還沒有問世。」那作品的醞釀構思階段，恰如生養孩子的「十月懷胎」期；那作者書寫作品階段，恰如母親生產時的劇疼和失血；那出版成書期，則恰如數載哺養幼兒期。但是末了，「孩子則是自己的好」，只要自己認可就行；作家的作品則要公之於世，得到全社會公眾的認可方成。因此，寫作品出作品都是殊為不易、艱辛難為的事情。

然而面對此難，作者又大都往往偏偏為殊為不易、艱辛難為而為之！這當然不可排除少數作者「十年不鳴，一鳴驚人；十年不飛，一飛沖天」的名利之舉，但大多數作者則仍如司馬遷在〈報任安書〉中所說：「此人皆意有所鬱結，不得通其道，故述往事，思來者。乃如左丘無目，孫子斷足，終不可用，退而論書策以舒其憤，思垂空文以自見。」他們皆都深知「失去的珍貴」：一時失之交臂，終生必難再求！故而感懷著文，迎難書之。譬如，我國清代大作家曹雪芹就正是為此迎難而寫的。

眾所周知，曹公出生於貴族世家，他的前半生曾在南京和北京歡度過一段「錦衣紈綺」、「飲甘饜肥」的宮庭貴族生活，但到晚年則一下子跌落到了「蓬牖茅椽，繩床瓦灶」、「舉家食粥」的困苦境地。正是在晚年這段跌至社會底層的艱難困苦歲月中，曹公滿懷對自己一生遭際的悲憤，不顧創作過程中的千般艱辛萬盅勞苦，有感而發，隱「味」書中，「滴淚為墨、研血成字」，於「悼紅軒中，披閱十載，增刪五次」，終於寫成了「字字看來都是血，十年辛苦不尋常」的不朽巨著《紅樓夢》。

曹公寫作《紅樓夢》「滴淚為墨，研血成字」，「字字看來都是血」，作者雖不敢把自己的這部拙作與《紅樓夢》相比，同時也絕無相比之

意，而且也根本就無可比性，但作者寫作此書的苦處和艱辛卻都不亞于曹公。這除了有某些因素與曹公之苦相似之外，還因為作者水準低下，因此寫作中比曹公更苦更難。苦也罷，難也罷，作者都要把這部作品寫下去，以讓眾人品評，以給祖國文壇添磚，以拋磚引玉，以望傑構於來朝，以慰作者胸中那顆「滴血成字」的殷殷苦心。

1990 年 5 月 1 日下午於周口

人物簡介

盤古（即渾沌大神） 中央天帝。生得身長萬里，熊身狗頭，原為天宮南天門守門之狗，後來修煉功成變為此形。袖首無七竅，話音渾沌不清，加之其不修邊幅長相邋遢，眾天神以為袖日子過得渾渾沌沌，故諢名其叫「渾沌」，遮掩住了其盤古的大名。盤古雖然相貌渾沌，心地卻十分忠厚誠樸，不僅對玉皇大帝忠心耿耿，而且對眾天神也赤誠相助。眾神都誇讚袖，玉皇大帝也褒獎袖。手使精鐵棍。其身被鑿死後精靈不死，化育成生有七竅的新生神靈。後因開天闢地力竭而死，身體各部化育成天地萬物。

倏 南方天帝。長相如同後來三國時代的關公，不僅神功高強，性格也與之相同，即足智多謀，縝密善斷，堅定正直。只是其身長萬里，四肢皆為生滿龍鱗的龍肢，顯示其為龍體。其為玉皇大帝御前老司時大神的大兒子，對玉皇大帝始終忠心耿耿，恪盡職守，準確司時。對眾天官天將也全都待之以誠，同時主持正義，愛論公道，扶弱抑強，性格和藹可親，為眾天神所敬重。手使煉鋼戟。

忽 北方天帝。倏天帝的親兄弟，生得龍頭龍身，金鱗覆體。

1

其四肢卻為人肢，不為龍形。祂龍面龍眼，龍眼如環。龍嘴開合，猶如巨洞。龍鬚修長，如鞭捲動。心地善良，嫉惡憐弱。魯莽火躁，不善思索。但也粗中藏細，時有謀略。祂身體健壯，神功不弱。生性好鬥，勇武強悍。手使渾天蛇矛。

　　遼　西方天帝。豬身猴首，身長萬里。頭生兩面，一前一後，皆為猴臉。祂生性刁滑詭詐，行事邪惡陰毒。手使乾坤圈。

　　遠　東方天帝。生相邪惡十分，豹身虎頭，身長萬里。頭生虎面，肢為虎肢。遇事魯莽欠思，性格火躁如虎，生性兇猛殘暴。手使陰陽拐。

　　燭龍　倏天帝的一胎雙胞大兒子。長得人臉龍身，赤鱗覆體，身長千里，能夠千變萬化。其本領雖大，卻品行端莊，行事謹慎，嫉惡扶弱，從來不露真相。手使火龍長槍。

　　樸父　崦嵫山鎮山之神。生得人身人面，身長千里。童顏鶴髮，和藹慈善，閱歷深廣。生性誠樸，處世正直，好仗俠義，救助急難。祂夫婦鑄劍有術，為神界鑄劍第一師。手使金童寶劍。

　　樸妻　樸父之妻，性如樸父。手使銀蛇寶劍。

　　巨靈　渾沌之女，燭龍戀神。長得人面桃花，鳳眼櫻唇，玉牙秀髮。身材窈窕，頎長秀美。臀部長有黃鱗龍尾，與人有別。她心地聰慧，細心好學，精通琴棋書畫，般般神功得手。手使鴛鴦連環雙劍。

　　鬼母　蒼梧山鎮山之神。其身龍身，身被銀鱗，長逾千里；頭為

獅頭，邪惡兇猛；足為龍足，剛凶遒勁；眉為蟒眉，陰毒殘忍；目為蛟目，殘光驚魂。生性狡詐殘忍，為神界第一盜賊，有『神偷』之稱。手使玉女劍。

燭陰　燭龍一胎同生小弟，長相與燭龍相去不多。只是其蛇身青綠，且其長度僅有五百餘裡，比燭龍短去一半。除有燭龍諸般本領之外，並獨有潛地行走、燭照九重泉壤陰暗和冰凍宇宙空間的神力。其幼時被倏大神送給忽大神為子，被忽大神寵愛嬌養得生性矯野，心地邪惡。常在天界施惡鬥狠，欺弱淩小，觸犯天規，令忽大神頭疼萬分。手使雙鐧。

一、五帝受封

在天地鴻蒙未開之前的遠古年代，並沒有我們人類今日生存的世界。在我們人類今日賴以生存的世界這個宇宙位置上，是一片空明剔透的無垠空間，即一片在我們人類看來一無所有的空白。宇宙世界中至尊無上的玉皇大帝，率領著眾多的天官天將，坐鎮在縹縹緲緲的巍峨天宮裡，主宰著廣闊無垠的宇宙大世界。

這日，巍峨天宮裡驟然傳出「嗵嗵嗵」三通天鼓聲響，接著響起了「咚咚咚」二十一響天炮之聲。隨著便見四方天官、八路天將，急匆匆踏雲駕霧，離開所居三十三宮七十二殿，齊向坐落在諸宮列殿中心位置的靈霄寶殿風馳電掣般集來。

靈霄寶殿的模樣，與後來的齊天大聖孫悟空所見般般相同，絲毫不改。它金釘攢玉戶，彩鳳舞朱門；複道回廊，處處玲瓏剔透；三簷四簇，層層龍飛鳳翔。上面有個紫巍巍、明晃晃、圓乎乎、亮灼灼的大金葫蘆頂，下面有天妃懸掌扇，玉女捧仙巾。惡狠狠，掌朝的天將；氣昂昂，護駕的仙卿。正中間，琉璃盤內，放許多重重疊疊太乙丹；瑪瑙瓶中，插幾枝彎彎曲曲珊瑚樹。正是天宮異物般般有，人間如它件件無。

靈霄寶殿的門口，正對著天宮的大門是南天門。南天門面南敞

開，碧沉沉，琉璃造就；明晃晃，寶玉妝成。兩邊擺數十員鎮天元帥，一員員頂梁靠柱，持銃擁旄；四下列十數個金甲神人，一個個執戟懸鞭，持刀仗劍。站在外廂看視猶可，入到內廂看視驚人。裡壁廂有幾根大柱，柱子上纏繞著金鱗耀日赤須龍；又有幾座長橋，橋上盤旋著彩羽凌空丹頂鳳。明霞晃晃映天光，碧霧濛濛遮鬥口。

靈霄寶殿周圍，有三十三座天宮七十二重寶殿簇擁。三十三座天宮有遣雲宮、昆沙宮、五明宮、太陽宮、北樂宮……宮宮脊吞金隱獸；七十二重寶殿有朝會殿、凌虛殿、寶光殿、天王殿、靈官殿……殿殿柱列玉麒麟。

靈霄寶殿的左邊是壽星臺，臺上有千年不謝的名花，臺下有萬載常青的秀草。靈霄寶殿的右邊是朝聖樓，樓前絳紗衣，若星辰燦爛；芙蓉冠，似金壁輝煌。玉簪珠履，紫綬金章。金鼓撞動，三曹神表進丹壇；天鼓鳴時，萬聖朝王參玉帝。真個是：金闕銀鑾並紫府，琪花瑤草暨瓊葩。朝王玉兔壇邊過，參聖金烏著底飛。金光萬道滾紅霓，瑞氣千條噴紫霧。天境如幻般般奇，不墮人間一點汙。

靈霄寶殿可非天宮裡的尋常去處，它是玉皇大帝昇朝議事的地方。剛才那陣天鼓震響、天炮轟鳴之聲，便是玉皇大帝召集諸方天官眾路天將入朝議事的號令。因而眾天官天將聞聽號令誰也不敢怠慢，齊出宮離殿風馳電掣般向靈霄寶殿而來。

眾天官天將須臾集齊，祂們便各依位次，天官在左天將在右分列而立。一個個垂首俯目，平心靜氣，恭候玉皇大帝臨朝。這時，偌大的靈霄寶殿之中，天官天將雖眾，卻鴉雀無聲，寂靜得就像一座墳墓，即使有一根繡花銀針掉在地上，也會發出「咣當」一聲巨響，令眾天官天將震驚。

在最前排天官天將的腳下，有一道兩旁麒麟仙鶴護衛的九級金

梯，徑通玉皇大帝寶座所在的高高平臺。坐落在平臺正中玉皇大帝的金鑄寶座，金光燦燦，飛龍走鳳。只是這時玉皇大帝還未臨朝，寶座空空。

在寶座後面的屏風上，鑲嵌著玉皇大帝的巨幅畫像。玉皇大帝端坐在黃金寶座之上，頭戴垂穗帝王冠，身穿金色滾龍袍，腳蹬黃金飛龍履；面如傅粉，慈眉善目，青須飄拂；有千般慈藹，溢萬種親近。在畫像兩旁有一副對聯，上聯是：乾坤造化之源泉；下聯是：宇宙世界之主宰。橫批是：玉皇大帝。

就在這眾天官天將剛剛站定之時，玉皇大帝的御前天官已作前導來到。行至玉皇大帝寶座左前方站定，手中拂塵輕輕一甩，口中喊道：「玉皇大帝駕到，天官天將恭迎！」眾天官天將聞聽，齊朝著玉皇大帝的寶座行起了三跪九叩大禮，口中山呼：「萬歲，萬歲，萬萬歲！」

隨後，但見玉皇大帝邁著款款的步履，在金爪銀旄隆重儀仗的簇擁下，落座在了寶座之上，對眾天官天將道：「眾卿平身！」眾天官天將聽了，才齊起身重又肅立在了左右兩旁，屏心靜待玉皇大帝吩咐。

玉皇大帝這時巡視眾天官天將一遍，見眾天官天將全部到齊。眾天官一個個胸有城府之嚴，心有山川之險，彬彬有禮：太白李金星老當益壯，托塔天王李靖沉穩睿智，左右司時大神倏、忽端站肅立，前後司空大神遼、遠雙目炯炯，掌宮大神盤古即渾沌端莊沉靜……眾天將一個個雄姿勃發，身溢豪氣：二郎神楊戩威武雄壯，韋馱金剛虎背熊腰，二十八宿豪氣橫溢，哪吒小兒躍躍欲試……

玉皇大帝看得心滿意足，這才緩緩道：「朕今日召集眾卿入殿登朝不為別事，只因燭陰小子昨夜心生邪惡，突然搶走朕之御女逃至西北崦嵫山上。當時全賴眾卿之力，擒獲燭陰，並用鎮天鎖將其鎖在了崦嵫山上，使得御女安然無恙。眾卿為救御女各個費心勞神，勞苦功

高。朕今日特昇此朝，以封賞宴饗眾卿。」

眾天官天將聽聞，齊又下跪叩謝道：「謝萬歲聖恩！萬歲，萬萬歲！」

玉皇大帝所說「燭陰小子」非為別個，乃是玉皇大帝御前左司時大神倏的一胎雙胞小兒子。燭陰的雙胞胎哥哥叫燭龍。燭龍長得人臉龍身，赤鱗覆體，身長千里，能夠千變萬化。祂的眼睛凸突如兩枚豎起的橄欖球，合攏後是兩條筆直的縫。

燭龍的本領很大，如果在黑夜祂施法把眼睛一睜，整個宇宙就會變為白天；如果在白天祂施法把眼睛一閉，則又可以把整個宇宙變成黑夜。祂施法口中呼一口氣，就會漫天彤雲密佈，大雪紛飛，成為嚴冬；祂施法口中吸一口氣，馬上又會赤日炎炎，流金鑠石，變成炎夏；祂施法連續呼吸，宇宙間就將長風萬里，滾石拔樹，眾神退避。

燭龍不僅本領高強，而且品行端莊。祂行事謹慎，嫉惡扶弱，且從來不露真相。為了防止自己不慎本領露出造成禍害，燭龍經常蜷伏不動，不吃不喝，不睡覺也不呼吸。

燭陰與燭龍一胎同生，因而長的模樣相去不多。只是燭陰蛇身青綠，且其長度僅有五百餘裡，比其哥哥燭龍短去一半，成為區分其兄弟的標誌。燭陰雖然比燭龍身體短去一半，其本領卻比燭龍還大。祂除去身懷燭龍的諸般本領之外，還獨有一身潛地行走、燭照九重泉壤陰暗和冰凍宇宙空間的神力。

燭陰與燭龍雖然同為左司時大神倏生養，其如今的父親卻不是倏，而是玉皇大帝御前的右司時大神忽。倏、忽二神皆為玉皇大帝御前老司時大神的兒子，老司時大神死後祂兄弟子襲父爵，被玉皇大帝敕封成了左、右司時大神。

倏、忽二神皆懷勝過燭龍數倍的高強神功，但祂二神對玉皇大

帝始終忠心耿耿，恪盡職守，準確司時。對眾天官天將也全都待之以誠，同時主持正義，愛論公道，扶弱抑強，因而雙雙皆為眾天神所敬重。但是忽大神美中不足的是未生貴子，倏大神恰得雙胞兒子，便將小兒子燭陰送給忽大神為子。

忽大神得到燭陰為子心喜百倍，對之千般寵愛，萬般嬌養。常言嚴師出高徒，寵愛出逆子。心地本如燭龍一樣誠直恪守天規的小燭陰，到了忽大神膝下不久，便被寵愛嬌養得生性矯野，心地愈來愈邪惡。只見祂一會兒不動就急如火燒，一會兒不施展本領就忍抑不住。性子矯野得無法無天，心地邪惡得無以比擬。在天界經常施惡鬥狠，欺弱淩小，觸犯天規，令忽大神頭疼萬分。

玉皇大帝正是對燭陰這般邪惡放心不下，為了管教祂，方纔用其所長，把祂用為後宮神僕。即讓祂變為一位英武男人模樣，擎了一支蠟燭，專為後宮夜晚燭照。邪惡的燭陰被用為燭照之初，懾於玉皇大帝的天威，一時也是不敢妄作，方將心中的邪惡壓抑下去。但是隨著時日推移，祂漸漸摸透了玉皇大帝的脾氣和宮中規律，便慢慢斗膽冒出了欲作邪惡之意。

時間轉眼到了昨日夜晚，燭陰手擎蠟燭正在為後宮燭照，按照規矩祂必須背對後宮不准扭臉看視，若扭臉看視即為觸犯天規，罪至挖眼重刑。過去祂擎燭照明從來不敢扭頭看視，唯恐觸犯天規。但這時由於天氣炎熱，祂聽到從後宮天池處，傳來了陣陣御女戲水的嬉笑之聲。那甜美的笑聲令燭陰迷醉，勾動了祂的心魄。祂的邪惡心性終於忍抑不住，便斗膽扭頭向傳來嬉笑之聲的天池處看了過去。

燭陰這一看著實緊要，只見玉皇大帝膝下的眾御女們，一個個全都赤身裸體，或在池畔戲耍，或在池中戲水，鬧出了陣陣銀鈴般清脆的嬉笑之聲。燭陰不看猶可，這一看首開禁界，眼見眾御女一個個三

圍滾圓，肌膚如玉，在岸上的如出水芙蓉，在水中的如洗淨嫩藕，禁不住眼射貪光，口垂饞涎，心旌搖盪，在那裏看呆。許久，祂眼看不夠，饞心頓起，立即熄滅手擎蠟燭，趁黑來到天池岸邊，出手抱起一位裸體御女，騰雲起霧徑向西北崦嵫山方向遁去。

天池驀然陷入黑暗，並隨著傳來了被搶御女的驚叫之聲。正在嬉笑的眾御女頓然大驚失色，齊聲驚叫起來。這叫聲驚起了玉皇大帝與王母娘娘，祂們急派天官查問原因，方知御女被劫不見了燭陰。玉皇大帝心知大事不好，氣惱萬分，急命托塔天王李靖率領天兵天將擒拿燭陰，救回御女。

李靖領命，一邊調集兵將，一邊令鴉鵬大將探查燭陰去向，以便發兵追擊。鴉鵬大將領命，立刻翅展八萬里，目視四面八方，尋見燭陰懷抱御女，已經飛到崦嵫山近處。鴉鵬大將急忙稟報李靖，李靖即率天兵天將向崦嵫山追來。

李靖在行進途中擔心邪惡的燭陰毀了御女之身，即命倏、忽二神定住時間，使時間不流；命遼、遠二神停輟廣遠，使空間縮小，以加速自己所領天兵天將的行進速度，不給燭陰留出行惡時機。倏、忽、遼、遠四大天神領命，各施神通，立刻定住了時間，停輟了廣遠，將崦嵫山縮近到了眾天兵天將腳下。

這時，燭陰剛到崦嵫山上，還未找到行惡之處，已見李靖率領眾天兵天將到了面前，嚇得頓時大驚失色。但邪惡的祂也不甘心好事不成就束手就擒，便急忙施法使出吹、呼的家傳本領，先讓崦嵫山前大雪紛飛，以阻住李靖眾天兵天將。眼見大雪阻不住李靖眾天兵天將，又急忙讓崦嵫山前流金鑠石變熱成夏。炎炎赤日仍然阻不住李靖眾天兵天將，祂又接連呼吸起來，使崦嵫山上颳起了飛沙走石的萬里長風，一時間倒還真的把李靖眾天兵天將颳退數里。燭陰見之高興，但

祂剛剛高興了個開頭，便見李靖手持避風神珠鎮住了長風，又帶領眾天兵天將向祂殺來。

燭陰見之更驚，無奈只好最後使出看家本領，急忙念動咒語施動法術，驟然把崦嵫山前的偌大空間連同李靖眾天兵天將，全都凍結在了厚厚的冰塊之中。李靖眾天兵天將突然遭此冰凍，全都身被凍僵，變成了冰屍，誰也動身不得了。燭陰眼見自己施法得勝，心喜施惡御女時機來到，禁不住得意得一陣「咯咯」怪笑起來。

然而就在燭陰怪笑未止之時，被凍李靖天兵天將隊伍中的掌宮天官盤古渾沌大神，卻在冰凍中身子一陣蠕動起來。盤古即渾沌大神生得與眾天兵天將皆不相同，祂身長萬里，熊身狗頭，原為天宮南天門守門之狗，後來修煉功成變為此形。

祂首無七竅，即無眼無鼻無口無耳。祂看不見吃不進，氣從肚臍眼吸呼，聽從肚臍眼傳進，話也從肚臍眼說出，真個是一眼三能。由於其聲音從肚臍眼說出，肚臍眼中沒有舌頭，其話音渾沌不清，再加上其長相黑不溜秋邋邋遢遢，沒有眼睛看不見從來不修邊幅，所以眾天神都以為祂渾渾沌沌過日子，就給祂送了個諢名叫做「渾沌」。漸漸地，其渾沌的諢名便被眾神叫開，掩下了其盤古的大名。

渾沌大神雖然相貌渾沌，其心地卻十分忠厚誠樸，不僅對玉皇大帝忠心耿耿，而且對眾天神也赤誠相助。祂原先身為天狗在南天門守門萬載，毫無差錯。玉皇大帝念其守門之功，便讓祂變成熊身狗頭之相，重用為掌宮天官，把一座偌大的玉皇大帝家園全部交付到了祂的手中。

渾沌肩負起天宮管理職務之後一晃千載，從未出過一點一滴紕漏。宮中眾神誇讚祂，玉皇大帝褒獎祂。但不料今夜燭陰突生邪惡，搶走御女，驚得後宮眾神盡皆失色。更為嚴重的是被燭陰搶去御女若

是有恙，玉皇大帝為此怪罪下來，自己作為掌宮天官豈不罪在誅殺不赦之列！

渾沌為此不敢怠慢，立刻自己戴罪跟隨托塔天王李靖出征，一路追殺燭陰至此。但不料祂剛到崦嵫山前，便與李靖眾天兵天將一起，被燭陰施法冷凍在了冰塊之中。這時李靖眾天兵天將在冰塊中全都被凍成僵屍動彈不得，唯獨祂熊身狗頭又無七竅不怕冰凍。在冰凍中一陣蠕動，便開出了身邊活動之地。隨著，伸手從懷中取出玉皇大帝所賜護宮萬能神珠，猛然起身用萬能神珠破冰開路，跟隨神珠之後沿其開出的道路，向正在怪笑的燭陰殺了過去。

燭陰正在怪笑著欲要施惡搶來御女，御女身無神功，嚇得連聲尖叫向後躲避不停。急難之中，她寄望於被凍的李靖眾天兵天將立即脫出冰塊，前來救她。無奈之時，她向李靖眾天兵天將被凍處看去一眼。御女這一看著實喜出望外，因為她看見渾沌大神已經獨自破開冰塊，向前救她而來，禁不住急叫一聲道：「渾沌大神快來救我！」

「渾沌大神自身尚且不保，祂又怎能前來救你！」正欲施惡的燭陰開始以為御女所言是計，不禁嘎嘎冷笑道，隨著便欲擁抱御女。但就在祂還沒有抱住御女之時，卻聞身後突然一聲厲喝道：「燭陰小子住手，你施惡御女是活得不耐煩了，看棍！」隨著已見渾沌手中精鐵長棍，「颯」的一聲掃到了燭陰背後。

燭陰正欲施惡御女，不相信會有大神從冰塊中脫出，這時突聞渾沌大神喝聲又聞鐵棍打來之聲，方知御女所叫不是騙祂而是事實。為此祂心中頓然大驚，不解渾沌大神為何脫出了冰塊。手中不敢怠慢忙出雙鐧，轉身擋開渾沌打來之棍，隨著與渾沌鬥在一處。

燭陰這時雖與渾沌鬥在了一處，但祂心中剛剛生出的驚怕並未消去。祂驚怕渾沌大神既然能夠脫出冰塊殺到，李靖眾天兵天將便也

定會隨之脫出冰塊殺到，那樣自己好事不成，身被擒住的時刻就在眼前了。

驚怕中燭陰急忙舉目看視，卻見到李靖眾天兵天將仍被凍在冰中，只有渾沌一神脫出冰塊殺來。這樣祂雖然心中驚怕稍消，但卻更加驚怕，渾沌雖然首無七竅，身卻神功高強，法力廣大，自己遠不是祂的對手。為此祂想立即遁去，以免被渾沌大神擒住。但祂既擺脫渾沌大神手中鐵棍不得，又無奈廣遠的空間已被遼、遠二神停輟，流淌的時間被倏、忽二神定死，使得祂硬是逃跑不得，只好出鐧與渾沌鬥在了一處。

一時間，只見神功較弱的燭陰不甘心被渾沌所擒，無奈的祂也只有壯起膽子揮動手中雙鐧，連連打向渾沌要害，招招使狠、式式鬥絕，大有一鐧即置渾沌於死地之勢。燭陰當然真有即殺渾沌之心，因為那樣祂不僅可以脫去被擒之險，而且可以再去施惡於搶來的御女，心中的美夢就實現了。

祂邊鬥渾沌，心中邊在思謀取勝渾沌之策。險惡的祂想到，自己若要以弱勝強，必須改變惡鬥之法為智取之術，否則必敗無疑。於是祂即施智取之法，在手舉雙鐧擋開渾沌來棍的同時，施起法術倏然潛身入地不見了蹤影。祂企圖從地下趁渾沌無備之時再突然殺出，置渾沌於死命。

然而祂並不知道渾沌雖然無目看視不到，其肚臍眼的聽覺卻能夠彌補其無目的缺陷。就在燭陰鑽入地下之時，其潛地的響動已被渾沌用肚臍眼聽了個清楚。於是祂即從肚臍眼中發出一聲渾沌不清的喝叫：「小子，哪裏走！」隨著，已祭起了懷中的護宮萬能神珠。

那神珠在空中一陣滴溜溜飛旋，已把剛剛潛入地下的燭陰旋出了地面。而且那神珠旋轉中還具有捆縛之能，為此燭陰剛被旋出地面，

9

即被那神珠捆縛了個結實。渾沌心中正惱，「噗」一棍便把被神珠捆縛的燭陰打得動彈不得了。

就在渾沌大神剛剛擒住燭陰之時，玉皇大帝在天宮放心不下被搶御女，恰值此時在隆重儀仗的簇擁下來到了崦嵫山前。祂見李靖眾天兵天將皆被燭陰所施冰凍所凍，便即施法力化解了冰凍，解救出了李靖眾天兵天將，隨著親領李靖眾天兵天將來到了渾沌與燭陰打鬥之處。

玉皇大帝來到渾沌面前，眼見邪惡的燭陰已被擒獲，御女安然無恙，真個是心中又氣又喜，即從身上取出一把鑰匙交給忽大神道：「打開鎮天鎖，將這惡孽鎖在鎮天鎖中，鑰匙歸你保管，使其永世不得脫身！」言畢，即攜御女率領眾天兵天將返回天宮而去。

玉皇大帝攜御女回到後宮，即為御女接風壓驚。王母娘娘見到御女無恙心喜萬分，即讓玉皇大帝封賞宴饗眾天官天將。玉皇大帝想到御女無恙全賴眾天官天將救助之功，便於次日早晌敲響天鼓鳴放天炮，昇朝靈霄寶殿，封賞宴饗起了眾天官天將。

這時，玉皇大帝坐在靈霄寶殿說明封賞宴饗眾卿之意，眾卿忙又下跪叩謝。不等眾天官天將叩謝站起，玉皇大帝已令侍僕擺開了御宴，樂神奏起了神樂，舞神跳起了妙舞。一時間，只見富麗堂皇威嚴肅穆的靈霄寶殿之內，神舞仙樂，醇酒佳餚，喜慶氣氛漫溢於殿宇內外。

在這神舞仙樂聲中，玉皇大帝封賞眾天官天將道：「掌宮天官渾沌擒獲燭陰，救得御女，功績卓著，朕特敕封渾沌大神為中央天帝，到下界坐鎮中央地界。左、右司時大神倏、忽也功績卓然，朕特敕封左司時大神倏為南方天帝，右司時大神忽為北方天帝，陪伴渾沌一南一北到下界坐鎮；前後司空大神遼、遠也功績顯赫，朕特敕封前司空大神遼為西方天帝，後司空大神遠為東方天帝，陪伴渾沌一西一東到

下界坐鎮。」

　　玉皇大帝封賞完畢，渾沌與倏、忽、遼、遠五位大神，齊下跪叩謝再三，眾天官天將也齊向五位大神舉杯祝賀。一時間，靈霄寶殿之內喜慶氣氛濃達極點，眾天官天將樂而忘返，直至天暮時分方纔散歸居處。

二、懸圃生變

　　轉眼到了次日早晌，受封的渾沌與儵、忽、遼、遠五方天帝持守皇命不敢怠慢，一個個急匆匆告別天宮，到下界尋找封賜地域，走馬赴任而來。

　　渾沌大神率先來到下界封賜地域，做起了中央天帝。儵與忽大神同程來到下界，儵在渾沌地域南邊封賜地域做起了南方天帝，忽在渾沌地域北邊封賜地域做起了北方天帝。遼與遠大神性情懶惰，兩個最後離開天宮一同來到下界。遼在渾沌地域西邊封賜地域做起了西方天帝，遠在渾沌地域東邊封賜地域做起了東方天帝。

　　渾沌等五位大神就這樣到下界做起五方天帝之後，光陰荏苒，轉眼過去數載。五方天帝各個坐鎮受封地域，慘澹經營，苦心治理。由於各自盡心費力不一，所鎮地域便也日漸呈現出了差異，高下分別開來。

　　坐鎮在上界天宮裡的玉皇大帝和眾天官天將看得最為清楚：中央天帝渾沌不貪圖安逸享受，經營最為勤苦。祂整日憚心苦思，勤苦勞作，奮力開拓，成就卓著。其所建中央帝宮，與天宮模樣無異，只是規模不敢與天宮比美，小去一籌。它中間建造一座與靈霄寶殿相像的大殿，名為金鑾寶殿。周圍建三十三座宮，宮宮金碧輝煌；建七十二

重殿，殿殿雕樑畫棟。真可謂憚土木之功，窮造形之巧；寶靈搖清漢，蓋世奇絕功。

在其宮殿的南面，渾沌天帝還創建了一座名叫懸圃的花園。該園起名懸圃，意即懸在空中的花園。懸圃花園之中，栽異花，種奇草，植妙果，真可謂集天界園林之精，匯下界園林之妙。在其宮殿的北面，渾沌天帝又創建了一座奇獸園。園中關奇獸，鎖異禽，養妙鳥，真可謂集天界之異獸，匯下界之奇禽。

南方天帝倏與北方天帝忽也不貪圖安逸享受，坐享清福，各自勤苦經營，奮發勞作，各有成就。南方天帝倏礙於南方天氣炎熱，晦雨連綿的氣候條件，由於竹子繁多的物料之源，博採各處仙竹，純用仙竹建起了一座獨具南方色彩的南方天帝竹宮。其竹宮中，立竹殿，樹竹亭，建竹閣。竹宮、竹殿、竹亭、竹閣掩映，神竹鬥翠妙無窮。

北方天帝忽則礙於北方天氣寒冷，風眾雪多的氣候條件，出於晶冰潔淩隨處皆是的物料之源，廣採各處晶冰潔淩，純用晶瑩剔透的無色冰淩，構建起了一座獨具北方色彩的北方天帝冰宮。其冰宮中有冰雕宮、冰雕殿、冰雕亭、冰雕閣。宮殿亭閣冰雕成，潔若水晶溢素彩，亮如白玉無瑕影。

西方天帝遼和東方天帝遠，則與渾沌、倏、忽三方天帝大相徑庭。祂兩方天帝全部貪圖安逸享受，性愛懶惰不動，因而不務經營，只顧坐享清福，皆無所成。西方天帝遼所轄西方地域天氣多風沙，地上多石頭，祂便取來石塊建造宮殿，僅僅建造一座宮一重殿。其建宮殿所用石塊皆呈畸形，因而所壘殿牆坑坑窪窪，所建宮殿歪歪斜斜，又小又矮狀若豬窩，一派寒磣之景。

東方天帝遠所轄東方地域天氣多水分，地上多神木，祂便取來神木建造宮殿。由於祂懶惰至極，僅僅採來一棵扶桑樹和一棵若木樹，

挖空二樹樹心作為宮殿。那宮殿，真個是恍若一處白蟻洞。

渾沌等五方天帝雖然各個勤勞懶惰不一，歷經數載經營所轄地域呈現差異，但在這些年內，祂們之間倒也相安無事，來往待之以禮，互相濡之以沫。各自經營轄地十分忙碌，相互往來不多但也不時有所往來，互通資訊，互助有無，並且在下神之間不乏宴饗酬酢之誼。

特別是在渾沌與倏、忽三方天帝之間，由於祂們皆喜勤勞，不圖享受，性情相投，之間多有往來。倒是在祂三方天帝與遼、遠兩方天帝之間，性情有別，勤苦不一，來往甚少，不甚瞭解，關係日疏。

這日，玉皇大帝想到渾沌等五方天帝下界數載，自己從未召回晤面，不知各自真情，放心不下，傳旨召集祂們上達天宮聆聽聖訓。渾沌五方天帝聞旨立即聚集天庭聆聽聖訓，聽畢即辭玉皇大帝齊返下界而來。

就在五方天帝返歸下界一路正行之時，誠樸的渾沌突然想到五方天帝下界雖逾數載，但由於各自忙於經營，相互往來皆由下神進行，天帝間還從未聚集一堂敘過別情離緒。祂也僅僅去過北方天帝忽的冰宮一次，見過其冰雕玉砌般的神奇宮殿，確實無限奇異，令其眼界大開。這時正值自己懸圃花園中百花盛開，千果首熟，萬草鬥翠，祂也自覺其園中奇異無限，可令倏等四方天帝大開眼界。為此決計趁此五方天帝共在一起之機，盛邀倏、忽、遼、遠四方天帝，齊聚懸圃共賞奇趣，暢敘別情。

「四位帝友暫且慢行。」渾沌想到這裏，立刻開臍對倏等四方天帝道，「敝帝心有一意，不知諸位帝友肯賞臉否？」

倏等四方天帝聽聞，立刻齊定雲頭道：「帝友有話徑可直講，不須諱言。」

「敝帝建有一座懸圃小園，此時恰值園中百花盛開，千果首熟，

萬草鬥翠。」渾沌於是接言道，「敝帝不敢獨享，特邀諸位帝友到敝園一行，以同觀奇花，共賞異草，盡食仙果，一敘別情，若何？」

倏等四方天帝皆大歡喜道：「我等還想帝友是何心意呢？原來是此美意，焉有推辭之理！」隨著聲言，祂四方天帝便齊踏動祥雲，隨渾沌天帝降下雲頭，徑奔渾沌中央帝宮而來。

五方天帝須臾來到渾沌帝宮門前，倏等四方天帝眼見宮殿正門坐北面南，狀若天宮南天門無異，只是規格小去一籌。門內門外，皆有巍赫赫門神把守，威虎虎神獸守衛，禁不住齊聲喝彩不已！特別是遼、遠兩方天帝，眼見如此巍峨帝宮，心想自己的簡陋宮殿，頓覺無法與之同日而語，更是豔羨不已，連聲叫絕。

穿過宮殿正門，一條筆直的大道直通被三十三宮七十二殿簇圍的金鑾寶殿正門，金鑾寶殿狀若天宮靈霄寶殿無異，也是規格小去一籌。它金壁生輝，黃瓦耀日，氣勢恢宏，壯觀非凡。倏等四方天帝見之，又是齊聲喝彩。遼、遠兩方天帝這時更加豔羨十分，禁不住擊節叫絕。

在倏等四方天帝的一片叫絕聲中，渾沌引領祂們轉眼便進入了金鑾寶殿之中。一踏入殿內，倏等四方天帝便見殿內之景，狀若靈霄般般同，靈霄之物件件有，真個是更加禁不住連聲叫絕。在殿中觀賞一番，稍坐一陣，倏等四方天帝被金鑾寶殿如此盛景陶醉之餘，齊又催促渾沌引領祂們前去一座座觀賞三十三宮七十二殿，以再開祂們的眼界。

渾沌也正想向倏等四方天帝一展自己帝宮的雄姿，聽了祂們之言便即領祂們出得金鑾寶殿，一宮宮一殿殿挨個觀賞起來。倏等四方天帝在渾沌的引領下盡觀渾沌帝宮諸宮列殿，真個是使祂們每看一座宮每觀一重殿，無不拍手叫絕，稱羨萬般。特別是初來乍到的遼、遠兩

15

方天帝，見此勝景聯想到自己帝宮的寒磣之象，更是叫絕再三，真個是進入了流連忘返的境地。

渾沌引領倏等四方天帝如此觀過諸宮列殿時間已過半日，眼見時日已長，便欲引領祂們前往懸圃觀花暢敘道：「諸位帝友，懸圃薄宴敝帝已經設就，敬請諸位賞臉即刻前去。」

「帝友且慢，敝帝聽說在此帝宮北面，帝友建有一座奇獸園。園中盡養奇禽異獸，」不料渾沌話音剛落，便聽北方天帝忽開口道，「不知是真是假？可讓我等四帝飽覽一番嗎？」

「當然可以，建園即為遊玩。別說是四位帝友光臨令敝園生輝，」渾沌哈哈一笑道，「就是其祂諸路神仙駕臨，敝帝也絕不阻攔。走，我等看看去。」說著，便領倏等四方天帝，轉眼來到了帝宮北面的奇獸園中。

渾沌所建這座奇獸園，真個是鎖奇禽，飼異獸，養妙鳥。神界禽獸樣樣有，俗間禽獸般般無。倏等四方天帝到園中一番看視，雖然祂們個個貴為一方天帝，卻不僅誰也沒有見過如此眾多的奇禽異獸妙鳥，而且更有不少奇禽異獸妙鳥為其生來所未見。因而直看得祂四方天帝個個眼界大開，樂而叫絕。特別是遼、遠兩方天帝，剛才看過渾沌帝宮已經垂涎三尺，這時又見奇獸園場景如此之盛，更使得祂們垂涎倍長，心中禁不住漸漸地由豔羨生出了嫉妒之意。

「時日已經不早，此處禽獸集聚，臭膻腥臊，我等還是早早離去，」正在這時，渾沌提醒倏等四方天帝道，「到懸圃花園聚談去吧。那裏鳥語花香，景色秀美。」

倏等四方天帝聽了，方纔想起還有更妙的懸圃花園未去，便齊戀戀不捨地離開這座神妙無比的奇獸園，踏動祥雲一陣來到了坐落在渾沌帝宮南面的懸圃花園門前。

　　懸圃花園果真是個與奇獸園大相徑庭的遊玩去處，奇獸園門口由一批凶煞般威武的大神把守，呈威嚴剛武之氣。懸圃花園門口則由一批豔若花草的嬌嬌花仙草女守衛，呈氤氳祥靜之態。

　　渾沌五方天帝來到圃門之前身置此境，頓覺心境倏然為之一改，渾身輕鬆飄逸起來。然而時間不容祂五帝多享受這般輕鬆飄逸的情致，祂們便在守門花仙草女的迎送下進入了花園之中。剛進園門，倏等四方天帝便被園中奇花異草妙果之美，佔據了整個心靈，折服得豔羨不已，目不暇接，貪婪無厭地巡看起來。

　　園中奇花異草妙果實在是美。只見她們百花盛開百種色，千草鬥翠千翠來；花豔草綠相映輝，勝似畫卷神仙愛。百花盛開溢百香，萬果競熟果甜來；花香果甜味相滲，漫溢圃園醉心魄。

　　由於圃園美妙至此，倏等四方天帝入園竟然看了一遍又一遍，依然看興不減，繼續一遍接一遍地觀賞起來。弄得在旁等待的渾沌，末了不得不再次提醒道：「四位帝友，仙果仙酒宴席早已設就，亟待諸位品嘗已久。諸位帝友還是稍抑觀賞之興，入宴品嘗去吧。」

　　「噢，你這懸圃花園實在是太美了，」倏等四方天帝聽了渾沌此言，方纔全都如夢驟醒道，「竟然使我等陶醉其中，忘了品嘗仙果盛宴！」說著，才齊隨渾沌向擺開的筵宴處行去。

　　那仙果仙酒筵宴擺設在一座由松柏剪成的涼亭正中，祂五方天帝來到涼亭遠處，倏等四方天帝便已聞到了宴桌上的仙果異香仙酒甘醇，一個個不由得加快了腳步。須臾來到亭中宴前，倏等四方天帝舉目見到，宴桌上盤子中擺滿了諸色仙果，杯子中斟滿著果酒瓊漿。倏等四方天帝看到這裏，一個個竟然誰也不能禁住等待渾沌出言相讓，而全都急不可待地各自徑直坐到宴前，暢食起了桌上仙果，豪飲起了杯中仙酒。

　　渾沌見此場景，心知這是四方天帝急不可耐心中高興所致，便也心中高興萬分，即命百花仙子千草仙女及萬果仙妃奏樂起舞，為倏等四方天帝豪飲暢食助興。眾仙子仙女仙妃聞令，立刻來到亭前，奏起了神樂，跳起了妙舞，唱起了仙歌。

　　一時間，但聞神樂仙歌相伴之聲輕悠逸渺，令倏等四方天帝神思飄逸，心曠神怡；但見妙舞仙姿漫旋細作，令倏等四方天帝意境翩躚，目不勝睹。在這神樂妙舞仙歌的助興之中，倏等四方天帝一邊豪飲暢食，一邊與渾沌共敘起了玉皇大帝皇恩浩蕩，恩被五方；並且暢談起了別離之情，經營之苦。

　　俗語：「煎熬時日長，歡娛光陰短。」五方天帝如此飲酒品果暢敘別情不止，轉瞬已至日暮時分。倏、忽二帝掛心各自轄地，眼見天色已暮，雙雙起身告辭欲要離去。渾沌盛情挽留再三，倏、忽二帝固辭不允，渾沌只好動身送行。遼、遠二帝見之，雙雙雖無去意但也動身為倏、忽二帝送行。五帝兩帝辭去三帝相送，轉瞬便來到了懸圃花園門外。倏、忽二帝於是再辭渾沌，隨後告辭遼、遠，踏動祥雲一南一北各歸轄地而去。

　　倏、忽二帝轉瞬去遠，渾沌正要轉身陪伴遼、遠二帝回歸園中，西方天帝遼則趁此時機，突然挨近渾沌之身出手伸出一指，使出其點穴神功，倏地點在了渾沌的死穴之上，欲置渾沌於死地。但是事情出乎遼帝意料，祂這一指不僅沒有將渾沌點死，而且未傷渾沌絲毫。渾沌也如同沒有察覺一般，對此毫不著意。

　　站在一旁的遠帝不肯甘休，隨即出手又伸指點在了渾沌的另一死穴之上，大有非置渾沌於死地不可之勢。但無奈渾沌不僅依舊絲毫沒有受到傷害，並且依舊身呈毫無感覺之態。遼、遠二帝經此兩點，方知渾沌之身沒有死穴存在，欲要點死渾沌沒有可能，方纔甘休沒有再

下毒手。雙雙重又伴陪渾沌進入園中筵前，豪飲暢食起來。

遼、遠二帝與渾沌當然素無怨仇，值此興濃之時，所以欲置渾沌於死地，是因為祂二帝皆為生性懶惰、貪圖享受之徒。祂二帝赴鎮下界之後，害怕營建之苦，各個宮室簡陋。今日見到渾沌帝宮貌若天宮，同時其奇獸園彙集奇獸，懸圃花園盡植異花，心中豔羨不已，齊妒中央地界寶物眾多，仙什如雲。祂二帝為此由妒生恨，由恨生仇，由仇生出歹意，遂雙雙決計打殺渾沌，搶佔中央地界，以圖盡享清福，不再忍受清貧之苦。

因此早在遼遠二帝到奇獸園中觀賞之時，便已開始計議打殺渾沌之策。剛才在懸圃花園觀賞之時，祂二帝又悄悄定下了等待倏、忽二帝走後，再出手點死渾沌，以奪其中央地界的詭計。不料這時詭計施展難成，渾沌天帝毫無感覺，遼、遠二帝又只好重歸筵前，邊飲食宴席上的佳餚神釀，邊謀劃起了新的打殺渾沌之策。

遼帝率先想出了詭計，但見祂正食之間突然停止吃食仙果，起身端起酒壺來到渾沌面前，邊斟酒邊對渾沌道：「帝兄雖不能飲，但做做樣子也是一表心意。」遼帝口中這樣勸說著渾沌，端杯舉到渾沌面前之手的手指，卻又倏然點在了渾沌的麻穴之上。

渾沌身無死穴卻有麻穴，祂突然受此一點，立刻渾身麻木得站立不住，「撲通」摔倒了下去。遠帝見之大喜，立刻抽出佩劍「嗖」地便向渾沌當心刺了過去。

遠帝生相邪惡十分，豹身虎頭，身長萬里。頭生虎面，肢為虎肢。祂遇事魯莽欠思，性格火躁如虎，生性兇猛殘暴賽豹。這時祂一劍刺向被麻倒的渾沌當心，不料劍尖刺到渾沌心窩之時，竟如同刺上了鐵石一般。渾沌身體一頂，遠帝用力前刺，那劍兩頭受力頓時折成了彎弓，根本刺不進去。

遠帝大驚，急抽劍又向渾沌右脅刺去，然而仍是刺不進去。原來，渾沌之身除非在其睡著之時方可刺入，清醒時其身體有刀槍不入之能。這時祂身子雖被點麻卻未睡著，所以遠帝兩劍全都不能刺入其身體。

身在其旁的詭詐遼帝勃然大怒，立即從脖頸上取下法寶乾坤圈，倏地就要向渾沌頭部砸去，以置渾沌於死地。遼帝生得更是邪惡，只見祂豬身猴首，身長萬里。頭生兩面，一前一後，皆為猴臉。祂生性刁滑詭詐，行事邪惡陰毒無比。

這時祂拿出乾坤圈正要砸下，不料倒下的渾沌卻臍出一言道：「噢，我這是醉了嗎？」隨著身子一轱轆便站了起來。遼帝見之大驚，急將下砸的乾坤圈收起，狡詐地扶著渾沌笑言道：「帝兄沒有飲酒，反而如此醉臥如泥，這正叫酒不醉神神自醉呀！」渾沌聽了，憨直地竟然毫無察覺似的，哈哈哈一陣笑了起來。

渾沌這時所以突然醒了過來，是遠帝在遼帝取下乾坤圈時，眼見自己第二劍仍然刺不進渾沌之身，心中又惱又急，即又出劍第三次向渾沌刺了過去。但不料祂不僅仍然沒有刺傷渾沌，相反卻恰好一劍刺在了渾沌的解穴之上。所以未等遼帝用乾坤圈去砸，渾沌已經清醒站起身來。

遠帝這時看見，也是不敢怠慢，急忙收起手中之劍，即改邪惡之相，將計就計上前狡詐地扶住渾沌道：「帝兄一醉爛柯，實在急煞了我等二帝喲！」渾沌聽了，仍是報之一陣憨厚的哈哈笑聲。

這時，遼、遠二帝互相使個眼色，認定此時再殺渾沌難成，再待唯恐剛才惡相敗露，反而弄巧成拙，不若暫且離去再作計議，便立即雙雙告別渾沌，欲離懸圃花園而去。渾沌應允並一直送到花園門外，待到祂們去遠之後，方纔離開懸圃花園歸回帝宮而去。

三、鬼母逼婚

狡惡的遼、遠二帝離開懸圃花園之後，並沒有分別東西回歸各自轄地，而是雙雙踏雲駕霧一路向東，徑直飛到東方天帝遠的扶桑若木樹洞宮殿，方纔止住雲頭進入殿中。進殿之後祂二帝也不歇息，即又一起密謀起了殺害渾沌之計。

「渾沌身無死穴，身體刀槍不入，」但聽詭詐的遼帝率先道，「我倆要想殺滅渾沌，必須施用祂計。」

粗莽的遠帝聽了連連稱是道：「是呀，不用祂計難以殺死渾沌，但有何計可用呢？」說著，二帝陷入沉思，分別焦思苦慮起來。

思慮許久，又是猴臉的遼帝率先想出奇計道：「遠帝，你看此計怎樣？」遠帝聽聞，虎眼一瞪忙問何計。

遼帝道：「你給渾沌下一請柬。」

遠帝聽了不解，又急得虎眼一瞪道：「我？」

遼帝道：「對，你就說是為了酬謝天帝相邀觀賞之恩，特意邀請渾沌等四方天帝到敝轄界一遊。我想那渾沌生性憨直，所請又合情合理，祂一定會深信不疑，前來赴約的。」

「此計不成。我就是能把渾沌請來，」遠帝這時急火道，「祂刀槍不入，身無死穴，也殺祂不死。硬拼也不一定能夠抵過，又奈祂

21

何？此計不成。」

遼帝猴眼滴溜溜一轉道：「遠帝莫躁，聽帝兄把話說完。你只要先把渾沌請來，就可以任憑我們設法處置了。」

「噢，遼兄原來是說既請之，則安之！還是遼兄胸有高見，小弟自愧不如也。」遠帝聽到這裏心中頓然一明，禁不住虎口一張哈哈大笑起來道，「快說，下一步怎麼辦？小弟好去早做準備！」

刁鑽的遼帝這時又將前後兩張猴臉上的四隻猴眼連轉數轉，方又刁鑽狡詐地呵呵笑問道：「遠弟，你把渾沌請到你這轄界之上，帝兄不知在你這轄界之上，有什麼好的去處可供其去？」

「遼兄這是什麼意思？若是兄長嫌我東方轄界之上沒有耍處，」遠帝聽後不解，生氣地質問遼帝道，「兄長可將渾沌請到你的西方轄界去嘛，為何在此奚落小弟！」

「遠弟錯解了為兄之意！」遼帝聽到遠帝錯解了其意，忙接下來道，「帝兄剛才是說，在小弟這東方地界之上有何好的去處，我們好在那裏處置渾沌。」

遠帝雖然生性魯莽，卻也心有刁鑽，聽了遼帝此言立刻醒悟道：「噢，小弟錯解帝兄之意，請帝兄諒解！至於好的處置渾沌去處倒有一個，但不知是否符合帝兄之意？」

遼帝忙問是何去處，遠帝開口僅答了三個字：「蒼梧山。」

遼帝忙問此山是何情狀，遠帝遂詳細講說起來。狡詐的遼帝聽到末了，禁不住張開兩張猴嘴一起叫起絕來。隨即祂讓遠帝領祂離開扶桑若木樹宮，齊向蒼梧山實地勘探佈設惡計而來。

蒼梧山是東方天帝遠轄界上的一座神山，它坐落在東方天帝轄界的最東部邊沿。此山高逾萬丈，方圓萬里，奇峰迭聳，巉崖嶙峋，深澗斷路，裂谷無底。此山與凡山不同，凡山皆為土石構成，此山則為

黃金生就。

因而此山之上，峰為金峰，光耀日月；崖為金崖，金壁生輝；澗為金澗，黃金鎏成；谷為金谷，金山峽峙。山上長金樹，生金草，開金花，結金果；跑金獸，走金禽，飛金鳥。澗中流金水，走金橋，生金霧；遊金魚，行金龜，住金龍。真可謂般般件件皆為金，不沾凡山一點塵。

山上有一洞，洞在赤金峰。峰以洞顯，洞以峰名，所以叫做赤金洞。赤金洞，曲曲彎彎長千里，高低寬窄皆不同。洞壁皆為金鑄就，赤光溜溜無一縫。洞中住著蒼梧神，坐在洞中鎮山界。

此神名叫鬼姑神，其身龍身，身被銀鱗，長逾千里；頭為獅頭，邪惡兇猛；足為龍足，剛凶遒勁；眉為蟒眉，陰毒殘忍；目為蛟目，殘光驚魂。由於她坐鎮在蒼梧金山之上，吃金食厭，便在每日早晨自己生下十個小鬼兒子，待到晚上生長一日，再把十個鮮嫩可口的小鬼兒子全都食下，以求營養，延年益壽，日復一日。這鬼姑神食子殘忍，所以神界便漸漸忘去了其鬼姑神的雅名，全都叫她鬼母。

遼、遠二帝踏動一陣雲頭，便來到了蒼梧神山赤金峰下赤金洞口，舉目看見，赤金洞府果然是一個好的去處。它金霞散彩，日月搖光；千株金柏，萬節金竹。千株金柏，帶雨半空金燦燦；萬節金竹，金煙一壑耀日輝。

洞門外金花佈錦，橋邊金草噴香。金崖突兀金苔潤，金壁高懸金蘚長。時聞金鶴舞，每見金鳳翔。金鶴唳時，聲震九皋霄漢遠；金鳳翔起，金翎散彩放金輝。金猿金鹿隨隱見，金獅金象任行藏。

洞口金門緊閉，門兩旁寫有一副金字對聯。上聯是：蒼梧赤金峰；下聯是：鎮山赤金洞。對聯下站有兩個守門金鬼，遼、遠二帝即令二鬼報知洞中鬼母大神。

　　邪惡的鬼母這時正坐在洞中享受清靜之樂，突聞守門金鬼來報遼、遠兩方天帝駕到洞前，不敢怠慢，急起身來到洞口恭迎兩方天帝。遼、遠二帝看見，即令鬼母引領祂們詳察細看洞中情形。

　　進到洞中，二帝看到金洞曲彎如迷洞，高低寬窄隨處異。洞中一曲設一閘，洞頂金閘落千鈞；洞中一彎有一門，金門閉處是死門；金洞高處高千里，金洞低處僅尺許；金洞寬處寬千里，金洞窄處不盈尺。鎮洞的鬼母惡神還有口吐九昧真火的神功，若得此火洞中燒，神界神魔化真身。

　　遼帝看到這裏，禁不住又率先叫起絕來道：「妙，妙，實在是一方絕洞哩！」隨著祂便想出了殺害渾沌之法，與遠帝耳語道：「將渾沌引入此洞，突然關金門落金閘，然後由鬼母驅動九昧真火燒之，就不怕祂身無死穴刀槍不入殺祂不死了，非把祂燒個灰星不見不可！」

　　遠帝聽了，猛然醒悟，「啪」地一拍大腿道：「帝兄妙計，小弟自愧不如！好，就這麼辦。」說著，祂們便與鬼母計議起來。

　　遼、遠二帝與鬼母一陣計議妥當，當夜由於天晚不提。次日天亮，遠帝便著小神給渾沌送去了邀聚請柬。送柬小神來到中央帝宮，渾沌天帝正在金鑾寶殿靜坐。守門小神將遠帝請柬講給其聽道：「天帝，東方天帝遠遣使送來請柬一封，言講祂為報答天帝邀待之恩，今日特意盛邀您等四方天帝，齊聚東方天帝轄界蒼梧神山，以作酬酢，請天帝見柬即行。」

　　誠樸的渾沌聞聽此請，由於對昨日遼、遠二帝害祂之舉毫無察覺，這時便連思慮一下也沒有，立刻起身道：「天帝聚會，昨為首次，今又聚會，實則美妙！今後五帝常常易地歡聚，豪飲暢談，實乃聯通之美事也！朕即去。」言畢，即步出金鑾寶殿，踏動雲頭一路徑奔東方蒼梧神山而來。

　　渾沌轉眼來到蒼梧山前，看見遠帝已迎候在了那裏。渾沌忙與之一陣寒暄，隨著便跟著祂徑往赤金峰下赤金洞行來。須臾來到洞前，渾沌與遠帝落下雲頭，遼帝當然已迎候在那裏。

　　在距離遼帝迎候處不遠，一張擺滿金果金肴的巨大金桌，被安放在一棵長在赤金洞口的金扶桑樹下。扶桑樹那盛茂如傘的繁密金枝金葉，恰好籠罩著那張金桌。遼帝則對渾沌一指那張金桌，熱情道：「你瞧，遠帝已經設就金宴，只等我四方天帝來到。只有你我先期到達，倏、忽二帝尚未來到。」

　　渾沌不知遼、遠有詐，忙開臍道：「祂二帝一定會來，我們等待祂倆片刻不遲。」說著，就要遠帝引祂坐下。

　　遼、遠二帝心中有詐，倏、忽二帝當然未被邀請不會來到，擺設筵宴盛請四方天帝是假，誆來渾沌趁此時機殺之是真。因而遼帝這時忙給遠帝一使眼色道：「遠帝，你將我等五帝聚會筵宴擺設在赤金峰下赤金洞口，看來必有妙想，不妨先向我倆講來若何？」

　　遠帝聽罷會意，即言道：「遼兄果然聰慧機敏，遠弟之心正被遼兄猜中。小弟之所以將此盛宴設在赤金洞口，正因為這洞中為一絕妙玩賞去處。四方帝兄暢飲興起，可到洞中一游以助雅興！」

　　遼帝見遠帝此言正和其意，心中暗喜遠帝魯莽之中隱含機詐，遂接其言道：「既是如此美好去處，倏、忽二帝尚未來到，我二帝在此坐等也是坐等，不若小弟先引我們進洞，以先睹為快如何？」

　　「若蒙二位帝兄不棄，小弟甘願引領二位帝兄先游！」遠帝當即說著，便領渾沌進入赤金洞門，向金洞深處走去。

　　遼、遠引領渾沌向洞中越走越深，真個是穿過一曲又一曲，走過一彎又一彎，須臾間已來到了赤金洞深處。遼、遠二帝當然是把渾沌向洞中引得越深越好，因為祂們害怕進洞不夠深遠，洞中一道金閘鎖

不住渾沌，金山厚度不夠被渾沌穿破，計殺渾沌不成，所以一直把渾沌向金洞深處施計引來。渾沌三方天帝如此向金洞深處越走越遠，祂三帝前方又到一道金洞彎處。剛轉過一處急彎，迎面便見蒼梧山神鬼母，正隱在那裏等待祂三帝到來。

遼、遠二帝看得清楚，渾沌天帝無目看視不見，鬼母靜待在那裏毫無聲息，渾沌天帝的肚臍也聽不到洞中異動，因而不知遼、遠施計，繼續隨祂二帝向金洞深處行進。這時鬼母眼見關閘渾沌的時機來到，便向遼、遠二帝使去個眼色。遼、遠兩個見之，即向來路悄然返去。渾沌不知則繼續前行，恰把祂三帝之間距離拉開。鬼母眼見時機來到，即施法術驅動渾沌前面金門轟然關閉，後面金閘轟隆落下，將渾沌天帝關閘在了金洞之中。

鬼母眼見關閘渾沌成功，忙施破金穿洞之術，來到遼、遠二帝跟前報告功成。遼、遠大喜，即令鬼母使出九昧真火，借著金洞不怕火煉實為難得熔爐，將渾沌燒死洞中。鬼母聞令，即言道：「小神稟告天帝，小神若是動起真火，火猛洞熱。加上現在關閘渾沌天帝僅有一道金門一道金閘，小神害怕渾沌天帝遇火躁狂，撞破金門金閘突出洞來，燒其不死。」

遠帝立即焦急道：「那怎麼行？必須保證萬無一失！」鬼母見遠帝焦急，忙言道：「這個天帝儘管放心！小神是說為保萬無一失，還須再關十道金門下落十座金閘，以防不測。為此，小神恭請二位天帝放心出洞，坐到金筵桌前飲食等待。小神定當燒死渾沌，不負二位天帝厚望！」

遼、遠聽了鬼母此言，心覺說得有理，方纔結伴出洞而去。祂們剛到洞口，便見洞中噴出了熊熊真火，冒出了陣陣濃煙。煙燥火熱，令神窒息。遼、遠見之，齊讚鬼母神功廣大，心想渾沌定死無疑。為

此雙雙心喜無限，齊到扶桑樹下金筵桌前飲酒食肴慶起勝來。

　　誠樸的渾沌天帝剛才心無祂想，只顧往洞中行進，而不知遼、遠兩個是計。行進中突遇金門鎖道心中生出詫異，於是忙喊遼、遠詢問，卻不聞二帝應聲。這時祂方覺事情異常，欲要退向來路，一退方知後路也已被金閘閘斷。這時，祂才知道自己陷入了進亦不能，退也不能之境。祂正在不解遼、遠二帝這是為何？是跟自己在開玩笑？但又不像。若不是開玩笑，這又是在做什麼呢？正在這時，洞中突然燃起了熊熊烈焰，猛地燒向了其身，燒得祂頓然忍受不住起來。

　　渾沌雖然貴為玉皇大帝敕封的中央天帝，身有刀槍不入之能與身無死穴可擊之功，但由於在離開天界時，祂身藏的護宮萬能神珠被玉皇大帝收去，身上不僅沒有了破壁之能而且也沒有了防火之功。為此祂耐受不住這般烈火灼燒不敢怠慢，急忙揮動精鐵棍猛打金閘，但那金閘卻攻打不開。隨之祂又改攻金門，可那金門亦是攻打不動。棍打不開出路，祂又急忙使出功力，變長身軀欲圖頂破金洞，穿出洞去。但無奈洞在山腹，金山厚重，硬是穿透不得。

　　進退無路、穿洞不成之中，加之火烈煙猛，渾沌感歎自己將死於這烈火之中。於是誠樸的祂這時方纔明白，自己中了遼、遠惡帝的姦計，陷身在這烈焰金洞之中。祂們設下如此惡計，是要害死自己。但祂心明至此，卻又不解自己與遼、遠、鬼母二帝素無冤仇，祂二帝為何非置自己於死命？不解至此，祂氣憤地吼叫道：「害死敝帝者，遼、遠惡帝也！玉皇大帝，您要為下帝申冤啊！」隨後，祂只有平靜下來，慷慨待斃。

　　然而，就在渾沌喊聲剛落之時，卻聞前方金門響動，隨著便有一隻大手倏然伸來，拉起祂急向金洞深處奔去。渾沌大奇，頓又懷疑自己剛才所想有誤，但沒有等祂弄清原委，已是越過金洞數道曲彎。

而且在祂跟隨來者越過每道曲彎之時，那洞中剛才昇起的金閘卻又關閉，阻斷了燒來烈焰，使得祂們順利逃到了洞中深處無火之境。渾沌這時方覺火焰氣息去遠，心欲平靜下來，已聞來者讓祂坐下歇息，並與祂開口談說起來。

原來這解救渾沌者非為別個，正是驅動九昧真火焚燒金洞的山神鬼母。鬼母正在執行遼、遠之命燒死渾沌，所以演出如此突救渾沌逃離險境的奇異一幕，是因為神也和我們人一樣，頭腦中的思想每時每刻都在發生著劇烈變化。鬼母這時心思的變化，同樣來源於她對渾沌天帝所轄中央轄界的無限嚮往。

早在遼、遠二帝這次來到蒼梧山前，她就對渾沌天帝及中央轄界的情狀瞭解得一清二楚。並對那巍峨天宮般的渾沌帝宮，對那一北一南的奇獸園和懸圃花園，都喜愛萬分。因而早就有心居住在那裏，只是無緣成就。同時她還知道身為中央天帝的渾沌，生性誠樸勤勞，絕非遼、遠狡詐邪惡且又貪圖享受之流所可比擬。為此她雖然心性邪惡，心中卻也十分尊崇渾沌天帝，喜愛渾沌天帝，從而也更使她加倍喜愛渾沌天帝所轄的中央轄界，早就有心把二者全都據為己有。

為此她又瞭解到渾沌天帝身邊僅有一女，其妻早已亡故，生活無誰照料。自己恰好身為寡婦，所以早有心思續弦於渾沌天帝，以貴為中央帝后，佔據中央天帝轄界為己有，並左右憨厚誠樸的渾沌天帝，使自己為所欲為，從此不再受此孤獨清貧之苦，永享榮華富貴。但無奈蒼天無緣，自己只是無從與渾沌天帝接觸訴說此事。

昨日遼、遠二帝突然向她言說計殺渾沌之事，她聽了一時大為震驚，但轉瞬卻又心喜無限。她震驚的是如果渾沌天帝被遼、遠二帝殺死，自己的帝后夢就將成為泡影，渾沌天帝所轄中央轄界就將難以再為自己所有。心喜的是自己久盼與渾沌接觸一直苦於無緣，遼、遠這

時命令自己燒死渾沌，則正為自己借機解救渾沌，以訴衷情以結良緣創造了萬載難求之機。

為此她驚怕之餘心喜萬分，當即把燒死渾沌的重任接受下來，實際是她心中在打著自己的如意算盤，即絕不能讓遼、遠殺死渾沌之計得逞，而將渾沌保護下來以結良緣，實現自己去做中央帝后據有中央轄界的美夢。同時狡黠的鬼母也深深地知道，她若真的幫助遼、遠二惡除去了渾沌天帝，自己也絕對不會有好下場。

因為那樣玉皇大帝必然追究，那時狡惡的遼、遠二惡必把罪過推給自己，使自己承受不起必死無疑。為此想到這裏，她便早就思謀好了解救渾沌巧結良緣之策。即她剛才關閉渾沌之後，便率先將遼、遠二帝騙出洞去，然後放火迷惑祂二帝，自己則返身搭救渾沌脫離了火海。

這時鬼母讓渾沌坐下，即對之道：「渾沌天帝，你對遼、遠二帝也太誠直了，常言害神之心不可有，防神之心不可無。你則是害神之心沒有，防神之心也無，這怎麼成呢！好在你剛才危難之時終至醒悟，明白了是遼、遠二帝施害於你，情形正是如此。因為正是祂們陰毒地設下這般惡計，你則誠直地鑽進了祂們設下的圈套啊！」

「言者為哪方神聖何路魔怪？」渾沌這時心已平靜下來，聽了此言更是不解道，「竟敢如此與本天帝平起平坐，作此胡言亂語！」

鬼母這時不禁嘿嘿一笑道：「天帝真是太誠直了。瞧你身置此時此境，想不到還有心如此擺尊顯貴。天帝此時已是虎落平川蛟入淺水，成了可以任憑我來宰割之輩，此一時也，彼一時也。因而誠望天帝還是識時務者為俊傑，該低頭時把頭低下才好。若是天帝問我為哪方神聖何路魔怪，我倒不是別個，正乃是這蒼梧山神赤金洞主鬼母小神便是。」

「原來救本天帝者是你鬼母山神？本天帝早聞山神之名！」渾沌這時得知救祂者不是別個，竟然是這蒼梧山神赤金洞主鬼母，禁不住更加奇異不解，詢問道：「你既為蒼梧山神赤金洞主，又有剛才救我脫離金洞火海之能，想你必知邆、遠二帝害我之謀，或正為祂們的同夥，又為何要救本帝脫此急難，助得本帝不死呢？」

鬼母剛才正在急不可耐地欲要引出渾沌此言，自己方好順水推舟言說續弦於祂之事。但心懷癡想的她這時突然聽渾沌此言，卻也不由得頓然面現羞澀之情，話語變得吞吐起來道：「天帝所言皆是。小神既為蒼梧山神赤金洞主，便當然早知邆、遠二帝謀害天帝惡舉，並為其同夥，關閉天帝驅動真火皆為小神所為。若說小神為何又施救天帝於急難，助得天帝於不死，則是小神心有所想，方纔有此行為也！」

渾沌雖然無目難睹鬼母之態，但聽聞其言心中卻已察知鬼母話中有話，忙追問道：「山神既救本帝於急難，心有何想可如實講來，本天帝定當滿足大神之願，以酬大神救助之恩！」

鬼母耳聽渾沌如此追逼之言，不僅一時更加沒有了回答的勇氣，而且話語也變得零亂不堪起來道：「其實也沒有什麼。只不過小神聽說天帝喪逝賢內，成一鰥夫。小神則是一位寡婦，為此心想高攀天帝，貴為帝后。方纔捨身赴死，救下天帝。乞天帝不吝，笑納小神為妻。雖赴湯蹈火，小神後當追隨天帝永不易轍！」

渾沌突聞鬼母此言，頓時既驚詫又氣憤地道：「你，你怎將此話說得出口？鬼母，你殺了我吧，我不讓你救我。」說著站起身子，就要重赴那火焰金洞。

鬼母雖然生性邪惡放蕩不羈，且其前夫就是因她生性放蕩不羈被氣死，但她突然面對陌生的天帝說出此番心藏秘密，也禁不住羞澀十分。這時剛剛鼓起勇氣說完，本想渾沌為報其救助之恩必應自己之

求，卻沒想到渾沌竟然如此鐵石心腸，會是這樣寧死不從。

渾沌的行為頓時激得本性邪惡的鬼母羞澀煙消，怒火中燒，上前一把抓住欲走的渾沌，直言怒叫道：「渾沌天帝，此時休得不識擡舉，臭硬逞強。小神正告於你，此時你要死要活都不取決於你，而你的死活大權全握在小神手裡。試想，你鑽不破這座金山，也逃不出此洞；你身無禦火之能，我鬼母有驅動九昧真火燒你之能。為此我奉勸你放明白一些，此事我誠心求你不想逼你。答應我的心願，我放你活；不答應我的乞求，我送你死。道路兩條，一生一死，由你抉擇！」

渾沌被鬼母這番話語，頓然逼進了死胡同之中。鬼母說的都對，渾沌逃不出金洞，抵不住真火，鬼母一轉手間就可以置祂於死地。但祂又寧可死在這赤金洞中，也不願續娶鬼母為妻。這當然是因為祂不喜歡陰毒邪惡的鬼母，但更主要的則是渾沌品性正直，愛情誠篤。愛妻雖逝數載，恩愛之情難消。祂不願再娶去褻瀆祂心中對愛妻誠篤的愛，不願再娶為獨生女兒造成心上的疼。

所以，別說是此般鬼母，就是甚好的誰個，祂也都會堅決拒絕，不動釐毫。為此，渾沌雖然這時已經進入了進則生退則死的絕路之上，但祂仍然堅定地選擇了後者，道：「山神，本天帝不應你之求，非為擺尊顯貴，不識時務，乃為本天帝心中對愛妻誠篤的愛情不死，矢志難移！」

鬼母聽了更為氣惱，看到對渾沌求婚已是不成，便只有改用逼婚之招。於是她頓時火冒三丈，怒吼道：「渾沌天帝，你去癡愛一個死者不覺可悲，而對一個生者去愛覺得心疼，你活著還有何用，不若去死。這你就莫怪小神無情無義，是死是活你已抉擇，既然願死，小神這就送你前行。」

說完，她也不待渾沌動身，便即施動法力將渾沌在處的前門後

閘，全都「轟隆」一聲關閘起來。隨著，重又驅動九昧真火，一陣向被關閘在其中的渾沌狂燒過去。頃刻之間，渾沌天帝重又置身在了絕境之中。

但是渾沌不動不說，以平靜待斃於烈火。鬼母眼見此景，邪心仍然不死，趁九昧真火愈燒愈烈之機，從小孔中向被關的渾沌大聲問道：「渾沌天帝，你應也不應老母之求？」

渾沌則依舊堅定道：「不應。」

鬼母於是更為氣惱，又加烈真火猛燒一陣，再次問道：「渾沌天帝，你應也不應？」

渾沌仍是堅定道：「不應，堅決不應！」

鬼母聽罷心中更惱萬分，便再施法力加旺真火，向渾沌猛燒起來。渾沌在烈火中無處躲藏，轉瞬已至氣息奄奄之境。這時祂又聽到鬼母在洞外第三次問道：「渾沌天帝，你應了嗎？」

渾沌更是心中氣惱至極，隨之集起全身最後的氣力，依舊鏗鏘連聲回答道：「不應，不應，堅決不應！」

鬼母聽聞此答，「哎」一聲無可奈何地泄盡了氣。她一時也真是捨不得燒死心愛的渾沌天帝。因為她若真的燒死了渾沌，不僅那中央轄界就可能被邇、遠二帝奪去，使自己斷絕位居中央帝后，據有中央天帝轄地，享受榮華富貴的路徑。而且如前所想，還有身擔不該承擔之過，身陷必死之境。

她剛才所以火燒渾沌，只是軟求渾沌答應婚娶自己不成，而改用的硬逼之法。俗言英雄難過美神關，想不到這渾沌天帝軟硬不吃，實在令她無可奈何。然而，這時她又安慰自己，渾沌天帝軟硬不吃也罷，常言好事需要多磨，心急喝不下熱粥。為此她決計暫把渾沌囚留洞中，反正祂也逃脫不了。她不相信以自己的萬般風騷，玩不轉一個

誠直的渾沌，她相信必有玩轉的一日。

　　於是她急忙收回九昧真火，怕遼、遠二帝在洞外等得焦急，生出懷疑壞了其好事，隨即出洞向遼、遠二帝假言掩飾而去。

四、巨靈尋父

　　鬼母轉眼出洞來到赤金洞口，見到遼、遠二帝正坐在扶桑樹下金
筵桌前，各個狼飲虎嚼，吃食著金宴桌上的金果金肴，飲喝著金缸中
的金液金漿。祂二帝表面上雖在盡情地狼飲虎嚼金酒金肴，卻壓抑不
住心中火焚般的焦急。因為祂兩個都在對洞中渾沌與鬼母的情形掛心
不已，焦急似火，邊吃食邊看視著赤金洞口的動靜。

　　正當祂二帝掛心不已之時，突見鬼母出洞而來，便急忙止住口中
的飲嚼，齊起身詢問道：「如何？山神的九昧真火，已將無竅渾沌化
成灰煙了嗎？」

　　「那當然。不管祂是何方天帝哪路妖孽，」鬼母這時則不慌不忙，
話藏玄機故作詭秘一笑道，「只要進了我這赤金洞府，得罪了我鬼母
鎮山之神，我的九昧真火是絕對不會留情的。」

　　遼、遠二帝聽了鬼母這番似答非答之言，不知渾沌究竟是死是
活，便全都甚為放心不下道：「我們不是問你鬼母有多大能耐，而是
問你無竅渾沌究竟是死是活。」

　　「無竅渾沌也當然敵不住我鬼母的九昧真火焚燒，」鬼母見遼、
遠兩個追根究底，即哈哈一笑肯定道，「早已被化為了灰燼，豈有還
能活著之理！」

　　遼、遠二帝聽了，頓時喜得齊聲高叫道：「幹得好，幹得好！這樣殺死了無竅渾沌，中央轄界就是我們三個的了。走，我們即到中央轄界，享受一番去。」說著，遼、遠二帝拉起鬼母就要離去。

　　「兩位天帝儘管先去，小神尚有一些事情需要料理，待到小神料理完畢，」然而鬼母清楚渾沌天帝這時並沒有死去，而且她另有所圖，為此陰毒的她一甩手擺脫遼、遠二帝的牽扯道，「定當立刻前去中央轄界，與兩位天帝共用榮華富貴。」說著，即向遼、遠二帝深施一禮，以送兩位天帝離去。

　　遼、遠二帝見之，也不強求道：「大神殺滅渾沌有功，中央轄界之福我倆不敢獨享，望大神快做料理早些前去，以早享渾沌轄界之福，早取中央天帝之樂。」祂二帝如此急不可待地匆匆說著，即要告辭蒼梧神山前去中央轄界。

　　然而就在祂二帝欲去未行之時，卻驀然聽到頭頂半空中驟然響起一聲怒喝道：「惡孽休走！你等竟敢在此蒼梧神山，殺害玉皇大帝救封中央天帝，奪其中央轄界，欲要胡作非為，實屬罪大惡極，天不容赦。看招！」隨著，便聽「颯」地風聲急響，眼見一道紅光耀眼閃過，一條巨大的赤龍已經隨風橫捲下來。

　　遼、遠二帝與鬼母山神大為驚詫，驟然間心中猜不出驟來赤龍為何盡知祂們根底，全都驚怕得頓陷呆境不及防備，已聽颯然風到，將祂三個一齊捲倒在地。遼、遠與鬼母受招更驚，倒地後不敢稍息，急欲起身與之格鬥。但那赤龍不等祂三個站起，又是「颯」地一陣將風掃來。把剛剛站起半個身子的祂們三個，掃得轆轆轆連翻數滾，全都被滾摔得頭昏腦漲在了那裏。

　　遼、遠與鬼母三個當然不會示弱，剛才祂們在驟然受驚防備不及的情況下連吃兩招，未能做出絲毫還擊，全都勃然大怒。這時祂們借

35

助滾散開來之機，急忙各自起身取出家當，齊出手向赤龍打了過來。一時間，只見遼帝手舞乾坤圈，遠帝手持陰陽拐，鬼母手揮玉女劍，擺開三角陣勢將赤龍圍在正中。這個一圈那個一拐另一個一劍，徑直打向了赤龍狠處。

赤龍更不示弱，眼見遼、遠三個這個一圈動乾坤，那個一拐驚鬼神，再一個出劍力萬鈞，便揮動手中一杆萬鈞火龍長槍，迎鬥起了遼、遠與鬼母三個。只見祂左一刺「夜叉探海」，右一挑「白蛇出穴」。前一戳「黑蟒吐信」，後一擊「烏龍擺尾」。與遼、遠三個鬥在一處，打作一團。只見風輪飛旋，不見帝神之形。頓然間直殺得惡風驟起，狂飆天降，金山無光，赤日斂輝。真個是難尋此鬥之惡，少見此戰之激。

這突來赤龍不是別個，正是南方天帝倏的一胎雙胞大兒子燭龍大神。燭龍一直跟隨其父倏帝居住在南方天帝轄界，這時祂如此湊巧突然來到蒼梧神山，恰好察知遼、遠與鬼母三個殺害渾沌天帝惡舉，怒火填膺地與祂們鬥在了一起。說起其中的緣由，話就有些長了。

早在南方天帝倏未被玉皇大帝敕封為南方天帝之時，作為玉皇大帝御前左司時大神的倏，恰好與現在的中央天帝當時玉皇大帝的掌宮大神渾沌，居住在緊鄰的兩座天宮裡。那時，倏大神喜愛渾沌大神的忠厚誠直，渾沌大神喜愛倏大神主持正義，祂二神心中互相親近，情趣互相契投，行動便上朝時一道，下朝時一路。閑來居處鄰近，便又經常你來我往，長坐暢敘各自心曲。

兩位大神來往之時，由於倏大神喜愛其子燭龍，常常把小燭龍帶在身邊。渾沌大神喜愛其女巨靈，也常常把小巨靈帶在身邊。當時燭龍與巨靈尚都年幼，倏與渾沌兩位大神互相造訪敘談之時，小燭龍便與小巨靈兩個或在一旁靜聽，或者出去戲耍。倏與渾沌兩位大神來往

頻繁，燭龍與巨靈兩位小神便也接觸繁多。

由此祂二小神便在兩小無猜、青梅竹馬的玩耍中漸漸長大起來。只見那燭龍出落得龍身千里，赤鱗遍覆，渾身閃耀紅光，煞是威武雄偉。那人面也出落得日漸皎好，鼻俊嘴美，臉形也美。一雙橄欖大眼睛，更是顯得別有情趣與韻味。巨靈則出落得人面桃花，鳳眼櫻唇，玉牙秀髮。人身窈窕，頎長秀美。只是其臀部比人多長出一條長長的帶有黃鱗的龍尾，與人有別。

燭龍心中愛起了秀美的巨靈，巨靈心中也愛起了壯偉的燭龍。然而，那時祂二神雖然相愛傾心，但由於都已長大，便心中生出了羞澀，誰也不敢開口講說，只是各自把愛埋在心底。表面上則由愛生怕，弄得不敢見面互相回避起來。

倏與渾沌兩位大神當然看透了祂們的心思，一日兩位大神為祂們當面說合，定下了這樁婚事。燭龍兩個心願實現，齊對倏與渾沌兩位大神千恩萬謝，然後雙雙歡快得像天鵝一般，飛出天宮戲耍慶賀而去。

從那時開始，祂倆重又恢復了青梅竹馬時的親密，見面不再害怕回避，一起不再羞澀，雙雙互幫互扶學起了各種技藝。巨靈心地聰慧，加之細心好學，早已學得琴棋書畫樣樣精通。燭龍當然也聰明得非常神可比，加之習練勤苦，也早已練得諸種神功般般得手。祂二神就這樣雙雙習練勤苦，幫扶認真，轉眼時過數載，燭龍又習練得琴棋書畫樣樣精通，巨靈則習練得諸種神功般般得手起來。祂二神心喜無限，習練更加勤苦不輟。

然而就在這時，傳來了倏和渾沌大神受到玉皇大帝敕封，齊到下界坐鎮為天帝的消息。燭龍與巨靈兩個心中雖然不願離開生養祂們的天界，但祂們的生父都要前去到下界，祂二神無奈也只有各隨其父離開天界，來到了下界。

　　就這樣玉皇大帝的一道敕封聖令，不僅將燭龍與巨靈這樣一對恩愛小神趕到了下界，而且各隨其父分居在了天各一方，見面遠不如在天宮時相互為鄰就近輕易，次數大為減少。然而，祂二神雖然身被關山阻隔天各一方，心中卻都在日思夜念著相戀的情侶，而且一有機會便不是燭龍北來便是巨靈南往，以求見得一面，平靜心中澎湃撞擊的愛的激情。

　　剛才燭龍又是尋得時機，踏動雲頭離開南方天帝的仙竹帝宮，徑直來到中央天帝渾沌帝宮與巨靈會面。巨靈這時正獨居閨中，心感寂寞便覺焦躁。突見燭龍來到，頓然喜上心頭。忙上前迎住詢長問短，話語如滔滔江河一瀉萬里久說不輟。講說許久，巨靈又要燭龍陪她出宮去玩。燭龍心喜地答應下來，巨靈挽上其臂出了閨房，一陣漫步就要走出宮院。

　　就在這時，路過金鑾寶殿的燭龍突然想到，巨靈每次伴祂出宮之時，都要前去告知帝伯渾沌天帝一聲。這次路過帝伯所居宮殿，巨靈怎麼不說去向帝伯通報？想到這裏祂認為，定是巨靈見了自己只顧心喜，忘記了通報帝伯之事。那樣祂二神去後，定會惹得帝伯一時找不見巨靈放心不下，便開口提醒道：「小靈，你去告訴帝伯一聲，免祂掛念。」

　　出乎燭龍預料的是，巨靈聽了其說竟是燦然一笑道：「帝父今日不在宮中，一早就應東方天帝遠叔的邀請，到東方地界蒼梧神山聚會四方天帝去了。所以你來得正好，就不必告辭了。」說著，又撒嬌地一拉燭龍的胳膊，要燭龍繼續前行道：「走吧，今兒個恰好玩個痛快！」

　　但不料燭龍聽了此言，禁不住心中頓然一詫，口中「啊」地叫出聲來。敏感的巨靈立刻察覺了燭龍的異樣，隨之急問道：「怎麼，難道有什麼事情不成？」

「遠天帝前來邀請帝伯，」燭龍這時已經心思成熟，急問巨靈道，「確實言講在蒼梧神山聚會四方天帝嗎？」

巨靈不解地肯定道：「怎麼？這怎麼會假，一點都不會錯。」

「這就有些蹊蹺了！若如此說，我父倏為何沒有接到邀請？東方天帝遠既然是邀四方天帝聚會，邀請了帝伯也應該邀請我父呀？」燭龍聽了巨靈此答，禁不住更是蹙起了眉頭道，「不邀請我父也罷，可為什麼卻對帝伯講說是聚會四方天帝？巨靈，你說這事是不是有些蹊蹺？」

巨靈剛才突見燭龍蹙眉，已覺事態有異，不然燭龍是絕對不會在自己面前蹙眉的，為此其心中已是翻騰起來。這時聽到燭龍此言，方纔心明急問道：「你是說倏帝叔沒被邀請？若如此說，就確實有些蹊蹺了。龍哥，你說這會出什麼事嗎？」

「我仿佛隱約聽我帝父說過，」燭龍沉思片刻道：「邌、遠兩方天帝心術邪惡，好逸惡勞，與帝伯和我帝父，以及北方天帝忽帝叔，不為一路天神。因此，對祂們必設防備之心。」

「噢！」巨靈聽到這裏，心中不禁一詫道，「不會有什麼事吧？」

「但願無事。可是遠帝今日言行不一，看來必有隱情。因此無事更好，但我倆還是不掉以輕心為好。」燭龍不好決斷道，「反正我倆也是出去耍玩，你我何不就去蒼梧神山一遊，借機看看有無隱情。若有，我們也好幫助帝伯處之。」

巨靈聽到燭龍言說有理，遂當即應允下來，與燭龍一齊踏動雲頭，一陣來到了蒼梧山前。那蒼梧山，果真是金鑄的山，金鑄的峰，山山峰峰耀日輝，金光燦燦照九重，實在是別有一番景致，另為一個奇異世界。然而，燭龍兩個這時沒有心思觀賞蒼梧山的奇景異致，祂們心中想的都是渾沌天帝究竟如何？快些看看山上有何蹊蹺事兒。

　　燭龍眼見到了蒼梧山前，便對巨靈道：「小靈，我們為了早些探清蹊蹺，找到帝伯，以使我倆早些放心暢遊此山，你我現在分道繞山而行。你看山北，我看山南，然後到山東碰頭時再作會合，你看怎樣？」

　　巨靈當即同意道：「龍哥說得對，你我這就分頭行動。」說著，便與燭龍分別開來，一繞山北一繞山南，一路向東察看而去。

　　燭龍沿著山南一路向東察看，遠遠便見到遼、遠二帝正坐在赤金峰下赤金洞口金扶桑樹下的金宴桌旁，狼飲虎嚼金酒金肴。眼見西方天帝遼也在這裏，燭龍心中不由得又是陡地一沉：祂怎麼也在這裏？難道果如帝父所言，需要防範祂倆不成嗎？不然，祂們為什麼誆騙渾沌帝伯前來，而不請其父倏帝？

　　想到這裏，燭龍多出一個心眼，立刻隱去身形，變為一隻小小金雀，悄無聲息地飛落到了赤金洞口籠罩金筵桌的金扶桑樹上，靜觀起了樹下遼、遠二帝的動靜。好在遼、遠二帝只顧眼看赤金洞口動靜，加之燭龍變成了金雀，才使得祂倆沒有發現。

　　燭龍所變金雀剛剛落到樹上，便見蒼梧山神鬼母急匆匆走出洞來，正在狼飲虎嚼的遼、遠二帝立即停下飲嚼，向其詢問起了渾沌天帝的情形。鬼母於是答出了剛才那番話語，遼、遠二帝做出了剛才那番表演。燭龍看到聽到這一切，早氣炸了心肺。但只是心想弄清事情的根底，才一直強忍氣惱，看到最後遼、遠二帝將要離去之時，方纔大喝一聲現出原形，出手與祂三個打了起來。

　　巨靈與燭龍在蒼梧山西分別之後，獨自一個繞著山北逕自向東察看。但她一直看到了山的東部中間，也沒有見有異常，便繼續繞著山的東面向南察看起來，以早些與燭龍迎個對面，可是燭龍卻一直沒有出現。為此她不由得加快了行進的速度，擔心燭龍遇到了情況。但她

一口氣察看到了山的南面，卻還是不見燭龍到來。

這時，巨靈心中禁不住有些沉了下來。她想不出燭龍做什麼去了，為什麼遲遲沒有來到？難道是走岔了路徑？她心中默默做此祈願。為此她放心不下，不由得轉回頭向北面尋去，她擔心燭龍走錯了路去到了哪裏。可她尋視許久，仍是不見有燭龍的身影。

燭龍究竟去了哪裏，遇到了什麼事情嗎？巨靈這時心中陡地沉重起來。她迅疾想到，若不是燭龍遇到了特殊情況，祂是絕對不會這時仍然不來的。因而一定是祂在尋找途中，遇到了特殊的情況。但祂遇到了什麼特殊情況呢？若是遇到了好事，祂也該趕來迎接自己了呀。到現在一直不來，一定是遇上了什麼麻煩事。或者就是找到了帝父渾沌，發生了不幸或者是麻煩。

想到這裏，巨靈心中不由得一陣緊張起來，腳下不敢怠慢，急忙踏動雲頭，先是折轉向南然後向西，沿著山邊一路找尋燭龍而來。

她找過東面折轉向西剛行不遠，遠遠便看見燭龍與遼、遠及鬼母三個，在赤金洞外鬥在了一處。那三惡聯手進擊，燭龍被圍在正中鬥在核心，只見祂招前防後，處境無比險惡。見此場景，巨靈頓然惱怒萬分，且又不見帝父渾沌在場，心知定是壞了大事，更惱更急。

於是她急奔近前，來不及向燭龍詢問，即出鴛鴦連環雙劍，大喝一聲：「惡孽看劍！」隨著便向正朝燭龍進擊的鬼母后背砍來。鬼母一驚，急轉身回手擋開巨靈來劍，即與其鬥在了一處。

燭龍這時已與遼、遠和鬼母三個打鬥多時，祂雖然神功高強，卻也難鬥遼、遠、鬼母三個。所以能夠抵擋到這時，已經不易了。

這時眼見自己就要抵擋不住，恰好巨靈來到殺上了鬥場，擋開了鬼母山神，分散了惡孽之力，使得祂鬥勢更盛起來。只見祂邊與遼、遠二帝交鬥，邊對巨靈大聲道：「此三惡騙殺了帝伯渾沌，我們與祂

們不共戴天！巨靈小妹，殺了祂們，為帝伯報仇！」言畢，與遼、遠二帝交戰更加酣烈起來。

巨靈聽到燭龍此言，心中頓生萬分悲痛。那悲痛隨即化為萬般仇恨，使得其手中劍出如雨，揮殺似風，向鬼母惡神殺勢更猛起來。一時間，只見她把手中鴛鴦連環雙劍舞得風輪般滴溜溜旋轉不停。真個是劍隨風走，風隨體轉。只見風輪旋轉，不見巨靈身形。直殺得鬼母躲過一劍又來一劍，而且一劍比一劍迅疾，一劍比一劍狠猛。鬼母連連招架，沒有了還劍之機。

與遠帝合戰燭龍的遼帝看到鬼母危急，急丟開燭龍來戰巨靈救助鬼母。遼帝神功高強，只見祂也把手中乾坤圈揮舞得滴溜溜旋轉，旋東打東，旋西打西。同時那乾坤圈旋轉之中，還有七彩神光隨之閃射，炫目耀眼，令迎鬥者著迷，難以迎擊。

巨靈揮動手中鴛鴦連環雙劍相迎，心中充滿殺父深仇的她當然也不示弱。只見她出劍左擋「撥雲望月」，揮劍衝刺「斜指星斗」，舞劍翻飛「青龍擺尾」，持劍下沉「夜叉探海」，轉眼間便與遼帝打得難分難解，纏在了一起。

鬼母趁此遼帝替下自己與巨靈交手之時，得到了短暫的喘息時機，看到燭龍與巨靈神功高強，且又年輕氣盛，再鬥下去她和遼、遠二帝也難與之見出高低。同時她想到巨靈是渾沌天帝的獨生女兒，燭龍是渾沌天帝未來的女婿，不論打殺了祂們中的哪一個，都會既得罪渾沌天帝，又得罪南方天帝倏。而且倏與北方天帝忽又是一母同胞，忽帝又定然會幫助渾沌與倏二位天帝。

到那時祂三帝聯手對付遼、遠二帝，豈有遼、遠二帝得過的日子，也當然不會有她鬼母得過的日子。再說，如果打殺了祂們中的一個，即使自己再放出渾沌天帝，渾沌天帝又豈有與自己善罷甘休之

理！那樣自己欲做中央帝后的美夢，豈不就將化作「南柯」，哪裏還有坐享中央轄界富貴的時機！

想到這裏，陰詐的鬼母靈機一動，立即心中生出一計，即現在誰也不能打殺燭龍與巨靈兩個，她要把祂們兩個一齊捉住。然後自己再以釋放渾沌天帝和燭龍兩個為交換條件，換取自己欲要摘取的中央帝后的桂冠。到了那時，她鬼母就不怕無竅的渾沌天帝不答應她了。

詭計既出，鬼母便立刻來到正與巨靈交鬥的遼帝背後，對其悄聲道：「把祂們引上，隨我走。小神自有安排。」隨後，她又來到正與燭龍交鬥的遠帝背後，如此悄聲對其講說一遍。

遼、遠二帝這時也正為燭龍與巨靈兩個神功高強，再鬥也難以取勝犯愁。突聞鬼母此言，方纔醒悟鬼母說過的位處山中的鎖龍崖，正是擒拿燭龍的利地。心中齊贊鬼母有方，暗暗答應下來。於是祂們便一邊與燭龍和巨靈交戰，一邊佯裝敗北，跟隨鬼母之後向處在山中的鎖龍崖退去。

這蒼梧山上的鎖龍崖，乃是玉皇大帝為鎖犯罪天龍而設。一旦罪龍被貶至此崖半空，此崖就會立刻從中間轟然一聲裂為兩瓣。同時裂隙中會倏然生出一股巨大的下吸之力，就像今日人們所說的黑洞一樣，連光線都被吸入。將在半空中的罪龍「嘩」的一聲吸進裂隙之中。然後裂隙又會轟然一聲合攏，將罪龍鎖在崖中。不得玉皇大帝赦令，永遠不得脫身。

掌握開合此崖之法者，除了玉皇大帝之外，只有這蒼梧山鎮山之神鬼母一個，它是玉皇大帝賞賜給山神鬼母的鎮山之能。燭龍身為龍體，若被引到鎖龍崖上空，斷無逃脫之理。遼、遠二帝知道鎖龍崖的一切，因而聽信鬼母之計，邊打邊引燭龍兩個向鎖龍崖行來。

燭龍、巨靈兩個都是首次來到蒼梧神山，初來乍到不知道山上的

奧秘。同時祂二神這時只顧報仇懲惡，又見遼、遠與鬼母三個已是抵擋不住，向深山腹地敗逃而去，便只見表面不知實質地認為，祂三個這是為了躲到深山腹地，以免被殺。因而更是氣惱，怒罵道：「打不贏就老老實實受死，看你們往哪裏能夠逃掉！」口中罵著，腳下更是緊迫不捨，以殺仇神惡帝報冤雪仇。

遼、遠與鬼母如此越逃越疾，燭龍與巨靈便隨後越追越急，轉眼已經追到了坐落在蒼梧神山腹地的鎖龍崖上空。機敏的燭龍這才低頭看見那鐫刻在萬丈金崖上的「鎖龍崖」三個大字，心中頓然大驚暗叫不好，急對巨靈大聲道：「快撤，我倆中了惡孽的姦計！」

然而不等燭龍話語落音，便聽鎖龍崖「轟隆」一聲崩裂開來，隨著裂縫中突然生出的強大下吸之力，將正好騰在半空的燭龍，「嗖」地箭一般吸進了裂縫之中。隨著燭龍被吸入裂縫，那裂縫又「轟隆」一聲合攏在了一起，把燭龍的身子死死地夾在了崖中。只有祂那張人臉和那顆碩大的頭顱，露在金崖半壁空中。

遼、遠與鬼母見之，高興得齊聲哈哈大笑著喝起彩來。巨靈因為身非龍體，方纔未被鎖龍崖吸入其中，得以不被其囚鎖。這時巨靈眼見燭龍身被鎖龍崖鎖住，遼、遠與鬼母三個詭計得逞，高興得全都狂笑不止，方知她與燭龍兩個中了三惡的姦計，心中倍痛親人遭困，更惱惡孽奸邪，開口怒罵道：「惡孽休得逞狂，我與你等拼了！看劍！」

隨著，即又舞動鴛鴦連環雙劍，向遼、遠與鬼母三個殺了過去，以期誅除三惡救出燭龍。遼、遠二惡見之，齊聲笑言道：「你若不言，我二帝還只顧高興將你忘了。現在你既殺上前來，我們就送你返回天堂！」說著，即一起出手，迎鬥上了巨靈。

燭龍被鎖龍崖鎖住這時動身不得，見此場景心知巨靈突然失去帝父又接著失去自己，已經是心中疼痛得不能自抑。這時只顧與遼、遠

二帝惡拼硬打，以殺惡帝報雪冤仇，而不再去理智地想想別的取勝之法和後退之路，惡鬥打下去必被遼、遠擒殺無疑。遂不敢怠慢，急對正鬥的巨靈大叫道：「靈妹不可如此，快快前去南方天帝轄界，叫我帝父前來救我雪報此仇！」

燭龍如此一言點醒了正鬥的巨靈，她這才看到再打下去，自己也難以取勝遼、遠，若是自己惡拼下去再被祂二帝擒殺，她與燭龍兩個就連個報信者也沒有了。到那時，後果就更難預料了。於是她決計立即依照燭龍之言行事，揮劍擋開遼、遠二帝打來的圈拐，對燭龍道：「龍哥保重，靈妹去去就來！」隨著騰上雲頭，一路徑往南方候帝轄界奔去。

五、倏忽遭囚

　　眼見巨靈離開蒼梧神山去了，遼、遠與鬼母三個當然窮追不捨。巨靈一陣疾飛來到南方倏帝轄界，方纔甩掉不敢再追的遼、遠與鬼母三個，並迅疾來到了倏帝的仙竹宮殿近前。

　　對於南方倏帝的這座仙竹宮殿，巨靈是十分熟悉的。它與中央渾沌天帝的土木宮殿大為不同，它不僅皆為仙竹構建別有一番景致，而且饒有異國祂域風情，同時漫溢著仙鄉神居之溫馨。若從高處鳥瞰倏帝的這座仙竹宮殿，可見它仙竹如劍刺蒼穹，千千萬竿數不清。竹身挺拔節節翠，竹葉墨綠片片清。竹如仙女竿竿潔，隨風妙舞傳異情。風吹竹葉仙樂起，樂聲如酩醉神靈。

　　巨靈到時，又恰值雨後新晴時光，那仙竹更如出浴倍清翠，甘霖玉珠綴葉中。陽光斜照珠鬥彩，仙竹競鳴拔節聲。仙竹圍牆圍宮院，整齊排列似圍城。竹構院門勢巍峨，坐北面南闊門庭。仙竹挺立當樑柱，仙竹橫列繕屋頂。門楣仙竹構竹字，上書四字「仙竹帝宮」。

　　如若穿過院門進入宮院，可見到院中仙竹夾道生，竹葉頻頻擺手迎。道右邊竹宮竹殿竹亭竹閣一座座，參差聳立竹叢中。道左邊竹宮竹殿竹亭竹閣一幢幢，錯落點綴竹林中。竹叢茂，竹林盛，掩映宮殿亭閣於其中。

宮殿亭閣座座奇，全由仙竹構建成。仙竹宮、神竹宮、翠竹宮、斑竹宮……宮宮竹構成，命竹名。仙竹殿、竹仙殿、竹女殿、竹翠殿……殿殿不離竹，全以竹名稱。瘦竹亭、胖竹亭、尖竹亭、石竹亭……亭亭由竹冠，名稱不相同。藏竹閣、珍竹閣、南竹閣、北竹閣……閣閣竹不同，仍以竹命名。

順著仙竹夾峙的道路向前行進，便可直達坐落在宮殿亭閣簇擁中的巨大仙竹宮殿竹宮寶殿。竹宮寶殿是南方天帝倏坐鎮南方轄界的地方，只見它全由仙竹之中的寶竹構建成。寶竹結宮牆，寶竹排宮頂。寶竹當宮梁，寶竹編宮屏。寶竹共用千萬竿，宮室巨大納風涼。宮門左右書對聯，盡展倏帝之心境。上聯寫：未出土時已有節；下聯書：挺拔千丈仍虛心。門楣題：竹節帝心。

對於倏帝這座建造嬌美的仙竹宮殿，巨靈過去便覺得它比帝父渾沌的土木宮殿建造得美妙十分，心中早被這竹宮的仙情異致奇趣妙彩折服得五體投地。她一進宮門，便被其景陶醉。一番觀賞，便會使她進入流連忘返之境。特別是再當她想到，自己將來嫁給了燭龍大神，這竹宮就會成為自己的家時，她便更對這竹宮豔羨萬分，留戀不已。

然而此刻值此危難之時，她則無心去看這竹宮之妙，觀賞這竹宮之奇，心中只有失去帝父渾沌丟去情侶燭龍的巨大疼痛，欲要快快尋到倏帝叔，前去解救帝父與燭龍。為此，她無心再去哪怕是流覽一眼自己心愛的竹宮之美，立刻按落雲頭來到竹宮門前，「咚咚咚」一陣疾行，便穿過宮門徑向竹宮大院之中疾去。

巨靈進入宮院心中依舊焦急不減，沿著仙竹夾峙的道路徑往竹宮寶殿行進，以便早到那裏一刻找到帝叔倏，好去早一刻尋到解救帝父與燭龍之法。巨靈只顧如此滿懷心思急步前行，卻不防耳邊突然響起熟悉的聲音道：「呀，是小巨靈來了。瞧這急匆匆的樣子，也不向帝

叔打聲招呼！」正在急行的巨靈突聞此聲知是帝叔倏在旁，忙轉身一頭撲向了倏帝懷中，口中禁不住「哇」地哭出聲來。

倏天帝剛剛出殿漫步走到這裏，看到急火的巨靈向宮中埋頭匆匆行來，心想她此來無非是找燭龍玩耍，其牠也不會有別的事情。便十分羨慕這雙小兒女愛得如膠似漆，甜蜜得雙雙不捨得離開須臾。便懷著親切逗樂的心情，向巨靈說出了剛才那番話語。巨靈只顧焦急找到倏帝叔，快設營救帝父與燭龍之法，陡聞其言心中猛然轉喜，禁不住一頭撲進其懷中，悲喜交集哭出聲來。

倏天帝不像別個天帝長相與凡人有別，牠則長得模樣如同凡人，若拿具體人物比擬，其則酷似後來三國時代的關公。只是其身長萬里，四肢皆為生滿龍鱗的龍肢，方使牠顯出身為神體。牠不僅生相如同關公的前輩，而且生性也與後來關公無異。牠足智多謀，辦事縝密，沉著善斷，堅定正直。牠愛恨分明，嫉惡如仇。善於懲強扶弱，主持正義。而且性格和藹可親，對待別個親切熱情無比。

正因為倏天帝生性縝密善思，所以這時牠看到巨靈哭得悲痛，即察知巨靈今日有異，不像是與燭龍鬧小孩子家的事兒生此悲痛。因為牠看到巨靈的情態十分反常，特別是牠想到燭龍剛才不久對牠講說去找巨靈，這麼一會兒巨靈為何突然來到這裏？是牠倆鬧氣？不，牠倆愛得如膠似漆從來沒有鬧過氣兒。那麼是牠倆走岔了路，沒有碰到一起？可牠覺得也又不是，因為那樣，巨靈不會心生這麼大的委屈。縝密的牠這時忍抑不住，立即詢問巨靈道：「燭龍找你去了，你沒有見到牠？」

「帝叔，我見到燭龍哥了。」倏天帝如此一言，方使巨靈止住哭聲道，「可是，我與牠一起去找帝父，不僅我帝父沒有找到，我龍哥牠，牠……」

　　倏帝見狀聽言，頓知出了大事，心中也禁不住陡地一驚。但祂不敢流露自己的驚怕，擔心再嚇住了驚魂未定的巨靈，遂故作平靜安慰道：「靈子，別急。有何難處，慢慢講說。有帝叔在，就什麼也不用怕。你說，龍兒祂怎麼了？」

　　「燭龍被遼、遠與鬼母三惡，」巨靈這才稍稍平靜下來，止住啜泣道，「鎖在了鎖龍崖中。」

　　「是蒼梧山鎖龍崖嗎？」倏帝不聽巨靈此言還罷，聽了此言真個是心中陡地大驚。因為祂知道鎖龍崖的原委，那可不是一般的去處。為此只見祂頓失常態焦急道：「為什麼？你們為什麼要去那裏？祂們為什麼要鎖龍兒！」

　　巨靈眼見倏天帝聞知此變震驚非比尋常，便忙從頭到尾一五一十地將事情的經過向倏天帝說了個清楚，然後焦急乞求道：「帝叔，你快設法，救我帝父和我龍哥呀！」

　　「遼、遠惡帝，你等邪惡之心果然暴露。如此欺辱良善，我等豈能相容！」倏帝這時怒不可遏吼叫著，拉起巨靈一起踏上雲頭，徑向北方忽天帝的冰雕宮殿飛去道，「走，快去找你忽帝叔。我們一齊前往蒼梧神山，救你帝父與龍兒去。」

　　倏天帝與巨靈一道，須臾飛過渾沌天帝的中央轄界，便來到了北方忽天帝的冰雕宮殿近前。忽天帝的冰雕宮殿實在非比尋常，祂們站在雲頭鳥瞰，真個是燦燦銀世界，晃晃玉雕塑。銀光萬道耀眼亮，素潔千古難覓得。冰宮正門門楣上書寫四個大字：冰雕世界。門邊對聯上聯書：冰雕玉塑絕千古；下聯書：晶鐫素刻越萬代。宮門巍峨壯觀，雕工精湛，堪稱鬼斧神工，蓋世奇絕。

　　祂們進入宮內看視，只見冰樹冰花夾道生，冰神冰獸歡笑迎。道右邊冰宮冰殿冰亭冰閣一座座，參差聳立冰樹中。道左邊冰宮冰殿冰

亭冰閣一幢幢，錯落點綴冰花中。冰樹茂，冰花盛，掩映宮殿亭閣於其中。

宮殿亭閣座座異，全由冰凌雕塑成。水晶宮、冰潔宮、美玉宮、雅素宮、仙冰宮……宮宮冰雕成，命冰名。冰花殿、冰妃殿、冰樹殿、冰風殿、冰仙殿……殿殿不離冰，全以冰名稱。潔冰亭、晶冰亭、冰草亭、冰潔亭、仙冰亭……亭亭由冰冠，名稱不相同。藏冰閣、寶冰閣、北冰閣、冷冰閣、品冰閣……閣閣名不同，仍以冰冠名。

順著冰樹冰花冰神冰獸夾道向前走，則可直達坐落在宮殿亭閣簇擁中的巨大冰雕宮殿冰雕寶殿。冰雕寶殿全由冰中之精冰雕建，宮牆冰砌，宮頂冰塑，宮梁冰撐，宮室潔素若美玉，素雅壯美呈奇景。門口寫一副對聯，上聯是：潔若冰玉天帝心；下聯是：素如水晶帝王情。門楣題字：冰宮玉殿。冰雕寶殿氣勢巍峨，雕塑奇雅，是北方天帝忽坐鎮北方轄界之地。

候天帝與巨靈對北方天帝忽的這座奇異冰宮玉殿，這時當然無心觀賞，祂二神急沿冰樹冰花冰神冰獸夾峙的宮中道路，一陣來到了忽天帝的冰雕寶殿門前。未等祂倆進門，忽天帝已是迎出門來道：「候帝兄，今日是哪股神風，把你颳到了小弟這裏？還有這位小侄女，也是我未來的小侄媳！」

候天帝顧不上與忽天帝寒暄，忙拉住忽天帝進殿道：「忽弟，出大事了。」

「啊，出了什麼大事？」忽天帝頓然一驚，不解道，「竟使帝兄這般沉著之神，也沉不住了氣兒！」

忽天帝生得龍頭龍身，金鱗覆體，只是其身下四肢皆為人肢，不為龍形。祂龍面龍眼，龍眼如環。龍嘴開合，猶如巨洞。龍鬚條長，如鞭捲動。祂心地善良，嫉惡憐弱。魯莽火躁，不善思索。但也粗中

藏細，時有謀略。祂身體健壯，神功不弱。生性好鬥，勇武強悍。這時倏天帝忙不怠慢，急把事情的經過向忽天帝講說了一遍。

「若如帝兄此言，事情可就真要不好了。」魯莽的忽天帝聞之更驚，兩隻亮如銅鈴般的龍眼一瞪道，「但不知帝兄心有何想？我等如何解救渾沌帝兄與燭龍侄兒？請速道來。」

「別再說了，快走。咱們邊走邊議，會有辦法的。」倏天帝這時則急不可耐地說著，便引領忽天帝與巨靈出得冰雕寶殿踏上雲頭，一路徑向東南方蒼梧神山飛奔而來。

遼、遠與鬼母三個剛才追趕巨靈追到倏帝轄界不敢再追，停下後立即意識到祂們沒有抓住巨靈，此番巨靈必定求助於倏、忽二帝前去蒼梧神山，救奪燭龍要還渾沌。為此祂們全都後悔剛才沒有追上巨靈，將要惹出再鬥的麻煩。

鬼母想到這裏更為不安，她當然更不願意把自己所鎮神山作為鬥場，使得自己身無安寧之所。為此她見遼、遠二帝盡皆生悔，即責怪道：「都怪你倆放走了巨靈。看她搬來倏、忽二帝，壞了我等的好事，你倆如何是好！」

遼、遠二帝這時也是只有後悔沒有祂法，聽了鬼母責怪之言只有無奈道：「事到如今，就只有祂來我擋了。量那倏、忽二帝，即便不敗在我倆手下，也至多只能打個平手。只不過是又添了麻煩，使得我等及時享樂中央轄界而不得，太可惜了！」

鬼母聽聞遼、遠二帝說到這裏，也不便再去講說什麼。她二帝一神無奈，只有快快返回蒼梧神山而來。回到山上，遼、遠與鬼母三個當然不敢大意，詭譎的遼帝又是率先道：「兵家云，有備無患。我等還是大意不得的好。我想，倏、忽與巨靈三個，也都不是等閒草雞之輩，我等必須先行議定奪勝之法，穩操勝券方可。」

「帝兄所言極是。只有這樣，我等才能少費手腳奪勝倏、忽二帝，早享中央轄界之福。」遠帝從來聽信遼帝之言，這時聽了接言道，「我等實在粗心不得。以小弟之見，若欲取之輕易，必以智取為先。」

狡詐的鬼母想不到魯莽的遠帝竟然心藏刁鑽，這時率先說出了「智取」方略。為此她忙接其言道：「二位天帝所言極是。若說智取，小神倒有一計，不知可用否？」

鬼母心藏陰毒，她這時之所以主動獻出惡計，是她心胸無限膨大的結果。她與遼、遠二帝合鬥渾沌之初，無非是要借得時機接近渾沌以結秦晉之緣，然後身為中央帝后，佔據中央轄界以為己有便已心滿意足。而此刻，她已不再滿足於先前所想，因為每當她想起被她關在洞中的渾沌之後，任其隨意擺佈的場景，她胸中那顆狡惡的心便頓時膨脹起來。

她看到自己既然可以關囚渾沌天帝，就當然也可以把倏、忽、遼、遠四方天帝一起關囚起來，反正她手中握有關囚的方法。到那時，就不僅是中央轄界，而是下界所有境域就全都歸她所有了。她就可以不用再去軟說硬逼渾沌娶自己，才能佔據中央轄界，而是可以在這偌大的下界之上任意作為。正是心中生出這般險惡，她才狡詐地向遼、遠二帝獻上了自己的惡計。遼、遠二帝當然不會知道，就連祂們兩個，這時也已開始走進鬼母如此惡計的圈套之中。

遼、遠二帝這時對鬼母心中當然沒有絲毫的懷疑，因為在祂倆心目中，鬼母除渾沌鎖燭龍，為祂倆搶奪渾沌天帝的中央轄界，已經實實在在地立下了汗馬功勞，是為祂倆實心實意在賣命。為此祂倆全都看錯了鬼母，因為祂們還不瞭解鬼母的陰毒。因而祂們聽到鬼母欲獻惡計，便忙催問道：「大神有何妙計，快請速速講來，以作定奪。」

「二位天帝有所不知，小神所轄這座蒼梧神山之上，不僅有一處

鎖龍崖，」陰毒的鬼母為其惡計得逞，剛才使用欲擒故縱之招故意拿上一把，以吊足遼、遠二帝的胃口。這時見到其惡招初見成效，贏得了遼、遠二帝催問，方纔詭秘一笑道，「而且還有玉皇大帝設下的一處囚帝丘，是專為囚禁犯罪的天帝使用的，所以叫做囚帝丘。」

「噢，還有這等去處！」遼、遠二帝只顧去想擒拿倏、忽二帝，一時沒想到鬼母計中所藏玄機，聽聞驚喜忙問道：「大神快講，那囚帝丘究竟有何妙處？」

「囚帝丘像那鎖龍崖一樣，不過不像鎖龍崖那樣，每遇龍體便會裂開。」狡惡的鬼母這時也有擔心，她怕講說下去遼、遠二帝聽出了其計中玄機，察知也會把祂們一起囚於那囚帝丘中，壞了其惡計。為此她小心接言道：「而是在囚帝丘中，玉皇大帝敕令天工神匠，建造了數座地下宮殿式的囚室。若要囚禁犯罪天帝，只要打開囚室的天窗，天窗中便會像鎖龍崖一樣，陡地生出一股巨大吸力，將犯罪天帝吸入室中。而後天窗自閉，無法推開，把天帝軟禁在囚室之中。」

遼、遠二帝聽到這裏，齊被囚帝丘的神奇吸引，立刻禁不住雙雙連連叫起絕來。然而祂們剛叫數聲，刁惡的遼帝便止住了叫聲，突然詢問起了鬼母道：「大神，你快說說，那囚帝丘會否分辨犯罪與不犯罪天帝，而只囚犯罪天帝，而將未犯罪天帝放過？」

這是遼帝在叫絕之時突然想到的一個問題，祂知道在鬼母啟動囚帝丘時，自己與遠帝若不把倏、忽二帝引到囚帝丘上空，倏、忽二帝決不會自己跑到囚帝丘上空被囚。而如果祂與遠帝誘引倏、忽二帝來到囚帝丘上空，鬼母若一啟動囚帝丘，那丘將倏、忽連同祂二帝一同囚禁其中，鬼母不能放祂二帝出來，事情不就糟了嘛！為此，祂急忙詢問於鬼母。

「這個，二位天帝沒有必要擔心。屆時小神既有法術囚住天帝，

53

當然就有法術放出被囚天帝。」陰毒的鬼母料想不到遼帝竟然狡詐至此，轉瞬便揭開了她心中所藏玄機。因為她正擔心遼、遠二帝如果想到這裏，會不用她的惡計，從而使她無法盡占下界。但這時遼帝既已將其玄機揭開，鬼母再作回避也不可能，於是陰毒的她腦袋連轉數轉，坦然一笑生出新的騙言道：「你二帝儘管誘引倏、忽二帝去到囚帝丘上空，小神先將你二帝連同倏、忽二帝一同囚住，然後小神再把你二帝放出也就是了。」

「常言道，舍不了孩子套不住狼，」遠帝心性魯莽，這時耐不住了性子道：「別想那麼多了。既然大神已經說了，咱們就這麼辦！」

鬼母聞聽心喜，因為她的擔心被魯莽的遠帝一語解開，這是她不敢想的事兒。為此她急忙助力道：「只是，這就要委屈二位天帝了。」

「既然如此，就這麼辦吧。」遼天帝也不相信鬼母心中會藏鬼，這時放下心中疑慮道：「大神，你就等著開啟囚帝丘吧，我二帝定將倏、忽二帝引到丘上。」

「遼、遠二位帝友，不知敝帝的小子燭龍觸犯了哪條天規，得罪了二位帝友，讓你們將祂鎖進了鎖龍崖中。」遼帝話音剛落，驀地便聽雲頭之上傳來了喝問之聲，打斷了祂們的議論道，「小子若有不是之處，只要二位帝友與敝帝言說一聲，敝帝是絕對不會寬容於祂的，何勞二位帝友如此大動干戈，去對付一個孩子！」

這喝問之聲當然出自南方天帝倏之口，這時祂口中充滿譏刺地喝問著，已領忽天帝與巨靈按下雲頭，威嚴地站在了遼、遠與鬼母三個面前。倏天帝一路之上與忽天帝和巨靈進行了商議，由於祂們不知道渾沌天帝的下落需要弄清，所以不能一見遼、遠和鬼母之面就與之開戰，要問清原委再做定奪，因此便出現了此番場景。

遼、遠與鬼母三個想不到倏、忽三個來得這樣快疾，突聞倏帝此

言全驚愣在那裏。同時祂們又想不到倏天帝如此言辭彬彬有禮，更使得祂三個無以回答陷入了尷尬。

還是遼帝詭詐，祂看到鬼母身置此境似有退避施計之意，兇暴的遼帝躍躍欲鬥。祂雖知實施惡計時機已到，但又怕在此場景中突施惡鬥，誘引倏、忽二帝不成壞了議定惡計，因而眼珠急轉先使眼色止住遼帝，接著狡詐地對倏天帝將計就計以作拖延道：「倏帝兄不需動怒。小侄之所以被鎖，自有祂得罪於我二位帝叔之處。若將其得罪之處告知帝兄，你也一定會這樣處置的。」

「那好。既然遼弟說到了這裏，就請講明犬子得罪二位天帝之處，」倏帝則寸步不讓道，「為兄好替二位小弟代為處罰。」

「那就不必了，小孩子誰無過錯。」遼帝狡詐至極，這時仍是好話連篇以待時機道，「帝兄既然來到，我等立即將小侄交付帝兄帶回也就是了。不過我想，暫緩一下交付也遲不了。因為二位帝友既然到了蒼梧神山，我等何不共賞一番蒼梧勝景，一飽眼福。鬼母山神，還不快作引導。」

鬼母這時對遼帝之言當然心領神會，立刻口答一聲「是」字，便欲引領倏等四帝一神賞遊蒼梧神山。然而這時巨靈在旁聽了遼帝此言，大惱其欲蓋彌彰、信口雌黃，立即對其質問道：「遼帝叔，你說燭龍得罪了你二位帝叔，祂得罪在何處？難道你二位帝叔將我帝父騙到蒼梧山上，弄得至今生死不明，燭龍救我帝父也是得罪你二位帝叔嗎？」

「我等天帝講話，哪有你這黃毛丫頭插言之處。」遼帝頓被巨靈問得張口結舌，但祂畢竟老謀深算至極，兩面猴臉上的四隻猴眼立刻滴溜溜一轉，即想出了對策，故作斥責道：「就是我等把你一同鎖了，也是一樣。」

「有理不在年高，是非經緯分明。」巨靈聽了更為氣惱，當仁不讓道，「我問你，遼帝叔，你們究竟將我帝父弄到哪裏去了？」

「渾沌天帝現在何處？」倏、忽二帝這時強抑怒火，也同聲質問遼帝道，「別再繞彎，快說實情。」

「渾沌天帝在中央轄界坐鎮，祂是一位赫赫天帝，我等能把祂弄到哪裏？誰能藏得住祂！」遼帝為施惡計，這時一邊耍起無賴欲圖糊弄倏、忽二帝，一邊反咬過來嘿嘿冷笑道，「你們這是要做什麼？要來找事嗎！」

「遼帝叔，你看這是什麼？這是遠帝叔送給我帝父的請柬。上面明明寫著邀請四方天帝聚會，可你們為什麼僅請了我帝父一個？」巨靈見遼帝耍起無賴，即拿出遠帝送給渾沌天帝的請柬，用事實揭露道，「你們這裏面裝的到底是什麼藥，你們究竟要做什麼？我帝父是死是活，現在哪裏？」

「不知道。我遼帝到此蒼梧山上之後，從未見過渾沌天帝的蹤影。」遼天帝這時眼見言辭已經不能搪塞過去，便轉而玩起了硬的道，「你們要怎樣都行，反正我不知道。」

「小孩子不說假話，二位帝友究竟把渾沌天帝弄到了哪裏？」忽天帝性子火爆，站在一旁眼見遼帝耍賴至此，早已忍抑不住心中怒火。只因不願違悖倏兄吩咐，方纔強忍硬抑至此。這時看見遼帝硬耍無賴，頓然怒不可遏，將手中渾天蛇矛猛地一晃以示威猛，怒斥道，「如果不說，二位帝友就甭怪愚帝不客氣了！」

遼帝這時則正想讓倏、忽與巨靈三個率先動手，惡鬥之中祂們方好將祂們三個引上囚帝之丘。剛才祂所以制怒不露，與倏、忽和巨靈三個徒費口舌，不讓遠弟出手交鬥，正是唯恐己方率先動手，引起倏、忽二帝戒備，壞了祂們的惡計。這時眼見忽帝率先示威露出打的

端倪，遂趁火澆油以作慫恿道：「打，我豈會怕。來吧，誰個先上？不上者，便是孱頭！」

莽躁的忽帝頓被遼帝此言激火，再也忍抑不住心中的憤怒，「颯」地便揮起手中千鈞渾天蛇矛，向遼帝當胸刺了過去。狡詐的遼帝眼見倐、忽與巨靈三個中其惡計心中大喜，猴嘴一張再做慫恿，當即喝罵道：「惡帝膽敢誣我行惡，我與你等殺個高低，再斷是非曲直。」隨著，揮起手中乾坤圈，即把忽帝刺來蛇矛擋開在了一邊，與忽帝惡鬥在了一起。

「大膽忽帝，竟敢來我轄界撒野，打我遼兄。我看你是活膩歪了，看招。」兇暴的遠帝為施惡計，在旁一直遵從遼帝之言，壓抑兇暴沒有動作。這時眼見遼、忽二帝交起手來，立刻口中叫著手中挺出陰陽拐，為遼帝助戰向忽帝殺了上來。

倐帝與巨靈見之好惱，立刻一齊出手與遼、遠二帝惡殺起來。鬼母正在焦待時機囚住倐等四方天帝，這時眼見時機來到心中大喜，便也不在一旁再待，即挺手中玉女劍殺上了戰陣。就這樣倐等四帝二神分作兩幫，互為敵手，在蒼梧神山展開了惡戰。一時間，只見祂四帝二神各施絕招，齊逞奇技，直殺得金霧漫捲，金鳥停飛，金山失輝，雙雙只是不見高下。

倐等六個轉眼打鬥多時，遼帝眼見施行惡計誘引倐、忽二帝時機成熟，遂轉動猴眼，向正鬥的遠帝和鬼母使去了眼色，祂二帝一神便立作詐敗向囚帝丘方向奔去。倐、忽與巨靈三個不知遼、遠惡帝是計，還以為祂們三個不是對手，加之心中救得渾沌天帝與燭龍意切，便一齊向前窮追，轉眼已是追到了坐落在神山腹地的囚帝丘前。

那囚帝丘在處與其祂山體並無異致，它們被設在一座饅頭形的平凡小山之上。小山周圍金峰簷峙，環列如林，使得坐落在其中的這座

小山成了盆底凹陷其中。在這小山頂上，有三個耀眼金字「囚帝丘」。這裏地僻山險，諸神平時難以到達，因而是一方幽僻之地，玉皇大帝因之將囚帝丘設置在了這裏。

而在這時，遼、遠二帝為施惡計囚住倏、忽二帝，更是細作準備，早令鬼母讓小神來到山上，用樹枝樹葉把「囚帝丘」三字遮蓋起來。雖然倏、忽二帝知道蒼梧山上有座囚帝丘，卻不知道那丘就在此地，而且心想鬼母斷然不敢啟動此丘囚祂二帝。為此祂二帝思想麻痹，心無防備，一陣便追殺遼、遠三個來到了囚帝丘上空。

鬼母當然瞅准了此機，只見她立刻念動咒語，「颯」地啟開了丘上的四面天窗。那窗中倏然間即向空中射來四股強大的吸力，「颯」一聲便將正鬥的倏、忽、遼、遠四方天帝，全都吸進了囚帝丘中，被囚禁了個結實。

倏、忽二帝身遭囚禁方知中了遼、遠惡計，立即連聲叫罵不止。遼、遠二帝也被囚住耐受不得，齊叫鬼母快快放開祂倆，好去擒拿巨靈。

巨靈這時則被眼前的場景驚呆了，耳聽遼、遠惡帝此言，方知她二帝一神又中了遼、遠三個的惡計，頓被驚醒過來。她知道倏、忽二帝已被囚住，如果遼、遠二帝脫出身來再將自己擒住，她三帝二神就將與外界斷去聯繫，只有任憑遼、遠三惡隨意宰割了。為此她不敢再待，要離此絕地再尋營救之法。於是她急忙踏動雲頭，一路向西行去。

六、樸父出山

　　巨靈離去之後，遼、遠二帝雖然繼續嚎叫鬼母放開祂倆，但那鬼母當然不睬不理。她不僅對祂們的嚎叫不睬不理，而且還禁不住心中的高興，一陣放懷「嘎嘎」邪聲狂笑起來。

　　獅頭蛟目的鬼母這時當然高興暢笑，陰毒的她實在想像不到，自己竟在一日之間，能夠夢幻般地把渾沌五方天帝全都囚禁起來，使得偌大的下界全都成了她的轄區！剛才她還覺得自己的如此野心太大，太近乎夢想，可是轉眼之間這連她自己也覺得太大的野心，卻變成了眼前的現實。她怎能不為此高興得瘋狂，放懷嘎嘎狂笑呢！

　　被囚的遼、遠二帝不知鬼母心懷此想，仍對狡惡的鬼母深信不疑。就連刁詐萬端長有兩面猴臉的遼天帝，眼見鬼母邪笑不止之景，也以為鬼母是像方纔祂二帝眼見鎖住了燭龍一樣，高興得發瘋忘記了一切呢！因而祂忍受不住被囚的束縛，急又開口對鬼母大聲喝叫起來：「鬼母，快快放出我等二帝，前去捉拿巨靈。不然，巨靈奔向天宮告知玉皇大帝，我二帝一神就全完了呀！」

　　仍在發瘋邪笑的鬼母聽聞遼帝此言，方纔陡地一驚止住了狂笑，心中頓生後悔暗自道：「是呀，我怎麼只顧高興得發瘋，忘記了還有那沒有鎖住的巨靈！對，快，要快快捉住巨靈，方纔可保自己據有下

界。」隨著，她就要獨自前去擒拿巨靈。但她四處巡看一遍，卻哪裏也沒有了巨靈的身影，才禁不住心中立刻生出了焦急。

「快，快點放出我二帝。」就在這時，被囚的遼帝又叫道，「不然，就擒不住巨靈了。」

鬼母這才轉為清醒，真正意識到走了巨靈關係重大。因為巨靈此去看到自己在下界已無救兵可搬，無奈之中必會上達天庭稟告玉皇大帝，玉皇大帝聞知必定會派天兵天將前來解救渾沌三帝一神。那樣天兵天將來到，看到遼、遠二帝也被自己囚住，豈不就會把罪責全部歸於自己一身？而且她啟動鎖龍崖與囚帝丘，也都是違犯天規的私自作為，追究起來罪在不赦之列。那樣屆時兩罪並罰，就要斷掉她鬼母的活路了。

想到這裏，鬼母當然嚇得渾身汗流，抖得站不住了身子。為此她急忙心思對策，口中喃喃道：「對，快放出遼、遠二帝，讓祂們去追擒巨靈。即使擒不住巨靈，天兵天將來了，自己也好將罪過盡歸於祂們。那樣自己既可脫去囚禁帝神之罪，又可把私啟鎖龍崖和囚帝丘之罪，反說成是被祂二帝逼迫所為，盡脫罪責以保自己無虞。」

就這樣，邪惡鬼母佔據下界的野心夢，頃刻間又變成了南柯夢。於是她不敢再作等待，即忙念動咒語，又轟然一聲啟開了囚禁遼、遠二帝的囚帝丘天窗，將遼、遠二帝放了出來。遼、遠二帝脫出身來心知擒拿巨靈情急，便來不及與鬼母計較，立即騰身雲頭一路向西尋擒巨靈而去。

巨靈剛才逃離蒼梧神山之後，唯恐鬼母立刻放出遼、遠惡帝，祂二帝一神追趕上來擒住自己，那樣她三帝二神遭難之信無神送出，祂們就只有任祂二帝一神宰割受難一途了。為此她知道自己必須脫身它去，以保自己能將帝父三帝一神遭難之信送出，方能救得帝父三帝一

神脫險。為此她拼命向前奔跑，失急慌忙一陣便奔回到了渾沌帝宮。

回到宮中，巨靈眼見遼、遠二帝一神沒有追來，心中方纔稍覺平靜，立即心想起了營救帝父三帝一神之策。她思謀一陣，結論果如鬼母剛才所想一樣，即下界這時已無救兵可搬，欲救帝父三帝一神只有上達天庭，稟報玉皇大帝搬動天兵天將。然而她剛想到這裏，守門小神已經失急慌忙報了進來道：「大神，遼、遠二帝已經來到宮門了。」

巨靈聞聽一驚，急起身從後門奪路逃出宮院，一路向西北方向奔逃而去。她這時雖已謀定上稟玉皇大帝之策，但她卻不敢徑直奔往天庭而往西北奔去。因為她深有心計，害怕這時自己徑直奔往天庭，追到了宮門的遼、遠惡帝看見，定會窮追擒拿於她，她就將難逃被惡帝擒獲之厄。為了避去此厄，她便避開上飛天庭以免顯露自己，而隱蔽自己徑向西北奔來，以期躲過遼、遠惡帝追趕之後，再上達天庭。

巨靈如此奔向西北剛剛一腳跨出帝宮後門，遼、遠二帝的雙腳則已跨入了渾沌帝宮的前門。祂二帝追進宮中搜尋一遍不見巨靈，抓住守宮小神訊問再三，方知巨靈剛剛從後門逃奔離去。祂二帝不敢怠慢，急欲穿過宮院前去追擒巨靈。

但就在祂二帝穿越宮院之時，沿途兩旁一座座往後閃過的巍峨宮殿，卻都像一塊塊強力磁石一樣，把祂二帝的腳步吸得越走越慢，越來越強烈地牽起了祂二帝的享樂貪心。祂二帝本為貪圖享樂之輩，因此只見祂們為此沒能走到金鑾寶殿門前，即已被心中大起的貪心止住了正行走的腳步，兩個都已忘記了面臨之險，決計趁此宮中無主之時，在此宮中盡情享受一番。

隨著祂二帝便各自尋宮索殿，盡撿宮中美的使用，選擇殿裡好的享受，完全把追擒巨靈之事忘在了一邊，盡情享受起了渾沌帝宮之樂。不一日，遼遠已把渾沌天帝數十載苦心經營的偌大華美帝宮，弄

得天翻地覆一塌糊塗，全都改換了面貌。

巨靈離開渾沌帝宮之後雖然不見邃、遠惡帝追來，卻也不敢怠慢，只顧隱蔽著自己迅疾向西北奔逃，不覺間已經來到了坐落在西方邃帝轄界西北邊沿的崦嵫山近處。

巨靈舉目看視，崦嵫山氣勢巍峨，險峻非凡。它連綿數千里，奇峰牽手連。奇峰有高有低，有粗有細。高的直插雲表，如鍔刺蒼天；低的沉厚敦重，似磐石不可搖撼；粗的徑達百里，若虎踞龍盤；細的纖弱如柳，像玉女婷立。那山無限奇異，到處銀光耀眼。

巨靈心中奇異，來到山上一看，方知此山乃像蒼梧神山全為金鑄一樣，則是一座銀山。峰是銀峰，崖是銀崖，澗是銀澗，谷是銀谷。銀峰生輝，光耀日月；銀崖璀璨，銀壁耀眼；澗流銀水，水聲潺潺；谷蕩銀霧，蒸騰彌漫。山上長銀樹，生銀草，開銀花；跑銀獸，走銀禽，飛銀鳥。澗中游銀魚，行銀龜，住銀龍。般般件件全是銀，銀裝素裹不沾凡。

巨靈首次登臨如此崦嵫銀山，並且越看此山心中越覺奇異，深慕神界造化之妙，但她這時卻無心看視下去。渾沌三帝一神被囚禁在蒼梧山死活難料，自己身後又有邃、遠惡帝追趕，不論這崦嵫山多麼神奇美妙，她此時此刻都無心細看。剛才她之所以看視一番，是因為奔逃疾急，心覺不該來到此山中，卻已來到此山跟前，心中有異唯恐再遇惡變，方纔看視一番。

這時看後知道此山是她聽說中的崦嵫神山，方纔放下心來，決計立刻隱入山中銀樹林裡，以避邃、遠惡帝追擒，待祂二帝去後她再飛登天庭。心想至此，她便立即按落雲頭，隱身在了一座銀峰之上的茂密銀樹林中。

巨靈隱身的銀峰是一座不太顯眼的平凡銀峰，她之所以選中它作

為隱身之處，正因為它平凡得不那麼顯眼，好避免遼、遠惡帝追來搜尋。此峰坐北面南，北面毗鄰高聳的銀峰，南面連接一片開闊的盆地平原。平原平坦如鏡，地為銀地，草為銀草，花為銀花，禽為銀禽，鳥為銀鳥，靜謐安然。

平原正中有一條寬闊的銀河，似一條素潔的飄帶橫穿而過。河中蕩著銀波的銀水，由西向東唱著清脆的歌兒流淌而去。更給這片靜謐的銀鑄平原，增添了幾分悠然。巨靈隱身之後只顧向來路遠瞅遼、遠惡帝是否追來，對身邊的美景看也沒有來及看上一眼。

突然，一對金童玉女放開金鐘銀鈴般的歌喉，對唱的一支妙曲仙歌，悠揚地敲響了只顧專心凝眸遠瞅遼、遠惡帝是否追來的巨靈的耳鼓。那歌聲清純脆亮，嬌柔甜美，真個是沁脾的甘霖、搖旌的仙音。巨靈聽到──

金童唱：神界造化實堪敬，
玉女唱：金山銀山兩不同。
金童唱：金山金水開金花，
玉女唱：銀山銀水飛銀鶯。
金童唱：金童牧牛吹金笛，
玉女唱：玉女相伴奏銀箏。
金童唱：金笛銀箏兩相諧，
雙合唱：金童玉女永相共。

金童玉女如此清純甜美的沁脾歌聲，頓然搖盪了專心遠瞅遼、遠惡帝是否追來的巨靈的心旌，她忍抑不住心中對這妙曲仙歌演唱者的強烈嚮往之情，凝眸遠瞅的雙目立刻被這妙曲仙歌吸引了過去，一幅

悠然甜美的金童玉女牧牛圖，隨著展現在了她的眼前。

她看到，在那唱著歌兒的寬闊銀水河畔的銀草地上，在暖融融的明媚陽光照射之下，在遍地的素潔銀花簇擁之中，一對嬌美的金童玉女，正在靜謐悠然地牧牛吹笛擷花彈箏。金童生得純如金鑄，真個是一位金面小生；玉女生得素潔如銀，實可謂一位玉體仙女。金童悠然牧牛，玉女自在擷花；金童歡心戲水，玉女潛心掐草；玉女跑，金童追；金童鬧，玉女笑。金童騎上金牛脊背吹奏金笛，玉女坐在銀河水邊彈撥銀箏。金笛之聲嘹亮悠揚，銀箏之聲清脆悅耳。笛聲與箏音相諧共鳴，金童與玉女重又唱起了妙曲仙歌——

玉女唱：神界造化實堪敬。
金童唱：金山銀山兩不同。
玉女唱：金山金水開金花。
金童唱：銀山銀水飛銀鶯。
玉女唱：金童牧牛吹金笛。
金童唱：玉女相伴奏銀箏。
玉女唱：金笛銀箏兩相諧。
雙合唱：金童玉女永相共。

巨靈看到這裏聽到此處，巨大的精神反差使她心底驟然翻上一股巨大的痛楚，沖得鼻子一酸鼻翼一動，口中禁不住竟然哇地哭出聲來。她當然禁不住心中的痛楚大放悲聲，因為處在她的境地，是任憑誰個也都會忍抑不住心中的悲痛，會這樣痛哭失聲的。

帝父被囚情侶被鎖，前去救援的二位帝叔又被囚住，下界無援使得她孤身一個逃避遼、遠惡帝的追擒，這是多麼巨大的痛楚啊！但她

心中苦痛若此，眼睛看到的卻是此刻展現在她面前的，如此美妙悠然充滿無盡歡樂和幸福的動魄場景，她怎能忍抑得住心中的悲痛不哭出聲來呀！

然而就在巨靈「哇」地哭出聲來之時，卻聽耳邊陡然傳來一個老者的和藹之聲道：「何來神魔在此號哭，擾我神山寧靜，亂我山神方寸！」巨靈一驚，忙止住哭聲循聲看去，見是一位面目誠直的老者，已經顫顫巍巍地來到了自己面前。這老者人面人身，不僅身有千里之巨，而且腰圍也徑達千里。其面童顏，銀鬚鶴髮；鳳眼和藹，面容慈善。

「大神請諒！小女不知大神在此，擾亂了山中清淨。」巨靈見這老者不是惡神邪魔，剛才緊張的心情方纔放了下來，向老者致歉問詢道，「但不知大神是哪路神靈，何方仙體？」

「老神不是別個，」老神聞問即答道，「此崦嵫神山鎮山之神，樸父便是……」

樸父老神正在往下繼續講說，但是巨靈僅僅聽到衪「樸父」二字出口，便禁不住心中巨痛上湧，又「哇」的一聲哭了起來。一時間，只見她一個勁兒失聲痛哭不止，哭得慈藹的樸父老神也停住了講說，在旁心痛不已勸慰再三，詢問再三。但是巨靈一時間硬是忍抑不住悲哭之聲，沒有回答一言。

「孩子，暢懷地哭吧，」樸父老神眼見巨靈心有劇痛難止哭聲，隨後便也不再詢問勸慰，而讓其盡情痛哭道，「把心中的悲痛全哭出來，心裡就好受了。」

巨靈聞聽此言心覺更受安慰，便真的哭得更痛起來。巨靈當然聽到樸父老神之名立刻失聲痛哭，她過去雖然沒有到過這崦嵫神山，也沒有見過樸父老神之面，但她早已從帝父渾沌那裏聽說了樸父老神之

名，知道祂生性誠樸，待神慈藹，處世正直，好仗俠義，救助急難。今日一見樸父老神之面果如其父昔日所言，頓覺如見救星，有了靠山，再也不怕遼、遠惡帝追趕過來。如此心一放鬆，便再也壓抑不住心中的悲痛，在樸父面前失聲痛哭起來。

高齡的樸父老神閱歷深廣，眼見巨靈悲哭不止，心痛難抑，又一直口不言說，慈善和藹的心中頓然想到，或許是這女孩兒心有難言之痛，對自己不好講說，便對巨靈道：「孩子，走。我領你找你樸妻老娘去。」說著，樸父老神便要引領巨靈離此小山，向其居處白銀山走去。祂想讓巨靈對樸妻說明原委，好做定奪。

然而就在這時，巨靈卻強抑悲痛突止哭聲，開口大叫一聲「大神」，即向樸父講說了一切道：「小女要去天庭向玉皇大帝求救，就暫且不去見我樸妻老娘了。謝謝大神！」

「上達天庭，那可不是一件易事。因而不到萬不得已，還是不要那樣去做的好。」樸父老神早聽得義憤填膺，但祂深知作為小神要見到玉皇大帝程序繁多，因而勸阻巨靈道，「而且，那樣也是一時遠水難解近渴。姑娘還是跟隨老爹一起，到我居處與你老娘一道，商議就近解救之策為好。」

巨靈當然知道上達天庭的不易，這時聽了樸父之勸，無奈只有應聲道：「好吧，一切就聽老爹安排了。」說著，即隨樸父向其居處白銀山行去。

白銀山是樸父夫婦坐鎮崦嵫神山之地，祂夫婦就居住在坐落在白銀山上的白銀洞裡。哭著的巨靈跟隨樸父老神須臾來到白銀洞前，巨靈透過淚簾看到，白銀洞坐落在崦嵫主峰白銀山南麓。白銀山峰高萬丈，山上銀石嶙峋，險峻異常；峰上銀樹蔽日，鬱鬱蔥蔥。洞口開在山根銀崖底部正中央，崖立萬丈，直如刀削斧劈。洞口上方書寫四字：

白銀神洞。洞口左右兩邊各書一副對聯，上聯寫：銀洞銀神鎮銀山；下聯書：樸父樸妻行樸誠。

洞口前方是一個銀澗，一泓銀水從銀澗中潺潺流過，如唱如歌。銀澗西方水源頭處，一條銀瀑從銀崖上徑直掛下，高逾千丈。銀水如珠串串下，銀花四濺朵朵開。真個是一方神洞，絕妙去處。巨靈正在看視，樸父老神已讓洞口小神告知樸妻迎到洞外，拉起巨靈進入了白銀洞中。

白銀洞中更是奇妙非常，只見銀花處處開，花花玉雕妝；銀草處處長，草草水晶樣。更有銀水處處流，潺潺水聲響；銀鳳隨處走，鳳鳳呈瑞祥；洞中有洞府，府府不一樣。巨靈跟隨樸妻邊走邊看，越看越覺奇妙，不多時便來到了一座巨大洞府門前。

此洞府名叫樸父洞府，府門開處只見洞府之中宛如一座地上宮殿：宮室座座，寶殿幢幢，亭臺樓閣，皆為銀妝。巨靈跟隨樸妻進入府門來到一座最大的宮殿，此宮名叫樸父宮，乃是樸父夫妻坐鎮崦嵫神山議事的地方。

入宮坐定，樸父便與樸妻和巨靈一起，計議起了救助渾沌三帝一神之法。但祂們商量過來計議過去，都沒能議出良謀。因為即使樸父夫婦加上巨靈，祂三神一起去鬥那遼、遠與鬼母二帝一神，也定然取勝不得。那樣取勝不得，便救不出渾沌三帝一神。

然而議到末了仍然無奈之時，樸父老神忍抑不住道：「救助渾沌三帝一神，我夫婦自當義不容辭，無法也得去救。我想可以這樣，即我與那遼、遠和鬼母二帝一神昔日無怨，前去蒼梧神山一趟，或許能夠說動祂們釋放渾沌三帝一神。如果遼、遠二帝不應，我伺機與那做出這般事體的鬼母單獨交涉，也必可救出渾沌三帝一神。」

樸妻這時也無祂法，聽了只有贊同下來。便自己留鎮崦嵫神山，

即送樸父與巨靈一道，往東逕奔蒼梧神山解救渾沌三帝一神而來。

樸父所以認定祂與鬼母一番交涉，必可救出渾沌三帝一神，是因為祂與鬼母之間，過去曾經有過一段非同尋常打出來的交情。那是在距此三百多年前的時候，樸父夫婦還不是這崦嵫山鎮山之神，而只是住在這崦嵫山上主持鑄劍。樸父夫婦從幼時起，即在這崦嵫山上追隨崦嵫山鎮山之神──神界鑄劍大師鼓鑄苦習鑄劍之術。由於祂倆學習勤苦，矢志不移，鼓鑄大師飛昇之前，將其一生所得鑄劍秘訣，全都傳授給了祂們。

鼓鑄大師去後，祂夫婦便繼續留在山上承繼師志，繼續鑄劍不息。祂夫婦鑄造上好神劍無數，成為神界眾神魔追索之珍。由於祂夫婦鑄劍有術，被眾神魔稱為神界鑄劍第一高師。不僅今日遼、遠二帝身帶佩劍為祂夫婦所鑄贈，就連玉皇大帝輪番佩帶的樸父劍與樸妻劍，也都是祂夫婦所鑄。

樸父夫婦為玉皇大帝鑄樸父樸妻那雙佩劍，更有一段非同尋常的奇異故事。那是在距此三百年前的一天，玉皇大帝忽然把號稱神界鑄劍第一高師的樸父召進靈霄寶殿，親手遞給祂一塊神鐵道：「這塊神鐵是帝妃夏天晚上納涼，抱了鐵柱心有所感，懷孕千年生出來的怪東西。看來這鐵似乎有點不同尋常，是否可以用它鑄成兩口寶劍？」

樸父聽了，恭恭敬敬地接過玉皇大帝遞給祂的那塊神鐵，仔細端詳一番道：「此乃鐵之精華，當然可以鑄出好劍。但只是要用這塊精鐵鑄出兩口寶劍，恐怕不夠。」

「朕知道不夠，添上這點寶貝東西不就夠了嘛。」玉皇大帝聽後一笑說著，又從袍袖裡掏出幾粒烏黑晶亮，比蠶豆粒兒大不了多少的東西，遞了過來。

樸父把那東西接到手中，頓覺那東西雖然微小，卻是沉甸甸的異

常沉重。看模樣像是小動物的膽腎，卻不認識是什麼東西。玉皇大帝見之一笑道：「怎麼，連你這神界鑄劍第一高師，也沒有見過這鐵膽腎嗎？它是從咱天國武器庫里弄來的，可是價值連城的至寶呀！」

「噢！」樸父聽到這裏驚奇道，「這就是鐵膽腎？太神奇了！」

「是的。」玉皇大帝繼續道，「原來咱天國武器庫裡生出兩隻兔子大小的小神獸，雄的毛色金黃，雌的毛色銀白，專吃鋼鐵。咱武器庫裡存藏的兵刃鐵器，差不多全被它倆吃光了，才被守庫大神在開庫檢查時發現，並捉住了它倆。」

「噢！真是太神奇！」樸父這時更為震驚，驚歎道。

「守庫大神心中氣惱，剖開它倆的肚子一看，就發現了這幾粒非同尋常的鐵膽腎，才知道武器庫裡的兵刃全是它倆吃掉的，吃掉的兵刃就變成了這幾粒鐵膽腎。」玉皇大帝末了道，「因而這幾粒鐵膽腎是寶中至寶，是鑄劍的精鐵，你拿去試試吧！」

樸父聽完玉皇大帝此言，更知手中鐵膽腎之貴重，急俯身謝過玉皇大帝信任，即起身出宮回山鑄起劍來。鑄劍開始，帝妃所生神鐵與神獸所產鐵膽腎皆為鐵中精華，堅硬無比，因而祂夫婦將它們放進爐中，任憑怎樣用風箱吹火燒煉，也不論火勢多麼猛烈，硬是銷熔不開。祂夫婦鑄劍一生，曾經鑄得神劍無數，還從來沒有一次遇到過這樣的情形。

樸父為此愁眉不展，樸妻在旁莊重道：「夫君怎麼忘了先師鼓鑄之言：凡寶貴神物的變化，需要用神作犧牲才成。為此昔日先師遇有金鐵銷熔不開之時，總是削髮代為犧牲扔進冶爐，方纔鑄出神劍。今日我夫婦既為玉皇大帝鑄造寶劍，而且用的是這兩種寶貴精鐵，恐怕也需要用犧牲才行呢！」

「對了，我怎麼忘了使用犧牲！」樸父聽了樸妻此言，臉上頓然

69

綻出笑容說著，便與樸妻一起剪去頭髮和指甲以代替自己，投入了熊熊的爐火之中。剪去頭髮和指甲，在神界也是一種大膽的犧牲。因為神說頭髮和指甲是精氣和魂魄的寄託之所，去掉它們就會影響健康甚至縮短壽命。

樸父夫婦的頭髮和指甲頃刻便在爐火中化成灰燼，那爐中的神鐵和鐵膽腎遇到犧牲，果然立刻熔化開來。此後又經三百載冶煉，祂夫婦終於為玉皇大帝鑄成了兩把上好寶劍，即樸父劍與樸妻劍，神稱玉皇大帝帝王雌雄寶劍。

樸父劍與樸妻劍實在是上好無比，它們像秋水般明亮，發射出閃閃的寒光。頭髮放在劍鋒上一吹就斷，拿它們削鐵就如同切削泥土一般。樸父將此二劍呈獻玉皇大帝，玉皇大帝喜之無限，當即佩在身上，成了玉皇大帝的帝王雙劍。樸父夫婦因鑄此雙劍有功，便在繼其先師鼓鑄大神之後，被玉皇大帝敕封成了崤嵫山鎮山之神。

樸父夫婦受封之後，心想祂倆一生曾經鑄得神劍無數，如今全都被眾神諸魔索要而去，祂夫婦手中卻沒有一把好劍可用。過去不做鎮山之神一切平安無事，如今身為鎮山之神，如果生出點滴變故，用得著寶劍之時去何處索取？為此，祂倆決計為自己鑄得一雙好劍，以作鎮山之用。想到就做，樸父首先巡山採得優質鐵精，然後裝進熔爐冶煉起來。但如上次給玉皇大帝鑄劍時一樣，那鐵精在爐中任憑祂夫婦如何鼓鑄，硬是銷熔不開。

這時，樸父夫婦身邊已有一對小兒女，大的是兒子名叫金童，小的是女兒名叫玉女。金童此時年方十四，玉女此時年屆十二。玉女見之上前道：「爹娘莫愁，上次爹娘為給玉皇大帝鑄劍，不惜剪去頭髮和指甲，用作犧牲使精鐵銷熔。今日父母為自己鑄劍，女兒應當盡力。」說著，她竟然倏地使出「鷂子翻身」之招，躍身進了冶鐵爐中。

冶鐵爐中突然來了玉女犧牲，鐵精立刻熔化開來。玉女也隨著化為鐵液，與鐵精混在了一起。樸父夫婦見之心痛萬分，雙雙愣在了那裏。就在這時，金童又對樸父夫婦道：「爹，娘，小妹為父母鑄得寶劍不惜身子，她小小年紀尚且如此，我做哥哥的豈甘落後？！」言畢，也立刻使出「銀鯉穿波」之招，躍身到了冶鐵爐中，頃刻與爐中鐵液熔在了一起。樸父夫婦眼見一雙小兒女頃刻齊逝，心雖悲痛，但也覺得痛亦無用，便又齊聚精力鑄起劍來。祂倆又將爐中鐵液進行數十載冶煉，終於鑄成一雙上好寶劍：金童劍和玉女劍，成了祂夫婦的隨身佩帶寶劍。

然而，就在樸父夫婦剛剛鑄好金童、玉女佩劍之時，神界有位首屈一指的神偷，即後來的蒼梧鎮山之神鬼母，便欲盜取這雙寶劍。鬼母那時在神界還是一個無名小神，由於她好吃懶做貪圖享受不務正業，所以淪落成了神界的乞丐。但這鬼母淪落為乞丐之後還死要面子，不願表面上乞討為生，便做起了偷盜謀生的勾當，成了當時神界有名的偷盜高手「神偷」。

神偷鬼母當時是無名小神，為此樸父夫婦所鑄之劍便不會送到她的手上。然而鬼母為防偷盜之時被別個擒住，也苦習神功並期望得到樸父夫婦所鑄名劍。樸父夫婦當然不給，她便設法去偷。這時，樸父夫婦剛剛鑄好金童玉女寶劍，夫妻對之愛不釋手，何況劍中隱有兒女之身呢！因而鬼母偷術雖高，卻數次盜取均未得手。

這日鬼母再施盜術，趁夜潛入樸父夫婦白銀洞中，在樸父夫婦酣睡之時，欲行盜竊。但就在她見到樸父夫婦睡熟，出手上前欲盜寶劍之時，手剛挨住那劍，便聽那劍「娘呀」一聲叫出聲來，頓時驚醒了酣睡中的樸父夫婦。

樸父夫婦見到鬼母趁夜偷劍勃然大怒，齊躍身向她打來。鬼母自

知自己不敵二神，交手片刻便急忙虛晃兩招欲圖脫身。樸父夫婦當然窮追不放，追得不敵二神的鬼母慌忙，加之夜黑又不熟悉洞中情形，腳下猛然被絆，身子即刻撲通摔倒，樸父夫婦上前把她擒了個結實。

鬼母被擒只好如實講說偷盜之情，樸父聽到鬼母言說是實，同時早知其為神界名偷，心中急速思謀起了對付之策。誠直的樸父一貫認為，越是窮惡之人越是得罪不得，因為滄桑之變世事翻覆，神界亦是十年河東十年河西，說不定哪一日自己就要求到鬼母頭上，為此祂決定對鬼母以寬待之。

同時祂也想到鬼母偷盜手高，她的欲求之物你若不給，你也守護不住，因為她早晚會伺機盜去，所以祂也決意對鬼母以寬待之。然而樸妻卻盛怒不消，非要斬殺盜賊鬼母不可。樸父於是對其勸說再三，樸妻方纔息怒，同意樸父之見。

鬼母機靈十分，這時眼見樸父夫婦誠直敦厚，不僅不乞求脫身，反而進一步乞求祂夫婦賜其一劍，並且點名要其玉女劍。樸父心地誠直，便不顧樸妻反對，當即應允，將玉女神劍從樸妻手中取過，賜給了鬼母。鬼母實在意想不到樸父會對自己這般慷慨，忙接過寶劍叩謝再三，稱樸父為摯友。並且言講以後定當以死相報賜劍大恩，隨即再叩樸父夫婦方纔離去。

此後一晃數十載過去，鬼母神偷倒也有好的機遇。一日玉皇大帝的樸父帝王劍突被盜去，玉皇大帝派出眾多天兵天將四處查找均未尋到，玉皇大帝十分氣惱。太白金星看到玉皇大帝為此氣惱，這日進言道：「陛下，劍既被小偷盜去，找尋不得，我們何不來祂個以盜治盜，讓神偷鬼母去尋此劍。若能尋回此劍，封她個鎮山之神也就算了。」

玉皇大帝聽了心覺太白金星所言也是，便即命傳旨天官傳來了神偷鬼母，令其尋回那劍。若得成功，封她為蒼梧鎮山之神。鬼母聽後

心喜，想不到自己行偷竟也偷出了一片光明的前程，因而盡心盡力，果然很快尋回了玉皇大帝的那把樸父佩劍。玉皇大帝見劍心喜，當即依言敕封鬼母做起了蒼梧鎮山之神。

鬼母坐鎮蒼梧神山之後，樸父夫婦雖然一直沒有再見過鬼母之面，雙方也互相不通音訊。但誠直的樸父念及前情，心想自己前去蒼梧神山憑著過去的交往，即使不能說動曾經賜得寶劍的遼、遠二帝，也定然能夠說動鬼母救出渾沌三帝一神。因而祂與巨靈一陣踏動雲頭，已是來到了蒼梧神山近處。

七、鬼母生仇

　　眼見到了蒼梧山前，樸父忽然想到遼、遠與鬼母三個都在山中，若讓與祂們為敵的巨靈隨同自己一齊前去，祂三個見到只能帶來不利而決不會帶來好處，同時對巨靈自身也只有危險而決無安全可言。

　　因為自己如果勸說不動遼、遠與鬼母三個，祂三個與自己動起手來，祂與巨靈是鬥不過祂二帝一神的，到那時巨靈就身陷險境了。為此，祂心思急轉即對巨靈道：「姑娘先在山邊躲避等候，老神前去與祂們講說。」巨靈也知自己同去有害無益，便當即應允在山邊按落雲頭躲起身子，目送樸父老神獨自向赤金洞飛去。

　　樸父老神須臾飛到赤金峰前，按落雲頭來到了赤金洞口。祂見洞口有小神守門，便詢問道：「遼、遠二位天帝可在洞中？」

　　守門小神係鬼母在此關鍵時刻精選心腹，祂們全都聽鬼母說過樸父夫婦的情狀，以及祂夫婦與鬼母的恩誼關係。因而這時一見其面便認出祂是樸父大神，加之知道樸父與鬼母關係深厚，聽到此問即如實回答道：「祂們不在洞中，齊往西方追擒巨靈去了。洞中只有鬼母大神一個。」

　　小神此答正合樸父心意，因為祂正想瞅得一個與鬼母單獨交談的時機，以說動她開釋渾沌三帝一神。想不到這時機一尋即到，說明救

出渾沌三帝一神有望，頓然心喜十分，即令守門小神道：「快快報於你家洞主，就說我樸父老神待在洞口，要面見她。」守門小神不敢怠慢，即忙入洞傳報而去。

值此囚住渾沌三帝一神事關重大干係不輕之時，主謀的遼、遠二帝一起離去遲遲不歸，蒼梧山上只剩下鬼母一神擔當此事，待在赤金洞中的鬼母這時心中正在忐忑不安。她擔心遼、遠二帝此去擒不住巨靈，巨靈如果奔上天庭稟告了玉皇大帝，玉皇大帝派來天兵天將自己如何對付？

她期盼遼、遠二帝迅速歸來，擒回巨靈更好，擒不回巨靈也是早些回來一刻早好一刻。只要祂們在，天兵天將來了自己就可以把罪責全都推給祂們。若在祂們未歸之時天兵天將來到，那罪責自己就難以洗清了。因為自己一神守在洞中，自己就完全可以放開渾沌三帝一神而不放。為此她心中不安地焦待著，並派出心腹小神扼守洞口，以準確迅速地向洞中通報消息，自己好早拿對付之策。

與此同時，她也在思謀既然遼、遠二帝已被放出，自己再想獨佔下界已不可能，這樣自己何不趁此山上只有自己一神之機，再設良法向渾沌求婚，以據中央轄界為己有？那樣若能求得渾沌同意，既可實現自己的心願，天兵天將來了自己又可放出渾沌三帝一神，共同擒討遼、遠二帝，盡洗自己之罪。但無奈她一直思無良謀，正在這時守門小神來報，樸父老神來到赤金洞口。

「這老神值此時機來見我，是何用意？」鬼母聞報，心中著實大為驚奇又大為欣喜。她奇異樸父老神為何恰值此時前來，心知祂定有所為。也欣喜樸父老神與渾沌天帝脾性相投，自己恰好求祂為自己與渾沌天帝牽線，定然姻緣可成。她覺得這說不定正是天命，樸父所以這時來到，正是她與渾沌天帝的牽線之神。為此她即不怠慢，懷著又

奇又喜的心情，起身徑往洞口迎見樸父老神。

鬼母眨眼來到洞口，果見樸父老神正顫巍巍地站在洞口等著見她。她忙趨身上前，笑臉相迎道：「恩公此來小神不知，未能遠迎，乞恩公見諒！」

樸父聞聽一笑道：「不知不為過錯，何有見諒之說！」

「恩公果然心地寬廣！小神與恩公崦嵫一別，倏忽已過數百載。」鬼母隨著笑言道，「小神早盼恩公來我蒼梧神山遊玩。不想今日恩公來到，我當先為恩公擺設金宴，接風洗塵。」說著，就要把樸父老神讓進金洞。

「不用。老神此來不是為了吃食金宴，而是有事才登三寶神殿。」樸父當即拒絕道，「老神看這裏不錯，我們就坐在這裏說吧。」說著，祂一指洞口外那棵金扶桑樹下的金桌凳，即率先前去坐了下來。

鬼母這時聽了樸父此言眼見這般場景，心中不禁陡地一沉。她感覺出了樸父的來意並不輕鬆，可能正是專為渾沌三帝一神被囚而來。不然祂為何數百年不來，恰在這時來到又出口這般話語？狡詐的鬼母感覺至此，臉上的一雙蛟目立即滴溜溜急轉，思謀起了應對之策。

本來，她想讓樸父為自己牽線，成就與渾沌天帝的好事出發，決計不僅出於舊情，而且出於實用都要好生款待樸父。但這時她不得不收起此想，從說客的角度進行思考，先作試探摸清樸父此來根底再作定奪。

「也好，恩公願意在此就坐一敘，小神就陪伴恩公坐在這裏。」鬼母這時順水推舟說著，轉命身旁小神道，「快上茶點金果。」

小神得令，立刻將茶點金果擺滿了樸父面前的金桌。與此同時，鬼母不待樸父開言，即又開口試探道：「恩公既為有事登臨敝山，恩公儘管直言吩咐，小神定當照辦不誤。」

「那好，」誠直的樸父這時也不轉彎，為使鬼母下步不好改口，進一步褒獎道，「這就請大神多多賞臉了。」

「恩公不可此言，有話恩公可以直說。」鬼母想不到樸父如此虛言，使她無法回答，無奈也只有進一步道，「小神不忘昔日所言：日後定然以死相報恩公賜劍之恩。死都可以，哪裏還有賞不賞臉之說。」說著，她故作高興地一陣「嘎嘎嘎」怪笑起來。

「痛快，痛快。」樸父聽了連贊數聲，隨著祂話鋒一轉單刀直入詢問鬼母道，「我問你，是你用九昧真火將渾沌天帝焚為灰燼了嗎？」

「這個，」鬼母想不到樸父問得如此驟然，如此直率明瞭，心中一驚，頓時尷尬起來，口中不知如何回答是好，支支吾吾道，「這個……」

「這個什麼，你這蒼梧山上的事情，還能瞞得了老神嗎？」樸父見狀，即又寸步不讓道，「我不過先問你這一件事兒罷了。」

鬼母這時方被樸父此言問醒，她想回避這個問題，回答說自己壓根就不知道渾沌天帝來此，焉有將其化灰之說，是樸父大神聽信了別個的假話。但她又突然想到，樸父老神聽說的是渾沌天帝已被自己燒死，而如果自己把渾沌天帝在此沒死的真情如實告知，必使樸父心喜。到那時，自己就恰好可以求祂為自己與渾沌牽線搭橋了呀！為此她立即反詰道：「但不知恩公詢問此事，要做什麼？」

樸父聞聽鬼母此言沒有否定渾沌之事，便即回答道：「不為別個。如果渾沌天帝之身沒有被你燒為灰燼，我要救助祂。」

狡詐的鬼母實在刁鑽十分，聽了樸父此答即又接著詰問道：「如果渾沌天帝被我燒為灰燼了呢？」

「你，我與你沒完！」樸父這時聽到此言信以為真，因為這是巨靈親口告知祂的。所以祂心中陡地一驚，氣極口吶地說著，手「颯」

地握住佩劍劍柄，就要抽出去殺鬼母。

「恩公且慢。小神剛才是說『如果』。」鬼母見狀，忙揮手攔住樸父道，「而實則是，渾沌天帝並沒有被我燒為灰燼，是被我保護了下來，現正在我洞中好好地活著。」

「這好，這好！這樣你就快把渾沌三帝一神，一齊給我開釋出來。」樸父聽到鬼母此言，立刻怒消轉為大喜過望，雙眼一瞪「啊」地叫出聲來，半天方言道，「快，快，你答應聽我的吩咐的。」

狡詐的鬼母當然不會就此順順當當地開釋渾沌三帝一神，因為那是她心中想的樸父為自己與渾沌牽線成功，才能答應的條件。如今八字尚且沒有一撇，樸父就提出了這樣的條件，她是絕對不會答應的。不過這樣也好，這樣她正可以借用這一條件，給樸父添加必須為自己牽線成功的法碼，使祂非為自己牽線成功不可。

為此，她暫且不求樸父為她牽線搭橋，而是加重法碼故作推諉道：「恩公當知渾沌三帝一神，皆為遼、遠二帝所擒，與敝神無關。恩公豈有與小神商談放與不放祂們之理。」

「怎麼？你叫本神尋找遼、遠二帝去說嗎？我問你，那囚帝丘與鎖龍崖是誰開啟？難道是遼、遠二帝開啟不成？神界哪個不知誰個不曉，它們只有大神與玉皇大帝方能開啟。」正喜的樸父老神突聞鬼母此言，勃然生怒質問道，「大神若不開啟，渾沌三帝與燭龍大神豈有會被囚鎮之理？放與不放渾沌三帝一神，不與你說還能去找誰個商談！」

鬼母這時被樸父說得半天答不上話來，許久方纔想出推諉之策道：「恩公可替小神想想，如果小神放了渾沌三帝一神，遼、遠二帝回來追究小神，小神如何是好？」

「怎麼，你怕遼、遠二帝追究於你，就不怕食言於老神，」樸父

這時更怒道，「不怕渾沌三帝一神追究於你嗎？」

「我想恩公不會不替小神著想，看不到小神的難處的。」狡詐的鬼母聽了樸父此言，不慍不怒，婉然一笑道，「渾沌三帝一神被囚，全是遼、遠二帝嚴令小神所為。小神就是生有一身的膽子，也是不敢違抗祂二帝之令的。為此，渾沌三帝一神怎會追究於我？」

「老神當然一切都替你心想過了。你開釋了渾沌三帝一神，就什麼難處也不存在了。因為，祂三帝一神不會再追究你了，遼、遠二帝也無法奈何你了。祂們若敢再奈何你，你有渾沌三帝一神相助，你怕什麼。」樸父聽到鬼母信口雌黃，著實更加氣惱十分道，「事理我不再講了，你快說明白，是放還是不放渾沌三帝一神！」

「恩公既讓小神明言，請恩公理解小神有小神的難處。」鬼母為了實現讓樸父為她與渾沌牽線成功的野心，這時仍為樸父加碼強調其難道，「不是小神不給恩公賞臉，而是小神實有難處不能放出渾沌三帝一神。如果不說此事，小神一概應允。若說此事，小神只能如此了！」

「食言的神偷，這樣就怪不得老神不賞你臉面了。」樸父想聽的鬼母不說，其說的仍是相反的言辭。樸父頓然氣惱至極，為此隨著祂口中一聲怒喝，手中已是「颯」地拔出身佩金童寶劍，一招「仙人指路」，向鬼母刺了過去。

邪惡的鬼母眼見樸父之劍刺來，本能地欲要出劍還擊。但她手剛摸住佩劍，頓然想到自己不放渾沌三帝一神，並非為了與樸父見個高低，傷害自己與樸父的舊誼，而是為了給樸父加碼為自己與渾沌牽線，為此她急忙放棄還擊之想，閃身躲過樸父來劍，急叫道：「恩公息怒。恕小神無禮，饒小神之罪！」

「惡孽，你既已決意從惡到底，」氣極的樸父當然不再相讓，口

中怒罵著，手中金童寶劍又以一招「揚鞭催馬」，徑向鬼母咽喉刺去道，「咱已水火不容，何有饒恕之說。」

「恩公不可如此，壞了你我和氣。」鬼母不敢怠慢，急又閃身躲過道，「請恩公體諒小神難處。」

樸父最不愛聽的就是鬼母此言，聽了心中更惱，手中出劍更疾，口中也不再答話，又一招「海底尋珠」，徑向鬼母的肚臍處刺來。鬼母又是急忙閃身躲過。樸父連刺三劍未能刺著鬼母，當然心中更惱，手中出劍更疾。

「恩公，小神再讓你一劍。若是恩公還不罷手，就莫怪小神不念舊誼了。」鬼母連躲三劍讓於樸父，卻不見樸父念其躲避之意，反而向其刺殺更疾，心中也是著實大惱，又欲出手還擊。按其本性當然剛才就不會連讓三劍，一開始就會出手迎鬥。但這時她想的仍是在樸父身上加重法碼，逼其為自己與渾沌天帝牽線有成。於是她又放棄了還擊之想，口中說著倏然躍出圈子，一陣念動咒語，「颯」地縱身潛進金洞壁中，不見了蹤影。

「惡怪，你逃不了。我叫你乖乖地出來。」樸父見之，「哈哈」一笑說著，即把手中金童寶劍高高舉起，口中一陣咒語念動，而後把劍向空中一拋。拋起之劍驀然便像後來孫悟空的金箍棒一般，變成了一道滴溜溜飛旋的耀眼光環，徑向鬼母剛才鑽進的洞壁處飛去。

那光環飛到鬼母鑽進洞壁之處，遂定位其上，迅即旋進了金壁之中。不一會兒，便見鬼母被那光環從金壁中旋取出來。那光環當然是樸父大神的拿手法術之一，它有從硬壁中旋取欲取之物之能。因而它旋入硬壁之後，只要尋到欲取之物，就會把那物旋套環中，然後產生旋舉之力，將那物旋出硬壁。潛入金壁的鬼母，這正是被這光環的旋力旋出金壁的。

　　鬼母被光環旋出金壁方知樸父厲害，眼見自己不與樸父交手躲避不過，而且不鬥就開釋渾沌三帝一神，樸父又會認為自己鬥祂不過，不能加重自己逼迫樸父為自己與渾沌牽線的分量，遂決計與樸父一見高低。在鬥敗樸父之後再以開釋渾沌三帝一神為條件，換取樸父為自己與渾沌牽線。鬼母道：「恩公逼迫小神如此之甚，就莫怪小神不講恩義了。小神已經無路可退，只有與恩公交手了。」說著她拔出身佩玉女寶劍，即躍身出招向樸父刺來。

　　樸父見之更惱，也不答言，即仗金童寶劍相迎。一時間，只見祂二神鬥在一起，殺在了一處。祂兩個一仗玉女劍，一揮金童劍。玉女放素輝，金童閃寒光。左砍一朵劍花，右劈一個銀輪。直鬥得難分難解，難見高下。

　　然而打鬥時間一久，鬼母年輕氣盛越鬥越猛，樸父年邁體力漸漸不支。鬼母一招「蜻蜓點水」挺劍刺來，樸父即忙躲避。但由於體力不支，腿腳跟隨不上，腳下又被一塊金石一絆，竟然「撲通」一聲摔倒下去。

　　「恩公，常言一切皆有定數。恩公既然敗北，就容不得小神不殺恩公了。」鬼母見之心喜，即欲趁此時機逼迫樸父為她與渾沌牽線，禁不住一陣「嘎嘎」大笑說著，手中劍已欲架到倒下的樸父脖頸之上。

　　「女兒救我！」樸父也是一驚，口中禁不住叫出聲來。樸父叫聲剛落，便聽鬼母手中玉女寶劍發出聲音道：「父親莫怕，女兒決不傷害生父。」隨即，竟自倏然飛離鬼母之手，回到了樸父手中。

　　鬼母本不打算殺死樸父，只是想把玉女寶劍架到其脖頸之上逼迫於祂，可她萬萬想像不到，這玉女寶劍竟會生出此變，把她頓然驚愣在那裏。

　　樸父這時也不敢怠慢，急挺身躍起欲要將劍搭上鬼母的脖頸，

以逼鬼母開釋渾沌三帝一神。鬼母驚慌之中以為樸父要殺害她，眼見躲避不及不敢怠慢，急忙口中念動咒語，隨著呼一口氣向樸父迎面噴去。鬼母呼出之氣出口立刻化為烈焰，向樸父熊熊燒灼起來。

　　樸父雖屬火神性耐火燒，方纔成為神界鑄劍名師，但此刻突陷鬼母的九昧真火之中，卻也一時耐受不住起來。因為此火實在有祂從未見到過的熾烈，因而燒得祂立刻雙眼急閉，收劍驚叫道：「惡孽，想不到本神斷在到你的手上！」

　　鬼母見狀，重又高興得禁不住一陣「嘎嘎嘎」狂笑。但她仍然不想燒死樸父，也沒有打算使用九昧真火去燒樸父，只是剛才身處無奈之境使出的無奈之策。這時，她見樸父耐受不住這般火燒，高興中正要借勢逼迫樸父就範，驀地卻覺一股輕風從赤金洞口上方金樹林中颳了過來，使得她的九昧真火遇風立刻熄滅下去。

　　「惡孽休動，敢動我就打發你飛昇天堂！」鬼母見之正驚，一怔之時已覺一股寒氣倏然襲上了她的脖頸，隨著耳邊傳來了這聲厲喝。鬼母聞聲驚醒，急循聲舉目看去，只見從背後把劍架在其脖頸之上者不是別個，正是渾沌之女巨靈。鬼母置身此境更覺驚怕，知道自己若動真的就會喪命，因而不敢稍動，口中求饒連聲道：「大神饒命，大神饒命！」

　　巨靈之所以值此關鍵時刻恰好來到，是她剛才遵囑待在神山西麓，久等不見樸父音信心中焦急，便鑽穿山上密林，隱身到了赤金洞口。巨靈剛到洞口上方密林之中，恰好看見鬼母向樸父吐去九昧真火。巨靈大惱，便即吐九元真氣熄滅了鬼母的九昧真火，救下了樸父老神，並趁鬼母驚怔之時用劍逼住了鬼母。巨靈在神界有「九元真母」之稱，所以她吐出的氣體便為九元真氣。九元真氣是構成宇宙萬物的本源，因而是鬼母九昧真火的剋星，其九昧真火遇之即熄。

　　巨靈這時雖然用劍逼住了鬼母，但她卻也暫且不敢殺她。她知道若是殺害了鬼母，啟動囚帝丘和鎖龍崖救出帝父三帝一神，就要搬動玉皇大帝。到那時，玉皇大帝說不定又要追究自己殺害鬼母之罪，事情就麻煩了。所以她逼住鬼母只是要其開釋渾沌三帝一神，而不殺害她，等到日後讓玉皇大帝治罪於她更好。

　　這時，樸父見到大火熄滅，又見巨靈仗劍逼住了鬼母，心中大喜，立刻上前用回到手中的玉女寶劍，指向正在求饒的鬼母胸口道：「惡孽，若要饒你一命不死實在容易，就是你要速速開釋渾沌三帝一神。」

　　鬼母實在狡詐十分，這時她聽了樸父此言，立刻明白自己若是不放渾沌三帝一神，巨靈二神是不會殺死自己的。因為祂們需要自己開啟囚帝丘和鎖龍崖，救出帝父三帝一神。祂們殺死了自己，那囚帝丘和鎖龍崖是沒有祂神能夠開啟的。為此，她大為後悔自己剛才只顧驚怕，沒有想到這時不該開口求饒，遂立即止住求饒之言改口道：「恩公不必再逼小神，小神剛才就說盡照恩公的吩咐去做，只是恩公非逼殺小神不可，方纔生出這番惡鬥，實在太不應該了。」

　　樸父又聽鬼母講說這般不著邊際，心中更惱道：「誰個與你囉唆，快說清楚你放還是不放渾沌三帝一神，老神好做決斷，沒有時間與你胡扯！」

　　鬼母本想鬥敗樸父加重逼其為自己與渾沌牽線的分量，想不到這時她反敗在了樸父手裡。無奈之時，她仍不放棄讓樸父為其牽線之想道：「恩公叫小神放出渾沌三帝一神，小神不敢不放。但小神答應恩公，恩公也要答應小神兩個條件，乞恩公見允。」

　　「什麼？惡孽死到臨頭，還提兩個條件！」巨靈大為氣惱，手中劍一抖威逼鬼母道，「快講，是什麼條件？」

　　鬼母這時則不慌不忙不卑不懼，在巨靈二神的劍尖威逼下，慢慢道：「這第一個條件嘛，即渾沌三帝一神實在是邈、遠二帝所擒，小神不過是被逼幫兇。小神放出渾沌三帝一神之後，邈、遠二帝決不會饒恕小神，在祂們攻殺小神急難之時，乞恩公說動渾沌諸帝眾神救助小神。」

　　「這個當然，惡孽儘管放心也就是了。」樸父當即應允道，「還有什麼，快說。」

　　鬼母聞聽道：「這就行了，有了恩公這個諾言，小神心中就平靜了。」

　　巨靈這時則不耐煩道：「別囉嗦了，快說你那第二條。」

　　「好，好。」鬼母答應著，但這第二條她卻支吾半天，沒能說出口來，「這第二個條件，第二個條件，是……」

　　「是什麼，快說！」巨靈這時更不耐煩，又將神劍在鬼母的脖頸上一抖道，「不說，我這就宰了你！」

　　「別急，讓她把話說完，再殺也是不遲。」樸父止住巨靈，隨之轉對鬼母道，「快說！」

　　但是鬼母說起第二個條件，卻不由得更加口中支吾不清，臉上露出了羞澀之色。樸父覺得蹊蹺，即又催促道：「什麼條件你儘管說，這裏沒有外人。」

　　鬼母這才支支吾吾，轉對樸父道：「說出來我怕你倆笑話。我想讓巨靈大神暫避一下，我單獨與恩公言講若何？」

　　樸父聞聽應允道：「可以。」便即讓巨靈暫且退避。巨靈怕鬼母再耍花招脫身逃去，臨去怒喝一聲道：「膽敢耍滑，我宰了你！」鬼母忙叫道：「不敢，不敢！」巨靈這才收劍回避去了。

　　鬼母待到巨靈去後，方纔羞澀滿面地立即撲身跪拜樸父道：「恩

公多義，小神這第二個條件，剛才巨靈在前不好講說，就是小神乞求恩公給小神與渾沌天帝牽線做媒，將小神嫁於渾沌天帝為后。」

「啊，惡孽竟然心生此想！」樸父想不到鬼母口出此言，不禁心生驚詫道，「虧你想得出來，那你為何囚禁祂？」

「恩公，小神守寡實在不易。此次囚鎖渾沌三帝一神，一是因為小神被逼無奈方纔為之，二則正是因為小神欲要嫁於渾沌天帝而故意為之，因為只有這樣小神才能與渾沌天帝扯上關係。」鬼母這時說的倒也真實，並也真情道，「因而小神敬乞恩公不棄小神之求，答應為小神牽線搭橋！」

「惡孽倒也用心良苦。」樸父這時實在感到大出意外，呆愣半天方纔開口道，「只是，這個，老神怎能答應你呢！若是老神答應下來，渾沌天帝卻嫌你邪惡，或者因為別的而不允呢？」

「大神必須答應下來，而且必須保證說成此事，不然小神是絕不開釋渾沌三帝一神的。」鬼母這時毫不退讓道，「小神實話對恩公講說，剛才遼、遠二帝將渾沌天帝騙到我這赤金洞中，是要我用九昧真火燒死祂，然後他們去佔有渾沌天帝中央轄界，享受中央轄界之福的。小神則正是為了要嫁給渾沌天帝為后，方纔留下了渾沌天帝一命，騙說遼、遠二帝已經燒死了渾沌的。如若不然，渾沌天帝早就一命歸天了。恩公，你就看在事已至此的份上，答應了小神吧。小神日後，定當不負恩公的大恩大德！」

樸父這時也覺鬼母此番言辭，說得不僅合理，而且合情，倒也顯出了情真意切。祂雖然知道鬼母邪惡，但又想到把她嫁給渾沌天帝正好交其管束，說不定可以在渾沌天帝的管束下改去邪惡之性，也是好事，便答應下來道：「好吧，既然大神有此美意，不嫌渾沌天帝邋遢，小神就為你倆牽線一次，促成如此美事罷了。」

鬼母聞聽大喜，急忙叩謝再三道：「謝過恩公！恩公既已應了小神的兩個條件，小神也決不食言。恩公就與小神一起，即去開釋渾沌三帝一神吧。」

樸父稱一聲「是」，即招巨靈回來，祂三個便一起先到赤金洞，後到鎖龍崖，再到囚帝丘，隨鬼母把渾沌三帝一神全都開釋了出來。

巨靈眼見渾沌三帝一神全都獲釋，心中大喜，連謝樸父救助之恩，並謝鬼母開釋美意。鬼母心懷美夢，連說：「應該，應該。這都是遼、遠惡帝所為，我實在是出於無奈，才被祂二帝當了槍使。小神對不起渾沌三帝一神，小神有罪，乞諸帝眾神饒恕！」隨著，她即令小神擺開金宴，為渾沌諸帝眾神接風。

須臾宴席開處，鬼母輪番為渾沌諸帝眾神把盞勸酒獻食，殷勤萬般。直勸得諸帝眾神各放海量，飲食皆足。這時狡詐的鬼母眼見時機來到，忙到樸父耳邊言說求祂之事。樸父也見此時諸帝眾神一個個酒酣興盛，便即開口言明瞭鬼母所求之事。

但無奈渾沌聽聞樸父此言，立刻從肚臍眼中渾渾沌沌說出話語道：「此事萬萬不可！且不說敝帝與鬼母大神性格不合，而是敝帝之心盡在亡妃身上，同時膝下巨靈小女已經長大將欲成婚，我豈能再續新弦，傷害愛女之心。剛才鬼母大神已經對敝帝言明，那時敝帝既然不允，這時也斷無應允之理。敝帝深謝樸父大神救了我等三帝一神，此舉當容後報。只是這續弦一事，斷無成就之理。」

倏、忽二帝雖然全都反感鬼母邪惡狡詐，但念及此次開釋之意，同時又生樸父將鬼母交由渾沌管束之想，因而聽了渾沌此言，也忙都從旁相勸道：「帝兄，既然鬼母大神心誠意切，樸父答應了如此條件，你就與鬼母大神成就了這番美事吧。再說，你身邊也確實需要別個照應。我們想巨靈已經長大，也會理解帝父之苦的。」

　　巨靈與燭龍聽了，雖然心中都十分厭惡鬼母，但礙於樸父之面和倏、忽二帝之言，也只能表示贊同。當然，誠直的渾沌天帝也並非不想續弦，而是祂心中實在厭惡邪惡狡詐的鬼母，因而聽到諸帝眾神之勸，心中頓然好惱道：「好哇，你們這是編好法子，一齊前來戲弄我這無目天帝呀！不過你們應了只是你們，我就是不應，看你們怎麼樣！」言畢，竟自踏上雲頭，一路徑直奔回中央帝宮，將倏、忽二帝與樸父四神，全都拋在了宴席之上，尷尬在了那裏。

　　鬼母當著諸帝眾神之面硬貼渾沌天帝失敗，覺得面皮丟盡，此後無法在神界立足，心中氣惱地對樸父厲喝道：「你答應的條件沒有辦到，日後就容不得小神報復你了。」

　　「大神莫急，俗語說好事多磨。此事剛剛開了個頭，雖然不順但怎知就會不成？大神儘管放心等待，此事包在老神身上也就是了。」樸父這時一邊勸說鬼母，一邊為表示此事可成，又將收回的玉女寶劍還給了鬼母。鬼母聽言接劍，一時不僅無言可對，而且羞澀之色重又溢滿了面龐。

　　倏、忽二帝與樸父眾神趁機站起打破尷尬局面，邊說著「等著吧，好事要多磨」，邊離開宴席追遂渾沌天帝而去。

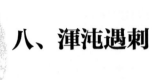

八、渾沌遇刺

　　倏、忽二帝三神向西追蹤渾沌天帝去後，偌大的蒼梧神山之上又只剩下了鬼母一神，清幽寂寥起來。突置此境，鬼母心中不由得頓然生出了追悔。她後悔剛才不該只顧害羞，不去攔阻倏、忽二帝三神的離去。樸父沒有做到祂對自己許下的諾言，她完全有理由不放祂走。不放走祂，自己就有機會與祂講說。可此刻祂們全都去了，祂許下的諾言又怎去找祂承擔！再去找祂講說，時過境遷事情生變，祂還會認嗎？

　　為此，鬼母後悔男女間事都是自己走過的路了，自己都成寡婦之身了，實在不該再去只顧羞澀，忘了思索，壞了此事。後悔自己不該耳聽樸父「好事多磨」之言，就輕而信之，不再攔阻。但是，轉而她又想到樸父臨別之時，贈還了玉女寶劍。這實際的行動足以證明，誠直的樸父不會自食其言，一定會很快送來那「好事」的佳音的。

　　心想至此，柔情蜜意又立即充溢上了鬼母心頭，身當渾沌帝后的夢境又一幕幕幻化在了她的眼前。她頓又沉醉在了甜蜜之中，高興其野心得到了實現，臉上現出了羞澀之色。她不後悔了，充滿信心地等待著樸父為她送來「好事磨成」的佳音，超脫了身邊的清幽，忘掉了孤身的寂寥。

　　然而，倏、忽二帝三神在鬼母空喜歡中離去了一日，鬼母不見有樸父送來的佳音。又轉眼過去了一日，仍是不見有樸父送來的佳音。磨過兩日了，樸父還沒有為自己磨成「好事」。如果這樣磨將下去，祂需要再磨多少時日，才能將那「好事」磨成呢？如果一直這樣再磨下去，而又磨將不成呢？想到這裏，充溢鬼母心頭的柔情蜜意，又漸漸淡了下去。身當渾沌帝后的美夢，又一幕幕化作了泡影。鬼母又清醒了過來，感到了自己的無望，看到了樸父難將她的好事磨將成功。

　　為此，她再次後悔起了自己不該開釋渾沌三帝一神，也不該只顧羞澀放走了倏、忽二帝三神，雖然當時她也無奈。後悔至此，她突然又想到渾沌二帝三神去後已過兩日，如果樸父再不能將其「好事」磨成，遼、遠二帝突然歸回蒼梧，自己就又將身陷無奈之境了。因而她心中想著，眼見樸父一去竟如入海泥牛一般失去了音訊，心中不由得一陣陣發起急來。

　　鬼母在焦急中轉眼又等到了第三日前半晌，樸父仍然沒有給她送來「好事」磨成的消息，使她更加失望。特別是當她再想到遼、遠二帝說不定就要歸來，實在使她心中更加焦急十分。事情到了如此地步怎麼辦呢？去找樸父講說？但她看到前日在此沒能說成，近日磨成「好事」又無希望，自己去說也難成「好事」。由此她進一步看到，樸父自食了諾言欺騙了她，心中便由焦急生出急火，由急火生出憤怒，由憤怒猛生出了狂怒。

　　狂怒之中，她把對樸父欺騙她的惱恨，全都集中在了身佩的玉女寶劍身上。她認為，如果不是樸父把這劍還給了她，她是任憑怎樣也不會如此輕信樸父的。為此她氣得牙齜嘴裂，面目變形，恍若一頭發狂的雌獅，張牙舞爪，狂蹦亂跳，大有要把天地撕咬個稀爛之勢。只見她吼叫著，怒罵著，蹦跳著，猛地抽出玉女寶劍高高舉起，隨著狠

狠地向金石之上一陣狂砍。她要以此毀掉玉女寶劍，泄去心中之憤。

　　然而，不論鬼母怎麼發怒砍劈多狂，都當然沒能毀壞玉女寶劍。無奈中她只有消去狂怒，停下狂吼怒砍咬牙切齒誓報此仇，開始心想起了報雪仇恨的惡計。思慮之中，她首先認定僅靠自己一己的力量，是無法報此深仇的。因為報此仇，她既想殺死食諾於她的樸父，又要殺死自己軟求硬逼都不應允自己之求的渾沌。

　　渾沌既然連自己做個帝后與祂一塊享福都不應允，不殺了祂還有何用呢！而殺掉祂既可報雪自己向祂軟求硬逼皆不得允之仇，自己以後又可伺機奪得其中央轄界，獨享其轄界之福。但是她要去殺死樸父與渾沌，卻看到不論是樸父也好渾沌也罷，其背後都有著渾沌三帝四神之力。所以要報雪此仇，還是必須借助遼、遠二帝之力。只有使遼、遠二帝與自己結為同心，才有可能報雪自己的冤仇。

　　但她隨即又想到，自己此番開釋渾沌三帝一神，是未經遼、遠二帝應允的，是自作主張的。特別是當她再想到先前她曾經告知遼、遠二帝，渾沌已被自己燒死，遼、遠二帝也都信以為真。現在渾沌不僅沒有死去，而且又被自己放了。這樣祂二帝聞知此事，不僅定然不會再幫助她，而且還定然會痛責於她，對她施下重罰的。自己怎樣才能既避免遼、遠二帝對自己的懲罰，又使祂二帝重新信任自己，並且幫助自己報雪此仇呢？狡惡的鬼母為此苦苦地思索著，思索著。

　　「大神，大事不……不好了！」就在鬼母這般百思不得其解之時，守門小神突然進洞來道。鬼母聞聽小神心中驚慌口中支吾，也禁不住心中一驚。但她也不自亂陣腳，忙又故作鎮靜道：「有什麼好與不好，叫你驚慌至此。有事快快報來也就是了。」

　　「大神，遼、遠二帝來到洞口，」守門小神剛才被遼、遠二帝凶相嚇壞，見到鬼母這般平靜方纔稍平心緒道，「祂們聲言叫你出去，

要與你算總帳！」

　　鬼母聽聞此言，已知遼、遠二帝盡知其開釋渾沌三帝一神之事，卻又一時猜不出祂們從何知曉。如今祂們果然前來與她鬼母算帳，她又苦無對策，真個是頓如五雷轟頂，嚇得她魂飛天外，魄散九霄，口中禁不住「啊」一聲驚叫，怔在了那裏。

　　「大神，遼、遠二帝聲言，如果大神晚去一步，」守門小神看見，心想遼、遠二帝在門口催叫緊急，不敢怠慢，忙又催促驚愣的鬼母道，「祂們就要踏平赤金洞府，殺盡蒼梧山神。大神，你遲疑不得啊！」

　　鬼母猛然驚醒，但一時仍是不得應對遼、遠二帝之法。因為她不僅要躲過祂們對她的懲罰，而且還要使祂們相信她，與她結為同心，助其報雪冤仇。然而，狡惡的鬼母雖然如此急思無謀，但她深知遼、遠二帝的邪惡，卻也不敢再待，便在無奈中只有急忙出洞迎見祂們。

　　無奈的鬼母來到洞口一看，只見遼、遠二帝正氣得面目變形，兇神惡煞般一左一右站在赤金洞口，怒待著她的到來。看架式，大有將她鬼母生吞活剝，方可出得胸中惡氣之勢。鬼母不看猶可，見到此狀真個是心中更加驚怕十分，不僅弄得無心再去思忖對付之策，而且更陷無可奈何任憑宰割之境。為此鬼母更加不敢怠慢，急忙上前跪倒道：「小神鬼母不知二帝駕到，有失遠迎，敬乞二位天帝饒恕小神之罪！」

　　「惡孽，你睜眼瞧瞧，這都是你幹的好事！」遼、遠二帝看到鬼母來到已是心中更惱，聽聞其言更是心中倍惱萬分，為此，遼帝率先說著，即擡手指向了自己的兩面猴臉道，「這事幹得有多好！」

　　鬼母這時不敢不看，她擡頭看見遼帝的前後兩張猴臉之上，鼻青臉腫，血跡斑斑。她又順著其臉向下看其身上，只見其身上衣甲破爛不堪，形象狼狽十分。隨著驚怕的她又急向遠帝身上看去，又見祂虎口血流，豹身多處傷破。

　　鬼母看到這裏，心知遼、遠二帝身上創傷定為與渾沌諸帝眾神惡鬥所致，心中立刻想到祂二帝又與渾沌諸帝眾神結下了新仇，自己恰好可以借此巧說遼、遠二帝，讓祂們幫助自己報雪冤仇。由此，其無奈驚怕的心境方纔頓然消散開去，變得輕鬆自在起來。

　　遼、遠二帝這時只顧氣惱，當然沒能看出鬼母心生此變，為此遼帝仍然怒氣不消分毫道：「你瞧清楚了吧！你既然做下了如此好事，如今我二帝懲罰於你，你還有何言可說！」

　　「二位天帝萬萬不可如此！」鬼母聽到此言，心中害怕遼、遠二帝立刻對她動手，急忙大叫道，「若是如此，就沒有小神的日子過了。」

　　「那你快講，你為什麼不與我二帝商議，就擅自開釋渾沌三帝一神？」遼帝怒不可遏，喝問道，「而且你對我二帝說過，渾沌天帝已經被你用九昧真火燒死，可祂怎麼又安然無恙地活了？你說，你都要給我講說清楚！」

　　遠帝這時也是忍抑不住心中的氣惱，把手中的陰陽拐一揮，威脅鬼母道：「不說清楚，我叫你活不到午時三刻！」

　　狡詐的鬼母這時胸中有了城府，任憑遼、遠二帝隨意威脅也不再害怕。「小神剛才就猜著你二帝回來，會不問青紅皂白責怪於我。可你們去後沒有抓住巨靈，使巨靈引來了樸父，你們幹什麼去了？」只見她面對遼、遠二帝的喝罵威脅，不僅沒有絲毫反應，相反卻故作委屈之態，埋怨起了遼、遠二帝道，「你們是不是都去躲在渾沌帝宮享福？若是，你們只顧躲在那裏享福放走了巨靈，可就害苦我鬼母了。我獨自一個在山中看押渾沌三帝一神，巨靈與樸父二神殺來，我抵擋不住，險些被祂們殺死呀！」

　　遼、遠二帝聽著鬼母的講說，也覺自己理虧，其說有理。末了又聽鬼母言說她險些被巨靈二神殺死，禁不住驚得一齊「啊」地叫出了

聲，隨之怒氣消去三分，靜聽起了鬼母的繼續講說。

「當時那巨靈與樸父把劍架在我的脖子上，逼我開釋渾沌三帝一神。我說渾沌天帝根本沒來此處，但對巨靈隱瞞不過，祂們硬逼我盡開金洞門閘。」狡惡的鬼母眼見自己寥寥數語，已把遼、遠二帝說得怒氣消去三分，即猜知其言說到了祂二帝的虧處，因而即又鼓起不爛之舌，繼續其說不止道，「我本想那渾沌反正已被我用九昧真火化為灰燼，即使打開金洞門閘祂們也是找尋不到。便為保得小命不死，給祂們打開了洞中門閘。」

「打開門閘又怎麼樣？」遼帝又是急不可耐，怒聲喝問道，「快講！」

「二帝聽我講來。」鬼母不慌不忙，接著道，「不料事出所料，誰知那渾沌竟然身上毫無傷害，在小神打開門閘之後，驀地從洞中走了出來。見了我們竟然哈哈笑了起來，道：『敝神在洞中美美地睡了一覺，做了一場遇火的美夢哩！』」

「啊！竟有此事！」遼、遠二帝又是一驚，叫出聲來道，「那渾沌竟然還有火燒不死之能！若此，我等除去此帝就更難了。」

「是的。經此一舉，我方如二帝先前劍刺渾沌之後，才知渾沌身懷刀槍不入之能一樣，確知渾沌天帝火燒不死。」鬼母接著詭詐道，「然而當時已晚。巨靈眼見渾沌從赤金洞中走了出來，急忙上前攙扶著向祂講說了一切。渾沌聞聽氣惱萬分，立刻來到我這被樸父老神仍用利劍逼住的身前，手中精鐵棍一揮道：『快去開釋倏、忽二帝和燭龍大神，不然本天帝這就要了你的小命！』」

遼、遠二帝聽到鬼母講到這裏，終於氣惱盡消道：「原來如此，就真是害苦大神了！」

鬼母這時雖見自己騙說遼、遠初告成功，但她卻是不敢大意，繼

續騙說道：「身置如此無奈厄境，別說小神不開釋倏、忽二帝一神不成，就是你二帝恐怕不開釋祂們也是不成。」

「是的，是的。」遼、遠二帝這時已上鬼母之當，對鬼母所言全都信以為真，為此連連應聲道，「那是無法之舉。」

「你二帝只顧自己享福，把我鬼母一神丟在山上為你們賣命，我險些為你們而死。你二帝皆不知曉，這時反而回來不問青紅皂白，與我算帳！」鬼母這時仍不相讓，進一步得寸進尺接著道，「我問你們，這是誰的罪過，是你們還是我的罪過！是你們該跟我算帳，還是我該跟你們算帳？我鬼母死心塌地跟著你們得到了什麼？你們挨打活該，你們受傷活該，關我屁事！你們有什麼資格在我面前顯示傷疼，你們還有臉來找我算帳？你們丟臉，丟盡了天帝的臉面！」

遼、遠二帝這時已被鬼母說得無言以對，又見鬼母依舊言說不止，大有嚴斥不息之勢，方纔不敢怠慢，急忙阻止鬼母道：「都是我二帝的不是，我們錯待了大神。我二帝敬乞大神恕罪罷了。」

「二位天帝求我恕罪容易，但求玉皇大帝恕罪可就難了。你二帝雖然挨了渾沌諸帝眾神的一點打心中有氣，但如果我這次真的把渾沌天帝燒死，同時不放倏、忽二帝一神，你們放走的巨靈與樸父一起上達天廷，玉皇大帝聞知追究下來，你二帝擔當得起嗎？」鬼母眼見自己心計實現，弄得遼、遠二帝竟然反乞自己恕起罪來，禁不住心中一陣暗笑，隨著狡詐的她陡地心機一轉，索性來了個一不做二不休道，「玉皇大帝會饒恕你二帝殺滅渾沌天帝之罪嗎？因而渾沌天帝沒死是好事不是壞事，你二帝挨頓打比受玉皇大帝的追究強，我鬼母無奈放走渾沌三帝一神比不放強，你們說不是嗎？」

「甚是，甚是。」遼、遠二帝這時更覺鬼母言說有理，不禁一起贊同道。

　　鬼母這時心知再說動祂二帝與自己結成同心，報雪心中之仇的時機來到，即又開口道：「你二帝走後，小神坐在山中心想，我等這次結夥欲除渾沌諸帝眾神之策，實則最為下著！」

　　遼帝聽到這裏，禁不住心中頓然一喜。因為祂正在苦無良謀，再去除掉渾沌天帝，據有美好的中央轄界，那裏對祂的誘惑實在太大了。「那麼若依大神之見，上策為何呢？」為此祂四隻猴眼一亮，立刻反問鬼母道，「大神快說，我等下步好依上策，再殺渾沌諸帝眾神。」

　　鬼母為了借助遼、遠二帝之力，實現其心中之想，隨即詭言道：「小神心想，你遼、遠二帝若要平安佔據中央轄界，永享榮華富貴，高著是借刀殺害渾沌天帝。那樣，既可以使玉皇大帝追究不到你二帝頭上，又可以使你二帝據有中央轄界，那才叫兩全其美。」

　　遼、遠二帝聽了，齊如大夢初醒道：「對，實在是高棋一著。好，我們就走這著棋，以雪此次挨打之恨！」

　　隨著，鬼母詢問起了祂們這次挨打的經過，遠帝立即對她講說了一切。原來，在祂二帝捉拿巨靈來到渾沌帝宮樂而忘返，齊在宮中享起了奢華，剛剛一日不到之時，渾沌天帝就忽然回到了帝宮之中。渾沌剛入帝宮之門，聞聽小神稟報祂二帝正在宮中作樂，勃然大怒，立刻入宮尋見祂二帝，便與之打在一處。祂二帝本來可以與渾沌天帝打個平手，但正鬥之際突見倏、忽二帝三神一齊趕了回去，並上前大打出手，須臾便把祂二帝打了個鼻青臉腫，屁滾尿流，倒身亂滾起來。幸虧祂二帝能挨，並且逃跑得快，方纔撿得了兩條性命。若不是逃跑迅疾，就只有死在渾沌帝宮了。

　　祂二帝逃出中央轄界之後為了互為照應，以免被渾沌諸帝眾神趕來各個擊破，一直既不敢分開，又不敢東來蒼梧神山。因為祂們當時不知道鬼母的根底，所以一路徑直逃到了位處西方的遼帝宮。此後，

祂們在遼帝宮中觀察數日不見動靜，方纔一路來到這蒼梧山上，找尋鬼母討出胸中惡氣。不料被鬼母一番假話，說得都是祂們的不是，方纔心中雲消霧散，更恨起了渾沌諸帝眾神，開口怒叫道：「渾沌惡帝，我遼、遠二帝若不把你諸帝眾神殺盡斬絕，誓不再為天帝！」隨著，遼帝便問鬼母有何借刀殺害渾沌之計，快說出來，祂二帝一神好去立即付諸行動。

鬼母心喜，即對遼、遠二帝如此這般，講說了一通為報自己之仇，她想好的借刀殺害渾沌之計。遼、遠二帝聽了，頓然喜上面頰，齊聲叫絕道：「妙，實在是妙！我等就照此計，立刻開始行動。」

鬼母這時心中更喜，因為她實在想像不到，事情進展會這般快疾。為此她即與遼、遠二帝又作一番計議，隨之祂三個便分頭開始了行動。

鬼母此番所獻惡計實在惡毒，她深知渾沌身懷刀槍不入之能，所以要想用刀殺死渾沌，只有借得樸父之劍方可。她知道，樸父又奉玉皇大帝之命，剛剛為其鑄成一把無物不入的蠍毒寶劍，此劍專為玉皇大帝逞強使用。這時由於那蠍毒寶劍剛剛鑄就，樸父還沒有來及呈獻給玉皇大帝，因而恰好可借樸父之手殺死渾沌。反正樸父這時也已變成了她鬼母的仇敵，借祂之手殺死渾沌之後，正好借祂誅殺天帝之罪誅滅於祂，以報冤仇。

為了實施這一惡計，鬼母設想先由遼帝變作渾沌，遠帝變為倏帝，她自己則變成燭龍，然後祂三個一齊前往崦嵫神山，當著樸父之面將樸妻劫走，以激怒樸父追殺渾沌。在樸父追擊之時，由遼帝所變渾沌與鬼母所變燭龍攔住阻擊，而遠帝所變倏帝則將樸妻轉道一路押至蒼梧山中，囚藏起來。遼帝所變渾沌與鬼母所變燭龍，攔阻樸父到遠帝所變倏帝押著樸妻去遠，即徑直奔往渾沌帝宮。隨後遼帝潛藏渾

沌帝宮以作照應，鬼母則變為樸妻潛進渾沌臥室，待到樸父追至渾沌臥室門口之時，前去調戲渾沌，以當面激惱樸父，讓其出劍刺殺渾沌。待到樸父殺死渾沌之後，祂二帝一神再擒住樸父以問其罪，並且誅殺樸妻以滅其口。

遼、遠與鬼母即行鬼母惡計，只見祂三個立刻搖身一變，遼帝即變成了渾沌，遠帝變成了倏帝，鬼母則變成了燭龍。這假渾沌、假倏帝和假燭龍三個雖然皆為假變，但與真的相貌絲毫沒有差異。祂三個踏動雲頭須臾來到崦嵫山上白銀洞前，假燭龍便對守門小神大叫道：「快快報於你家山神樸父出洞，就說渾沌諸帝眾神找祂算帳來了！」

守門小神聞聽大驚，急忙入洞報於剛剛回到洞中的樸父夫妻。樸父聞報甚為驚異，樸妻也覺甚為奇詫。祂們不解樸父老神營救渾沌諸帝眾神剛剛返回，而且離別之前一切皆好，如今不過轉眼之間，怎麼就變了模樣呢？不解之中，祂夫妻只有一起出洞去看實情。祂夫妻轉瞬來到洞口，果見是渾沌、倏帝與燭龍三個，全都變了模樣般兇神惡煞地站在洞口，口口聲聲說要捉拿樸父。誠直的樸父一時腦子轉不過彎來，奇詫中忙問：「這是為何？」

那假渾沌、假倏帝與假燭龍也不答言，即齊上前出手與祂夫妻打在了一處。樸父夫婦連連退讓問詢，那假渾沌二帝一神仍不答言，只是出手緊緊相逼。祂夫婦被打無奈，不解中也只好仗劍出手相迎。驟然間，只見那假渾沌對樸父，假倏帝與燭龍對樸妻，交上手來鬥在一處，直打得亂作一團。

假渾沌手持精鐵棍，樸父手仗金童劍。一個棍出如鬧海蛟龍，一個劍出如游龍戲水。一個棍棍打向樸父致命處，一個劍劍不離假渾沌生死地。假倏帝手持精鋼戟，假燭龍手執火龍槍，樸妻手仗銀蛇劍。一個戟出驚天動地，一個槍挑山動峰移，一個劍刺寒星閃爍，各個指

向對方要害，不願出招打空。

那假渾沌與樸父轉眼鬥過多時，其看到樸父已被自己激惱得喪失了理智，引其中計已有可能，遂施心中之詐，邊打邊向後邊退去。樸父這時已被氣得頭腦發昏，大惱渾沌二帝一神不識好歹轉臉忘恩，更不知這是惡帝遼在使詐，遂氣惱得以死拼殺向前，向假渾沌步步進逼。轉眼又鬥片刻，那假渾沌已騙得樸父離開洞口兩箭之地。

這時，那假倏帝與假燭龍仍在洞口與樸妻廝打，打得樸妻同樣氣惱至極，也沒有時間再去心想別的事兒，只有連連出手進行還擊，才能保得自己不被傷害。如此鬥過片刻，那假倏帝兩個眼見那假渾沌已把樸父引開，便立即施計向樸妻齊下狠手。只見那假倏帝先是一戟挑飛了樸妻手中的銀蛇寶劍，那假燭龍則隨著一槍掃上了樸妻的後背，將樸妻掃得倒下了身子。假倏帝眼見樸妻身被擊倒，迅疾抖出神索將其捆綁結實，立即押著徑向渾沌帝宮方向奔去。

這時，那正與假渾沌鬥在遠處的樸父眼見其妻被擒，心中更惱，即將手中金童寶劍向渾沌虛晃一招，欲圖脫身前去營救樸妻。但無奈祂身距樸妻有些距離，加之假渾沌隨後緊逼纏住不放，使祂硬是脫身不得。恰在這時，那假燭龍又空出了手腳，迎上前來與假渾沌一起戰起了樸父，更使得樸父脫身不得，只能眼睜睜地看著樸妻被假倏帝押向渾沌帝宮方向而去。

樸父這時心中氣惱至極，遂出劍更疾地向假渾沌與假燭龍打去。但無奈假渾沌與假燭龍兩個神功高強，祂們又是二對一，為此任憑樸父使出渾身解數，不僅取勝不得，相反則步步向後敗退下去。這時，假渾沌與假燭龍眼見假倏帝押著樸妻已經去遠，祂們的惡計第一步已經實現，便也不再與樸父繼續惡鬥。即趁此機晃出虛招，拋下樸父向南撤離而去。

　　樸父眼睜睜地看著渾沌二帝一神搶去了其妻，真個是頓如晴空霹靂擊昏了頭腦。祂怒滿胸腔，望著南去的假渾沌與假燭龍，大聲叫罵著：「無竅渾沌，想不到你竟然這樣外憨內惡！老神與你不共戴天，不報此仇不殺你這惡帝，我誓不回山！」說著，立即入洞取出蠍毒寶劍，以備用於刺殺一般刀劍刺殺不死的渾沌。隨後出洞踏動祥雲，徑向渾沌帝宮方向追去。

　　樸父須臾追到渾沌帝宮門前，守門小神攔住道：「渾沌天帝正在休歇，大神若見天帝請等候。」樸父心中正惱，身被攔阻真個是如同火上澆油，厲聲怒吼道：「放屁，全是放屁！快去叫那剛回的惡帝前來受死！」口中吼著，已經出手向宮中打去。

　　眾守門小神立即上前阻攔，一小神急忙入宮向渾沌天帝稟報。然而這傳報小神剛剛行至半途一片竹林茂密之處，竹林中卻突然伸出一隻大手抓住了其脖頸，使其出口氣亦不得，更是喊不出聲來。這還是鬼母設下的惡計：她讓潛藏於渾沌帝宮中的遼帝半途拿下稟報小神，以讓樸父打入宮中，面見渾沌調戲樸妻場景。因而那傳報小神剛至半途，便被潛藏在竹林中的遼帝拿了過去。

　　宮門守門小神當然攔擋不住惱怒至極的樸父大神，樸父一陣大打已將守門小神全部打翻，闖進宮門一路徑向渾沌所在金鑾寶殿趕來。這時，潛在殿中的鬼母已將樸父入宮的行徑看了個清楚，同時她也早已窺知渾沌天帝正在殿內休息，便悄悄潛入金鑾寶殿之內，靜待樸父闖到。只要樸父一進殿門，她就立即變身為樸妻，進入渾沌天帝正在休息的內室，造成渾沌調戲樸妻假像，以激怒樸父，借其之手殺死渾沌天帝。

　　樸父轉瞬進入金鑾寶殿大門，鬼母見之立即搖身變作樸妻，潛入渾沌居室與之糾纏起來。樸父進入金鑾寶殿查看一遍不見渾沌天帝，

便即向渾沌居室尋去。樸父這一尋著實要緊，只見祂剛一推開渾沌居室之門，正看到樸妻赤身裸體被綁縛在渾沌所睡大床之上，渾沌天帝正在一旁向赤裸的樸妻身上摸弄。

「都道你渾沌無竅誠樸忠厚，今個皆已證實全是虛言！前日老神拼死救護於你，想不到你竟得恩不報，反戲吾妻，邪惡至此！這就容不得老神不殺你了！」樸父頓被氣得七竅生煙心怒欲碎，破口大罵著，手中即挺金童寶劍徑向渾沌肋部刺了過去。

然而樸父之劍刺到渾沌肋部，卻不能刺入。氣惱的樸父這才醒悟渾沌身懷刀槍不入之能，遂心中更惱萬分道：「你身懷刀槍不入之能別個殺你不得，撞在老神手上，卻叫你必死無疑！」說著，立即收回金童寶劍，從身上拔出蠍毒寶劍，「颯」地重又刺向了渾沌肋部。

樸父的這些舉動都在驟然之間完成，而仍在休歇的渾沌則對個中情由一無所知。祂剛才在睡夢中聽到鬼母所變樸妻突然在其床裡喊叫救她，心中大為奇異，急循聲正向床裡摸去，恰被闖進的樸父看見祂摸住了樸妻赤裸的胴體。渾沌仍在夢中一無所知，已被盛怒的樸父手中的蠍毒寶劍刺了個正著。睡夢中的渾沌突受重刺身生劇疼，口中禁不住發出「啊呀」一聲大叫，隨之氣弱心迷，驚來了尚未離去的倐、忽和燭龍二帝一神與女兒巨靈。

鬼母所變樸妻在激怒樸父行刺成功之後，目的實現立即假裝害羞溜出了宮門。樸父眼見行惡的渾沌已被其蠍毒寶劍重創，心知受此重創的渾沌，只有食用咸池之畔不死山上的不死仙草方能得救，其祂絕無解救之法。而那不死山上的不死仙草不僅只有一株，而且有玉皇大帝之女仙妃專門守護，任憑何方天帝哪路神仙，仙妃都絕對不會允許採摘。因而祂相信作惡的渾沌受此重創，必在半日之內無救而死。如此大仇已報，祂便出離宮門追尋受辱而去的樸妻，好作安慰而去。

九、神女鬥魔

　　倏、忽二帝二神來到渾沌居室看到，室中只有渾沌一個，孤零零地躺在臥榻上。但其肋部卻有一個巨大的劍傷創口，創口中黑血泉湧，全身已經變成黑紫色，只剩下了奄奄一口氣息。居室中不見別個所在，未留下任何打鬥痕跡。祂二帝二神目睹此景甚感奇異，詫異是哪路神仙何方妖魔行惡來去這麼迅疾！同時祂們皆知渾沌天帝有刀槍不入之能，又驚奇是哪路神仙何方妖魔施用何能，將渾沌天帝重創至此！為了迅速弄清事情的根底好作救治，巨靈立即代父行令，召集宮內神卒神將細作問詢。

　　「大神，此事說來實在蹊蹺萬分。剛才小神正與眾小神在宮門守衛，眼見樸父大神手仗利劍，滿臉殺氣徑要闖入宮中。小神忙對祂說天帝正在休息，要祂欲見天帝在門外稍待。」那進宮稟報中途遭擒的守門小神聞問，率先稟報道，「祂卻一反常態不僅不聽言講，反而口吐髒言穢語，怒罵小神之言是放屁，要小神快快去叫無竅惡帝出來受死。」

　　「後來呢？」巨靈邊聽邊問道。

　　「小神眼見此情景不敢怠慢，忙進宮來傳報天帝。但不料小神進宮，剛剛行至遣雲宮前竹林旁邊，竹林中卻突然伸出一隻大手，恰好

101

抓住小神的脖頸。抓得小神當即不能出氣，昏死過去。」守門小神繼續道，「小神醒來，見自己仍躺在那片竹林之中。剛才聞聽大神召令，即忙來見大神。」

「嗯，這就奇了！樸父老神剛剛救還帝父歡快離去，為何如此快疾就生出了這等惡變？」巨靈聽了此報，禁不住心中疑竇迭起道，「那抓拿守門小神的大手出自誰個？這究竟是為了何事？」

「大神，剛才守門小神所言皆為事實。就在祂進內傳報久等不回，也不見天帝出宮之時，樸父老神怒火萬丈，向我等大打出手，一路打進了帝宮之中。」這時，守門小神首領接著稟報道，「小神唯恐生事，即尾隨其後進入帝宮。聽聞樸父入得寶殿破口大罵天帝說，想像不到祂剛剛救得天帝，天帝即借機搶走其妻戲弄其妻，邪惡至極，容不得祂不殺天帝。小神聽聞大驚失色，稍一愣怔，便聽到天帝一聲大叫，隨著便見樸妻赤身裸體飛身出宮，樸父仗劍隨後追隨而去。」

巨靈聽到這裏，真個是氣得七竅火突，頭腦發昏，怒喝道：「原來如此，這就怪不得樸父老神下此狠手了。虧得是祂樸父善良，若要是我巨靈，非叫祂立刻斃命不可！」

巨靈如此氣惱得身心戰慄，聰明的她竟然忘記了仔細思考其中的蹊蹺之處，便信以為真全把罪過推在了帝父渾沌身上。隨之立刻心懷盛怒，遣退眾小神，入宮怒斥帝父而來。

這時，渾沌天帝仍然創口血湧不止，氣息更加微弱，生命危在須臾。倏、忽二帝與燭龍三個守在其旁，心焦似火，只等巨靈來報原委，以作定奪。無奈巨靈突然闖入室內，別的不說，開口便怒斥起了奄奄一息的渾沌：「帝父，不，你枉為帝父，你不配做我的帝父。你是一個惡魔，你是一個邪魔……」

焦待在渾沌身旁的倏、忽三個突聞巨靈此言，全都丈二和尚摸不

著了頭腦，墜入了五里霧中。但祂們心雖不解，卻都急言攔阻道：「怎能？姑娘怎麼口出此言！」

「你身為玉皇大帝敕封的中央天帝，你不好好遵守天條治理轄界，反去拈惹野花採擷野草。」氣惱至極的巨靈對倏帝三個的攔阻之言聞若未聞，繼續道，「你拈也好採也罷，前日那鬼母山神逼你為婚，你假言不允，念及我母不傷我心。可你今個卻全部暴露出了虛情假意，你拈惹野花採擷野草，竟然拈採到了誠樸的樸父老神頭上。」

「啊！姑娘怎能如此言說？」倏帝這時忍抑不住道，「這不是胡說八道嗎？」

「這不可能！」忽帝也即幫言道，「不可自誣渾沌天帝。」

「是祂救你出來，你不思報恩於祂，反而搶人妻室戲人妻子，樸父老神不來殺你又殺誰個！不來刺你又刺何神！」巨靈這時仍對倏、忽二帝的攔阻之言聞若未聞，氣惱不息地繼續道，「你活該，你死了去吧，死去的好！你死去了，也免得我這做女兒的在眾神魔面前為你害羞！」

「靈妹不可如此！」燭龍這時作攔阻道，「渾沌帝伯豈是那種天帝！」

巨靈聽了，禁不住竟然一頭撲進燭龍懷裡，嗚嗚嗚地傷心痛哭起來。倏帝三個急作勸說，祂們勸說許久方纔勸得巨靈不哭，問清緣由，倏、忽三個不禁齊聲慨歎道：「巨靈，你只顧氣迷心竅，恰為惡者所使，冤枉你帝父了！」

「你想，樸父老神去後，我們三個與你帝父沒有分離須臾，只是剛剛你帝父才去休息，祂豈有分身之術前去搶來樸妻？」歎畢，倏帝率先開口勸導巨靈道，「再說，你想過那竹林中探出的大手從何而來，是誰的大手嗎？」

忽帝也即插言道：「事情蹊蹺萬分，其中定有原委。」

「我看這事不是別個所為，仍是遼、遠惡帝與鬼母惡神所為。一定是祂三惡各施變身法術，假冒帝伯前去搶走了樸妻大神，」聰明的燭龍思慮成熟，這時胸有成竹道，「然後又著誰個變身樸妻戲我帝伯，故意激惱樸父出劍殺我帝伯，以實現其邪惡目的。施此借刀殺害帝伯惡計，手段實在惡毒至極！」

「也是。祂們或許知道我帝父身懷刀槍不入之能，恰好樸父老神又為玉皇大帝剛剛鑄成一把蠍毒寶劍，還未呈獻玉皇大帝，」巨靈聽到這裏，方纔惱迷消去，清醒過來道，「於是便用此等借刀殺神惡計殺我帝父。不然，誰個之劍又能刺傷帝父！祂們的手段真是惡毒萬分啊！」

說著，巨靈又不禁傷心地失聲痛哭道：「帝父，是小女剛才受了惡者矇騙，錯怪了您，您可千萬不要放在心上啊！小女一定設法治好父傷，替父向那惡帝孽神報雪此仇！」

但是，儘管巨靈這時哭得痛心至極，渾沌卻是氣息奄奄，沒有了說話之力，一直未能臍出一語。燭龍見之心急，即對候帝道：「帝父，孩兒聽聞神界傳說，樸父老神為玉皇大帝這次所鑄蠍毒寶劍，不僅無堅不克，而且遇毒者一個時辰就會無救而死……」

「是的，是有此說。」候帝聽聞一驚道，「孩兒是說……」

「現在帝伯若是身被此劍所刺，已經中毒，不可再等待了呀。」燭龍這時急言道，「帝父與帝叔，要快想施救良策呀！」

「龍兒所言極是。」忽帝這時也是焦急起來道，「我們不可再怠了呀！」

「二位帝叔，龍哥說得對，」巨靈聽到這裏，也立刻轉對候、忽二帝哭求道，「就快拿救我帝父良策吧！」

　　倏帝這時也是無奈，不禁「哎」地歎一口氣道：「看來，渾沌天帝為樸父使用蠍毒寶劍所刺，已經真相大白。因為據為帝所知，別個的任何寶劍都是刺牠不得的。但樸父為何真假不分，皂白不辨要刺殺於牠，做這親者痛仇者快的事情呢？」

　　「帝兄，樸父大神定是中了遼、遠惡帝和鬼母惡神的姦計，若不是牠們三惡，又有誰個與我們為敵？」急火的忽帝忍不住心中的怒火，這時急火道，「誠樸的樸父大神怎會劍刺渾沌天帝？但是眼下我等對於樸父之事沒有時間再講，還是快快拿出解救渾沌之法，事急呀！」

　　「忽弟說得對。可那樸父大神所鑄蠍毒寶劍實在厲害，中此毒劍者若要得救，除非到西南天邊咸池岸畔不死山上，取得不死仙草食下方可解得此毒。」倏帝這時仍無奈道，「但那咸池不僅距此遙遠，而且那不死山上不死仙草又僅有一株，親由玉皇大帝之女仙妃親自守護不說，另外那通往咸池不死山的路上，還有魔守三洞神扼三關為必經之途。那三洞魔怪個個魔法廣大，三關神將個個法力無邊。一般求取者見不到仙草模樣，已是葬身三洞三關之上了。」

　　忽帝聽到倏帝言辭悲觀，忙接上來道：「俗言天無絕神之路，帝兄不須這般悲觀，眼下時間不可稍待，我看你我二帝可以先施法力定住時間，使時間不再前流，保得渾沌帝兄毒不擴散身子不死。而後，我等再去設法求取仙草，救活帝兄若何？」

　　「可這仙草，」倏帝贊同忽帝之言，即與忽帝同施法力停滯了時間流動，隨後仍是無奈歎息道，「怎麼去求啊！」

　　「管它什麼魔洞神關，小女為救帝父都要闖它過去。求得仙草，救得帝父性命！」然而倏帝料想不到，其話音剛落，站在其旁的巨靈卻開口鏗鏘地說著，即要起身前去。倏、忽二帝與燭龍全都被巨靈一時說愣，呆站在了那裏。巨靈這時則已躍身駕起雲頭，一路徑往西南

咸池求取仙草而去。

渾沌天帝昏迷中仿佛被巨靈之言驚醒，只見祂肚臍眼微微地連連張合，仿佛在喃喃言說：「女……兒，去……不……得。」但只是不能聽到。

燭龍見到巨靈去了心中更急，也不再言，即起身追隨巨靈，助其一臂之力而去。倏、忽二帝大驚，因為祂二帝深知巨靈與燭龍此去定然凶多吉少，因而忽帝忍抑不住心中的急火，告辭倏帝就要前去追趕幫助巨靈兩個。

倏帝這時心思急轉，立即攔阻道：「忽弟前去不得！你若再去咸池，這裏只剩下為兄一個，若那遼、遠惡帝鬼母惡神一齊殺來，渾沌帝兄豈有活命！」

「若如此，我二帝只有讓巨靈兩個此去，」忽帝聽到倏帝言說有理，無奈放棄前去咸池的打算道，「是吉是凶，聽之任之了。」

「讓祂們去吧。巨靈不去把那不死仙草求取回來救活帝父，心中怎安！燭龍不去助巨靈一臂之力，又怎能放心得下呀！」倏帝也覺無奈，心中更對燭龍兩個此去掛心不已，但也只有安慰忽帝道，「雖然我二帝明知祂二神此去凶多吉少，但我二帝卻也不能離開這裏。必須在此好生守護渾沌天帝，以防再生不測。」

倏帝的預感完全正確，潛藏在渾沌宮中的遼帝與鬼母這時並未離去，祂倆對剛才宮中發生的一切，全都既聽又看了個清楚。當看到巨靈怒斥渾沌之時，祂們心中高興。當看到巨靈前去求取仙草之時，遼帝便欲當即施法將空間延展得無限遼遠，使巨靈無法飛到咸池。但在欲施未施法力延展空間之時，祂又看到燭龍追隨巨靈而去，便又立刻改變心思，施用法力在巨靈面前縮短了空間的廣遠，而在其身後燭龍面前延展了空間的廣遠。

這樣，遼帝便可以讓巨靈迅速飛到咸池岸畔，單個去闖魔洞過神關。讓旱魃、魑魅、魍魎三洞魔怪和鷟鳥、神鼇、黑龍三關神將去收拾巨靈。讓她不僅求取不到仙草，反而身遭屠戮。由此，不僅可以除掉巨靈，而且巨靈取不來仙草，又正好要了渾沌性命。同時也讓燭龍久飛不到咸池，使其幫助巨靈不得。再當祂們看到倏、忽二帝緊守渾沌榻前，以防再生事端之時，便齊罵倏、忽二帝深謀遠慮，智略不凡。

就這樣，由於遼帝在燭龍面前延展了空間的廣遠，使得燭龍出得渾沌帝宮隨後追趕巨靈，覺得平時早該到達咸池了，今日卻不僅久追不見咸池之影，而且一路上連巨靈的影子也沒有追見。燭龍心中因而深感奇異，更對巨靈掛心不已。掛心之中，祂又突然安慰自己是不是心中太急了，所以顯得今日路遠還未該飛到咸池，便又疾速前飛。但祂飛呀飛呀，卻仍是久飛不到咸池，也看不見巨靈的身影。

巨靈面前的空間由於被遼帝施法縮短，這時她已飛到了望見咸池的天界。隨著巨靈越飛距離咸池越近，咸池的仙姿妙態，遂漸漸清晰地展現在了她的眼前。她看到，那一望無際的咸池之水恰被周圍聳峙的高山峻峰環拱。那山座座險峻，如劈如削。那峰幢幢壁立，巨石峨崖。從環拱咸池的山峰四周看去，山根全都雲飄霧渺，蒼蒼茫茫，不見根底。

那高山峻峰環拱中的咸池之水，平靜似練，碧藍如天，清澈見底。水面上有鴛鴦戲水，白鷺競飛。更有點點遊船載著仙女仙妃在池中暢遊，向池中撒落著一串串銀鈴般的戲聲笑語。水中奇草鬥茂，異石溢彩，銀鱗閃耀，橫生奇趣。水邊池畔，或奇石嶙峋，或條石砌梯，或瑤草競繁，或瓊花如簇。真個是神界妙境數咸池，高潔素雅美無匹。都道仙妃愛素潔，看看咸池心不疑。

正因為咸池素潔皎好，方為仙妃選為居地，使得一般神魔涉足不

得。從遠處看去，咸池好像不設防備，其實上罩恢恢天網，任是何方神仙哪路妖孽都從山上飛不進去。進池之路只有東山一條蜿蜒羊腸小徑，遙望如同遊絲一般，飄掛在險山陡崖之上，險惡萬端。

若要沿著此道進池，下半段山道由旱魃、魑魅和魍魎三洞魔怪把守，洞洞有一夫當關之險。上半段山道由鷙鳥、神黿和黑龍三關神將守衛，關關有萬夫莫開之固。只有闖得過如此三洞魔怪打得過如此三關神將，方纔可以沿著那羊腸小徑進入咸池岸畔，尋到仙妃住地，求得不死仙草。

巨靈求取仙草救活帝父心切，看清咸池地理方位尋得進池路徑之後，便顧不得再去欣賞咸池的仙姿妙態，迅疾按落雲頭，踏上飄在東山腳下的羊腸小徑，一步步順著那小道，向山上艱難攀登以求取仙草而去。俗語言看山跑死馬。巨靈看著那山道不遠，但用雙腳丈量起來卻遠不可及。只見她跨過一座座山崗，又越過一窪窪山谷，高高低低曲曲折折盤盤旋旋，那小道硬是走不到盡頭。

轉眼巨靈已經走得累出一身大汗，隨後又翻過一道山崗進入一道山谷，遠遠地方看見前方谷中山道旁邊，閃出一方魔洞，陰森恐怖地擋在路邊。巨靈邊走邊看那魔怪洞府，只見它洞門森森放陰光，煙霧渺渺鬼氣旺；若隱若現一魔洞，陰森森地擋道旁。

「這難道就是旱魃魔洞不成？」巨靈不由得一驚，心中暗言道。不料沒等其暗言完了，已見從那洞門之中湧出四名小妖，各執器械攔住了山道。其中為首小妖向巨靈大聲喝問道：「來者為哪路神仙？為何闖我洞府？有何貴幹？快些言說！若無道理，我等奉仙妃娘娘之命，就要動手了！」

巨靈聽到小妖之言尚有商量餘地，急近前對其如實講說了一番。眾小妖聽到巨靈是為求取仙草救父而來，但無玉皇大帝的許可和仙妃

的邀請，便立即開口拒絕道：「若如此，大神還是返回的好。也免得大神費力過這三洞闖那三關，弄得不好反倒落個有來無回！」

「刁猾妖孽，快快給我報知你家洞主，」巨靈聽聞小妖言辭無禮，勃然大怒道，「就說巨靈大神闖洞來了！」

「我乃洞主旱魃魔怪，在此恭候大神多時了！」然而未等巨靈話語落地，便從洞門口傳出一陣「嘎嘎」怪笑道，「如果大神不聽小妖之勸，硬要闖我魔洞，就別怪我旱魃遵從仙妃之命，對你動手了。」

隨著這陣怪笑和話語之聲，巨靈看到旱魃惡魔手持一柄狼牙交錯的邪惡千鈞狼牙棒，威森森地從洞門中走來，擋在了自己面前。這時巨靈舉目細看，見到站在面前的旱魃惡魔，生相著實邪惡無比。只見祂豬頭牛鼻，眼如鈴鐺，口方唇紫，獠牙盈丈。頭如糧斗裝在肩上，斗披白毛長數十丈。祂肚大腰粗，肩寬臂厚，手生利爪，腳大無匹。

「魔怪，你只知一味力行仙妃之命，卻不去體諒仙妃慈善之心，救助受難之神生命。」巨靈眼見旱魃此狀耳聞旱魃之言，心中更惱道，「如此要你何用，看招！」說著，便舞動手中鴛鴦連環雙劍，不待旱魃出手，已是率先向旱魃刺了過去。

旱魃也不相讓，即揮手中狼牙棒相迎。一時間，巨靈與旱魃交上手來，直鬥得難分難解，陰風四起。祂兩個一個神仙一個惡魔，各施神魔功法，齊逞神魔之能。旱魃手中棒惡毒，巨靈手中劍狠猛。轉眼打鬥多時，旱魃雖然生相兇惡無比，但其魔法魔能終久鬥不過巨靈的神法神功，因而漸漸敗了下去。巨靈嫉惡如仇，毫不相讓，又一陣雙劍連環猛打，已將旱魃打得棄棒逃進了魔洞之中。

巨靈求取仙草要緊，雖見旱魃敗逃入洞也不前去捉拿，而是越過洞前小道，徑向前方咸池奔去。隨後她向前又是一陣疾行，穿過數道山崖又數道山谷，突見前面又一道巨崖擋住了去路。巨靈舉目看視，

109

只見在那崖下小道盡頭，突又聳出一方魔怪洞府。

這洞府比剛才所過旱魃魔洞陰森十分，它刀劈斧削洞府門，石門緊閉陰沉沉。上書三字「魑魅洞」，門聯書寫「敢過此洞堪英雄，敗逃下山留性命。」洞門兩旁，疊嶂削峰，回巒立崖。青松翠竹綠陰陰，弱柳碧梧氣森森。澗水刷刷播陰霾，山泉叮咚泣鬼神。林中有魔禽小怪，澗中有鬼獸妖邪。更有陰風颯颯，鬼霧漫彌。陰風森森冲九天，鬼霧飄渺漫谷底。真個是不到魔洞心不驚，不踏魔地氣不餒。若得來到魑魅洞，神兵天將心亦沉。

巨靈眼見此景，心中也當然禁不住直打寒戰，自語道：「怪道神界皆言咸池魔洞險惡，看來果真名不虛傳！」巨靈口中說著心中想到，旱魃魔洞為進入咸池第一魔洞，旱魃魔怪武功應當最弱。但剛才自己對付旱魃魔怪尚需力戰，眼下要打過這魑魅魔洞，魑魅魔怪的魔法魔能定當勝過旱魃一籌，自己就要加倍謹慎了。

巨靈正在如此邊走邊想，突聞魑魅洞門轟隆隆冒出一股清煙，緊閉的兩扇石門隨之被打開來。洞門開處，只見一怪踏著那股清煙，出洞端站在了洞門口上，厲聲喝叫道：「欲過此道必穿我洞。我看你小小神女去求仙草，是吃了熊心豹子膽，竟敢先闖旱魃魔洞，又來鬧我魑魅洞府。魔怪魑魅叫你留下性命！」

巨靈聽到魔怪此言，方知此魔便是魑魅洞主魑魅女魔，不由得定睛細看此魔生相，真個是邪惡萬端。只見她頭生牛角刺天穹，青面獠牙臉相凶，獅鼻虎耳呈惡貌，身子粗臃如狗熊。手執長柄雙刃三尖刀，張牙舞爪爭雌雄。巨靈見之心中生惱，口中卻好言相求道：「魑魅，小神心想仙妃雖然派你扼守此途，但絕非要斷絕神間恩義。為此，女魔若能稍稍體恤仙妃慈善之情，便當放我過洞晉見仙妃，求取仙草以救帝父之命。小神將三謝女魔恩義！」

女魔魑魅當然不聽巨靈之言，隨之開口大叫道：「不怕死你就過洞，怕死你就回去。這裏不靠花言巧語，這是仙妃之命。若不怕死，就進招吧！」

巨靈聞聽話無回頭講說餘地，立刻大怒道：「既如此，惡魔先吃大神一招。」隨著便雙劍連環，先一招「金蛇伏地」，繼一招「倒打金冠」，向魑魅女魔連刺過去。魑魅女魔生性鬥狠，久未鬥得手心早已騷癢難耐，這時得與巨靈鬥狠興味陡漲，心喜難耐，隨即揮動手中長柄雙刃三尖刀，迎擊巨靈的雙劍與其打在了一起。

魑魅女魔果如巨靈剛才所料，魔法魔能均比旱魃高強一倍。一時間，只見她兩個一神一魔交上手來，你來我往，我往你來，你進我退，我退你進，打鬥多時仍是只能平手，不分高下。

巨靈這時眼見女魔魑魅魔能高強，顯出越鬥越勇之勢，心知再打下去自己雖然不至敗北，但若打個平手自己也就過不得洞去，那樣這場爭鬥便成了毫無意義之舉。為了求取仙草救活帝父，一爭雌雄並不為強，能夠過洞方纔不虛此舉。為此她靈機一動，決計不再硬拼爭強，而改用智取奪勝惡魔。

決心既定，巨靈瞅准機會突使「金蟬脫殼」之招，閃身退避而去，給魑魅女魔留下了擊她的空子。魑魅女魔正在過鬥狠之癮，殺性正濃，而且眼見自己與巨靈交手真個是棋逢對手，難分上下，所以出招更疾。這時突見巨靈虛招退去，心中不知巨靈使計，只恐巨靈退出不戰，不解自己鬥狠之癮，便即上前去擊打巨靈，以纏住巨靈與之鬥狠。

巨靈看得清楚，她瞅准魑魅女魔擊她之時，倏然躍身來到魑魅一旁，左手仗劍一招「指南金針」打飛魑魅手中的長柄雙刃三尖刀，右手搭劍便逼在了魑魅女魔的脖頸之上。魑魅女魔只顧惡鬥，突見手中雙刃三尖刀被巨靈打飛，又覺一陣劍寒沁上脖頸，方知中了巨靈之

111

計。心中正在氣惱，耳中卻聽巨靈道：「魍魅女魔，現在若放我大神過洞你活，若不放我過洞你死。你說怎麼辦吧？」

魍魅當然不想放巨靈過洞前去，但無奈這時巨靈手中之劍就搭在自己脖頸之上，她知道自己稍有抵抗，巨靈手脖一硬自己就將被殺死，因而不敢抵抗道：「我要活，我要活。請大神手下留情，我放大神過洞，放大神過洞。」

巨靈隨之厲喝道：「不，女魔送我大神過洞！」魍魅忙言道：「好，我送大神過洞！」隨著，只見魍魅肩扛巨靈手持利劍，巨靈劍逼魍魅脖頸，魍魅在前巨靈在後，一路進洞徑直穿過魍魅洞穴，來到了洞外山道之上。巨靈這才言謝道：「謝女魔相送！」言畢，即收劍踏上了前去咸池之路。

十、樸父逼宮

巨靈上路再往前行，轉眼又是越崗過澗，曲曲彎彎不知走了幾許，突見前面一座大山迎面聳立，擋住了去路。巨靈舉目端看那山，真個是頂摩青霄，峰接碧漢。山頂雲飄蕩，崖前樹影寒。向陽處，琪花瑤草馨香；背陰方，臘雪頑冰不化。周圍雜樹萬萬千，奇禽來往雜訊繁。天狼吼叫奪吃食，魔虎咆哮爭美餐。妖猿長嘯尋奇果，怪鹿攀山上翠嵐。

山上崎嶇峻嶺，削壁懸崖，直立高峰，灣環深澗。松鬱鬱，石磷磷，神行至此心膽寒。只見眼前奇獸興妖霧，漫山怪禽弄魔煙。深澗流水奏鬼樂，高山妖風悚神膽。神行至此愁險峻，偏偏小道被截斷。

巨靈如此看視一番這山，已是不禁心中驚懼十分。但她求取仙草心切，無奈只有壯膽趕走心中懼怕，偏向險山行，眨眼間已是來到了小道盡頭之處。小道當然沒有盡頭，只不過此處依山靠澗驀然拐了個急彎，遠看到了盡頭，而拐過此彎小道便又閃現。

巨靈行至絕處拐過急彎，突見小道又閃現在了腳前，便心中高興行走更疾，眨眼間又已繞過了兩道山彎。巨靈往前正在急行，忽聽前方小道再拐彎過去之處，傳來了令神膽寒的魔樂鬼歌，伴著群魔亂舞的嘈雜之聲。巨靈雖為大神，也不由得聞聲戰慄，行步腿軟。但她救

父心切，依舊壯膽前行，轉瞬便來到了轉彎之處。

須臾轉過山彎，巨靈心懼地循聲往前一看，那場景真個是頓令她瞠目結舌、驚怔在了那裏。原來，轉過山彎前方不遠處有片開闊的空處，空處靠山一角有一座魔怪洞府。那洞府，削峰掩映，怪石嵯峨。奇花瑤草爭香，紅杏碧桃競豔。洞左古樹，霜皮溜雨四十圍；洞右蒼松，黛色參天兩千丈。洞府洞門大開，如生吞神靈的虎口；魔洞深邃，住著多年吃食神靈的魔怪。洞口右邊蒼松樹幹上被颳下樹皮一片，露出的木質上書寫著四個大字：魍魎魔洞，讀之令神心顫。

洞府門前開闊空處，此時群魔正在狂舞，有如現今的野雞舞會。只見那洞中魔怪府中妖女盡聚於此，大小魔怪爭瀟灑，美醜妖女競風流；魔怪狂勁舞，妖女翩躚伴。魔怪舞霹靂，妖女跳霹靂。這倆跳貼面，那倆舞肚皮；這邊跳扭腰，那邊舞擺臀；左廂跳碰鼻，右廂舞撞臂。魔怪奏魔樂，樂聲若鬼泣。怪魔唱魔歌，歌聲如殺神。只見那偌大的洞府空處之上，真個是魔樂高奏，魔歌狂嗥，惡魔亂舞，群魔狂歡無竟時。

巨靈從未見過這般場景，睹此場景呆怔多時，早已被出場小解的小妖發現。那小妖見到巨靈大神也是心中害怕，尿都沒敢撒完，就手提褲帶跑進場子，報告給了正在狂歡的洞主魍魎魔怪。魍魎魔怪聽了，不願掃去群魔狂舞之興，壞了此刻鬼節佳期，即對稟報小妖厲聲道：「慌亂什麼！如此區區一個小神，量她前來也是無妨。不要亂說，快跳舞去吧。」

見那小妖迅疾啞口混入了魔群，魍魎魔怪這才轉對其子魍魎小魔道：「孩兒，你去那廂看看，來者為哪路神靈？問問她是來窺看我洞府鬼節狂歡，還是打洞進池？若為前者，你邀她前來共歡。如是後者，你叫她好生回去，以免命喪我魍魎魔洞。」

　　魍魎小魔聞命即行，祂眨眼來到驚愣的巨靈面前，詢問道：「大神，魔父讓我問你是哪路神靈？為何至此？並邀你前去共歡！」

　　巨靈頓被驚醒，看到面前站一小魔。這小魔年紀雖小，生相卻也邪惡無比。只見祂頭生一雙蝸牛角，紅髮披肩如衣裳。獨眼長在腦袋上，方方正正紅似火。象鼻捲曲嘴圈白，獠牙如劍吐紅舌。肩生四臂長四手，東撓西抓不停歇。雙腳生長牛蹄殼，殼硬如鐵生石火。年紀雖小肚腹大，脹脹凸凸有實貨。渾身疙瘩如蟾蜍，黑不溜秋難言色。

　　「看來你就是魍魎小魔了。大神我乃中央天帝渾沌之女，神名巨靈便是。來此只為前去咸池晉見仙妃娘娘，求取不死仙草，回去救治我那遇毒待斃的帝父渾沌。」巨靈不見這魍魎小怪猶可，眼見此怪聞聽其問並邀她前去共歡，不禁勃然大怒。但就在她正要發作之時，卻忽然想起自己此來不是鬥魔，而是為了求取仙草，便立刻強抑怒火臉換溫色道，「因而小魔快去回稟你家魔父，就說小神深謝祂相邀共歡之情，只求祂網開一面，讓小神順利前行，以去求見仙妃娘娘。」

　　「大神之言小魔已經不須稟報，因為剛才魔父已作安排，說你若是為了求取仙草，就叫你好生回去，」巨靈料想不到其言剛落，就聽魍魎小魔發出孩童般幼稚的「嘎嘎」怪笑道，「以免喪命我魍魎魔洞。大神若此還是聽取我家魔父之言，返回去吧。」

　　「騷臭未乾小魔，就敢如此在我巨靈大神面前口出狂言，放肆無禮！大神這就叫你嘗嘗鴛鴦連環雙劍的厲害！」巨靈聞聽魍魎小魔此言，強抑在心中的怒火頓然噴湧而出，怒不可遏地口中厲喝著，手中已是「颯」地抽出身佩鴛鴦連環雙劍，「嗖」地便左前右後一齊向魍魎小魔刺了過去。

　　「大神如果不聽我家魔父之勸，硬要拼打俺這魍魎魔洞，小魔我就還手了。」魍魎小魔雖然年幼，但是身子伶俐，動作機敏。突見巨

靈大神手揮雙劍向自己連環刺來，「嘎嘎」一笑倏然躍身，已是躲過來劍說著，立刻四臂揮起四枚鬥大的紅銅惡錘，「嗖嗖嗖」一錘接著一錘不見停歇地向巨靈打了過來。

巨靈兩臂難敵魍魎小魔四手，因為少去一半。巨靈兩臂固然利索，但也不敵魍魎小魔四手快速。不一時，魍魎小魔已將巨靈打得心中煩惱，使她即出鴛鴦連環雙劍中的「二龍吐須」絕招，先出右劍突然打飛魍魎小魔一雙左手中的兩柄惡錘，左劍又「嗖」地向小魔心窩刺了過去。

魍魎小魔突失兩枚惡錘已是心中大驚，又見巨靈大神的左劍隨著刺到了心窩，頓時嚇得「啊呀」一聲驚叫，急棄去右手雙錘閃身躲過巨靈來劍，即返身驚叫著逃回洞前闊處而去。

這時，巨靈與魍魎小魔的打鬥之聲，早驚止了空場上狂舞亂嚎的群魔，祂們正在凝眸看視這場惡鬥之景。眾妖魔突然看見正鬥的魍魎小魔敗逃而回，心中大怒，齊要上前圍戰巨靈。魍魎魔怪見之，一聲「慢」字止住眾魔道：「由我來。」

「大王且慢！俗言殺雞焉用牛刀，大王就讓小魔前去替大王報仇吧。」就在魍魎魔怪話音剛落就要上場之時，突見一旁閃出魔將妖狐攔阻道。魍魎魔怪聞聽道一聲「也好」，那妖狐魔將便轉身向巨靈殺了過來。

驟然間，只見那殺來魔將妖狐面目猙獰，行步疾猛，手揮一柄叉魚的鋼叉，大有一叉將巨靈刺死之勢。巨靈見之，則端立原地紋絲不動，只等魔將妖狐的鋼叉刺來。妖狐的鋼叉須臾刺到，巨靈則倏然閃身躲過。弄得用力過猛的妖狐，鋼叉刺空收身不住，一陣向前沖出數丈，方纔立定腳步。

妖狐當著眾魔之面一著落空，心覺備受戲弄，勃然大怒，即返身

又一叉向巨靈肋部刺來。巨靈心中好惱，先閃身躲過來叉，接著「嗖」地便出劍砍在了妖狐的叉柄之上，將其叉柄當即削成了兩段。同時倏然出劍逼住妖狐的脖頸，厲喝道：「去，叫你家洞主魍魎快快前來見我，大神有話對祂言講！」

妖狐不敢怠慢，忙謝過巨靈不殺之恩，立刻逃回去見魍魎洞主。魍魎眼見小魔與妖狐兩個連連敗北，早惱得咬牙切齒，不待妖狐返來，即揮動手中渾鋼長鉤向巨靈殺了過來。

巨靈待在原處本想把好話再向魍魎講說一遍，以讓祂開通方便之門，放她進池求見仙妃娘娘。但無奈魍魎來勢兇狠，不容她言講，其渾鋼長鉤已經殺到了面前。巨靈眼見魍魎與魍魎小魔長相無異，只是少去兩條臂膀，倒是更比魍魎小魔兇狠邪惡十分，心中大惱，即出劍迎上，與魍魎鬥在了一處。

然而，魍魎之所以扼守這第三座魔洞，其魔功著實比旱魃與魑魅二魔高過十分。武家言，只要一伸手，便知有沒有。巨靈與魍魎因而一交上手，便已覺出自己難以勝敵。如果惡鬥下去，自己即便不喪身在魍魎的渾鋼長鉤之下，也難保身上不被鉤出窟窿。為此她不敢再戰，急棄戰敗逃返去。

魍魎也不追趕，只是一陣輕鬆邪笑道：「叫小神好生回去，小神不好生回去。非要嘗嘗我魍魎洞主的渾鋼長鉤滋味不可，一嘗知道厲害了吧。嘎嘎嘎嘎……」

巨靈此番雖敗卻也沒有去遠，她求取仙草救父心切，當然不會這般返回。只見她去到僻處躲起身子，回頭不見魍魎魔怪追來，耳聽其戲語笑聲，心中更惱，決計鬥狠打不過魍魎，即鬥法戰勝魍魎，以突破這進入咸池的魍魎第三魔洞。

心計既定，巨靈便不待魍魎返去，即在其笑聲未落之時去到魍魎

跟前道：「魔怪，誰勝誰負尚未決出，你不要高興得太早了！」

「敗逃小神，還不服輸，要來再鬥。好吧，這次我魍魎就叫你來得去不得了。」魍魎剛才眼見巨靈敗逃去了，想她必然不敢再次返來，正在笑著轉身返回，忽聞巨靈在其背後口出此言，忙又轉回身來「嘎嘎」一陣笑言，手中即又揮起渾鋼長鈎，向巨靈鈎了過來。

巨靈這時懷有心計，為鬥法而來早有準備。她看到魍魎又要鬥狠，便立刻使動法術，將右手寶劍「颯」地舉到半空，徑向魍魎頭頂刺來。巨靈使此劍法名為追風神劍，頓然間只見那劍下刺疾速無比，眨眼已至魍魎頭頂。魍魎剛才沒把巨靈放在心上，只顧依舊鬥狠而來。想不到巨靈這時陡使如此法術，使祂立刻處在了被動挨打之境，不由得心中驟然一驚。

魔高者道廣，藝精者膽大。魍魎身處厄境立刻辨清了巨靈與祂鬥開了法術，便也即不怠慢，隨即高叫一聲「追風劍」，已是施法於手中的渾鋼長鈎之上，使那長鈎猛地向巨靈祭起之劍猛磕過去。但聽「當」的一聲，已將巨靈之劍磕落下來。

巨靈見其法術又被魍魎所破，心中頓然更惱，即又使出看家本領口吐九元真氣變風幻雨，滾石落木，化火生水。但無奈仙妃娘娘既然派定魍魎扼守此洞，就教給了祂破滅諸法之術。所以任憑巨靈的九元真氣變化多端，魍魎都有破滅之法，使得巨靈硬是鬥法也鬥不過魍魎。巨靈見其施法仍是鬥不過魔怪，無奈只好再次敗逃而去。

但她去後仍是沒有走遠，為取仙草救活帝父，決計再思良謀制勝魍魎。巨靈隨後尋思許久皆無取勝良法，末了想到剩餘一法唯有鬥智。但這智又該怎麼去鬥呢？魍魎老謀深算，道行高深，實在不好對付。如果弄得不好鬥祂不過，反倒落入祂的圈套，事情就糟糕透了。

為此，巨靈又苦思起了智的鬥法。鬥何智呢？巨靈反復心思，認

為只有趁著夜黑偷渡過去為好。只有那樣，才能不驚動魍魎魔洞中的眾魔，以免再與魍魎眾魔交手自己敗北，方可保得自己悄無聲息越過魍魎魔洞，奔向咸池求取仙草。心想至此，巨靈心中暫時平靜下來，只等天黑快些籠罩魍魎魔洞，以行偷渡之法。

夜終於在巨靈的焦灼等待中，姍姍降臨到了魍魎魔洞周圍。但是巨靈心中雖急，這時卻也不敢行動。她唯恐眾妖諸魔尚未睡去，近前再被妖魔發現。為此她又焦灼地等待過去半更天時，心中焦急帝父亟待仙草救命再也不能等待下去，遂立刻在黑夜的掩護下，悄悄翻山越嶺，以將攔道的魍魎魔洞偷渡過去。

巨靈行動悄然，轉眼翻過一道山崗進入一道山谷。正在心中暗喜偷渡成功，眼看已將魍魎魔洞甩在了身後，就要踏上再向咸池的登山小道。正行之時，卻突然覺得身子像被蛛網纏住了一般，立刻不能自己起來。巨靈驟遇此變，心中陡地一驚。急忙搖身欲圖擺脫糾纏，但想不到那無形的纏身蛛網，卻自己越動纏身越緊，頃刻間已纏得她動身不得了。

巨靈動身不得，大為奇異自己是被何物所纏，正在緊急尋思破去糾纏之法，卻聽面前驟然響起「嘎嘎」一陣惡魔怪笑之聲，隨著傳來一陣魔言道：「我道小神，我魍魎兩次勸你離去你都不聽，如今又偷渡我這魔洞。但你怎知我這魔洞周圍設有地羅，任憑哪路神仙何方妖魔，都是偷渡不成的。今時你已被我魍魎擒住，就欲走不得了。」

巨靈大驚，急忙舉目看去，但見言笑魔怪果然不是別個，正是那邪惡的魍魎。巨靈於是大惱，意欲再行拼搏，但無奈身已被地羅纏結實，欲動絲毫而不得。巨靈頓陷無奈之境，氣得破口大罵魍魎。但那魍魎一聲喝叫，便令眾妖將她重新捆綁結實，押進魔洞囚禁起來。

這時，儵、忽二帝正在焦急地守候在渾沌榻前，眼望奄奄待斃

的渾沌，心中急切地期盼著巨靈與燭龍求取仙草歸來，以救渾沌帝兄脫此險厄。然而祂倆等過一時又一時，祂們看到祂倆雖然為渾沌定住了時間，渾沌的生命還是越等越加垂危，卻仍是不見巨靈與燭龍哪怕是一神率先歸來，同時也絲毫不得祂們的點滴消息，祂二帝實在焦急萬分。

焦急之中，生性本就急躁的忽帝忍不住心中的急火，對倏帝道：「帝兄，渾沌帝兄等待不死仙草的時間已經不多，忽弟擔心燭龍兩個孩兒前去求取仙草生事，故而帝兄在此好生看守渾沌帝兄，愚弟前往咸池路上尋尋祂們。」言畢，不待倏帝答應，即已離開渾沌帝宮，徑登雲頭向咸池方向馳去。

倏帝這次沒有再去攔阻忽帝，雖然忽帝去後自己獨守渾沌險惡四伏。因為祂看到再等下去渾沌就會無救而死，如此再等下去讓渾沌無救而死，就不如讓忽帝前去找見巨靈與燭龍兩個，一起儘快取回仙草，或可救活渾沌性命。忽天帝去後，渾沌身邊只剩下倏天帝一個。倏帝眼見渾沌生命這時愈加垂危，心中更加焦灼萬分，而且更是不敢稍有大意，唯恐生出差錯。

然而就在這時，意想不到的事端竟又發生了。倏天帝忽然聽到從金鑾寶殿門外傳來了急火火闖進殿來的樸父大神憤怒吼道：「渾沌老兒，你這個無竅惡帝，將樸妻藏到哪裏去了？讓老神找遍崦嵫神山，也不見其蹤影。今個不說明白，把樸妻交還給我，我非叫你立刻就死不可！」

隨著，倏帝看到樸父已經身隨聲到，手仗利劍滿臉殺氣地殺進了渾沌居室之中，並且欲要渾沌生命。

倏帝驀然見到樸父如此亂上加亂，怒火頓時騰起萬丈。因為這時祂正在擔心的不是樸父如此殺來，而是如果遼、遠惡帝和鬼母惡神一

道殺來，自己就難以對付了。但祂擔心的邇、遠惡帝鬼母惡神沒有殺來，卻是這意想不到的樸父老神殺了過來，欲要渾沌性命。

　　好在惱怒的倏天帝立刻醒悟過來，意識到這時不是對樸父發火的時候，因為事因尚未弄明，渾沌天帝急需救治，遂即抑怒火改用溫和口吻攔阻樸父道：「大神不可如此。大神暫且息怒，聽倏帝向大神言講。」

　　「老神與你等無話可說，是老神不辭辛勞仗義救出你等，」樸父對倏帝之言聞若未聞，對倏帝視若未見，怒不可遏道，「但你等不思回報老神救助之恩，反倒逞惡搶戲吾妻，老神與你等不共戴天！」說著，使出手中神劍就要再次殺向渾沌。

　　倏帝眼見樸父又要刺殺渾沌，當然不讓，即出煉鋼戟倏地擋開了樸父刺向渾沌之劍。樸父受此阻攔心中更惱，即又出劍轉刺向了倏帝。倏帝見到樸父向自己刺來，不敢怠慢，急閃身躲過。因為祂本不想與樸父交手，想與樸父講清事情原委，平息樸父之怒。但又見樸父再次刺向了待斃的渾沌，無奈只好手擎煉鋼戟，迎戰起了樸父。

　　一時間，倏天帝與樸父就這樣在渾沌居室之中交起手來，在渾沌臥榻前鬥得難分難解，難見高下。樸父仇恨滿腔，劍劍使狠，必欲置渾沌與倏二帝於死地。倏天帝心知肚明事情原委，因而時時護著渾沌，戟戟只是招架樸父，不願使狠傷著樸父老神。

　　樸父見之更惱，以為渾沌戲弄其妻，倏帝此刻則在戲弄自己，進一步出絕鬥狠，誓與倏帝一見高低。如此祂倆一神一帝打得更烈，鬥得更激，直殺得渾沌居室之中狂風四起，煙塵橫飛。

　　樸父當然惱怒至此，祂親眼看見使祂震驚的一切之後隨後追尋樸妻，卻一路猛踏雲頭也沒有追見樸妻的影兒。祂不知道祂看到的樸妻實為鬼母假變，鬼母假變樸妻脫出渾沌居室之後，則立即身還原形潛

伏在了渾沌帝宮之中，以窺宮中動靜好再下手使壞，祂當然不能追到如此樸妻。

樸父為此一直追到崦嵫山前仍是見不到樸妻的身影，氣急中擔心樸妻受辱不過出現意外，即又追至白銀山上白銀洞中，詢問眾小神樸妻是否歸來。樸父當然遍詢不得根底，因而心中大惱，更氣渾沌藏匿樸妻反示樸妻離去假像，以借機進一步戲弄樸妻。為此祂即又返身踏上雲頭，回到渾沌帝宮向渾沌討算總帳而來。

樸父與候帝轉眼打鬥多時，候帝本想在交手中制服樸父，以借機講清事情根由使其心明，但無奈樸父惡鬥不息，候帝又只是招架不願真下狠手，所以雙方仍是平手，候帝不得言說之機。

正在這時，突見燭龍回到了渾沌居室門口，見到室中場景大聲喝止道：「二位帝神住手，小神來也。」說著，已挺手中火龍槍格開樸父之劍，並牢牢地將樸父之劍按在了其槍之下，任憑樸父三番用力硬是抽劍不出。樸父無奈只好停下交鬥，又見候帝停下了與自己交手，遂一聲歎息說不出話來。

在燭龍動身追尋巨靈去後，由於遼帝作祟延展了其面前的空間，使得祂在巨靈之後一直追到剛才，不僅依舊不見巨靈身影，而且也沒能去到咸池近前。燭龍心覺蹊蹺，眼見再追也不能到達咸池，便立即返回以與帝父商議對策。不料回到渾沌帝伯居室，正看見樸父與其父鬥在一處，遂出手止住了這場惡戰。

候帝這時突見燭龍歸來止住了惡戰，忙問祂是否求得仙草，巨靈現在哪裏？燭龍忙把剛才遇到的一切講說一遍，不僅聽得候帝奇異萬分，而且也把正在氣惱不息的樸父，聽得怒氣頓消心奇起來。末了候帝思忖片刻道：「孩兒言說是那遼、遠惡帝延展了空間，很有道理。不過事出蹊蹺還須弄清。」

「事情竟會如此！」樸父這時稍有醒悟道，「會是這樣嗎？」

「大神，事情蹊蹺得很。不僅此事蹊蹺，所有的事情都蹊蹺得很哩。」倏帝見到樸父思想有所醒悟，立刻抓住時機道，「比如，大神前次救回我等走後，我與渾沌二帝還有燭龍三個，根本就沒有離開此宮一步。因此，怎會有前去你那崦嵫神山，搶來樸妻……」

「這一切皆為老神親眼所見，豈能有假？」樸父聽聞倏帝此言，怒火即又陡騰萬丈，立即打斷其言道，「惡帝父子休得再來騙我老神……」

「大神先別激動，為了澄清是非，小神決計立即前去，尋回俺那老樸大娘。」燭龍見到如此再說下去，也難解樸父心頭之疑，遂靈機一轉打斷樸父之言道，「待到老樸大娘回來，事因便會一切分明瞭。」

「孩兒所言極是，你就去吧。反正你忽帝叔已經尋助巨靈去了，祂們是會取回仙草的。」倏帝當即贊同，隨著祂轉對樸父道，「大神暫且息怒，等待事因分明為好。」

「好吧，反正事情會弄個水落石出的。」樸父這時也覺事出蹊蹺，方纔半信半疑地答應下來道，「到了那時，再說也是不遲！」

燭龍聞聽樸父答應等待，宮中可以暫且平靜，這才告辭倏帝，出宮尋找樸妻而去。

十一、鬼母騙劍

　　忽帝出了渾沌帝宮一路西南向咸池行進，若在平日祂也覺得早該到達咸池了，可是今天祂雖然踏動雲頭行走更疾，行走時間也遠比平日為長，卻不知道為何不僅一直走不到咸池，尋不見巨靈與燭龍的蹤影，而且不知怎麼了還越行越覺神魂飄緲，隨著頭腦突然一昏，眼睛看到前方飄來三塊雲朵，每塊雲朵上端站一神，齊揮器械向祂迎殺過來。

　　置身此境，忽帝心中陡然一驚。雖然距離尚遠，祂不能看清來者究竟為何方神聖？但祂猜想，這說不定又是遼、遠與鬼母三個所為，前來攔祂求取仙草救活帝兄之路。於是祂急忙定睛細看，只見隨著那三塊雲朵向祂越飛越近，雲朵上所站三神果如其料非為別個，正是遼、遠與鬼母三個。

　　「惡帝邪神，你等既為帝神，做事就當做到明處，不該在背後暗下毒手。我猜定就是你等在背後施惡，但剛才沒有見到事實不敢相信，如今你等眾惡果然面目盡露！」忽帝勃然大怒，立刻迎上前去破口大罵道，「你等既然攔我前去咸池，繼續橫施邪惡，就怪不得本帝不講情義了。看招！」罵著，揮動手中渾天蛇矛，向已圍殺上來的遼、遠三個殺了過去。

　　這是一場好打。一時間，只見祂遼、遠二帝和鬼母山神與忽天帝交上手來，三個鬥一。遼帝手舞乾坤圈，遠帝手揮陰陽拐，鬼母手仗玉女劍，個個舞得颯颯生風，各個齊使絕招狠招。忽帝獨鬥三惡，毫無懼色，把手中渾天蛇矛舞得風捲雲湧，打得遼、遠三惡急忙招架。

　　轉眼祂四神打鬥多時，忽帝雖然獨鬥三惡，卻覺得平生以來從未打得如此順手。遼、遠三個平時本來個個神功不弱，忽帝與祂們單個較量，最多也不過打個平手。而此時祂獨鬥三惡，卻打得三惡轉眼只剩下了招架之功，沒有了還擊之力。忽帝心中暢快出手更加狠猛，連連出招鬥狠，式式出手使絕，眨眼間已將祂們打得招架不住，一齊屁滾尿流奔逃而去。

　　「如此草雞之輩，還在背後暗處使壞。擋我一帝尚且不能，使壞又能如何！」忽帝見祂三惡敗去心中大喜，不禁一陣「哈哈」放聲大笑道。言畢也不追趕，即又踏動雲頭向咸池飛去。

　　隨後，忽帝覺得行進快得出奇，眨眼間已是來到了煙波浩淼的咸池跟前，遙遙望見了池中那曠若明鏡的碧綠池水，及其四周環圍簇簇的連綿神山奇峰。忽帝為此心喜倍增，腳下踏動雲頭的腳步更疾。飛進之中，忽帝心中當然仍覺奇異，不知為何一路不見巨靈與燭龍二神的身影。但就在祂心思未了之時，卻見已是到了環拱咸池的神山跟前。

　　忽帝求取不死仙草心切，即欲飛越神山徑去咸池。但祂猛然想到，咸池之上罩有無形的恢恢天網，使得神魔前去不得。為此只好繞到池東尋找進池路徑，以沿路徑入咸池。轉瞬繞到池東山腳小道開頭，忽帝還未按下雲頭，就聽見山下殺聲酣烈，惡鬥正激。

　　忽帝急忙按落雲頭向鬥場看視，只見旱魃魔怪正引領魔洞眾小妖，齊力圍戰燭龍一神。這燭龍其實是遼帝所化，只見祂被眾小妖圍在核心，手揮那杆游龍般的火龍長槍，與旱魃鬥在一起。旱魃邪惡無

比，手舞邪惡狼牙棒奮力與假燭龍鬥在一處，招招使狠，式式出絕，在眾小妖的助戰下欲置假燭龍於死地。假燭龍毫不示弱，祂一邊出手與旱魃惡戰，一邊向殺近的小妖出手，直殺得眾小妖鬼哭狼嚎，連連敗退。

忽帝眼見至此，仍以為是旱魃洞魔攔阻燭龍進池去求仙草，但不知為何不見巨靈在此，鬥場上只有假燭龍一個。於是祂心中懷疑巨靈是否被旱魃擒去，很是氣惱，隨即大喝一聲：「惡孽，還我巨靈！」揮動手中渾天蛇矛殺進鬥場，與假燭龍共戰起了旱魃。

旱魃獨戰假燭龍尚且不敵，因而揮動眾小妖齊圍上來共戰假燭龍。這時又見忽帝突然殺上戰陣，心中大驚。手腳稍慢，險些被忽帝一矛刺著。嚇得口中「啊呀」一聲大叫，急閃身躲過忽帝刺來之矛，隨即逃進了魔洞。

忽帝眼見旱魃讓開了上山小道，便也不去追趕。祂急於向假燭龍詢問巨靈去了哪裏，卻聽假燭龍搶先道：「帝叔怎麼來了？」

「帝叔放心不下侄兒與巨靈小女，心想早些求得仙草救活渾沌天帝，」忽帝即答道，「故而趕了過來。巨靈呢？」

「我也一直沒有尋找到她。剛才來到旱魃魔洞時聽一小妖講說，巨靈打過了此洞。」假燭龍道，「或許她已到咸池，尋見了仙妃娘娘。」

「原來如此，侄兒也是沒能追尋到她。」忽帝立即接言道，「事情若真如此，那就好了。求得仙草，你渾沌帝伯就有救了。」

「但願真能如此！」假燭龍贊同道，「一切就都好了。」

「只是帝叔心想，事情遠不會有侄兒說的這般輕易。」然而這時，忽帝卻仍是放心不下道，「因而我倆還是先不要高興為好，再去進前尋尋巨靈。萬一她有難處，也好助她一臂之力，真的求回仙草。」

假燭龍即又贊同道：「帝叔所言極是。侄兒跟隨帝叔行事也就

是了！」

忽帝也不再言，隨之引領假燭龍沿著小道過得旱魃魔洞，徑向山上咸池行去。剛行須臾，祂一帝一神便來到了魑魅魔洞門前。忽帝見是魔洞攔住去路，即厲聲喝斥洞口守門小妖，進洞傳報魑魅魔怪，就說忽天帝駕到，讓她速速出迎。守門小妖不敢怠慢，急忙進洞稟報魑魅魔怪而去。

「天帝駕臨魔洞，」魑魅聞報也不怠慢，立刻出洞迎見忽帝，並隨即詢問忽帝來意道，「不知對魔怪有何吩咐？」

「吩咐你立刻交出巨靈大神，並護送我等平安過你魔洞。」忽帝聽到魑魅詢問，當即厲聲道，「以讓我等前去咸池，求取不死仙草救活渾沌天帝。」

「原來天帝為此駕臨敝洞，那就怪不得女魔不能聽命於天帝了。因為這是仙妃娘娘之命。」魑魅女魔這時陡然變色，道，「至於巨靈大神，她已打過我這魔洞而去，不知現在到了哪裏。只是天帝，還是歸去的好。」

「惡魔不能聽命於本天帝又能怎樣，要打嗎？」忽帝聽了女魔此言勃然大怒，厲聲喝斥道，「本天帝就等待女魔出手了。」忽帝喝音未落，手中已挺出渾天蛇矛，向魑魅當胸刺了過去。

魑魅見之，急閃身躲過忽帝刺來蛇矛，隨著即挺起雙刃三尖刀，與忽帝交上了手。假燭龍這時也裝作心中氣惱，即從一旁出手挺槍，助忽帝共戰起了魑魅。魑魅獨鬥忽帝尚且不能取勝，這時又見假燭龍從旁殺上陣來，害怕傷身不敢再戰，急忙逃回洞中命令小妖關閉洞門。但是假燭龍追趕疾急，不等小妖關閉洞門，祂已隨魑魅身後追進洞中。魑魅不敢攔擋，使得假燭龍與忽帝一道，徑直穿過魔洞再向咸池行去。

　　此後忽帝兩個穿山越澗行走片刻，又來到了魖魖魔洞門前。忽帝即又責令守門小妖，快快報知洞主魖魖魔怪出迎。魖魖聞報也是不敢怠慢，即出洞迎來詢問忽帝到此做甚？忽帝像對魑魅一樣言說一番，又是說得魖魖當即變色道：「讓不讓天帝與燭龍大神過洞，皆非魔怪隨意。」

　　「什麼？還是不讓過嗎！」性急的忽帝不等魖魖說完，立即打斷道，「你敢！」

　　「小魔絕對不敢！」魖魖當然不敢，為此她急作示弱之態解釋道，「只因仙妃娘娘有命，任憑何路神仙哪方妖魔，盡皆不得上山入池。」

　　「混帳！你敢與忽天帝作對，」假燭龍這時故作憤怒道，「本神看你是活膩味了。」

　　「小魔不敢。」魖魖又作解釋道，「小魔這不過是實話實說。」

　　「不敢就好。」忽帝即不相讓道，「那小魔快說怎麼辦吧。」

　　「讓小魔來說，小魔說天帝與大神還是回去的好。」魖魖剛言至此，假燭龍又即言喝止道：「什麼，你這不是等於沒說嗎！」

　　「絕對不是。」魖魖繼續道，「因為即便我小魔放你倆過去，那三關神將也斷然不會放你二位進池。巨靈女神過我魔洞被我囚鎖洞中的『前車』，你帝神兩個是後車可鑒的。」

　　「什麼？巨靈女神被你小魔囚鎖洞中？」魯莽火躁的忽天帝早在一旁耐受不住，突聞魖魖此言驚得「噢」一聲道，「那好，我帝神兩個現在僅僅要你小魔一言……」

　　「天帝要小魔講說什麼？」魖魖這時接言道，「是要小魔放了巨靈吧？」

　　「小魔果然聰明。」出乎假燭龍預料，魖魖竟然說出了巨靈被祂囚在這裏，使祂心中也不禁一驚。但祂也不驚慌，立刻拿出了主意，

因為祂們的目的就是要通過惡鬥，來耗盡忽帝的體力，以便於自己借機擒之。為此祂立即攔過話頭道：「如果小魔放出巨靈大神，我帝神兩個就立刻下山返回；如果不放，就別怪我帝神兩個對小魔不客氣。」

忽帝這時不解假燭龍之意，對假燭龍此說深有異義，正要開口扳回，卻被假燭龍攔住道：「天帝且聽小神講說。小魔你願意否？」

「大神心機實在勝過小魔。只是小魔知道，大神讓小魔放出巨靈，你們好共同鬥我，然後再打過我這魔洞去咸池求取仙草，是吧？」魍魎狡詐十分，祂按照自己的思路想到了這裏，隨之嘿嘿一笑道，「不過，你這只能是夢想，我魍魎是不會上大神的當的。」

「魔怪，你說清楚，放還是不放巨靈大神？」忽帝這時自覺明白了一切，心中好惱喝問道，「讓我們過，還是不讓過你這魔洞？」

「不放，不讓。」魍魎柔中帶刺，這時寸步不讓道，「看你們能夠怎樣！」

「那好。本帝已是仁至義盡，就只有讓小魔嘗嘗這渾天蛇矛的厲害了。」忽帝勃然大怒說著，手中已挺蛇矛向魍魎刺了過去。

魍魎見之，急閃身躲過忽帝來矛，隨著指揮洞中眾妖，與其一起向忽帝兩個圍殺上來。一時間，只見忽帝兩個周圍群魔眾妖亂舞，特別是魍魎手揮渾鋼長鉤出手更是邪惡，祂專與忽帝廝殺，非置忽帝於死地而不可。忽帝也不相讓，挺矛招招使狠，轉眼已打得魍魎招架不住，敗陣逃了開去。

「帝叔莫急，這裏交給帝叔，魍魎交給小侄去追。」假燭龍正在與眾小魔廝殺，但祂看到魍魎敗逃去遠，忽帝沒有去追，正合自己心計，即讓忽帝接手來戰小魔，其前去追殺魍魎高叫道。說著假燭龍追去已遠，其實祂是要借此時機前去找個假巨靈前來充數，想不到時機竟然來得這麼快疾。

轉眼假燭龍追過一道山彎，眼見忽帝看不到了這裏，恰見前邊有一個正逃小魔，即一把抓來對其呼地吹一口氣去，已見那小魔立即變成了活生生的巨靈。假燭龍於是即領這假巨靈返了回去。遠遠地忽帝見到巨靈已是心喜無限，隨著祂便棄下小魔迎上前去，與祂二神一道穿過魔洞，為取仙草急向鷲鳥大神扼守的第一神關行去。

轉瞬行至關前，忽帝三個舉目看到，這神關真的是比那魔洞更險十分。只見它右臨刀削般萬丈陡崖，左是深不見底的萬丈深淵。只有一條尺許寬的羊腸小徑，依崖靠淵延伸而過，長逾百丈，有一夫擋關之險。在險道開頭的崖壁之上，書寫著六個大字：咸池第一神關，此前長逾百丈的尺許險道便為神關險隘。

受仙妃娘娘指派神通廣大的鷲鳥大神，便據此險隘扼守在此咸池第一神關之上，以阻截各路神帝諸方魔怪上山去咸池擾亂。忽帝三個當然誰也沒有到過此關，只是聞聽此關險峻無比。這時目睹神關之險，禁不住同聲讚歎道：「咸池神關之險，果然名不虛傳！」

「請問是哪路帝神何方魔怪，到此神關之前嘯叫，擾亂神關清靜，」忽帝三個讚歎之聲未落，就聽關隘之上傳來了「嘎嘎」問話之聲道，「有何貴幹？」

忽帝三個突聞問話之聲心中倏然一驚，齊循聲向關上看去，只見是鷲鳥大神突現神關崖頭之上。鷲鳥大神真個是生相不同流俗，祂頭似豹頭，渾圓碩大。眼似虎目，凶光閃爍。鼻似狗鼻，嗅覺靈敏。口似豹口，渾如血盆。耳似狼耳，聽覺靈敏。身似鳥身，狀如鷹隼。渾身羽毛覆蓋，如鳥無異。故為鷲鳥大神。腹生四肢，後兩肢如鳥肢，趾似鳥爪。前兩肢若豹足，蹼似獸爪。背生四翅，可輪番交替飛翔，故可終日飛行不息。這時只見祂威赫赫端站在崖頭之上，兩個豹足持定一把鎮關神戟，英威無比。

忽帝三個看到此處，忽帝忙搶先答話道：「吾乃北方忽天帝，二小神一為敝帝之侄燭龍，二是渾沌天帝之女巨靈。我三神之所以到此神關擾亂了神關清靜，非為別個，只因中央天帝渾沌身被毒劍所刺，奄奄一息。只有咸池不死山上不死仙草方可解得此毒，救得渾沌天帝不死，故而冒昧前來打擾了神關清靜。乞大神網開一面，放我三神過此神關，前往咸池求取不死仙草，救活渾沌天帝。大神恩可比天。」

「既是忽帝三神，我鸑鳥只有對你們講說清楚了。不是我鸑鳥攔你三神不讓你們前去咸池，而實乃是仙妃娘娘有命，」忽帝話剛落音，鸑鳥便如夢方醒般「嗯」一聲道，「不准小神放一神一魔過關進池打擾她，小神實在不敢違拗仙妃娘娘之命。因而忽帝三神還是返回去了吧，以免我等動了干戈，傷了和氣。」

忽帝三神聽到鸑鳥此言，雖知其言皆為事實，若讓鸑鳥放祂三神過關實在為難，但祂三神來此即為過關，不論鸑鳥言稱何難，都不能打消祂三神過關之意。為此那假燭龍假裝耐不住了性子勸言道：「鸑鳥大神，就請你為我三神擔當些，放我三神過關去吧。」

「神無戲言。你三神若是不死過關之心，」鸑鳥當然絲毫不作通融，定而不移拒絕道，「小神只有冒犯三位，以干戈相待了。」

忽帝一時無奈道：「大神既然不願替我三神擔待，願以干戈相待，我三神也只有打過此關了。」言畢即挺渾天蛇矛，向站在崖頭的鸑鳥刺了過去。

「這就怪不得小神冒犯天帝了！」鸑鳥大神見之，也無奈地說著，即揮手中神戟，向忽帝的渾天蛇矛迎了過去。

就這樣，鸑鳥大神與忽天帝交上手來，一個你往，一個我來，轉眼鬥過三十回合，雙方不分高下，依舊難分難解。作為北方天帝，忽帝根本不把鸑鳥放在眼裡。因而招招出仇鬥狠，必置鸑鳥於死地。鸑

鳥奉仙妃之命扼守此關，不敢稍有疏忽大意。因而對付忽帝認真，防守嚴密無隙，出擊兇猛勇疾。

如此祂倆轉眼又鬥數十回合，忽帝不知怎的突覺身上勁氣盡泄，挺矛撥不開了鷥鳥刺來神戟，眼見那神戟就要刺到自己身上。如此險惡萬端之中，腳下又突地被山石一絆，身子竟「撲通」摔倒下去。鷥鳥見之，忙趁此機將神戟向倒地的忽帝身上刺來，急得忽帝大叫道：「燭龍、巨靈救我！」

但是，不管祂的叫喊多麼疾急，卻都不聞燭龍與巨靈應聲，也不見祂們殺來救祂。忽帝急向四周巡視，卻哪裏也見不到了燭龍與巨靈的身影！忽帝正在奇異燭龍二神去了哪裏，突覺鷥鳥的神戟「嚓」一聲刺中了其身，疼得祂「啊呀」一聲大叫。祂急忙翻身一滾，頓覺整個身子就如同滾落進了關旁的無底深淵，一陣恍恍惚惚縹縹紗紗起來。

恍惚縹紗多時，忽帝正在奇異為何摔落不到淵底，突聞「撲通」一聲響亮，其身子便如同觸上了巨石，重重摔落在了石地之上，渾身疼痛難忍起來。忽帝身疼難忍，急忙睜眼看視，這一看實在使祂大驚失色！祂看到自己被繩捆索綁了個結實，一群魔怪正站在其周圍「嘎嘎」怪笑。很顯然，是這幫魔怪剛剛把祂捆綁結實，擡到這裏摔在了地上。所以，祂突覺身觸巨石般渾身劇疼，引得眾魔怪大笑起來。

由此，忽帝方纔意識到，祂原來並沒有掉進鷥鳥扼守的神關淵底，而是被一群惡魔邪怪擒住，把祂關索在了此洞之中。祂看到此洞銀壁銀頂銀地，處處皆為白銀鑄成，只知身在這方銀洞之中，卻不知此方銀洞坐落在何方神山哪處魔地，也不知道自己本是前去咸池，剛才已闖過三方魔洞，正鬥鷥鳥要過神關，怎麼突然就被這幫魔怪擒獲，並囚禁在了這裏。為此，祂心中大為奇異，思謀不解。

這當然又是潛伏在渾沌帝宮之中的遼帝與鬼母，對忽帝施用惡計

所致。祂們剛才看到忽帝離開渾沌帝宮，要往咸池尋助燭龍與巨靈求取仙草，祂們雖知那時巨靈已該去到咸池之下，燭龍則因遼帝延展了空間前去不到咸池，但祂們還是擔心忽帝此去，在路上碰上了燭龍，然後再到咸池與巨靈彙聚一起，破魔洞過神關，去到咸池找見仙妃娘娘取得不死仙草。到那時渾沌就可得救，祂們定下的借刀殺害渾沌之計就要告吹了。

為此祂們急忙一陣計議，看到僅憑祂們兩個之力，不僅鬥不過忽帝，也就擒不住忽帝，便無法擋住忽帝前去。無奈之中，祂們決計讓忽帝在夢中施盡拳腳之力，然後再借其無力之時將其擒之，以使其不能去到咸池。計議至此，便由遼帝施用惡計念動咒語，放出一把迷夢蟲到忽帝身上。

忽帝心中無防，結果鬧得祂先是不知怎的越走越覺神魂縹緲，心中渾渾噩噩，眼皮澀垂昏昏瞌睡起來。就這樣祂腳下任憑白雲將祂飄蕩，頭腦中則日有所思思有所夢地進入了甜美的夢鄉，做了剛才闖魔洞打神關的南柯一夢。直到身被索綁遭囚洞中方纔從夢中驚醒，發覺自己已被魔怪擒住，被囚在了一方銀洞之中，卻不知道自己被囚在了崦嵫神山銀魔洞中。

遼帝如此使惡把忽帝昏睡著弄到崦嵫山上，派定銀魔王將忽帝擒住，囚在其銀魔洞中之後，便即又潛回到了渾沌帝宮之中。鬼母眼見遼帝來到，即把忽帝走後宮中之變講說了一遍，末了對遼帝講說自己所想道：「依小神之見，我們對燭龍此去與樸父靜待宮中都不可等閒視之，必須再施奇計挑起事端，以讓祂們真偽難辨，互為殺伐，才能實現我等借刀殺害渾沌妙計。」

「大神所言極是。敝帝心想趁此宮中只有倏帝一個，」遼帝聽了鬼母此說，四隻猴眼滴溜溜一陣轉動，思忖片刻道，「我等可以借機

再去調弄那憨直的樸父，讓祂再次生怒於渾沌與候帝，以使祂們殺伐不息。」

鬼母聽到遼帝似已成竹於胸，蛟目一閃蟒眉一舉詭問道：「若如天帝所言，我倆下步如何行動？」

「我想樸父身上佩有兩劍：一為蠍毒寶劍，」遼帝這時臉綻陰笑詭秘道，「一為金童寶劍……」

「天帝是說，我們要在樸父的劍上去做文章！」鬼母這時聽出了門道，打斷遼帝之言道，「小神看這主意甚好。怎麼去做，天帝快說。」

「蠍毒寶劍是樸父為玉皇大帝所鑄，你我偷竊不得。」遼帝這時講說道，「但如果能把樸父所佩金童寶劍弄來，又不被其察覺，我想樸父一定會遷怒於候帝，與之殺伐起來。」

「好，這實在是個好辦法。」鬼母又言贊同，但旋即卻又苦於無法道，「但只是使用何法，才能做到呢？」

「大神何須犯難，」遼帝這時則現輕鬆之態道，「妙法就在大神手上。」

「小神哪有什麼辦法？」鬼母對遼帝之言一時不解，因而被說得一愣道，「快請天帝明示。」

「大神怎麼忘了，大神在神界堪稱神偷，」遼帝「嘎嘎」一笑道，「大神的絕技這時不用，放到何時！」

「不，」鬼母聽了其言，即不贊同道，「偷竊不成。」

「怎麼不成？」遼帝頓被鬼母說愣，不解道，「那怎麼辦？」

「偷竊立即就會被祂神發現，那樣就造不成祂們之間的猜疑惡殺。」鬼母實在心機狡詐，這時已是胸有成竹道，「為此小神心想，樸父既然一神獨居一室，就不如小神變作候帝之身，前去騙取樸父所佩金童寶劍，不知天帝意下若何？」

「好，大神真乃妙計，就這樣去辦。」遼帝沒有想到鬼母會出此妙招，因而不等鬼母說完，已是四隻猴眼高興得頓然齊放光明，口中連聲叫起絕來。鬼母沒有再言，立即行動而去。

這時，樸父剛剛安住在渾沌居室的鄰室之中，躺下身子心想剛才發生的是是非非，越思越想也越覺得事情確實蹊蹺得很。然而祂思來想去雖覺事情蹊蹺，可渾沌親搶其妻並戲弄其妻的事實，都是祂親眼所見，這又該作何解釋呢？雖然燭龍親自尋找樸妻而去，倏帝對祂解說再三，但氣極的祂心中仍然對事情不能辨明，轉不過彎來，怒氣難消。但也覺得倏帝說得有理，燭龍行動真誠，無奈只有先作等待，等到弄清是非再作定奪。

「大神不用焦躁，燭龍一定會很快把樸妻尋找回來的。」氣極的樸父正在如此思來想去，心中依舊轉不過彎來，這時忽見鬼母所變倏帝推門進來道，「到那時是非辨明，你可就要給敝帝和渾沌負荊請罪了。」

「老神但願事如天帝此言，為之負荊請罪。」樸父這時認真道，「但老神只恐不能為之負荊請罪！」

那假倏帝聽聞樸父此言，知其心中仍結疑竇，即又接著表白道：「大神儘管放心，敝帝敢向大神保證，事實若不如敝帝所言，敝帝則甘當渾沌天帝第二，身受大神蠍毒劍戮。」

「天帝言重了。」樸父雖然心中氣惱卻也覺得承受不起，為此即忙謙言道，「但願事實如同天帝之言，老神定當負荊請罪。」

「那好。就等著老神前去了。」假倏帝隨著一陣「哈哈」大笑道。就這樣，那假倏帝試探著與樸父你說我講，一時間講得雙方互為融洽起來，使樸父對祂完全解除了戒備。就在這時，那假倏帝又趁機對樸父施起了捧高之術道：「大神，神界皆譽你為鑄劍第一名師，所鑄神

135

劍為諸神眾魔珍愛之寶。但無奈敝帝缺少劍福，至今也未能求得大神所鑄神劍，實在是心中一大憾事！」

「這有何難，」誠直的樸父這時已經喪失了戒備，受捧高興道，「天帝若真喜愛，屆時老神敬奉天帝也就是了。」

「那樣，」那假倏帝這時當然步步緊逼，隨之又上前一步道，「敝帝在此就先期謝過老神了。」

「老神決不食言。」樸父當即肯定道。

「但只是那時日久長，敝帝迫不及待。」那假倏帝立即抓住此機，為實現其惡計恭維道，「大神今日身佩二劍，不若暫時取下一劍，讓敝帝把玩片刻若何？」

樸父為誠樸之神，加之祂身上此時確實佩有兩把寶劍，也不怕倏帝施惡於祂，因而耳聞那假倏帝言辭懇切，卻之不恭，也不辨面前倏帝的真假，便立刻抽出身佩金童寶劍，遞給假倏帝道：「此乃老神喜愛之物，名為金童寶劍，天帝把玩一會兒去吧。」

那假倏帝接劍大喜過望，橫在眼前盛讚道：「此劍果然非同一般，我到外邊耍耍去！」說著，立即仗劍出室而去。

樸父在那假倏帝去後，等待其把玩一番之後還劍歸來。但不料祂在室中左等右待，轉眼時間過去已近半個時辰，卻仍是不見那假倏帝歸來還劍。樸父無奈生疑，急忙出室看視，但祂尋遍殿前殿后殿左殿右，卻都不見那假倏帝的身影。目睹此境，誠直的樸父心中陡地生起急來，抱怨自己在此多事之秋心無防備，輕易將金童寶劍給了假倏帝把玩，看來又要鬧出差錯了。

於是祂急到渾沌天帝居室去找倏帝要劍，進內看到倏帝正守護在奄奄待斃的渾沌榻前焦急。樸父見到倏帝心中轉喜，因為祂想只要找到倏帝，倏帝就一定會還回金童寶劍。但祂見到這倏帝之後，倏帝卻

依舊無事一般站在渾沌榻前，閉口不講一字歸還其劍之事。樸父睹此心中頓生氣惱，忍不住大聲喝斥起來道：「倏帝，我的金童寶劍你把玩夠了沒有？怎麼不提還劍給我！」

「啊？」正在渾沌榻前焦急的倏帝當然不知此事，突聞樸父此言頓墜五里霧中道，「什麼金童寶劍？」

「什麼金童寶劍！」樸父突聞倏帝反問於祂，頓覺倏帝心生賴帳之惡，認定這倏帝為反復無信之徒，再次欺騙了自己，頓然心中更惱萬分道，「就是你剛才要去把玩的老神的金童寶劍，快快歸還於老神吧！」

「大神怎麼與敝帝開起了這般天大的玩笑！」倏帝這一聽，才真個是驚詫萬分道，「敝帝一直守候在渾沌天帝榻前，唯恐再生差錯，豈敢離開半步。半步也沒離開，又能到哪裏去見大神的金童寶劍？沒有見劍，又到哪裏歸還！」

「是你剛才親自找我要劍把玩，我親手將劍交給了你，這麼快你就賴帳。」正惱萬分的樸父聽到倏帝此言，真個是進一步勃然變色大怒道，「你這惡帝，不還我劍我這就叫你做渾沌第二，刺你身傷！」說著，即出手抽出了身佩蠍毒寶劍，並隨著把劍尖指向了迷惑不解的倏帝。

倏帝這時更為奇異，因為此間祂根本沒有去見樸父之面，又哪有把玩其劍之事！但此刻樸父卻非說是自己去了不可，把玩了其劍不行，這究竟又是怎麼回事？然而不論是怎麼回事，倏帝多麼不明白都罷，樸父卻非說是祂拿了其劍不可，手中蠍毒劍尖已經逼到了祂的胸前。無奈之中，倏帝只好起誓道：「樸父大神，如果是我倏帝拿了你的金童寶劍不還，叫我不得好死！可我確實不知此事，你叫我拿什麼還呢？」

　　倏帝這一番誓語，倒也說得樸父不由得思想起來。是呀，難道倏帝果真沒拿自己之劍，而是別個變成倏帝騙了自己不成？就像先前誰個變成渾沌天帝，搶去樸妻戲弄樸妻一般！若是那樣，自己就真是鑄下大錯了。但祂轉念一想，又覺得那不可能，因為祂覺得沒有誰個會這般邪惡。為此祂心中僅僅平靜片刻，便又怒火陡騰口中大罵倏帝無賴，同時揮動手中蠍毒寶劍，連連刺向了一無所知的蒙冤倏帝。

　　就這樣，遼帝與鬼母挑撥起了樸父與倏帝的舊恨新仇，使得祂們重又交起手來。

　　倏帝這時眼見情急，當然不敢怠慢，急挺煉鋼戟撥擋，唯恐毒劍及身成為渾沌第二。如此祂帝神鬥在一處，轉眼鬥過數十回合，好在打到末了樸父不是倏帝的對手敗下陣來。倏帝壓根無心傷害樸父，祂們便雙雙商定了條件，即樸父守住渾沌居室門口，倏帝不出居室一步，雙方不再交手，只待燭龍找回樸妻，是是非非以事實判定。樸父此時進退均已無奈，只好值守在了渾沌居室門口。

十二、樸妻逞威

　　燭龍為解樸父心結離開渾沌帝宮找尋樸妻，在宮中怒氣衝衝勁頭很大，出到宮外卻立即犯起難來。祂當然犯難，宇宙偌大，樸父回到崦嵫山上尋找不到樸妻，樸妻究竟被誰劫持到了何方？自己又到哪裏才能尋找得到呢？

　　犯難之余燭龍急作思想，驀地想到既然剛才樸父親眼見到樸妻被渾沌天帝戲弄，雖不可因為事情蹊蹺就斷定那樸妻就為真身，但也不可否定那假樸妻即為樸妻真身。假如是那遼、遠與鬼母三惡鬧的真真假假，即為陷害渾沌天帝，把個真身樸妻藏在渾沌帝宮之中也很有可能。因為那樣，祂們便可以進一步陷害渾沌天帝，以加深樸父對渾沌天帝之仇，更使渾沌天帝解脫不得。想到此處，燭龍便不再前行，而即返身飛回渾沌帝宮，尋找樸妻而來。

　　這時遼帝擒囚忽帝去了，只有鬼母一個隱身在渾沌帝宮之中。她雖想施法延展空間，再讓燭龍像剛才追尋巨靈時一樣，不能四處尋找樸妻，但無奈鬼母身無此術，方使得燭龍隨意四處尋找起來。燭龍一陣在渾沌帝宮找了個天翻地覆，當然不見樸妻的蹤影，使得祂重又犯起難來。

　　犯難的燭龍隨之想到，可能是祂們真的把樸妻藏在了別處，而讓

假樸妻戲弄於渾沌天帝，造成了樸父所見那番純係虛假的場景。但若是那樣，祂認為這幫邪惡傢伙的智商，無疑就遜去了一籌。因為若是如祂先前所想，祂們若是再把樸妻真的藏在渾沌帝宮，則就可以進一步陷害渾沌天帝，加仇於樸父大神了。但祂隨著又想到，施此惡計的邪惡傢伙，是會連頭髮絲裡的事情都想到的。因而祂們絕對不會想不到這一點。但假如祂們想到而又不用這一點，祂們是否採用了其祂更加智高一籌的惡計？那麼，那惡計又該是什麼呢？

或者，祂們根本就沒有採用那更加智高一籌的惡計，而為了滿足祂們的邪惡淫欲，借此殺害渾沌天帝之機，將樸妻失蹤栽贓於渾沌身上，而將樸妻藏匿起來以達長期佔有之目的？或者，祂們已將樸妻藏在了忽帝或者倏帝宮中，以再加害於祂們？燭龍想到這裏，覺得後者的可能性很大，而且如果是那樣就潛伏著更大的危機。為此祂決計先去倏、忽帝宮尋找樸妻，以免倏、忽二帝再受到說不清楚的誣陷。行動之時，祂又想到崍嵫山樸父居地距離忽帝叔冰宮鄰近，樸妻有可能被就近藏在那裏，遂率先向忽帝宮中尋來。

燭龍一陣踏動雲頭來到忽帝冰宮，但祂尋遍宮中諸宮列殿，卻沒有尋見樸妻的蹤影。燭龍隨之不敢怠慢，急又駕起雲頭向南去帝父竹宮找尋。祂害怕樸妻被藏在帝父宮中，帝父為之受到誣陷。但祂尋遍帝父宮中的竹宮竹殿，並一個個問遍了宮中小神，卻也是不見樸妻的蹤影，不得樸妻的點滴消息。

至此，聰明的燭龍方纔否定了樸妻可能被藏在倏、忽帝宮之想，想到樸妻可能被藏在遼、遠帝宮之中。因為既然樸妻沒有被藏在渾沌帝宮，也沒有被藏在倏、忽帝宮，那麼可能施惡的遼、遠與鬼母三個，就沒有使用自己替祂們想到的那更加智高一籌的惡計，而僅僅為了達到殺害或長期佔有樸妻的目的，把樸妻或者藏在了遼、遠帝宮之

中，或者藏在了鬼母坐鎮的蒼梧神山之上。

祂相信樸妻沒有被藏在崦嵫山上，因為樸父已經找過了此山。祂也相信遼、遠三惡暫時還不會殺害樸妻，因為祂們現在還沒有殺掉渾沌三帝和樸父，以及巨靈和自己，所以祂們還不敢殺死樸妻。同時殺死樸妻也害怕玉皇大帝追究祂們的罪過，因而祂們只能把樸妻藏匿起來。

想到這裏燭龍遂決計先到遼、遠帝宮前去尋找，因為可能正是祂二帝抱著長期佔有的邪惡目的，把樸妻藏在了祂們帝宮之中。同時那西方遼帝石宮與崦嵫山鄰近，或許樸妻正被祂們藏在了石宮之中。燭龍為此立刻離開南方帝宮，踏上雲頭一陣行進來到了遼帝石宮之中。遼帝這時不在宮中，燭龍正好尋找。但祂把遼帝石宮尋了個遍，卻還是不見樸妻的蹤影。燭龍仍不氣餒，即又來到東方遠帝樹宮尋找。遠帝不在宮中祂又把樹宮尋了個遍，仍是不見樸妻的蹤影。

燭龍如此雖然沒有尋見樸妻的蹤影，但祂從遼、遠二帝全都不在宮中的情狀中，恍惚悟得了定然是祂二帝與鬼母一道，施行惡計把樸妻藏在了蒼梧山中。為此祂便不在遠帝樹宮停怠，而又即駕雲頭徑向蒼梧神山飛尋樸妻而來。

對於鬼母坐鎮的綿延萬里的蒼梧神山，燭龍前時剛剛來過並被鎖在山上鎖龍崖中數日，雖然對此不盡熟悉，但也是不再陌生的。祂轉瞬來到這座金山之上，便在一座座金峰、一道道金澗、一幢幢金崖之上，細心找尋起了隱藏樸妻之處。機敏的祂此刻先在山上尋找，而暫且避開了進那鬼母坐鎮之所赤金洞中找尋。

祂一路上曾經想過，如果自己明火執仗地進那赤金洞中尋找樸妻，邪惡的鬼母恰在洞中，又正是她與遼、遠惡帝一起做下的如此惡事，自己遇上就不僅找尋樸妻不得，而且還定會被她關閘在洞中。再

說遼、遠二帝也全都不在自己宮中，天知道祂們這時是不是正在赤金洞中。如果祂們也在洞中，自己在鬼母處再遇上祂倆，不就更會找尋樸妻而不得，陷身洞中而無疑了嗎？

燭龍又退一步去想，即便祂二帝一神同意自己遍尋金洞，可那金洞之中金門幢幢金閘重重，祂們把樸妻關藏其中自己又怎能尋找得到！為此祂暫且避開對赤金洞的尋找，而率先找尋起了好找的山崖，希望能夠找到被隱藏的樸妻，以回去釋解樸父之恨，弄清事情的根底。

蒼梧山山高峰險，燭龍尋了一山又一山，找過一澗又一澗，查罷一崖又一崖，但祂尋遍了山上除赤金洞外的金山金澗金崖，卻仍是沒有尋見樸妻的蹤影。山上尋找不到樸妻，剩餘的可能就是樸妻被隱藏在了赤金洞中。燭龍要尋到樸妻，就必須進入赤金洞中找尋。但是進洞前去尋找樸妻，燭龍剛才路上想到的情況隨時都會發生。

當然對於燭龍來說，再被遼、遠三個擒住也無所謂，不過再受些委屈或者大不了一死。但這時重要的是祂若再被擒住，已不再僅僅是祂自己死活的事兒，而是那邊渾沌天帝受刺奄奄待斃，巨靈咸池求取仙草久去不歸，樸父大神逼宮索妻，這一切都亟待解決而又無法收場啊！心想至此，燭龍真個是心沉至極，也無奈到了極點。

怎麼辦？怎麼辦？我究竟該怎麼辦啊？心情沉重至極的燭龍，這時站立金山之上，無奈地迅疾轉動著一雙虎靈靈的橄欖大眼，心中倒海翻江般地翻騰著思謀著。祂想到，放棄進洞尋找樸妻，即離蒼梧神山而去，這是最輕易的不會帶來任何麻煩的辦法。然而祂燭龍不能採用如此輕易之法，因為祂已經深刻地看到，找不到樸妻不僅僅是消解不去樸父大神淤結於心的冤結，更重要的則是弄不明白這次惡變的根底，就無法懲罰邪生這場惡變的歹徒。

所以祂必須進洞找尋樸妻，並且要設法找到樸妻，哪怕是只有百

分之一的希望，也要盡到百分之百甚至百分之二百的努力。為此祂不能放棄進洞尋找樸妻，而離開蒼梧山他去。相反祂必須進洞，找遍這偌大下界唯一自己沒有找尋的地方。為了找到樸妻，弄清此次惡變的根底，洗雪冤者，懲罰惡者，那赤金洞府即便是刀山，祂也要上，哪怕是火海，祂也要闖。祂下定了決心，拼盡全力，也要在此赤金洞中找到樸妻。

燭龍心既定下，便隨著心想起了入洞尋找樸妻的策略。祂知道，自己貿然進洞，即使樸妻就在洞中，那遼、遠與鬼母三個也是絕對不會讓祂找尋得到的。為了進洞找到樸妻，祂在心思中首先為自己提出了一連串的假設，即假設鬼母在洞中怎麼辦？假設鬼母與遼、遠二帝都在洞中怎麼辦？假設是祂三惡搶來了樸妻並藏在洞中，自己找到了怎麼辦？假設樸妻被祂們藏在洞中，自己找尋不到怎麼辦？假設自己找不到樸妻，鬼母反過來不願意怎麼辦？假設祂們沒搶樸妻，祂三個不放自己怎麼辦……提出了這些假設，燭龍便針對這些假設，一個個心思起了對策。

祂苦苦思謀許久，但由於假設太多，祂也心思不出一個可以對付所有假設的萬全之策。這恰如做代數題一般，誰個能夠使一百個不同的方程式，得出同一個解來呢？這是壓根也不可能的事情。燭龍找不到萬全之策心中焦急，因為那邊渾沌帝宮之中發生的一切，都在火燒般地期待著祂找到樸妻，去趕快化解。

為此祂不能再無奈地思考下去，祂急火地心中決計既然找不到萬全之策，祂就不管三七二十一地闖進洞去，找尋一遍再說。祂這時認定，赤金洞府無論如何，都是找尋樸妻最不可放棄的地方。這不僅是因為赤金洞是祂唯一未找之地，更重要的則是，搶掠樸妻最有可能者，根據祂平時的瞭解，便是鬼母與遼、遠三個。祂們搶來樸妻也最

有可能放在這金洞之中。因為遼、遠帝宮之中自己全已找過，那裏都沒有樸妻。

然而，燭龍剛剛把如此莽舉定出，原本善思善斷的祂卻又冷靜了下來，否定了自己這因急火生出的魯莽之舉。因為祂看到，如果祂這樣行動，就完全可能既找不到樸妻，又搭上自己，這是最不上算的舉動。否定了這一舉動，燭龍立刻按下心中的急火，決計暫且先在洞口稍待一時，設法弄清洞中情況，然後再進洞去尋找樸妻。那樣就可以做到知己知彼，針對洞中的情況採取相應的對策。基於此想，燭龍立刻搖身變作一隻金雀，「嗖」地飛落到了先前祂曾飛落過的赤金洞口的那棵金扶桑樹上，隱身靜觀起了洞中動靜。

燭龍變作金雀在金扶桑樹上沒有等待多久，便看到從洞中走出八名接崗小神，替下原先站在洞口的八名小神之後，一陣紛紛戲笑議論起來。這個說：「這個遠帝也真是夠損的了，自己搶來個樸妻老神可做其媽，但祂也不嫌其神老珠黃，進洞便戲耍個沒夠！嘿嘿，祂還叫咱們為祂站崗呢，祂配嗎？祂是天帝卻在洞中胡鬧，我們在這為祂站崗圖的是個屁！」那個道：「咱鬼母大神今個也不知到哪裏去了，給這個無賴遠帝騰出了空子！」

聽到這裏，燭龍心中頓然大喜起來。祂心喜自己剛才沒有貿然行動，在此僅呆片刻便察知了洞中情形。也欣喜鬼母與遼帝這時全都不在洞中，洞中只有遠帝一個，祂就好對付了。同時祂還欣喜自己走遍了下界各處，終於在這裏找到了樸妻的下落。自己只要進洞救出樸妻，渾沌帝宮的是是非非就可迎刃而解了。末了，祂還心喜自己終於察知了這夥做惡的歹徒果然還是那遼、遠與鬼母三個。只是不知這時那遼帝與鬼母不在洞中，又在何處施惡，心中實在牽掛。

然而心喜之余，燭龍又不禁犯起難來。祂想到，遠帝既然正在洞

中戲弄樸妻，樸妻所以會被遠帝戲弄，其身子必定會被遠帝索綁著，或被遠帝關囚著。如果自己明火執仗地入洞去尋樸妻，守在洞口的小神和洞中小神，必會飛報那在洞中戲弄樸妻的遠帝。遠帝聞知自己尋來，必定先將樸妻關索得更加結實，然後迎鬥自己。

如果這樣，自己就不僅難以救出被關捆嚴實的樸妻，而且自己與遠帝打鬥也只能交個平手，取勝不得。同時若打鬥時久，那遠帝與鬼母再行歸來，自己又必被擒獲無疑。因此自己若要救出樸妻，就必須不與遠帝交鬥，速進洞去速出洞來。但要做到這一點又實在不易，燭龍怎能不又為此一時犯難。

聰明的燭龍為難一陣過後，忽然心中一明，想出了對策。祂想到，既然鬼母不在洞中，自己就正好可以變作鬼母進入洞中。自己雖不知道鬼母這時做何去了，但入洞之後只要見機行事，料無失誤。這樣既可避免與遠帝交鬥，又可設法將遠帝支離樸妻身邊。然後自己將樸妻放出，再與樸妻一起惡鬥遠帝。那遠帝必不是祂二神的對手，自己定可營救樸妻大功告就。

燭龍想到這裏不禁心喜，只見祂立刻依計而行，先倏然飛離金扶桑樹向西而去。待到飛至赤金洞口小神眼看不到之處，又搖金雀之身變為鬼母，一陣行進即來到了赤金洞前。

守洞眾小神眼見鬼母歸來，心中大喜，全都上前相迎。燭龍所變鬼母見之心喜，立刻開口詢問道：「遠帝可在洞中？」

眾小神聞問，齊聲回答道：「遠帝正在大神殿中押看樸妻大神！」

燭龍所變鬼母聞聽更喜，即又開口詢問道：「遼帝也在洞中嗎？」

「沒有，祂與大神三個一起去後，」眾小神齊又答道，「一直沒有前來。」

燭龍所變鬼母聞聽此答，真個是心中更喜十分，因為祂進一步弄

145

清了洞中的根底，可以明確根據此情採取對策了。於是祂對守門眾小神道：「你等要好生守護洞口！」眾小神聞令即答一聲「是」，燭龍所變鬼母已在眾小神的回答聲中進洞而去。

燭龍所變鬼母入洞後時不稍怠，一陣疾行便來到了鬼母的坐鎮神殿之前，徑直入殿尋找遠帝與樸妻而來。祂一口氣尋到鬼母居室，見到居室金門緊閉，詢問守門小神得知遠帝正與樸妻待在室中，便上前「咚」一聲推開了金門。見那邪惡的遠帝正在樸妻跟前胡亂戲弄，樸妻被繩索捆綁著動身不得，無奈只有破口大罵遠帝道：「你這該遭千刀萬剮的惡帝，玉皇大帝絕不會叫你好死！」

「好死劣死都是死，快樂一時是一時，誰去管它那個。」遠帝耳聽樸妻罵祂，不以為然道。但就在祂話音未落之時，卻突見居室之門「咚」的一聲大開，心中驟然大惱是誰吃了狼心豹子膽，竟敢如此戲弄自己！其正要發火，虎目一舉見是鬼母歸來，即斂怒火笑問道：「怎樣？那無窮蠢熊被殺死了嗎？」

燭龍所變鬼母目睹剛才遠帝施惡之景，已是火冒萬丈恨不得立刻上前將其殺死，但祂隨又想到自己此來首要的是要救出樸妻，然後才是制服遠帝。自己如果先向遠帝開戰，就有可能前功盡棄，便即抑怒火戲言道：「好哇，你這沒羞的不正經的惡帝。我與遼帝兩個在外浴血惡戰，你在我這赤金洞中耍樂，你耍得痛快吧！」

「怎麼，吃醋了？你這寡婦神。」邪惡的遠帝依舊不以為然道，「你儘管放心，我丟不下你。來，我先跟你耍一陣子，好吧！」

「渾沌已被樸父殺死，遼帝正在洞外金扶桑樹下，等待你我共宴慶賀。」燭龍所變鬼母抑住心中氣惱，心思急轉將計就計道，「你還在此老沒正經！快去。」

就在燭龍所變鬼母如此假言之時，那被捆樸妻頓然驚得大叫道：

「啊！樸父殺死了渾沌？你們這幫惡魔，誘祂中了你等的姦計，犯下了滔天大罪！」

「老刁婦，事既如此，」邪惡的遠帝聽到樸妻此言，則輕鬆地一笑對她道，「你從今往後，就再也沒有出頭之日了。」

「惡孽，你不得好死。」樸妻寸步不讓大罵道，「玉皇大帝一定會嚴懲你們的！」

「走，我們到洞外歡宴去。」遠帝對之則聞若未聞，笑著拉起假鬼母就要離去。

「請天帝先行，遼帝正在洞外等候。我把這樸妻關嚴再去，別讓她逃了，壞了我們的好事。」燭龍所變鬼母眼見遠帝中計，抑住心喜甩開其拉扯之手，繼續騙說道。遠帝聞聽鬼母言說有理，便也沒有再言，即向洞外走去。

燭龍所變鬼母待到遠帝離去稍遠，不敢再等，急忙上前就去開釋樸妻。樸妻眼見這鬼母前來放她，心中不知她又要搞什麼鬼，因為剛才她與遠帝的話語其全部聽在耳中，遂破口怒罵起來道：「騷貨，要殺就殺，要什麼鬼！」

「大神快隨我走，」燭龍所變鬼母急言道，「大神若走慢了，要出麻煩的。」

「走？老神不殺死你這騷貨，就是不走！」燭龍這時只顧心中焦急，沒想到樸妻早恨死了鬼母，這時被放開來耳聽燭龍所變鬼母之言，倏然抄起一件兵器怒言道。隨著，她便向燭龍所變鬼母打了過來。

「大神差矣，我乃燭龍，變為鬼母前來救你。」燭龍見之大驚，急閃身躲過欲要言說，突然想到樸妻辨不出自己實為燭龍，對鬼母也著實冤仇難消，無奈只好立刻身現燭龍原形道。樸妻睹之這才明白過來，收起手中兵器拉起燭龍急往洞外就走。

「好你個燭龍小子，我道洞外為何不見遼帝，原來是你騙我遼帝。你倆休走，你們走不出去！」不料燭龍二神剛剛走到半途，卻見遼帝返了回來。祂二神躲避不及，恰與其碰了個迎面。遼帝突睹此景，驟然大驚並且氣惱萬分，立刻開口怒吼道。與此同時手中揮動陰陽拐，即向祂二神打了過來。

燭龍二神這時並不害怕遼帝，因為論打遼帝不是祂們的對手。但祂二神擔心，如果在此洞中打了起來，哪怕是多停片刻，鬼母與遼帝都有可能回到洞中，到那時祂二神就真要走不脫了。祂二神走不出洞倒還事小，那樸父不見樸妻是非不明，渾沌帝宮之中就難以平息了。然而不打遼帝二神又沒有別的出洞之法。因而祂二神不敢稍息，只有採取速戰速決之法，迎住遼帝即是一陣大打，轉眼間已打得遼帝連連敗退。燭龍二神見之也不戀戰，即向洞外飛奔而去。

燭龍二神出洞之後，遼帝心知自己追也追趕不上，追上了也鬥不過祂們，並且弄不好自己還會反被祂們所擒，便也不再追趕，而在洞中痛悔自己一時失誤，走了樸妻壞了此番大事。燭龍二神出洞之後，一路急向渾沌帝宮飛奔而去。燭龍邊走邊向樸妻講說渾沌帝宮此番混亂，樸妻也向祂講說了親歷的一切。

祂二神如此把兩方情形互相對應，方纔清楚是遼、遠惡帝與鬼母惡神施用了借用樸父毒劍，刺殺渾沌天帝以奪中央轄界的惡計。遂對遼、遠惡帝和鬼母惡神此舉氣惱萬分，對渾沌天帝遇毒待斃心急如焚，對巨靈前去求取仙草久去未歸掛心不已。

「當下，當務之急不是別的，」樸妻老神心底沉著，這時思慮片刻急對燭龍道，「必須前去咸池取回仙草，救活渾沌天帝方纔一了百了。」

「大神言之有理。」燭龍也正心懷此想，即表贊同道，「大神快

說如何行動。」

「為此若依老神之見，我二神返回渾沌帝宮不如先去咸池，找尋巨靈一同求取仙草。」樸妻即言其想道，「那樣也可免得再像大神前時一樣，被遼帝延展空間所阻。不知大神意下如何？」

「老神所言極是。」燭龍當然又表贊同，但祂也有擔心道，「小神只是唯恐樸父大神怒氣不消，再生事端。」

「不要怕祂。若依老神此言，我二神即去求取仙草要緊！」樸妻見燭龍贊同，說著便與祂一道徑直飛向了咸池。

這時，由於遠帝只顧在赤金洞中追悔自己之過，遼帝潛在渾沌帝宮不知燭龍二神此舉，也多虧祂二神沒有返回渾沌帝宮，避開了遼帝，方使得遼、遠二帝不知此情，沒能再次使壞延展空間。於是燭龍二神踏雲一陣疾行，已經來到了咸池東山腳下山道之上。燭龍二神也不停息，踏上小道向前就走，眨眼即來到旱魃魔洞跟前。

「妖孽，可曾見到巨靈大神從此路過？」燭龍即問守門小妖道，「是否求取回了不死仙草？」

「見過。不過巨靈大神不是取得仙草返了回去，」守門小妖聞問即答道，「而是過此前去求取仙草一直未歸。」

「既如此，妖怪放我二神過去此洞，」樸妻這時急言道，「前去尋找巨靈，一道求取仙草若何？」

「這個小妖可是不敢。因為仙妃娘娘有命，洞主旱魃魔怪尚且不敢，小妖怎敢心生此膽。」小妖連忙搖頭道，「因而請二位大神見諒。」

「那麼本神要徑闖此洞呢？」燭龍這時急火道。

「若是二位大神真要過洞，」小妖這時甚有分寸道，「小妖就去報知洞主了！」

「那你就去不得了，本神這就要了你的命！」燭龍見小妖硬是不

識擡舉，勃然大怒吼著，即挺槍刺向了小妖。小妖眼見燭龍之槍倏然就要刺到，嚇得口中「啊呀」一聲大叫。

「何來神魔，膽敢殺我守門小妖！」就在這時，突聞「當」的一聲，燭龍之槍已被一柄狼牙惡棒架住，隨著一個聲音厲喝道。

燭龍循聲看去，見那來者邪惡兇狠不像小妖，便開口詢問道：「看來你就是旱魃魔怪了吧！」

「正是。」那怪傲然一笑道，「你是何神，這般凶囂？」

「那好。本神這就告訴你。」燭龍道，「本神即是燭龍，老神乃為樸妻。魔怪既是旱魃洞主，想你早已聽聞。為此就請網開一面，放我二神進山尋找巨靈大神，共同求取仙草若何？」

「巨靈兇狠十分，打過我這魔洞而去。此仇還未雪報，魔怪豈能再放與她一夥的你二神過我魔洞。招棒！」旱魃聽聞燭龍二神是去尋找巨靈，頓然大怒口中吼著，隨著出手撥開燭龍之槍，「嗖」地便向樸妻出棒打了過來。燭龍與樸妻大惱，即出手一齊向旱魃打去。

旱魃雖惡但畢竟功力有限，因而對付燭龍一神尚且不能，二神當然對付不了。所以交手不過三個回合，便已敗逃進洞去了。燭龍二神也不追趕，即上路向山上走去。

走不多時，燭龍二神便來到了魑魅洞前。燭龍詢問守門小妖可見巨靈，小妖言說巨靈女神過洞進山去了。燭龍二神即不怠慢，就要闖洞進山。但祂二神還未闖進洞門，便被魑魅魔怪橫挺雙刃三尖大刀，擋住了去路。燭龍見之忙好言再三，魑魅硬是不允過洞。祂二神又是好惱，一陣便打得魑魅逃跑而去，祂二神方纔得以過洞上路。

燭龍二神上路前行一陣，很快又來到了魍魎洞前。祂們詢問小妖一陣，得知巨靈被魍魎魔怪擒獲，正被囚在洞中，不禁心中大惱。燭龍立刻怒叫道：「快叫你家魍魎洞主，出來見我二神。」

「我與魑魅昔日有冤，」待到守門小妖稟報去了，樸妻無奈歎言道，「看來今日碰巧要有一戰了。」

「老神與這魑魅昔日結何冤仇？」燭龍急問道。

「說來話長……」然而不等樸妻向下講說，魑魅魔怪已經來到了洞口，見是樸妻與燭龍兩個，立即開口怒言道：「原來是你這老惡婆！你二神來此做甚？」

「先少囉嗦。」不等魑魅把話說完，已知樸妻與魑魅有冤多說無益的燭龍，急忙搶過話頭怒叫道，「你把巨靈大神釋放出來，我們再說。」

「若為營救巨靈大神倒還好說，」魑魅也是勃然大怒道，「若是為與巨靈一道，前去咸池求取仙草，就怪不得我魑魅不留情面了。你們究竟要做什麼？」

「我們就是要與巨靈一道前去求取仙草，」燭龍實話實說道，「以救渾沌天帝性命。魔怪要怎麼著？」

「本魔要向老惡婆報雪前仇，要你們有來無回。」魑魅說著，已揮動手中渾鋼長鉤，向樸妻鉤了過來道，「老惡婆，本魔這就叫你嘗嘗我手中長鉤的厲害。」

「惡魔，放著善舉你不行，偏行如此惡道，就莫怪本神今日非教訓於你不可了。」燭龍勃然大怒，眼見魑魅向樸妻鉤來，急揮手中火龍長槍攔住，與其鬥在了一處。

魑魅魔功高強，儘管燭龍的神功比巨靈高過三分，也仍不是牠的對手。牠兩個交手剛過十個回合，燭龍已覺漸漸招架不住。然而燭龍雖覺招架不住，但牠營救巨靈心切，心懷誓與魑魅一決雌雄之慨，仍是惡鬥不願後退。燭龍只顧如此逞強鬥狠，早為魑魅所乘。只見牠瞅准燭龍一個空子，出鉤先是鉤飛了燭龍手中長槍，隨著又以迅雷不及

掩耳之勢，出鉤便把燭龍鉤倒下來。

「惡孽住手！」樸妻急喊一聲上前救助卻被魍魎攔住，因而不等燭龍站起，早有小魍魎與妖狐魔將上前，把燭龍捆了個結實。魍魎這般擒住燭龍是在眨眼之間，因而使得樸妻在旁也一時不能施救。為此樸妻心中怒火陡騰萬丈，高聲厲喝道：「魍魎魔怪，快快放開燭龍大神。如若不然，老神不殺盡你等妖魔，決不離此一步。」說著，將手中銀蛇寶劍舞得風輪般滴溜溜旋轉，與魍魎惡殺在了一處。

「老惡婆，魔怪勸你還是識趣點好。」魍魎當然也不示弱道，「試想你那夥年輕氣盛的巨靈與燭龍，尚且不是本魔的對手。你一個老惡婆硬拼，豈不是前來送死。」

樸妻這時也不再言，只是出劍向魍魎惡殺更疾。魍魎這時不能怠慢，只有揮動長鉤迎住樸妻惡殺起來。一時間，只見祂神魔兩個鬥在一處，一個鋼鉤強勁，一個利劍藏柔，直殺得難分難解，難分你我。魍魎魔功高強，樸妻神功不弱。只是樸妻仍不是魍魎的對手，交手剛過二十餘合，已覺只有招架之功沒有了還擊之力，再戰已恐難保不有失手。

處此險境，老成的樸妻頓然心思翻捲起來。她想到，跳出圈子逃命實為安全之計，但燭龍與巨靈脫險不得，仙草求取不成又怎麼去救渾沌天帝脫險？為此她不能只講自己安全，而要顧及眾神帝之險。她要繼續與魍魎惡鬥下去，鬥力不行她改鬥技。

於是只見樸妻突然改變了劍法，一忽兒使出迷蹤劍法，一忽兒使用八仙劍法，一忽兒使出太乙劍法，一忽兒使出陰符劍法。頓然間，真個是左一劍「枯樹盤根」，右一劍「白蛇吐信」，前一劍「仙人指路」，後一劍「金花落地」。把手中銀蛇寶劍舞得變幻莫測，飄忽難料，神出鬼沒，使得魍魎抵擋不得。

　　魍魎只為鬥狠之魔，樸妻如此鬥技劍法使出，頃刻已把祂殺得昏頭轉向，亂了方寸。樸妻眼見奪勝時機來到，即仗手中劍的鋒利，出劍「颯」地向魍魎手中的鉤柄削去。那鉤柄遇削「當」的一聲，已被斬為兩段，鉤頭掉在了地上。

　　剛才已被樸妻劍法殺昏的魍魎心中正在驚怕，這時又見自己的長鉤被樸妻削折，心中陡地一驚，一個愣怔，樸妻又趁機出手，「嗖」地伸指點在了魍魎的麻穴之上。魍魎麻穴被點身顫手抖，立刻失去了再鬥之能。樸妻隨即仗劍上前逼在魍魎肩頭之上，口中威逼道：「魍魎惡魔，放與不放燭龍與巨靈二位大神，現在由你抉擇！」

　　「放，放，我這就放開巨靈二神。」魍魎這時已被嚇得魂飛魄散，急忙開合麻顫亂抖的魔口先是表態，接著轉對站在一旁早已嚇得沒了主張的小魍魎道，「快，快去放出巨靈二神。」

　　小魍魎眼見老魍魎生死繫於須臾，心雖不願但也無奈，只有遵從父命，立刻解開了燭龍的綁縛，並進洞放出了巨靈。巨靈被放走出洞來，眼見燭龍來到感慨萬端，突見樸妻愣怔許久。

　　樸妻眼見燭龍二神全都獲釋，時間不容再待，即讓燭龍挽來愣怔的巨靈與其彙集一處，然後收劍對魍魎戲言道：「謝過魔怪釋放燭龍二神之恩，我等過洞去了。」言畢，即收劍把劍尖向魍魎身上一點，嚇得魍魎又是「啊呀」一聲驚叫，實則是樸妻用劍為魍魎解去了被點麻穴。而後即攜巨靈二神，上路徑向鷥鳥扼守的第一神關行去。

十三、仙妃施恩

　　樸妻三神一路向鷥鳥大神扼守的第一神關走來，翻山跨澗，越崖穿谷，不多時即來到了神關跟前。樸妻三神舉目看視，只見這神關真個與忽帝夢中所見無異。右臨刀削斧劈般萬丈陡崖，左是深不見底的萬丈深淵。只有一條尺許寬的羊腸小徑，依崖靠淵延伸而過，長逾百丈，有一夫擋關之險。她三神看視至此，禁不住異口同聲贊叫道：「神關險隘，實不虛傳也！」

　　「不險怎謂神關，神關豈可虛傳！」樸妻三神話音剛落，便聽神關險隘之上隨著傳來朗朗笑語道，「小神聞知恩師三神駕臨敝關，特來迎請進關宴敘。」

　　樸妻三神正在呆看神關，突聞此言齊循聲看去，只見守關神將豹頭虎目的鷥鳥大神，正笑語朗朗地急步走下關隘，前來迎請祂三神進關。燭龍與巨靈心中早裝滿了三洞魔怪的凶囂之態，為此祂們想像神關神將當比那三洞魔怪更為凶囂，這時突見守關的鷥鳥大神笑語迎來，心思轉換不及，全都一陣發呆。

　　鷥鳥這時所稱「恩師」，當然是指樸妻。這是因為樸父夫婦昔日曾贈其惡鐵神劍，鷥鳥不忘祂夫妻昔日贈劍之誼故而見之相迎。樸妻知此舊誼，目睹此景立即開口道：「乞大神諒解，樸妻三神只能謝過

大神如此美意。」

「這是為何？」鷟鳥心中不解道。

「此皆因了我那拙夫為惡神所蔽，用毒劍刺傷了渾沌天帝。那劍毒只有咸池不死山上不死仙草方能解得，故而我等三神前去求取仙草。」樸妻隨之接著道，「營救渾沌天帝急不可待，因而宴敘只能留待改日。現在，老神只求大神放我三神過此神關。」

「這，這，」這時，鷟鳥已到樸妻三神面前。聽了樸妻此言，不禁喜色頓消，口訥語鈍半天方言道，「恩師就叫小神為難了。」

「不難怎見真情！若是大神不為此難，我三神怎能現在有求於大神。」樸妻心急過關前去求取仙草，立刻以言相脅道，「乞大神念及老神昔日贈劍之誼，為難一次，放我三神過此神關去吧。」

「恩師差矣！小神豈敢一日不念恩師賜劍之恩，此刻又豈不想放恩師三神過此險隘，」鷟鳥被樸妻之言逼得寸步難退，無奈如實相告道，「但只是仙妃娘娘令旨如山，小神更改不得，這可如何是好！」

樸妻也知鷟鳥此言發自肺腑，再去強求便有強為其難之忌，一時間也由不得陷入了無奈。是啊，仙妃娘娘有令鷟鳥違拗不得，她三神又必須立即過關前去求取仙草，一反一正針鋒相對怎麼辦好呢？

「以本神之見，」末了還是巨靈機靈，她腦瓜滴溜溜連轉數圈，開口為鷟鳥與樸妻解圍道，「鷟鳥大神恩及我三神並不犯難。」

巨靈如此一語，已引得正陷尷尬的鷟鳥與樸妻二神，以及無奈的燭龍大神，「颯」地一齊把目光轉了過來。樸妻率先詢問道：「大神有何主意，快快講來。」

「為了不為難鷟鳥大神，我等又可過關，」巨靈接著道，「事情十分簡單，只要一陣佯打便告完了。」

「妙，妙。小字輩實在不可小覷。」樸妻聽了，立刻擊節贊叫道，

「鷥鳥大神，我們這就開戰吧！」

鷥鳥仍舊猶豫不決道：「這個……」

「還這個什麼，只有如此了。我三神先謝過大神相助之恩了。看劍！」樸妻目睹鷥鳥此狀，口中催促著，手中已一劍向其刺了過去。

鷥鳥無奈，只好挺戟相迎，與樸妻三神佯打在了一處。樸妻三神與鷥鳥大神一陣佯打，她三神在前邊打邊走，鷥鳥在後邊打邊追。不一會兒樸妻三神便已打過了咸池第一神關，上路繼續向前行去。

踏上路程，燭龍與巨靈連贊樸妻夫婦交際廣泛，恩被神界，為眾神所敬重。祂三神順利過得這第一神關，全賴樸妻之力。樸妻聽了，忙說全仗巨靈腦瓜靈活。最後一陣暢笑道：「既然可以如此過得第一神關，那第二、第三神關也就可以依葫蘆畫瓢，暢行無阻了。」

巨靈與燭龍聽了不解，忙問樸妻為何這樣講說？樸妻一笑道：「我夫妻不僅與鷥鳥大神交有舊誼，而且與扼守咸池第二神關的神鼇大神，和扼守第三神關的黑龍大神交誼更深，所以盡可照此過關。」

巨靈兩個心中好奇，又忙問樸妻與二神交有何誼？樸妻於是講說道：「仍為神劍之誼，說來話就長了。」隨後，她向巨靈二神講說，她夫婦與神鼇大神的劍誼，建立在一個極端險惡的時刻。那是在神鼇剛剛成神初出茅廬之時，祂與居守咸池魔洞的魍魎都還未為仙妃所用。

一日，魍魎逞惡神界，劫持仙女恰被神鼇撞見。神鼇即揮手中單刀，迎鬥魍魎以救仙女。不料魍魎魔法高深，神鼇鬥祂不過。眼見魍魎先是用渾鋼長鉤打飛了神鼇手中之刀，接著便向神鼇攔腰鉤了過來，神鼇頓陷險厄。恰在這時，樸妻與樸父趕到，看見神鼇危險，樸妻即拋一劍給神鼇道：「大神接劍。」神鼇聽聞出手接劍一擋，便聽「哧嚓」一聲，魍魎的渾鋼長鉤鉤頭已被神鼇手中之劍削去，救了神鼇一命，嚇得魍魎逃跑而去。為此，魍魎與老神結下了冤仇，引來剛才那

場好打，神鼇則稱我夫婦為恩師。」

「怪道魍魎對你那般凶囂，原來為此。」燭龍這才心中明白過來，隨著又高興得連連贊叫道，「如此說來，就憑這些前方第二神關又過之無阻了。」

巨靈這時也是贊叫連聲道：「那當然，過之無阻了。」

樸妻則繼續說，她夫妻與黑龍大神的神劍之誼，更是一段佳話。那是在黑龍年輕之時，深深愛上了神界美女小青蛇姑娘。但無奈小青蛇姑娘自幼尚武，偏好名劍，因而對黑龍言誓說：「若要我愛你，必得獻上一把樸妻短劍。」黑龍這時急火起來，因為祂愛戀小青蛇姑娘到了入迷的境地，可祂手無此劍就不能得到小青蛇之愛。無奈祂只有前去崲嵫神山，向我夫婦求賜短劍。

當時我夫婦手中也無此短劍，但聽了黑龍之言，我夫婦立刻為其鑄造。歷經三年方鑄成短劍一把，贈給了黑龍。黑龍即將此劍獻給了心愛的小青蛇姑娘，小青蛇接劍當即向黑龍許下了終身，並很快嫁給黑龍成為了夫妻。燭龍二神聽到這裏，更是高興得一齊拍起巴掌道：「這更好了，過咸池第三神關就更不犯難了。」

樸妻如此邊走邊講，剛剛講完，她三神已是來到了第二神關跟前，被神關擋住了去路。樸妻三神舉目看視，只見這神關真個是比第一神關險惡十分。它兩崖對峙聳萬丈，相距百尺隔深澗。澗深無底騰紫霧，幽幽冥冥寒神膽。兩崖半腰伸小道，對面小道懸索連。若欲過得神關去，必攀懸索渡深澗。兩崖半腰鑴大字，皆為「咸池第二神關」。如此險關更令樸妻三神驚詫不已，禁不住連連贊叫道：「好一道如鐵神關，真乃是神界少見！」

「哪路神仙何方魔怪，敢來窺我神關？欲行何舉，快快講來。」不料她三神贊叫未完，卻聽巨崖半腰傳來凜言厲語喝問之聲道，「如

若不然，大神我就叫你等回去不得。」

「果然是聲色俱屬的神鼇大神扼此神關。」巨靈與燭龍聽了心中凜然一驚，樸妻這時則哈哈一笑道，「是我樸妻老神來了，也就不想走了。」

「原來是恩師駕到，小神不知，實在是怠慢了。乞恩師饒恕小神之罪！」樸妻話音剛落，便聽那半崖屬語立刻變為和聲，熱情滾燙說著，神鼇大神已隨其聲翻身來到了祂們面前。

巨靈與燭龍舉目看視站在面前的神鼇，只見它龜頭龜身，四肢如人。不僅靈巧隨和，而且力壯似神，方知其名副其實，乃為鼇龜修煉成神，立刻雙雙上前拜見道：「大神在上，受小神一拜。」

神鼇忙還禮勸止道：「二位大神既隨恩師前來，不必如此多禮。走，既然恩師方纔言說不想走了，就快進關中宴敘。」

「不，我等此來不為宴敘舊誼別情。」樸妻即言否定道。

神鼇不禁一愣道：「噢，大神有事儘管吩咐！」

「老神此來，是要前去咸池求取不死仙草，」樸妻這時直言道，「營救身受毒劍重創的渾沌天帝。」

神鼇聽聞此言，不禁「噢」一驚，犯難道：「這個，恩師可就給小神出了難題了。」

「難題好解。只要我等一陣佯打，不就解了嘛。」樸妻爽朗道，「只是這宴敘舊誼別情美事，卻要改期，請大神見諒了！」

「若如此說，確實解了小神之難。」神鼇這時愁顏頓開道，「只是恩師對待小神恩同再造，小神本當迎送恩師過關，無奈仙妃之命小神不敢違拗……」

樸妻這時即言攔阻道：「這些老神知道，大神不必放在心上。」

「只是這樣佯打過關，太有傷於恩師之恩了。」神鼇這時仍是過

意不去道，「如此過關好說，但恩師難得前來小神此關，宴敘是斷然免不得的，就請恩師赴宴吧！」

「不，不。渾沌天帝奄奄待斃，急等仙草救活性命，我等實在宴敘不得。出手吧！」樸妻說著，已出劍向神鼇殺了過去。神鼇無奈，也只有出手與樸妻三神一陣伴打，將樸妻三神打過懸索神關去了。

樸妻三神過關謝過神鼇，上路徑往咸池第三神關奔進。沿途山越攀越高，路越高越險。她三神求取仙草心切，披艱歷險，步履不停，不多時已經攀到峰巔跟前，路被咸池第三神關擋斷。

這第三神關著實更加險惡十分，只見它陡崖壁立聳千丈，小道徑直崖上攀。一步崖上鑿一孔，腳蹬孔洞如登天。千丈危崖孔萬個，度此險關比鐵艱。更有黑龍守關隘，不許神怪過此關。真個是鬼睹此關心犯愁，神至此隘魂魄寒。

「真個是一關更比一關險，神關如鐵渡實難啊！」樸妻三神眼見此關，不禁又是齊聲慨歎道。歎畢，樸妻立即高喊道：「黑龍大神可在關中？樸妻老神過關來也！」

「黑龍小神前去咸池晉見仙妃娘娘未回，來神就是賜劍樸妻恩師嗎？」樸妻如此一言，早喚來了黑龍大神之妻小青蛇。只見她立即走出崖關，邊說邊向樸妻三神迎來道，「小神曾與賤身有言，恩師對小神恩比山高，情比海深。今日恩師來此，賤身當代小神宴待恩師，請恩師三神快快隨我進關。」

「青蛇大神恩意老神已領，但我三神此次求取仙草事急，不能在此逗留宴飲，」樸妻聽了小青蛇這番言辭，忙表謝意道，「乞請青蛇大神代夫行令，放我三神過關求取仙草。」

小青蛇聽聞樸妻此言，不禁頓時犯難道：「這個……」

「愛妻不必犯愁，對待恩師小神自有主見。」就在這時，突聞崖

頭傳來一言，隨著但見守關黑龍大神翻身躍下關頭，來到了樸妻三神面前道：「恩師駕到，小神不在關中，恕未遠迎！」

樸妻心中大喜，忙言道：「大神回來得好。不過青蛇大神已代你做好了一切！」

「怠慢之處，還請海涵。」黑龍寒暄兩句，即轉正題道，「今聞恩師此來是要過關求取仙草，小神本來無權放過神關，但小神對恩師之恩沒齒不忘……」

「那就快放我三神過關。」樸妻急不可耐，開口直言道。

黑龍立即接言道：「那是當然。俗語説，身受滴水之恩，定當湧泉相報。如今，小神對恩師之恩絲毫未做報答，故而今日決計首開禁例，使用變通之法，雙方佯戰送恩師渡過此關。乞恩師不要介意！」

樸妻聽了頓然大喜，立刻點頭稱是道：「大神思慮周全，舍此別無祂法。事不宜遲，那就出手吧。」說著，仗劍就要交手。

「慢，小神話還沒有說完。」黑龍忙揮手止之，繼續道，「為了報答恩師昔日賜劍厚恩，今日小神不僅使用佯打之法首開仙妃禁令，而且為了幫助恩師儘早求得仙草，小神在送得恩師過得神關之後，還要一直與恩師三神佯打追趕到仙妃娘娘面前。」

「夫君說的極是，過得此關要見到仙妃娘娘，還要走過迷津百旋，」小青蛇聽了黑龍此說，忙在旁插言道，「神魔若是走不過迷津，是憑什麼也到不了不死之山，見不到仙妃娘娘的。」

黑龍繼續道：「因而為報恩師之恩，恩師三神過關之後，小神夫婦在後邊會一直佯追佯打下去。恩師儘管看小神右手中黑鐵錘所指方向行走，即可順利走出迷津，尋到仙妃娘娘。」

「求取仙草救活渾沌天帝事急，」樸妻三神忙謝黑龍夫妻再三，隨後道，「我們出手吧。」

「既如此，小神也就不再挽留恩師，宴待之舉只有留待後日了。出手了。」黑龍夫婦說著，黑龍即佯揮起一對黑鐵錘，小青蛇佯舞起樸妻短劍，向樸妻三神佯打過來。

樸妻三神見之，也不相讓，各個佯出兵器向黑龍夫妻迎了過來。頃刻間，只見祂五神鬥在一處，直殺得難分難解，聲震神關。打鬥片刻，黑龍夫婦佯裝抵敵不住，放樸妻三神攀崖過關，祂夫婦在後佯作追趕寸步不放之狀。樸妻三神也不停留，一口氣攀上神關，便見到煙波浩淼清澈碧藍的咸池之水，浩瀚恢宏地橫亙在了祂們面前。

祂三神眼見此景頓被驚呆，齊駐足舉目看視起了咸池勝景。祂三神看到，咸池實不愧為神池仙水，幽境瑤界，名不虛傳。那池水，遠觀浩淼勢恢宏，近觀碧藍若明鏡。池周圍，奇峰環拱競挺拔，怪石嶙峋鬥峻險。水上煙波蕩霧氣，弄得咸池半遮顏。池畔仙境清幽幽，令神心曠消愁煩。都道咸池好去處，仙妃獨佔惹神怨。今睹咸池真面目，誰個至此不流連。

她三神如此贊罷咸池，心想自己一路闖魔洞過神關，歷經艱難終得到此池畔，真個是各自心中感慨萬千。巨靈率先一口氣長出道：「如此終至咸池，求取仙草救活帝父看來有望了！」

「走，我等快去不死仙山求取仙草要緊。」巨靈一語提醒了樸妻，她急開口催促道。言畢，即領巨靈二神順著黑龍右手中黑鐵錘所指方向，徑闖迷津向仙妃居地不死山疾去。

仙妃本是玉皇大帝的幼女，但她生性與眾姐姐皆不相同。她不喜花紅酒綠，不善神界交際，偏愛幽境靜界。故而選得咸池幽境，特求玉皇帝父賜其獨居。玉皇大帝深愛仙妃小女，當即應允仙妃之求，把這咸池聖境變成了仙妃的幽居之所。

仙妃居此咸池之後，為了防止四方神仙八路魔怪前來打擾，即變

咸池四周環拱之山皆為奇峰，無路可攀。僅在東山留設一條羊腸小徑進池，並在路上設三道魔洞三堵神關，以擋各路神仙諸方魔怪進池。為了防止神魔不走東山小道踏雲駕霧而來，她又在咸池上空罩上了一面無形的天網，任憑那具有奇能的神魔也都破網入內不得，故而必得行走東山小道。

為了防範東山小道被神魔輕易闖過，她又精選三方身懷奇能的獲罪魔怪踞守三方魔洞，細挑三路身藏奇技的獲罪神將扼守三堵神關。不僅如此，為了防範闖過魔洞打過神關的神魔前去打擾其清靜，她還在第三道神關通往其居處不死山的路上，設置了百旋連環迷津，以使入得池來的神怪迷途知返。佈設好如此防護之法，仙妃便在她選得的咸池第一靜地不死山上安居下來。一晃數百載過去，果然沒有一神一魔能夠前來打擾她，心中滿意萬分。

仙妃娘娘設下的連環迷津的確形若連環，神魔進入其中前後進退難辨，左右方向不曉。樸妻三神這時踏進迷津，雖有黑龍右手中的黑鐵錘指引，卻仍是被弄得個個心中迷渾，腳下不知是在行往何方去往何處，走得迷亂昏瞶起來。

虧得有黑龍夫婦在後伴打指引，以報昔日樸父夫婦賜劍之恩，方使得她三神不多時便在昏瞶中穿過了連環迷津，來到一座上刻「不死山」三字的攔路小山跟前。樸妻三神見之心知已到仙妃所居不死山前，便齊舉目看視那山，只見那山真個是一座好山！

那山不高，上居神仙。山上多樹，林中多草，草中多花。樹上多鳥，草中多蟲，花上多蝶。山中多溪，溪中多水，水中多魚。溪流多曲，水流見底，魚遊多趣。山上生嵐，嵐氣纏林，花綴嵐間。嵐氣多變，林色生幻，花化萬顏。風吹林鳴，樹搖鳥鳴，水流溪鳴。林鳴黃鐘，鳥鳴羌笛，溪鳴脆箏。整個小山險不驚神，貌不出眾，平常俗

凡。清幽靜寂，花溢鬱香，溪林鳴奏，著實是一方修身養性的清幽仙境。

樸妻三神一方面端看仙山，一方面尋覓仙妃居處，以便尋見前去求取仙草，只是遍覓不見其居。好在這時黑龍夫婦從後面追趕上來，一聲大喝道：「來神看錘！」隨著用錘向山南一指，接著便向樸妻砸了過去。

樸妻三神見之一驚，急出手擋住黑龍來錘，並向其錘指山南看去。只見在那山陽面池的不死山麓，鬱鬱林中風吹樹低，時隱時現出一片金黃色寶殿頂脊。樸妻三神眼見隱現金脊，心知定是仙妃居處在此，便急向那山南金脊在處行去。

轉瞬來到山南，無奈黑龍夫婦這時盡改一路佯攻之態，出手使狠猛打起來。黑龍夫婦神功不弱，頓然間打得樸妻三神只有招架之功，齊向坐北面南的仙妃宮前退去。樸妻三神轉眼就要退進仙妃宮門，守門小神見是黑龍夫婦追打她三神而來，便也齊出手攔住樸妻三神在宮門口廝殺起來。一時間樸妻三神腹背受敵，險惡萬端。樸妻三神不敢怠慢，無奈只好使出功力相迎，直打得殺聲陣陣，刀械閃寒，腳步震天。

「黑龍住手，為何在我宮門動武？」宮門口的這場廝殺早驚動了心靜的仙妃，這時她走出宮來道，「毀我慈善之名，壞我宮中清靜！」

這場惡鬥當然是黑龍故意製造，機靈的黑龍知道，仙妃娘娘一般是不見進池神魔的。為了幫助樸妻三神得見仙妃娘娘，牠方纔故意設計演出了如此宮門前打鬥這一幕，果然驚來了仙妃。黑龍這時眼見仙妃耳聞仙妃此言，立刻住手回稟道：「小神稟報仙妃娘娘，此三神不知來自何處，憑藉神功偷渡我咸池第三神關，被小神一直追殺至此尚未擒住，報請娘娘定奪！」

　　黑龍說到此處，恰好為樸妻三神晉見仙妃留下了荐口。仙妃聞聽立即詢問她們道：「三神來自何方？到此有何貴幹？從實講來！」

　　樸妻三神剛才正被黑龍夫婦與守門小神打得危急十分，突見一女出言解了其危，心中正在奇異，聞聽黑龍一語方知是仙妃來到，齊舉目看視仙妃之貌。但見她面若蟠桃，眉似彎月，眼如秋潭，櫻唇皓齒。肩披秀髮，髮溢馨香。身為龍體，嬝娜多姿。真個是傾倒神界仙女貌，慈善和藹平常心。

　　樸妻三神不見仙妃心中正對其畏敬十分，這時得見仙妃慈善之貌畏心頓釋，親近頓生，巨靈竟自抑止不住心中的焦急，率先開口回答道：「小神稟報仙妃娘娘，我三神均來自下界。吾乃中央天帝渾沌之女名叫巨靈，此乃南方天帝倏之子名叫燭龍，這位老神乃是崦嵫神山鎮山大神樸父之妻……」

　　「噢。你們至此不易，」仙妃聽聞慈藹道，「有何貴幹？」

　　「我三神之所以冒昧闖魔洞過神關，敢於到此打擾娘娘清靜，」巨靈這時忍抑不住心中的悲痛與焦急，接著言說道，「皆因小神那憨厚的帝父渾沌為惡帝所算，身被樸父毒劍刺傷，此刻正奄奄待斃。若救帝父之命，必得向娘娘求取不死仙草，方可解去其毒，保得活命！」

　　「渾沌天帝如何被惡帝所算？細細向我講來。」仙妃娘娘聞聽巨靈言稟，不禁心中一悸道。樸妻聞聽，即開口向仙妃細細講述了前後發生的一切。

　　「善惡善惡，從來有善就有惡。善惡之間如影吊形，若陰遂陽，分離不得須臾。」仙妃聽畢，輕輕慨歎一聲道，「神界難道就不可改不成？讓善永駐神間，使惡永不萌生。」

　　樸妻三神聽聞仙妃此言含糊，未說賜予仙草之事，忙跪倒乞求道：「乞娘娘施恩小神，賜予不死仙草，營救渾沌天帝！」

「不是我仙妃不行善舉，不賜你等不死仙草，不是我願意看著渾沌天帝遇毒無救身亡，」仙妃這時「唉」地歎一口氣道，「實乃是那不死仙草僅存一株，其草上之葉三百年方生一片。如果隨意賜於諸神眾魔，那草早就不復存在了，何能再去救神急難！」

「仙妃娘娘，你嚴密護衛不死仙草，殷勤培育不死仙草，皆為神界不世功績。」樸妻聽了仙妃此言，心中頓生焦急再言乞求道，「只因今時渾沌天帝命在須臾，舍此仙草無法可救。所以仙妃賜草救活天帝，正與娘娘護育仙草並行不悖。娘娘，你就大開善心，賜草救活渾沌天帝吧！你的此恩此德，神界將會永存啊！」

仙妃仍不贊同道：「不，我不是講什麼恩德存不存神界，而是怕仙草今日被採擷絕盡，就將無以恩被後世，成為千古罪神啊！」

樸妻三神聽聞至此，心中一急齊言道：「如此說來，仙妃娘娘就是看著渾沌天帝遇毒身死，願意身負見死不救之名了！」

「是呀，神界之事實在納罕，竟如此讓我進退失宜。」仙妃聽到這裏，心動無奈道，「雖都是為行善舉，今日也只有取其一端，選擇賜草了。」

「小神萬謝仙妃娘娘賜草大恩！」樸妻三神聞之，齊忙伏身叩拜道。

「快去，採一片不死仙草之葉來。」仙妃這時則對身邊侍女花蛇道。花蛇聞命，即入宮採草而去。

須臾，花蛇採草歸來，手捧仙草交到了仙妃手上。仙妃即將那片仙草之葉，遞到了樸妻手上道：「營救渾沌天帝活命要緊，你等要一路好生護定仙草，不得有誤，快快去吧。」

樸妻捧過仙草，與巨靈和燭龍二神一齊叩謝仙妃再三，並轉身謝過黑龍夫妻，方纔辭離仙妃，返回中央轄界渾沌帝宮而來。

十四、樸父救帝

　　樸妻三神救治渾沌天帝心切，一路緊走急趕，不多時已護定仙草回到了渾沌帝宮。她三神回到宮中之時，遼、遠二帝已分別從崦嵫神山和蒼梧神山潛進了渾沌帝宮，正與鬼母躲在一起靜窺宮中動靜。

　　特別是遼帝與鬼母聞聽後來的遠帝講說，燭龍施計救走了樸妻，驚怒抱怨之餘又直到如今不見燭龍和樸妻歸來，更是心中詫異十分。因為一個個更如待行邪惡的惡狼，躲在暗處窺伺著宮中的蛛絲之變，以便採取對策，不使祂們這次借刀殺害渾沌之舉落空。祂二帝一神如此等待剛過片刻，即見到樸妻三神喜滋滋急切切地回宮而來。祂三惡即不怠慢，急遣鬼母前去窺看真情。

　　鬼母立刻隱形來到樸妻三神之後，一路跟隨徑往渾沌居室。樸妻三神與鬼母剛到渾沌居室門口，迎面便見守在門口的樸父大神，氣惱滿腔地攔住樸妻厲喝道：「不知羞恥的賤貨，剛才方為惡帝戲弄，現又無事一般喜滋滋走上門來。我要你這不知羞恥的東西，為我掙綠帽子戴的賤貨何用，我這就宰了你！」說著，手中已是揮起蠍毒寶劍，向樸妻當胸猛刺過來。

　　樸妻雖知樸父被遼、遠惡帝和鬼母惡神矇蔽心中氣惱，但她沒有想到樸父這時見到自己，仍是如此黑白不問青紅不辨，出手便要打殺

自己。因而眼見樸父手中毒劍倏然刺來，原無防備陡地一驚，險些被毒劍刺中。虧得巨靈與燭龍二神在旁心有戒備，即出手挺劍仗槍擋開了樸父毒劍，方纔救得樸妻一命，道：「大神不可如此！是非尚未弄清，皂白尚未分明，大神豈可殺掉活口，自我斷絕辨明是非之源，有話還是慢慢講說的好！」

樸父聽到巨靈二神言說有理，方纔收劍怒氣不息道：「也罷，讓這賤貨多活一會兒再殺也是不遲。說吧，把事情給我講說明白！」

樸妻眼見樸父氣惱至此，一時間也真個是既好氣又好笑。好氣的是祂被惡帝惡神矇騙至深至今不悟，好笑的是祂對自己如此疼愛忠貞不渝。於是她故意戲弄樸父道：「大神，別的為妻先不向你講說，你先看看這個要緊。」說著，樸妻便從懷中取出珍藏的不死仙草，舉到了樸父面前。

「啊，這是什麼？仙草嗎！」樸父見之，頓然驚喜過望道，「是真的還是假的？從哪里弄來的！」

隱隨在樸妻三神背後的鬼母這時突睹如此仙草，真個是心中頓然大驚，暗叫此次借刀殺害渾沌，報雪自己冤仇的惡計又要告吹了！然而時間沒有容她往下多想，便聽樸妻對樸父「嘿嘿」一笑道：「假的何用，這就是咸池仙妃所賜不死仙草。快，搶救渾沌天帝要緊！」

「慢。不把事情說清，如何能定惡帝死活，快說！」樸父聽了此言，五味瓶陡又打翻在了心中，仗劍攔住樸妻道。就這樣，祂夫婦兩個重又僵持在了渾沌居室門口。

鬼母這時窺探清楚了一切，心中既對自己惡計就要告吹灰心不已，卻又心中不甘就此失敗，可她卻又在此陡遇急變之時，驟然拿不出對付之策。無奈中她只有趁此樸父夫妻僵持之時，急返身潛至遼、遠惡帝身旁，與之講說了一切，以讓祂們謀劃對策。

但那遼、遠惡帝驚聞此變，也全都驚詫得像泄了氣的皮球一樣，木雞般呆愣在了那裏。鬼母本是讓祂們當主心骨而來，想不到祂們竟然氣餒至此，心中著實好惱道：「膿包，草袋，遇事洩氣至此，豈不枉為天帝！」

遼、遠二帝被鬼母此言罵醒，開口齊言道：「事已至此，不洩氣又有啥辦法呢？」

「若依小神之見，二位天帝此刻仍然不必如此氣餒自認敗北。」鬼母則不氣餒並為遼、遠惡帝打氣道，「現在祂們之間事情並未說清，是非尚未分明，誤會仍未消去，因而我等只要速設奇計，定可亡羊補牢，以奪殺害渾沌天帝之功。」

「也是。但只是此刻時間以須臾算計，」遼、遠二帝頓被鬼母說醒，即言道，「如何設得奇計去操勝券？」

然而話剛落音，詭詐的遼帝四隻猴眼一轉，頓又計上心來接言道：「奇計有了，只是還要全靠鬼母大神。」

「只要能夠殺得無竅渾沌，即使赴湯蹈火，我鬼母也立刻前去。」鬼母這時急言道，「時不可待，天帝快說妙計，小神好去實施。」

遠帝這時也催遼帝快講，遼帝隨著開口道：「本帝心想，現在只有鬼母大神再次變作樸妻，前去渾沌居室與真樸妻混在一起，而且手拿同樣的假不死仙草……」

遠帝這時想到了遼帝預謀的一切，不待遼帝說完，立即向後補充道：「由此使得兩個樸妻真假難辨，兩葉仙草是非不分。進而鬼母大神可再伺時機，奪得那葉真的不死仙草，使渾沌無救而死。」

「妙，實在是妙計。」鬼母這時也聽明白了一切，口中連聲叫著妙計，隨著依計行事而去。

樸父這時仍在渾沌居室門口攔住樸妻三神糾纏不休，非讓樸妻先

把事情說清不可。樸妻三神心急渾沌天帝之危，急欲搶救，要求先去搶救渾沌。雙方心思不投，越爭越是僵持不下。

正在這時，一股旋風倏然旋來，隨風揚起一陣塵土，迷得正在爭執的樸妻眾神全都閉上了眼睛。那旋風來得奇妙去得迅疾，樸妻眾神剛一閉眼待風過去睜開眼睛，竟然奇異萬分地看到在自己眾神群中，多出了一個一模一樣的樸妻。

巨靈與燭龍睹之大驚，心知如此顯然是有惡神邪魔為了奪去不死仙草，以讓渾沌天帝無救而死故而前來作祟。為此祂二神與樸父齊舉目細審兩個樸妻，以求辨出真偽。但無奈兩個樸妻模樣般般無異，就連已與其做過千載夫妻的樸父老神，也硬是辨認真假而不得。樸父眼見此景心中大惱，怒喝道：「你倆誰是真樸妻？快快告訴老神！」

兩個樸妻聞聽樸父之言，誰也不甘落後，齊聲道：「我是真樸妻！」樸父睹之正在無奈，卻見兩個樸妻爭真愈演愈烈，隨著齊出劍打在了一處。一時間，只見她倆這個劍出「紫燕叼泥」，那個劍刺「燕子抄水」；這個一招「順風掃蓮」，那個一招「太公釣魚」，直殺得難分難解，不見高低。

鬼母原本與樸妻神功不相上下，這時雙方交鬥真個是棋逢對手，將遇良才，打得頗見功力。轉眼打鬥多時，樸父眾神只見兩個樸妻打得滴溜溜飛轉，相貌一般無異，仍是不辨真假。

眼見二位樸妻打鬥時久，巨靈三神禁不住全都心中焦急起來。祂們既急二位樸妻如此只顧打鬥丟了仙草，無以救治渾沌天帝，又急二虎相鬥必有死傷，害怕傷了真樸妻。於是樸父在旁觀望不得，即上前用蠍毒寶劍擋開真假樸妻之劍，厲聲喝止道：「住手！辨別真假老神已有主意。」

「夫君有何主意？快快辨出真假。」真假樸妻聽了，齊住手問詢道，

「莫再耽誤時間。」

然而，樸父心中這時並無辨別真假樸妻之法，只是心想阻止雙方打鬥，以免傷害真樸妻而假說有了主意。這時聽到真假樸妻一齊催逼，真個是一時沒有了主意，口訥語鈍起來。巨靈看出了樸父的尷尬，靈機一動趁機插言道：「樸父大神，小神倒有辨別真假樸妻大神一法，不知大神願否採納？」

「快講。如果可用，」樸父正在無法下臺，聽到巨靈之言正好借機下臺道，「老神自當採納。」

「若依小神之見，這真假樸妻大神固然難辨，但那不死仙草，」巨靈於是接著道，「卻只有真樸妻大神手中的才是。」

「大神所言甚是。」樸父即言贊同道。

「為此，如果先讓一樸妻將手中仙草奉於渾沌天帝食之，則解毒者為真，後者就不必再辨矣。」巨靈繼續其言道，「不解毒者為假，後者不辨即也是真。」

燭龍這時幫言道：「對，這樣既可辨出真假樸妻，又可早些解救渾沌天帝。」

巨靈接言詢問樸父道：「但不知大神意下若何，可肯採納小神之見否？」

樸父正在無計可使，聽了巨靈此言立即道：「採納，舍此則無祂法哩！」

「夫君，我是真樸妻！」樸父話未說完，二位樸妻便又爭執起來道，「我的仙草先讓渾沌天帝吃食！」

樸父目睹此景，又急得心思急轉，方纔想出了對付面前真假樸妻之法道：「二位不必再生爭執，誰的仙草先讓渾沌天帝吃食，由我指定。」

真假樸妻聽了，爭執更猛道：「指定我！」

樸父這時審視爭執的真假樸妻半天，末了一指那位爭執最凶的樸妻道：「好，夫君就指定你的仙草，先給渾沌天帝吃食。」

想不到樸父如此一指，恰好指定鬼母所變樸妻，弄得她立即犯起難來。樸父老神這次著實想得正確，辦法得當。俗話說，往往在集市上叫賣最凶的小販，就越是傾銷假貨的傢伙。因而那個爭執最凶的樸妻，就可能不是真的。樸父正是據此對兩個爭執不休的真假樸妻審視再三，一語指定了那個爭執最凶的樸妻為假樸妻，果然恰好指定住了鬼母所變樸妻。

狡詐的鬼母這次狡詐過度，剛才她心想自己越是爭執得厲害，就越可向樸父證明自己是真樸妻，結果恰好被誠直的樸父看透，一語指定了她，使她立刻犯起難來。她當然犯難，因為她雖然變做樸妻，其手中的仙草卻是假的。自己若用此草給渾沌餵食，就解不去渾沌之毒，她無疑就要現形。鬼母所變樸妻為此一陣犯難，心中一陣翻騰，臉上遂現出了呆愣之色，早被樸父看透。樸父勃然大怒，即刻大喝一聲道：「弄假的東西，看劍！」隨著，已「嗖」一劍向發愣的鬼母所變樸妻刺了過去。

鬼母所變樸妻正在發怔，突見樸父之劍倏然刺來心中一驚，已嚇得身子立刻現出了鬼母之形。樸父四神睹之大怒，即齊出手向鬼母圍殺上來。

鬼母被樸父四神圍殺不放，頓時陷入極度險惡之境。只見她在樸父四神圍攻核心，左擋右避，前架後攔，招架尚且不能來及，還擊當然沒有可能。剛剛打鬥片刻，便已招架不住，急忙從樸妻處殺開一個缺口，邊擋邊向渾沌帝宮門外敗逃。

剛剛逃到帝宮門口，潛藏在此只顧偷窺的遼、遠二帝看見，即

齊上前攔住追來的樸父四神廝殺，方纔救下了鬼母。廝殺中祂二帝得知，鬼母被樸父辨出，奪取仙草已經無望，便與鬼母一起潰出渾沌帝宮，逃往東方遠帝宮中而去。

樸父四神一陣大打趕跑了遼、遠二帝和鬼母惡神，樸父心中方纔明白了一半，便不再阻擋樸妻前去餵食渾沌天帝仙草。樸妻也不敢怠慢，急忙趁機入得渾沌天帝居室，將仙草放入渾沌天帝臍中，讓其食進腹內。

常言一物降一物，石膏鹵豆腐。樸妻剛把仙草往奄奄待斃的渾沌天帝臍中一放，渾沌天帝便已精神抖擻三分。接著食入腹內，便已毒氣盡解，立刻傷癒元氣恢復如常，下榻站起身來，對樸父怒喝道：「樸父昏神，你怎該用毒劍刺殺於我！你知道是你那樸妻戲弄於我嗎？現在正好，你這樸妻正在這裏，讓她對你說個明白吧！」

原來，渾沌天帝自從身中樸父毒劍之後，便立即失去知覺至今，對其身中毒劍之後所發生的一切皆不知曉。為此祂身醒之後眼見刺祂的樸父及其妻子都在這裏，想到遇刺前發生的一切，心中大怒嚴斥起了樸父。

樸父這時對事情的根底已經明白過半，聞聽渾沌天帝喝斥，連忙上前解說道：「老神稟報天帝，這一切看來都是老神中了惡帝孼神的姦計，誤刺了天帝，乞天帝饒恕老神不死！」

「夫君，你說對了。就像剛才那假樸妻不是為妻而是鬼母所變一樣，你所見到的渾沌天帝所戲樸妻也不是為妻，而可能也正是鬼母惡神所變。」樸妻見之，上前對樸父一笑道，「而前去崦嵫山白銀洞劫走為妻的帝神，也不是渾沌與燭龍二帝一神，則仍是遼、遠與鬼母二帝一神所變。這直到那遠帝所變倏帝把為妻押囚到蒼梧山上之後，為妻方纔明白了這一切。」

「噢，事情竟然如此。」樸父這才心明道，「祂們太可惡了！」

「是的，」樸妻這時繼續道，「你不該黑白不辨，就出手刺殺渾沌天帝啊！」

樸父聞聽樸妻講到這裏，方纔進一步明白了其中的根底，連認自己的不是道：「都怪我老眼昏花，心腦憨誠過頭，中了惡帝孽神的姦計！」

樸妻隨之接著道：「依為妻看來，那遼、遠惡帝和鬼母惡神正是要借夫君之手，殺掉渾沌天帝。虧得燭龍大神救出了為妻，為妻與燭龍又救出了巨靈，我三神歷經艱難求回了仙草。若不然，後果怎可預料啊！」

接著，巨靈與燭龍二神又詳細講述了自己的經歷，渾沌二帝和樸父二神聽完聯繫思想，終於明白了一切，知道這一切皆為遼、遠惡帝和鬼母惡神所為。樸父大神也與二帝眾神一樣明白了一切，深悔自己不辨皂白，為惡帝作倀成了祂們的幫兇，痛心不已！

就在這時，倏帝想起了前去咸池一直未歸的忽帝，忙問樸妻三神是否見到。樸妻三神皆說未見。倏帝頓時奇異萬分道：「沒見！那麼忽帝去了哪裏？為何至今未歸？難道祂被咸池魔怪擒去了嗎？你們沿途一點也沒有聽到忽帝的消息嗎？」

「以小神剛才獨自前去追巨靈，久追不至的遭際看，小神認為忽帝叔不僅不會為咸池魔怪所擒，」樸妻三神皆說沒有，末了燭龍忽然心中一明道，「而且祂根本就沒能到達咸池神界，說不定祂是被遼、遠惡帝和鬼母惡神弄到了別處，或者被擒囚起來，歸來不得了。」

「龍兒說得也對。」倏帝心中不解道，「但祂們是怎樣把忽帝引向的別處？又怎樣將祂擒囚的呢？」

「遼、遠惡帝和鬼母惡神邪惡至極，祂們什麼招術都用得出來。」

燭龍隨之道，「帝父不必替祂們犯難，祂們是有招術擒囚帝叔的。」

倏帝道：「若依龍兒之說，你帝叔該被祂們擒囚到了何處？」

「這個，如那遠帝將樸妻大神囚在了蒼梧山上，」燭龍這時犯難道，「孩兒找遍了下界方纔找到，怎敢說祂們將帝叔擒囚在了哪兒呢？」

樸父聽了倏帝父子這番對話，這時再也忍抑不住心中的贖罪之情道：「天帝父子不必再言，忽帝之事皆由老神緣起，救回忽帝的事兒就包在老神身上了。老神正好救回忽帝，以贖前罪！」

「話豈可這樣言講！」倏帝即言攔阻道，「救回忽帝，我們要細作計議。」

「為救忽帝老神即便跑遍下界，赴湯蹈火也在所不辭！你們在此等待，老神去也！」樸父這時已是怒氣填膺，不容倏帝再言，說著竟自踏雲出宮，尋救忽帝而去。

樸父踏雲出得渾沌帝宮，遇到的第一道難題，便是向何方到何處去尋找忽帝。忽帝究竟是被遼、遠惡帝和鬼母惡神所囚，還是發生了別的什麼事兒？樸父根據剛才大家的講說，想到忽帝反正是去了咸池方向，既然巨靈祂們沒有見到忽帝之面，說明忽帝沒有去到咸池，那樣忽帝就有可能被遼、遠惡帝和鬼母孽神弄到了附近地方。於是祂不向咸池尋找，而率先向西方遼帝石宮尋來。

樸父踏動雲頭來到遼帝石宮，心想這石宮與咸池最為鄰近，又為惡帝所居，所以忽帝極有可能被惡帝孽神弄到了其中。然而樸父來到忽帝石宮將其內外全都尋了個遍，卻不僅沒有見到忽帝的蹤影，而且連惡帝孽神的蹤影也沒有見到。

在遼帝石宮中找不到忽帝，忽帝究竟去了哪裏呢？自己又再到哪裏去找尋呢？樸父這時心想片刻，決計要像燭龍尋找樸妻一樣，哪怕是將下界一處處地方都尋找個遍，不找到忽帝也決不甘休。決心定

下，樸父便立刻離開遼帝石宮，徑去西北方向距此最近的崦嵫神山尋來。

樸父認為，既然忽帝不在遼帝石宮之中，就有可能被惡帝孽神弄到了自己鎮守的崦嵫山上。崦嵫神山距離遼帝石宮最近，樸父因而眨眼便尋到了崦嵫山前。此山是其轄地，所以祂來到山上即令山上各處土地山神，皆到白銀山下白銀洞中見祂。眾土地山神須臾趕到，僅缺銀峰山一山山神。

樸父於是詢問來到的土地山神，是否見到忽天帝到過各自轄地，眾土地山神皆說沒見。樸父又問眾土地山神是否見過忽天帝來過崦嵫神山，眾土地山神卻聞而不答。樸父見之一陣納罕，又詢問再三，仍是不見一土地一山神回答一言。樸父覺得蹊蹺，思忖片刻心中天窗頓開道：「好，眾土地山神皆不敢張開尊口，老神也已經知道了。你們去吧！」

原來，樸父想到了眾土地山神都知道那居住在銀峰山上銀魔洞中的妖魔銀魔王的厲害。那銀魔王不僅不把眾土地山神放在眼裡，而且也不把祂鎮山之神樸父夫婦放在眼裡，早有取而代之之心。所以這次祂竟敢違抗自己之命，不讓銀峰山神前來見祂。

樸父知道眾土地山神都怕銀魔王找事，所以才誰也不敢講說實情。真個是在這崦嵫山上，形成了好神怕惡魔的惡風。樸父想到如此情景心中好惱，料定那銀魔洞中必有蹊蹺，便在送走眾土地山神之後，立即向銀峰山行來。

樸父須臾來到銀峰山前，喝令銀峰山神前來見祂。銀峰山神眼見是樸父大神來到，不敢再不相見，即到樸父面前叩見樸父大神。樸父見之道：「山神免禮，老神不追究你不遵號令之罪，只問你一句：忽天帝是否在此山中？」

銀峰山神聞聽此問驚怕得囁嚅半天，也沒有答出一個字來。樸父見之大惱道：「膽大山神，如此要你何用，再不說清，老神這就拿你祭劍！」說著，抽劍在手就要揮向山神。

山神這才大驚道：「大神且慢！剛才山神之所以不敢言說，是怕銀魔王也。現在反正不說也是去死，說了也是去死，山神就盡向大神言說清楚。忽天帝正被遼帝弄來此山，由遼帝指派銀魔王擒囚在銀魔洞中，請大神定奪！」

「好！老神哪裏是要殺戮山神，只不過是逼迫山神說出實情，以救出被銀魔王擒囚的忽帝。」樸父這時笑顏綻開說著，轉令山神道，「快去，到那銀魔洞中叫那銀魔王前來見我！」

銀魔王這時正在銀峰洞中玩樂，聽到山神傳令，心中大惱玩興被樸父此來打斷。但樸父已到洞前，祂心中雖然極不把樸父放在眼中，不想出洞見祂，但又知道不出洞去見不行，便無奈只好面上裝出謙恭，立刻出洞來到樸父面前道：「大神召見，有何吩咐，小魔照辦不誤。」

樸父看見站在面前的銀魔王，雖然口出謙恭之語，全身卻橫溢邪惡驕橫之相。祂魔頭亂搖，魔翎亂抖，赤眼溢凶，惡臉囂橫。魔身傲然，魔掌亂伸。樸父心中大惱，但祂這時也只有壓抑著滿腔怒火和藹道：「說得好，老神吩咐你立即放出忽天帝！」

銀魔王突聞樸父此言，頓然驚得「啊」地叫出了聲來。但隨著，祂卻故作不知道：「放出忽天帝，什麼忽天帝？小魔實在不知。」

樸父則寸步不讓道：「就是你囚在洞中的那個北方忽天帝，少跟老神裝蒜。」

「若是那個忽天帝，小魔實在不知。」樸父既已言明，銀魔王見抵賴不過，即又拐彎岔開話題道，「故而無法放出！」

　　樸父聽了，頓時勃然大怒道：「既然小魔放不出來，那麼老神我就進洞去放了！」

　　「你敢！只怕大神進得去此洞，」銀魔王眼見事情盡已敗露，遮掩不住立刻轉橫道，「就出不得此洞了。」

　　「該殺的惡魔，不殺掉你看來就救不出忽帝了，看劍。」樸父這時更惱地說著，即揮劍一招「白蛇吐信」，向銀魔王刺了過去。

　　銀魔王也不示弱，立刻挺起手中兩枚八棱銀錘相迎。驟然間，祂兩神魔便鬥在了一處。只見樸父手中劍左砍一朵劍花，右劈一道寒光。銀魔王手中錘前砸「泰山壓頂」，後掃「平地驚雷」。這個身為大神劍術高，一劍一招各有名。那個身為惡魔銀錘狠，一錘一式透狠猛。祂神魔如此你來我往你進我退，轉眼打鬥多時，銀魔王果然藝高一著，樸父技遜一籌，漸漸現出了抵擋不住之態。

　　這時銀魔王突又一錘打來，樸父招架不及，一個破綻露出恰被惡魔所乘。只見銀魔王瞅准樸父防守空當左肋，右錘倏然打去。樸父防備不及，眼看就要中錘死於非命。

　　然而就在這千鈞一髮之際，卻見一杆長槍突然伸到惡魔錘下，將其錘「當」的一聲磕向了一旁，隨著傳來一聲大喝道：「惡魔住手，我等來也！」

　　只見隨著喝聲，燭龍與樸妻、巨靈三神一起向銀魔王圍殺上來，將銀魔王團團圍在了正中。銀魔王突置此境，心中大驚，急忙回錘攔擋樸妻三神殺來槍劍。但祂三神接著加上樸父四神劍槍一齊颯颯殺來，銀魔王招架不住，一時只顧招架身前，身後防備不及，已被樸妻「噗」一劍刺進後心之中。銀魔王身被刺中疼得「啊呀」一聲絕叫，已是斃去了性命。

　　樸父剛才離開渾沌帝宮之後，渾沌天帝對祂此去放心不下，唯

恐祂贖罪心切，再被遼、遠惡帝與鬼母惡神所乘，便即派燭龍三神一道追隨樸父之後，以到急難之時救助於祂。燭龍三神出宮追隨樸父身後來到崤嶬神山，見其到銀峰洞解救忽天帝而來，便隱在暗處窺其動靜，等待急難之時再上前去救助祂，以免立刻上前傷了樸父贖罪之心。這時祂們眼見銀魔王功力高強，樸父危急，即齊出手殺上前來，故而來得這般奇巧。

樸父四神殺掉銀魔王之後，齊入洞尋找到忽天帝，將其釋放了出來。隨後為了免去渾沌與條二位天帝的掛心，祂四神與忽天帝也不停留，立即駕起雲頭一齊向渾沌帝宮返來。

十五、三帝攻惡

　　樸父四神與忽帝轉瞬回到渾沌帝宮，渾沌與倏帝眼見忽帝平安歸來，欣喜萬分，忙問忽帝怎麼沒去咸池，為何去了崦嵫神山，被囚禁在那裏？忽帝聞問，遂將其前後經歷，向渾沌二帝眾神講說了一遍。渾沌二帝與眾神聽後，全都更惱遼、遠惡帝和鬼母惡神萬分，聲言祂們罪在不赦！

　　「天帝眾神，現在渾沌天帝身脫危厄，忽天帝平安歸來，是非真相大白，」渾沌三帝眾神正在對遼、遠惡帝和鬼母惡神的邪惡議論紛紛，突聞樸父開口止住大家道，「但是事情並未全部完了，你們知道嗎？」

　　「我那金童寶劍在忽帝找尋巨靈去後，明明是倏天帝拿去看視不歸，但倏天帝卻至今講說不知此事。」燭龍聞聽忙問樸父何事未完，樸父接著道，「你們說，這件事應該怎樣講說？」

　　「這個仍然好講，還是那遼、遠惡帝和鬼母惡神所為。」樸妻立即接言道，「可以肯定是祂們中的一個變成倏帝，騙走了你的金童寶劍，以火上澆油激惱你去與倏天帝拼殺，實現祂們借你之劍殺死渾沌天帝之計。」

　　樸父聽到樸妻此言有理，肯定道：「賤內言之有理。但那金童寶

劍現在誰的手中？我們必須設法找回。」

係帝聽到這裏，打斷樸父之言道：「事到如今，我等與遼、遠惡帝和鬼母惡神之間，已經絕非是一把金童寶劍的事兒。金童寶劍一定要追索回來，但更重要的是祂們對我等一而再、再而三地施行殺害之惡，心中必藏殺害我等吞占我等轄界禍心。若是祂們以此禍心為是非標準，便與我等有了不共戴天之仇，不可同日而語之恨。如果我等對此仍不清醒，對祂們掉以輕心，後果定然難以預料。以愚帝拙見，我等已不可再一味退讓防守，隱忍受辱，那樣更會助長祂們之惡……」

係帝話未說完，忽帝便忍不住接下來道：「對，來祂個強攻硬打，把那遼、遠惡帝鬼母惡神全打個服服帖帖，讓祂們再也不敢妄對我等！」

樸父眾神聽聞係、忽二帝言說至此，齊摩拳擦掌精神抖擻道：「好，奪回金童寶劍，打服遼、遠與鬼母三惡！」

渾沌天帝連受遼、遠惡帝和鬼母惡神戕害，心雖寬厚誠樸，卻也早對祂們三惡寬容不得。這時聽了係、忽二帝與眾神之言，心思片刻道：「好！常言寬容忍讓終有日，現在是懲治邪惡的時候了。不過，我等需要動之有理，據之有節……」

「還要什麼理，還缺什麼節！」巨靈聞聽帝父渾沌到了這時，還講什麼理什麼節，忙生氣地打斷其言道，「奪回金童寶劍，擒拿騙劍惡帝惡神，就是理，就是節。帝父，我們再也不能忍讓下去了！」

渾沌聽聞女兒巨靈言說有理，便截斷了剛才的話語，而轉對係帝道：「係弟快說，我們奪劍怎麼個奪法為好？」

「狡惡遼帝為三惡之首，常言擒賊先擒王，降龍先降首。」忽帝這時搶先道，「我等先擒住遼帝弄清金童寶劍下落，才能再說下步如何奪劍。」

「忽天帝言說有理，我等就這麼辦。但我等擒惡之時需要記住：殺帝屠神是觸犯天條的。」渾沌天帝肯定道，「我等力量強大，遼、遠惡帝和鬼母惡神定然不是我等的對手，我等不可屠戮也！」

巨靈這時聽得不耐煩道：「帝父，這些大家全都知道，你就不要再囉嗦了吧！」

「那好。奪回金童寶劍，我們先擒遼帝去。」渾沌天帝當即答允下來，隨著祂便與候、忽二帝一道，立刻引領樸父四神踏上雲頭，離開渾沌帝宮一路向西，徑向遼帝石宮擒拿遼帝行來。

須臾來到遼帝石宮，渾沌諸帝眾神按下雲頭，喝令守門小神傳那遼帝出宮來見，守門小神言說遼帝不在宮中。渾沌諸帝眾神聞聽好惱，都不相信遼帝不在宮中，而定是被渾沌諸帝眾神浩蕩殺來之勢嚇破了賊膽，故讓小神言講不在宮中以作回避。渾沌諸帝眾神因而一陣怒喝，齊出手打進宮門並徑向宮中打去。

宮中小神抵擋不住，轉瞬間祂三帝四神便打遍了不大的遼帝石宮，但卻不見遼帝的蹤影。渾沌諸帝眾神這時全都認為，詭惡的遼帝定是隱身潛藏了起來，便又對石宮尋覓了一遍，結果仍是不見遼帝蹤影。

渾沌諸帝眾神仍然不信遼帝不在石宮，認定祂必有潛藏之處，為此全都心中更惱，怒喝其身不出，必焚其宮。無奈渾沌諸帝眾神喊喝再三，仍舊不見遼帝露面。祂諸帝眾神於是認定遼帝不敢出來，心中更惱至極，末了則真的一把大火把其石宮焚成了灰燼。

渾沌諸帝眾神火焚遼帝石宮之後，仍是不見遼帝蹤影。無奈大家計議一番，只好離開西方轄界徑向東方遠帝樹宮尋來。須臾祂們來到遠帝宮前，喝令守門小神傳那遠帝來見，又聞遠帝不在宮中。

渾沌諸帝眾神攻打遼、遠兩宮全都撲空，心中更是好惱，便也不

再攻打遠帝樹宮尋找遠帝，而即放一把大火將其宮化為了灰煙。此後仍是不見遠帝蹤影，祂們便齊踏動雲頭，徑向蒼梧神山尋拿遼、遠與鬼母三惡而來。

遼、遠惡帝與鬼母惡神見到祂們借刀殺害渾沌惡計徹底失敗之後，一個個垂頭喪氣氣急敗壞到了極點。但祂們刺殺渾沌搶佔中央轄界的賊心仍然不死，因而出得渾沌帝宮沒有各奔東西，而又一路來到了蒼梧神山赤金峰下赤金洞中，令小神拉開金桌擺開金宴，以酒消起氣來。

祂三惡轉眼飲食多時，突聞遼帝守宮小神失急慌忙前來稟報道：「天帝，大事不好了！渾沌三帝四神剛才到西方帝宮擒拿天帝不見，怒而將我帝宮全都焚成灰燼了！」說著，那小神竟然哭出了聲來。

遼帝聞稟初始一愣，繼而覺得像是自己的耳朵出了毛病，聽錯了言稟，末了聽完小神稟報忙問道：「此言當真？」

「小神一字不敢言假，全都千真萬確！」正哭小神聞問即忙回答道。遼帝這才大驚失色道：「哦，我竟落得此等報應！」

遠帝與鬼母正要勸說吃驚沮喪的遼帝，忽然又見遠帝守宮小神前來稟報，渾沌諸帝眾神火焚了遠帝樹宮。遠帝聞稟頓被驚呆，忘記了再言勸說遼帝。

就在這時，渾沌諸帝眾神殺到了赤金洞口，喝令守門小神進洞傳呼鬼母洞主出洞受縛。守門小神不敢怠慢，恰在這時進洞向鬼母稟報了洞口發生的一切。

遼、遠惡帝和鬼母惡神聽到小神此稟，皆知渾沌諸帝眾神此來不會善罷干休，對祂二帝一神非打而擒之報雪前仇不可。但若打了起來，祂二帝一神不是渾沌諸帝眾神的對手，必被全部擒獲。遼、遠惡帝與鬼母全被驚呆在了那裏，一時間誰也沒有了主張。

　　時間在此窘境中飛快流逝，早急壞了等在洞口的渾沌諸帝眾神。祂們久等不見鬼母惡神走出洞來，勃然大怒，齊出手向赤金洞中打來。頃刻之間，便打得守門小神及洞中小神一個個鬼哭狼嗥，齊向洞內奔跑逃命，使得洞中亂成了一團。

　　洞中的混亂驚醒了呆愣中的遼、遠惡帝和鬼母惡神，狡詐的遼帝目睹此景，為保自己不上前去對敵以免被擒，急對鬼母道：「大神，快，你去把祂們堵在洞外，千萬別說我二帝都在洞中！」

　　鬼母這時當然也不願意上前去迎戰渾沌諸帝眾神，唯恐自己被擒。但事情發生在她的洞中，渾沌諸帝眾神又仿佛不甚知道遼、遠二帝在其洞中，無奈只好上前迎向洞口。然而不等鬼母迎著洞中胡竄亂跑的小神走到洞口，便已迎上了打進洞來的渾沌諸帝眾神。鬼母眼見渾沌諸帝眾神來勢銳猛，不敢抗拒，忙忍氣吞聲恭身藹語道：「諸位天帝大神息怒！小神有恙來遲一步，得罪了諸位，乞諸位饒恕小神！」

　　渾沌聽聞鬼母來到，厲聲喝斥道：「惡孽，你知你該當何罪嗎？」

　　邪惡的鬼母當然不願認罪，拐彎抹角道：「小神有罪，但不知該當何罪，乞天帝明示。」

　　「既你惡神乞本天帝明示，你惡神就靜心聽著。」渾沌這時心中更怒，怒吼起來道，「前次你私囚天帝，私啟鎖龍崖與囚帝丘；這次你又助邪為惡，假變樸妻，混淆是非，妄圖借樸父之劍毒殺本帝！惡神聽清楚了嗎？你罪在不赦，故而本帝前來擒拿於你，押交玉皇大帝懲罰於你！」

　　鬼母聽到這裏，心中禁不住頓然驚怕起來。她一神鬥不過渾沌諸帝眾神，如果真的被祂們擒去押交玉皇大帝懲處，僅那私啟鎖龍崖與囚帝丘二罪，就足夠她受用千百年了，她怎能不怕。為此她忙開口辯解道：「天帝，你說的這些事情倒是都有，但那不是小神之罪……」

「惡孽耍賴，本天帝這就要了你的小命！」忽天帝早已怒不可遏，這時吼叫著揮動渾天蛇矛就要刺向鬼母。

「啊呀！」邪惡的鬼母嚇得大叫一聲，急言道，「天帝饒命，聽小神講說。」

「讓她說完，再殺也是不遲。」渾沌攔住忽帝道，「快說，若有一句言假，本天帝這就要你小命！」

「小神不敢！謝天帝饒命！」鬼母渾身顫抖道，「小神所做這些惡事，皆因身受遼、遠二帝所迫，不得已而為之。所以若論罪過，罪不在小神，而在遼、遠二帝。」

「事到如今，你還要抵賴！」燭龍這時大惱道，「看來不給你點屬害，你不知道啥叫真實。」說著，出劍就要刺向鬼母。

鬼母嚇得又是「啊呀」一聲大叫，又是渾沌攔住燭龍道：「讓她說完。」

「謝過天帝饒命之恩！」鬼母這才繼續耍賴道，「因而天帝興師問罪，不該問在小神身上，而應問在遼、遠二帝身上才對！」

候帝早已忍不住了心中的氣惱，聽到這裏不禁怒吼道：「無恥刁徒，全是狡辯。你想逃脫罪責，那是妄想。若要赦罪，快快過來自動受縛！」

鬼母聽到候帝之言斡旋不得，頓生破釜沉舟之心，隨之驚怕頓解，「嘎嘎」冷笑一聲道：「自動受縛，古來何有先例？何況小神無罪，又焉能自動受縛！」

「狡徒休再囉嗦，看矛！」忽天帝早忍不住了火急的性子，口中言說一聲，手中已挺渾天蛇矛一招「黃龍戲水」，向鬼母當心刺了過去。

「天帝既先下手，就莫怪小神無禮了。」鬼母心中早有準備，這

時眼見忽帝之矛刺來，忙閃身躲過說著，即仗玉女寶劍迎了上去，與忽帝鬥在了一處。

無奈洞中天地狹小，忽天帝的渾天蛇矛施展不開，一時難以鬥出威風。倒是鬼母手仗玉女神劍很有用武之地，一陣已是殺得颯颯生風。忽天帝因而邊鬥邊想將鬼母引出洞外大戰一場，同時想到將鬼母引出洞外，也可防備其戰敗逃入洞中不好擒拿。為此，祂邊戰邊向洞外退去。

鬼母這時本不應該追隨忽帝殺向洞外，因為出此金洞她就必然遭擒。但這時她只顧心中驚怕頭腦著迷，竟然毫無所想地追隨忽帝向洞外殺去，不一時便殺到了赤金洞外。渾沌諸帝眾神剛才皆已領會忽帝之意，跟隨忽帝引領鬼母一齊退到了洞外。

這時既到洞外，忽帝的渾天蛇矛頓然如虎添翼抖開了威風，只見祂左刺「金剛搗碓」，右搠「野馬分鬃」，前挑「霸王舉鼎」，後踹「倒步青雲」，轉眼間已殺得鬼母只有招架之功，沒有了還擊之力，陷入了無奈厄境。處此境地鬼母大為後悔自己不該殺出洞來，但她這時悔也無用，在旁的渾沌二帝四神看見，齊一聲喊叫圍殺上來，眼看就要把她擒住。

「惡帝孽神休要欺神太甚，七個鬥一個還逞何能！看招。」然而就在這時，突聞洞口傳來一聲厲喝。渾沌諸帝眾神聞聽一愣，急舉目循聲向赤金洞口看去，只見邇、遠二帝齊聲喊叫著，手中持械營救鬼母而來。

剛才，邇、遠惡帝著鬼母前去迎堵渾沌諸帝眾神走後，祂兩個在洞中當然放心不下，唯恐出了事情，便追隨鬼母之後窺看動靜。祂們先是看到鬼母與忽天帝打向了洞外心中一陣高興，但出了洞口看到渾沌諸帝眾神一齊圍殺鬼母，眼見著鬼母就要被擒住。眼見此景，祂

二帝知道如果鬼母被渾沌諸帝眾神擒獲，鬼母對祂們招出祂二帝躲在洞中，渾沌諸帝眾神就會再次打入金洞，那樣祂二帝就在洞中躲身不得了。

因為，祂二帝身無驅動洞中金門金閘之能，渾沌諸帝眾神便可在洞中長驅直入，隨意拼打。同時，祂二帝便不僅是在洞中，而且出得此洞在下界之中，也找尋不到如此安全躲身之處了。為此，祂們想到不如救下鬼母，那樣既可讓鬼母驅動洞中門閘攔擋渾沌諸帝眾神的進攻，使祂二帝藏身洞中躲過渾沌諸帝眾神的擒拿；又可借用鬼母之力施行反攻，或者可以再次囚帝鎖龍，打退渾沌諸帝眾神，以奪全勝。心想至此，祂二帝便不再猶豫，立刻大喊一聲，遼帝手舞乾坤圈，遠帝手持陰陽拐，一齊出洞殺向鬥場營救鬼母而來。

「惡帝果然全都躲在洞中，我等尋找你二惡多時了。來得好，正好前來就擒！」渾沌天帝見是遼、遠惡帝從洞中殺來營救鬼母，心中大喜，厲聲喝叫著，揮動手中精鐵棍便率先向遼帝迎了上去。倏帝看見，也即揮手中煉鋼戟，向遠帝迎了過去。

一時間，只見祂四帝在赤金洞口交起手來，鬥得險惡無比。遼帝將手中乾坤圈使得滴溜溜飛轉，渾沌將手中精鐵棍舞得旋如風輪。遠帝將手中陰陽拐耍得寒光刺眼，倏帝將手中煉鋼戟用得如戲水的游龍。祂四帝就這樣出絕鬥狠，你來我往，我往你來，轉眼打鬥多時，彼此不分高下。

狡詐的遼帝目睹此景，邊鬥邊在心中思謀著自己不是渾沌天帝的對手，再打下去只能敗北。同時祂遼、遠二帝出洞而來，並非為了鬥勝渾沌諸帝眾神，目的僅有一個，便是救回鬼母。為此祂心機急轉，即向正鬥的遠帝使個眼色，兩個便邊打邊將渾沌與倏帝兩個，分別引向了鬼母鬥場的左右兩邊。

　　遼帝看到祂二惡轉眼已將渾沌與倏帝引領到位，企圖實現，便即大喝一聲「打」字，以招呼遠帝與其一起下手。遠帝聞聽遼帝喝叫心領神會，即與遼帝一起虛招晃過正鬥的渾沌與倏帝，並齊出手突然上前擋開正與鬼母惡鬥的忽帝四神，急護定鬼母向洞中退去。遼、遠二帝使招突然，渾沌諸帝眾神還沒有明白過來，已被遼遠和鬼母所乘，齊趁機一起退入了洞中，即令小神關閉了洞門。

　　正鬥的渾沌諸帝眾神突然被關在洞外，全都氣得雙目環睜，鋼牙緊咬，怒罵惡帝孽神，吼叫著定要打開洞門，殺進洞中，宰盡洞中小神，擒拿惡帝孽神。但是儘管祂們叫罵不停，只是不聽洞中動靜，也不見洞門閃開。渾沌諸帝眾神更為氣惱，決計打開洞門殺進洞中以擒三惡。渾沌天帝心知洞門堅固，一神一帝攻打不開，便集中祂三帝四神之力，一齊持械奮力向洞門撞去。

　　洞中遼、遠惡帝護著鬼母入洞關閉洞門之後，並不感到萬事大吉心中輕鬆分毫。祂們深知，如此以打對打，祂二帝一神不僅在數量上不是渾沌諸帝眾神的對手，而且在功力上也遠在渾沌諸帝眾神之下。別的不說，就說祂遼、遠二帝對打倏、忽二帝，也一般只能打個平手，很難分出高低。而若對付渾沌天帝，則就不是祂們中的任何一個所能做到的事情了，即使祂二帝齊上也難說能否占個上手。

　　因而這時面對渾沌諸帝眾神的強攻，祂們深知以打對打祂們必敗，但不對打又無祂法驅走渾沌諸帝眾神，為此怎麼辦才好，便成了祂們當下面臨的最大難題。為此祂們在關閉洞門之後，不顧洞外渾沌諸帝眾神的叫罵，不敢稍怠片刻，即在洞門內一陣計議起了下步對付渾沌諸帝眾神之策。

　　議論許久，分析雙方情勢再三，祂二帝一神全都認為對打不是上策，若要奪勝還須智取。於是祂三惡又一陣計議起了使用何計，最後

還是決計依靠鬼母啟動囚帝丘，囚禁渾沌天帝。因為倏、忽二帝已被囚過難再上當，鎖龍崖已鎖過燭龍也難再用，只有在打鬥中誘引渾沌前去遭囚。

而待到囚住渾沌之後，祂們再把倏、忽二帝四神分別引入洞中，由鬼母施用落閘關洞之法，就可以把倏、忽二帝四神分割閘關，大獲全勝了。計議至此，祂三惡方纔心覺輕鬆，一個個就如同勝券已經握在手中，禁不住開懷一陣「嘎嘎嘎」盡情怪笑起來。

就在遼、遠惡帝與鬼母惡神正笑之時，突聞洞門「轟隆」一聲被撞巨響，緊緊關閉的兩扇洞門已被撞開，嚇得遼、遠惡帝與鬼母惡神先是心中一悸，接著身子一顫，全都呆愣在了那裏。然而時間不容祂們呆愣下去，隨著那聲撞門巨響洞門大開，渾沌諸帝眾神已是口中怒吼著，齊揮手中器械殺進洞來。嚇得遼、遠惡帝與鬼母惡神頓然從呆愣中清醒過來，忙揮械迎了上去。就這樣，雙方又在洞門口內惡戰起來。

這實在是一場惡鬥。只見渾沌三帝四神猛鬥三惡，雙雙使絕招招狠。十般兵器件件異，各施其長展絕技。兵器碰撞乒乓響，殺聲如雷鏖戰急。金洞頃刻狂飆起，殺得風吼如驚雷。如此祂五帝五神打鬥多時，渾沌三帝四神勢大威猛越鬥越勇。遼、遠二帝一神勢單力孤不是對手，加之祂們議定用計取勝渾沌三帝四神，因而真敗假敗各摻其半，邊打邊向洞外退去。

渾沌諸帝眾神正怕遼、遠二帝一神退入金洞不好擒拿，心想把祂二帝一神打向洞外，這時眼見祂三惡自己向洞外退去正合心意，齊一起急追猛打便將祂三惡打到了洞外。遼、遠與鬼母打出到洞外即施惡計，只見祂三惡不是合力一處共禦強敵，而是一個一處分散開來各個對敵。

　　渾沌諸帝眾神不知祂三惡又施惡計，而且也根本沒把牠們敗逃之敵看在眼裡，因而全都心無所想，腦無所思，便分散開來對付惡敵，只求儘快打敗擒住惡敵，奪回樸父的金童寶劍，報雪前仇。一時間，只見渾沌三帝四神分散開來正合遼、遠三個心意，渾沌天帝獨鬥鬼母，倏、忽二帝合鬥遼帝，樸父四神共戰遠帝，祂五帝五神打成三團，鬥成三堆，各團難分難解，每堆難見高低。

　　渾沌三帝四神如此只顧猛打擒住遼帝三惡。遼帝三惡這時心卻不在打上，而在施計邊打邊將渾沌三帝四神分散引領開去。轉瞬間，便見鬼母邊打邊退，越退越敗，越敗越退，已引領打她的渾沌天帝退到了洞前正鬥諸帝眾神視界之外。鬼母眼見已將渾沌天帝引到了得手之處，心中大喜，立即佯裝潰敗急逃，倏然間便把渾沌天帝引到了囚帝丘上空。

　　渾沌不知囚帝丘已在腳下，自己已經身陷險惡之境，依舊追打鬼母不息。鬼母這時則已念動咒語，將囚帝丘啟動開來。於是只聽得囚帝丘突然「轟隆」一聲巨響，渾沌頓覺自己頭重腳輕天暈地轉不能自禁，倏地便被囚帝丘的巨大吸力吸進了丘中，被牢牢囚禁起來。渾沌被囚方知自己又中了鬼母惡計，對鬼母惡神怒吼道：「惡孽鬼母，本帝非殺了你不可！」

　　「天帝你真渾沌，本神給你好處你死不要。如今你死到臨頭，口中再出狂言又有何用！你待著吧！」鬼母對渾沌只是「嘿嘿」一笑，隨著轉身返回赤金洞口鬥場而去。

　　赤金洞口鬥場之上，以遼、遠二帝為核心的兩團惡鬥正在進行，遼、遠二帝這時已是抵擋不住，處境十分險惡。危急中祂們突見鬼母返了回來，身後沒有了追殺的渾沌，全都心喜鬼母囚住了渾沌。便又一起依計而行，齊佯晃一招攔住正鬥帝神，而後便與鬼母一起迅疾向

赤金洞中逃去。正鬥的倏、忽二帝四神想不到祂三惡會突然返向洞中，心中皆異齊要上前阻攔。

「去吧，到囚帝丘營救渾沌天帝去吧。」就在這時，卻聽鬼母「嘎嘎」一陣冷笑道。邪惡的鬼母逃進洞前之所以放出此語，當然是故意為之，即要借此瓦解祂們的鬥志。

「惡帝孽神，不擒住你等，不雪此恨，惡氣怎出。殺！」鬼母的目的當然不能實現，她如此一語不僅使倏、忽二帝眾神大為震驚，可也使祂們頓知又中了祂三惡之計。同時也使祂們心中更惱吼聲更高，口中喊著追殺祂們更疾。

倏、忽二帝四神如此只顧心中氣惱殺向洞中，卻沒想到祂們此舉又恰好中了遼帝三惡的姦計。祂三惡這時退入洞中正是要把倏、忽二帝四神引入洞中，以讓鬼母再使關閘之法，把祂們分隔關閘在金洞之中。倏、忽二帝四神不知是計，只顧雪恨追殺惡帝孽神，轉眼已追進了金洞深處。

遼、遠惡帝眼見惡計實現，忙叫鬼母念動咒語，頃刻間就聽得金洞中「轟隆隆」一陣巨響，隨著便見到金洞中洞閉頂墜。倏、忽二帝四神睹之大驚，急欲退出洞去。但卻身還未動，身前身後便已全被金門金閘阻斷開來。進亦不能退更不得，一個個全被分割關閘在了金洞之中。

十六、遼遠詐服

「二位天帝，渾沌三帝四神現已全被我等擒獲，」遼、遠二帝眼見候、忽二帝四神盡被關進洞中，奇計得逞心中正喜，卻聽鬼母對之道，「祂們燒了你二帝的東、西帝宮，你二帝報仇雪恨的時刻到了。」

「大神此乃何意？」只顧高興的遠帝驟然不解，反問道。

「我說你二帝即去來祂個以牙還牙，以眼還眼，」鬼母立刻惡毒道，「將祂三帝帝宮也都焚為灰燼，豈不正好解去胸中惡氣？」

「大神此言差矣！大神想，我等與渾沌惡鬥至今究竟為何？說到底還不是想佔據祂那座可與天宮比美的帝宮，盡享宮中富貴嗎？」遼帝聽了鬼母此言，即不贊同道，「如果我等以牙還牙，以眼還眼，去把渾沌三帝的三座帝宮全都燒掉，惡氣倒是出了，但我等與祂們這般爭鬥還有什麼意義？我等這番爭鬥的目的不就成為泡影了嗎？」

「帝兄所言極是。不僅渾沌帝宮焚燒不得，就是候、忽帝宮也焚燒不得。」遠帝這時也不贊同道，「因為我二帝宮殿均已被焚，若是再把渾沌三座帝宮焚毀，我等去往何處？今日既然渾沌三帝四神皆已被囚，別個就無誰前來營救祂們，因而渾沌三帝的三座帝宮就是我們三個的了。」

「還是二位天帝心思深遠，如此我們就各有一座帝宮了。」鬼母

聽到遼、遠二帝言說有理，也即改變了心思，高興得禁不住一陣「嘎嘎」狂笑道，「走，我等即去享樂一番去。」

狡惡的遼帝聽到鬼母說到這裏，突然想起上次囚禁渾沌三帝一神之後，祂與遠帝正在渾沌帝宮享樂盡興，鬼母卻放出了渾沌三帝與燭龍大神，殺得祂與遠帝落荒而逃。心想至此，遼帝心中大惱那筆惡賬尚且未算，遂強抑怒火立即攔住鬼母揶揄道：「大神享樂不必如此性急，只要大神這次不再私放渾沌三帝四神，我等三個前去渾沌三帝帝宮享樂，就有的是時日！」

鬼母聽出遼帝話中有話，受此揶揄心中也是甚為後悔自己上次的作為，但她卻也不甘服輸，立刻辯言道：「天帝不可如此心地窄狹，上次小神開釋渾沌三帝一神，皆為樸父所逼小神不得已而為之，豈有與天帝二心之理！天帝誤會了小神，小神實在冤屈。」

「過去的事情就讓它過去，今日鬼母大神不再放了，不就行了嘛！」遠帝不想讓遼帝對鬼母再作糾纏，即言勸說道，「本天帝提議，我等現在立即設宴，先為我等反敗為勝好生慶賀一番，然後再去渾沌三帝帝宮享樂不遲。」

遼帝與鬼母聽了遠帝此言正好各自收場，便齊贊同設宴慶賀勝利。鬼母於是即令小神擺設金宴，暢飲慶功。須臾金宴擺開，遼帝三惡奪勝心喜，各個開懷暢飲，鯨吞虎食。飲食一陣仍覺興味未盡，鬼母又讓小神奏起神樂，跳起仙舞，為之助興。眾小神聞聽鬼母之令，立刻行動。頃刻間便聽得赤金洞中神樂盈蕩，只見得眾小神仙舞飛揚，聽得看得遼、遠二帝心搖意蕩，與鬼母胡亂戲謔不停。

候、忽二帝與樸父四神分別被鬼母關閘在赤金洞中，一時間進退不得行走不成。心中想到下界既沒有別帝祂神知道祂們遭此險厄，便也不會再有其祂帝神來營救祂們出洞脫險，祂們又誰也身無破壁遁金

逃出金洞之能，因而全都心中焦急萬分，沒有了本領。

常言急能生智。就在倏、忽二帝四神心急萬分之時，樸父大神突然想到，自己身負的為玉皇大帝所鑄蠍毒寶劍，有砍石削鐵之能。用它說不定能夠劈金斷壁砍開此洞，解救祂二帝四神出此洞窟。心想至此，樸父立刻抽劍在手，隨著「颯」地向金壁砍了過去。但聽「唭嚓」一聲脆響，果然劍到壁開，將金鑄的洞壁劈出了一道縫隙。

「好，真乃天助我等也！」燭龍與樸父同在一室，祂二神眼見此景，頓然高興得同聲歡叫起來。隨著，燭龍便要樸父砍開朝向洞口的金壁，以出洞再戰遼、遠惡帝與鬼母惡神。

「不可，我倆暫且不可出此金洞。」樸父聽了燭龍此言，沉思片刻否定道，「我們要先砍開向裡的金壁，打通我倆與關閘在洞內的樸妻二神，以及倏、忽二帝之間的通道。」

燭龍聞聽樸父言之有理，頓然醒悟道：「大神說得對，遼、遠惡帝和鬼母惡神與我等歷來鬥智不鬥勇，我等連連吃虧就吃在鬥勇不鬥智上。這次我等若要奪勝，必須也靠智取。」

樸父立刻接言道：「因而我們要先與倏、忽二帝二神聚在一起計議計議。常言神多力量大，柴多火焰高。三個窩囊神，頂個玉皇帝。我等共同計議，定可拿出奇計。」

「大神說得好，我們就這麼行動。」燭龍又言贊同道。隨著，樸父便揮劍一陣砍向了洞裡，很快就砍開了一條通道，與倏、忽二帝二神匯合在了一處。

倏、忽二帝二神剛才被鬼母分別關閘在金洞之中，各個心急似火，正奮力揮動手中兵器攻打金閘金門，以求打開金閘金門出此金窟。但無奈其兵器皆無斷金破壁之能，加之金閘金門堅固無比，因而怎麼也攻打不開。

　　正在袘二帝二神無可奈何之際，突聞金壁「咚咚」聲響，隨著便見金閘金門倏然為之破開，樸父與燭龍歡叫著向袘們奔來，真個是令袘們大喜過望。隨著一陣詢問緣由，袘們知道樸父有了破洞之法，袘二帝四神真個是更喜萬分。高興之餘袘二帝四神也不稍怠，立刻依照燭龍與樸父提議，一陣計議起了出洞奪勝遼、遠惡帝與鬼母惡神之策。

　　倏、忽二帝四神經過計議，都認為現在袘們暫且不可驚動遼、遠惡帝與鬼母惡神，因而袘們現在雖可出洞但卻不能出洞。因為如果袘二帝四神走出金洞，遼、遠惡帝與鬼母惡神看見，袘們知道硬戰不是對手，便會不敢與之硬戰而深藏洞中。如果那樣，袘二帝四神就將陷入與遼、遠惡帝和鬼母惡神打也不能，進洞擒拿也不能的無奈境地。因為進洞袘們就又會把你關閘起來，所以袘們不出洞你就與其不能再戰。

　　為此袘們最後議定，都暫且等在洞中不驚動遼、遠二帝一神，而先由樸父潛出洞去，窺探清楚洞中動靜，看遼、遠惡帝和鬼母惡神現在何處。若在洞外或已去了渾沌帝宮，袘們就立即出洞前去擒拿。如果都在洞中，就要設計把袘們騙出金洞，然後再作定奪。

　　計議既定，樸父遂立即仗劍在前，劍尖直指金壁，隨著躍身用力徑刺金壁。只見那劍頓然刺入金壁之中，並隨著開出一眼小孔洞來。樸父於是隨劍穿洞，身出關閘袘們的金洞，來到了外面的金洞之中。

　　樸父當然不敢貿動，只見袘一路小心翼翼向金洞深處探視，走過一曲又一曲，轉過一彎又一彎，不一會兒已來到了鬼母神殿近處。這時，樸父雖然看不見鬼母神殿的模樣，也看不到殿中神影，卻聞殿中神樂盈耳，舞步雜遝，瓊漿溢香，金肴蕩味，便知是鬼母神殿就要到了，鬼母正在洞中與遼、遠惡帝暢飲慶賀。

　　樸父於是更加小心翼翼地向前轉過一道洞彎，鬼母神殿中的鬧騰

場景便隨之展現在了祂的眼前。祂看到，在那金宴開處，遼、遠惡帝正與鬼母惡神暢飲鯨食。眾小神奏樂起舞，為三惡助興。整個神殿之中烏煙瘴氣，酒臭肉腥，鬧騰嘈雜，亂作一團。眼見至此，樸父已經探看清楚惡帝惡神去處，並弄清了惡帝惡神的此刻作為，便不再停留即返身回見倏、忽二帝三神而去。

樸父須臾見到倏、忽二帝三神，即把所見講說一遍，便接著一起計議起了對付之策。設何巧計才能把遼、遠二帝一神引離金宴，去到洞外呢？倏、忽二帝四神思謀許久，卻誰也沒有拿出招來。驀地，樸父心窗洞開道：「奇計有了！」

倏、忽二帝三神齊問何計，催促樸父快快言講。樸父道：「此計還需接著上次渾沌天帝遭囚此洞說起。」

「不要講那陳古之事了，快說奇計若何？」倏、忽二帝三神聽到樸父開口將話題扯得如此之長，忙心急地催促道，「依計怎麼行動就是了。」

樸父這時則不急不忙道：「諸位莫急，不把事情說清，你等怎知此計是否可行？怎去共做決斷！」

這時大家方纔無言，靜聽樸父向下講說道：「上次渾沌天帝被鬼母關閉在此洞中，鬼母是奉遼、遠二帝之命，要用九昧真火燒死渾沌天帝的。但鬼母卻抗命沒有燒死渾沌天帝，而將渾沌天帝性命保全了下來。你們知道這是為何嗎？」

「這是為何？」忽帝性急，忍不住道，「大神快說。」

樸父這時故意賣關子道：「開始老神也是不知，後來老神在與鬼母惡鬥之中，收回了昔日賜予鬼母的玉女寶劍，將鬼母逼到了不放渾沌天帝必丟性命的境地。你道那時，鬼母向我吐露了什麼？」

「她說什麼？」倏帝這時不解道，「還有什麼玄機嗎？」

「當著侄女侄兒的面，老神只有胡說了。」樸父這時一笑道，「她欲做渾沌天帝的續弦，成為中央天帝帝后，永享榮華富貴，為此方纔留下了渾沌不死。」

忽帝立即氣惱道：「惡神，想得真美！」

「但無奈她開始求之渾沌天帝不允，後又逼之仍然不成。」樸父繼續講說道，「無奈之時，她才羞答答地向我提出了成全祂倆的這一條件，方可開釋渾沌天帝。」

「你答應她嘛，」忽帝暢快道，「事後再說嘛！」

「對，我當即應允下來。心想渾沌天帝無竅，也確實需要別個照應。」樸父末了講說道，「鬼母見我應允，方將渾沌天帝放了出來。但無奈大家知道，我與諸位苦勸渾沌天帝仍不成事，由此便與鬼母結下了冤仇。」

倏、忽二帝三神聽到這裏，齊忍不住道：「老神扯得實在太遠了，此情我等也略知一二。值此急難之時，老神講說鬼母惡神的這些風流史，與我等引祂惡帝惡神出洞有何關係？」

「怎麼沒有關係？關係來了。」樸父這才認真道，「老神心想，正因為鬼母惡神有這段風流史，我等正好用它將鬼母騙出金洞。」

倏、忽二帝三神聽到這裏，方纔心中頓明齊叫道：「噢，對！這層關係正好利用！」

樸父於是繼續道：「對了。如今渾沌天帝又恰好被鬼母獨個囚在囚帝丘上，我等如果變作囚帝丘神，前去告知正在飲宴的鬼母，就說渾沌天帝被囚不過，已經答應她的那樁婚事，請她前去囚帝丘面談，想那鬼母聽了定會前去。」

「對，這樣就把鬼母引出了金洞。」燭龍這時明白道，「可是還有那遼、遠二帝呢？」

樸父心有城府道：「那也好辦。大家想呀，我們只要把鬼母引出洞去，我們就可以由誰去變作鬼母，對遼、遠二帝講說此地由鬼母看守，催祂二帝快到渾沌帝宮盡情享樂。反正金宴已經將散，祂二帝豈有不去之理！」

「好，老神實在高見。到了那時，我們就可以把祂二帝一神全都引出金洞去了。」

候帝聽到這裏，連聲叫絕道：「就這麼辦！我想先請樸妻大神變作囚帝丘神，先到囚帝丘找見囚帝丘神，對其曉以利害，讓其為我所用；同時告知渾沌天帝，讓其纏住鬼母。然後再去金宴引那鬼母出洞，前去囚帝丘見渾沌天帝。」

「對，待到鬼母出洞去後，老妻可再化作鬼母返身金宴，與遼、遠二帝戲言。」樸父這時插言道，「你就講說，剛才囚帝丘神前來言說，渾沌天帝向自己求婚自己不應。使遼、遠惡帝在戲笑渾沌天帝癡心妄想，淨做好夢中離開金洞，去渾沌帝宮享樂，自己留守蒼梧神山。把遼、遠二惡引出金洞。」

「好你個老神，」樸妻這時笑言道，「今天你不怕老婦失身了！」

「好。如此得手之後，我等再立即出此金洞，」忽帝不等樸父開口，立即接言道，「留下二神守在洞口，以防遼、遠惡帝惡神返回金洞，惡鬥擒獲之！」

大家計議至此，齊贊計已完善，即讓樸妻依計而行。樸妻聞令即行，但卻無奈犯難道：「老神身無異能，出此金洞亦不可能，又怎去施行此計！」

「老婦不必犯難，有了此劍便可通行無阻。」樸父這時說著，已將蠍毒寶劍遞到了樸妻手上。樸妻接劍道：「好，這樣二帝眾神就靜候佳音吧！」言畢，即仗劍穿出金壁而去。

197

　　樸妻穿出金洞一陣來到了囚帝丘上，先向被囚的渾沌天帝言說了一切，讓祂在鬼母來到之時與之儘量糾纏，以助她到洞中騙出遼、遠惡帝。而後她喊出囚帝丘神，對其曉之以理，言之以利，讓祂幫助自己和渾沌天帝纏住一會兒到來的鬼母。然後才搖身變作囚帝丘神模樣，返進赤金洞中徑尋鬼母而來。

　　樸妻所變囚帝丘神須臾來到洞中鬼母金殿，眼見殿中依舊神樂高奏，群神狂舞，遼、遠惡帝正與鬼母惡神宴飲於金桌之上。便忙叫守殿小神報於鬼母，讓鬼母出殿見祂，說有機密之事單獨稟報。

　　守殿小神見是囚帝丘神前來稟事，不敢怠慢，立刻進殿報給了鬼母。鬼母聞聽是囚帝丘神來稟機密之事，心知渾沌天帝囚在丘上，怕出事情，便即離金宴出殿來見囚帝丘神。

　　樸妻所變囚帝丘神眼見鬼母來到，即依計向鬼母講說了一切。直說得鬼母仇恨頓消，笑顏驟綻，心蕩神搖，忙對樸妻所變囚帝丘神道：「丘神少待，小神與二位天帝告別一聲就去。」樸妻眼見鬼母中計，頓然一陣心喜，便站在原處等待鬼母進殿告辭之後與她一起出洞。

　　「二位天帝在此暢飲，囚帝丘有點小事需要小神前去處理，暫且失陪，小神去去片刻即回。」鬼母返去與遼、遠二帝一番講說，祂二帝聽後並不在意，讓她儘管去辦。鬼母於是即出殿與樸妻所變囚帝丘神出洞，一路徑向囚帝丘行去。

　　樸妻所變囚帝丘神與鬼母轉瞬來到被囚渾沌天帝面前，放下鬼母與渾沌天帝單獨交談，其便返身向赤金洞行來。行至半途僻處搖身變作鬼母，入洞徑向鬼母金殿行進。轉瞬樸妻所變鬼母來到金殿金宴桌前，對遼、遠二帝一笑道：「原來我道是何事體，小神前去一看你們猜怎麼著？」

　　「怎麼著？」遼、遠二帝這時已經喝得半醉半醒，那遼帝聽了仍

是醉眼迷離揶揄道，「是那無竅渾沌心中生出了悔意，真要納你為后了嗎？」

「惡帝，你真聰明，竟然被你猜個正著。」樸妻所變鬼母想不到遼帝口出此言，心中一驚將計就計戲謔道，「那無竅渾沌被囚不過，心生一招說要納我為后共用富貴。嘎嘎嘎嘎……」

「噢！」遼、遠二帝突聞鬼母此言此笑，頓時心中一驚停止了飲食，六眼圓瞪問詢道，「果真有這等事體？」

「也不撒泡尿照照自己狗首熊身的模樣，就想高攀老娘，」樸妻所變鬼母看到遼、遠二帝吃驚，立刻轉為鄙視之態道，「真個是白日做夢！」

「噢，大神沒有答應，這就好，這就好！」遼、遠二帝聽了鬼母此言，方纔心中驚怕稍解道。祂二帝聽此訊息當然驚怕，因為祂們知道，鬼母昔日曾為貪利行盜之徒，怎保她不為渾沌天帝許下的厚利所動！如果鬼母為之心動真的應下了渾沌，祂二帝不僅就要失去一臂，而且也真的弄得在下界就沒有去處了。那樣祂二帝就必被渾沌諸帝眾神擒獲押送天庭，受到玉皇大帝的懲罰了。

樸妻所變鬼母剛才之所以說出此言，則正是為了先引起遼、遠惡帝的驚怕，然後再作推翻，以騙信於祂們。為此，這時她又故作嗔怪道：「瞧那首無七竅的渾沌邋遢樣子，配我老娘嫁給祂嗎？我鬼母老娘之心，難道是用帝后之尊帝宮之貴，就買得動的嗎？」

「好，好樣的！」遼、遠二帝這時對鬼母否定之言信以為真，異口同聲贊叫道，「想不到大神如此堅貞不渝！」

「無竅渾沌可真是淨想黃鼠狼吃天鵝肉，做夢娶媳婦的好事兒！」樸妻所變鬼母這時越說越加激奮，以進一步迷惑遼、遠二帝道，「妄想，全是妄想！」

「就是，誰嫁給祂那邋遢熊！」好在遼、遠二帝不知，鬼母先前已有嫁給渾沌為后之心，並軟求硬逼過渾沌，因而聽到這裏，完全放下心來戲笑起來道，「你別小瞧祂那首無七竅一身渾沌相，還真風流浪漫哩！嘎嘎嘎……」

「笑，笑，淨拿老娘耍玩！瞧這酒菜還塞不住你倆的臭嘴，還笑！快喝！我非叫你二惡喝個死醉不可！」樸妻所變鬼母眼見遼、遠惡帝心中戒備盡失，即又故作忸怩嗔怪之態說著，捧起酒壺便給遼、遠二帝連連斟起酒來。

樸妻所變鬼母如此給遼、遠惡帝輪番斟酒，剛剛斟過兩巡便見祂二帝全都酩酊爛醉起來。原來樸妻入宴後眼見遼、遠惡帝醉得不很，怕讓祂們出洞祂們不聽指揮，耽擱時間鬼母歸來前功盡棄，便在起身捧壺斟酒之時往壺中放進了醉酒蟲。為此遼、遠惡帝剛剛飲下樸妻所變鬼母斟倒之酒兩杯，便已一齊酩酊大醉起來。

樸妻所變鬼母眼見遼、遠惡帝酩酊大醉，隨故作戲謔之相道：「二位天帝宮室盡被渾沌一夥焚毀，在此小洞實在委屈二位。為此小神心想，這裏還是暫且先由小神看視，你二帝儘管前去渾沌帝宮享樂的好，那樣才不委屈二位天帝！」

遼、遠二帝頭腦因醉昏噩，聽了樸妻所變鬼母此言，被迷的遠帝率先贊同道：「還是大神知冷知熱，心疼我二帝。前去渾沌帝宮享樂，我二帝正求之不得哩！」

「我二帝去後，大神在此要好生看守。」昏噩中，狡黠的遼帝仍然不失其本性，依舊不忘擔心幽上一默道，「只是大神不要故技重施，我二帝就有勞大神了！」

「不會，小神也不敢！」聽聞此言，樸妻所變鬼母不禁心中一驚，還以為自己之計被其察知了呢！但她也不敢稍有流露，而依舊故作戲

謔之態道,「天帝真是哪壺不開提哪壺。別提了,儘管放心地去好了。」

「真有你的,老騷神!」樸妻所變鬼母想不到自己如此一番言語,竟說得遼、遠二帝「嘎嘎」一陣邪笑起來,並且遼帝昏噩中還說出了這樣的話語。樸妻所變鬼母聞聽遼帝此言心知施計已成,立即施用半送半推之招,一陣便把祂們推送到了金洞口外。眼看著祂二帝駕起雲頭,一路徑向渾沌帝宮醉醉歪歪行去。

樸妻送走遼、遠惡帝也不稍息,立即返回洞中來到關押倏、忽二帝三神的金閘跟前,揮動手中蠍毒寶劍「颯颯」一陣猛砍,便將金閘砍開一個大洞,放出了倏、忽二帝三神,並對祂們講說了剛才的一切。倏帝聞知奇計奪勝,即讓樸妻與燭龍二神留守洞口,以防惡帝惡神返了回來。祂則與忽帝帶領樸父和巨靈二神,出洞奔向囚帝丘擒拿鬼母開釋渾沌天帝。

「二位帝叔不可前去。」正行之中,巨靈突然開口道,「那遼、遠二帝狡惡異常,萬一祂們中途醒悟返了回來,再與鬼母彙聚一處,就不是燭龍二位大神能夠對付的了。」

「侄女言之有理,二位天帝還是留守洞外,以防萬一的好。」樸父這時也覺得巨靈言之有理,贊同道,「囚帝丘那邊,老神與巨靈前去可保無憂了!」

倏帝聽了思忖片刻,同意道:「也是。你二神快去快回,我二帝留此也好接應你們。」言畢,祂二帝即停下了腳步,著令樸父帶上蠍毒寶劍,與巨靈二神前往囚帝丘行去。

巨靈二神須臾來到囚帝丘前,看到丘上空寂寂的,沒有鬼母,只有被囚的渾沌天帝。渾沌天帝見祂二神來到,急叫道:「二位大神來得正好,快去設法捉拿鬼母惡神。」

祂二神聞聽,急忙上前詢問道:「鬼母惡婦去了哪裏?」

「本帝遵照樸妻大神所囑，拖住她在丘上至今，」渾沌天帝急答道，「你們來到前剛剛離去。你們從哪裏來，沒有看到她去了哪裏嗎？」

「沒有。既如此，我們就先救你天帝了。」樸父口中說著，揮起手中蠍毒寶劍，即連連向囚帝丘砍去。隨著樸父之劍砍下，只聽三聲脆響，囚帝丘便「轟隆」一聲被砍開來。渾沌天帝頓時囚禁釋解，走出丘來。

其實，鬼母這時並沒有走遠。她先前隨同樸妻所變囚帝丘神來到被囚渾沌面前，一陣言說果如樸妻所變囚帝丘神所言，渾沌天帝當即答應了娶她為后。鬼母聽罷心中正喜，渾沌天帝卻接著要她立即開釋於牠，以與她結為同心，共同前去對付遼、遠惡帝。

鬼母聽了渾沌此言，心中陡然犯起難來。她當然心沉犯難，害怕自己中了倏、忽二帝之計。如果她真如渾沌所言立即開釋於牠，而渾沌天帝如此是計，自己就不僅渾沌這邊靠不住，遼、遠二帝那邊也失去了。到了那步天地，她就成了孤家寡神，只有死路一條了。

為此，鬼母隨之沉思再三，末了想出無奈之策假言道：「天帝暫先委屈一會兒，待我前去放開倏、忽二帝眾神，擒住遼、遠惡帝，再讓牠諸帝眾神前來為我們見證，豈不更好！」

渾沌這時心想自己按照樸妻之囑拖延時間應該足夠，如果倏、忽諸帝眾神已經得釋，一個鬼母已經不足為慮，於是牠即對鬼母答應下來道：「大神真是多疑！連對敝帝也留一手。不過如此也好，就請大神快去快回。」

「天帝言重了！小神不是那樣。只是這樣讓天帝受了委屈，請天帝稍待，小神去去即回。」鬼母聽出了渾沌對自己的懷疑，但她見到渾沌既已應允，為了自己的安全，便也不再顧及那麼許多，遂言說數語，立即有些戀戀不捨地飛身而去。

「啊，果真壞了大事！」結果未出鬼母預料，她剛剛行出片刻，遠遠便看見樸父與巨靈二神急匆匆踏雲飛了過來。鬼母不禁一聲驚叫，急忙按下雲頭躲進了金樹林中，方纔躲過了樸父二神的眼睛。她知道自己將祂二神關在金洞之中，卻不知道現在是誰把祂們救了出來，心中大為驚詫。因而更害怕其祂諸帝眾神，是否也已被同時救出。若是那樣，事情就不可想像了。

隨後她急忙隱身潛回到渾沌天帝囚處，窺見到了囚帝丘上發生的一切，方纔知道樸父手中蠍毒寶劍的厲害，連這囚帝丘都能砍開，自己洞中的金門金閘又豈能擋得了此劍？為此她大為後悔自己的這一疏忽，頓時嚇得身上透出了冷汗。隨之她在此不敢稍息，即返身前往赤金洞府尋找遼、遠二帝，以與之說明情況，再拿對付之策。她當然不敢再登雲頭，害怕渾沌三個看見追擒她，而急急穿林越澗，仗著自己轄界路熟，一陣奔到了赤金洞前。

「啊，大事不好！」結果又如狡黠的鬼母所料，她剛到赤金洞口近處，便聽到洞口前殺聲陣陣，器械撞擊聲聲，惡戰酣烈得令神聞之膽寒。鬼母頓知壞了大事，急舉目看視，正看見迷醉的遠帝和恍惚中的遼帝，正與獲釋的倏、忽二帝鬥在一處。遼、遠二帝身為醉漢，加之心中奇異不解倏、忽二帝如何被釋，同時也是祂們身上神功不高，鬼母看到祂們交鬥剛過數合，已是招架不住起來。

鬼母看到這裏，本想出手上前助祂二帝一臂之力，但又想到渾沌三個轉瞬就會殺來，自己上前也是扭轉不了祂二帝被擒的厄運。那樣自己上前也是被擒，就不如自己暫且躲避下來，那樣祂二帝即便被擒，就還有自己在外可以營救。為此她急忙隱身密林之中，窺視著眼前發生的一切。

鬼母隨之看到，遼、遠二帝無奈中只有欲圖鑽入赤金洞中進行躲

避，但袘二惡剛到洞口，卻又見到樸妻與燭龍一齊從洞中殺了出來，把袘二帝阻在了洞外。這時候、忽二帝從後面趕到，便與樸妻二帝二神一起，圍打起了遼、遠惡帝。

驚怕至極的遼、遠惡帝當然更是敵不住候帝四個，剛一交手便已身陷被擒之境。但袘二帝豈肯如此就擒，急忙一面招架，一面企圖耍滑溜走。然而恰在這時，渾沌與樸父二神又趕了過來，睹此場境立刻上前出手共鬥起了遼、遠惡帝。

二惡帝剛才迎鬥候、忽二帝二神，已經身陷險境驚怕十分，這時又見渾沌與樸父二神突然殺來，更是抵擋不住。加之心中不知渾沌天帝又是怎樣從囚帝丘中脫出身來，更加擔心其為鬼母所釋，心中更是一驚。

就這樣，遼帝心中一驚動作一慢，早被渾沌天帝手出精鐵棍「噗」地打中後背，將其擊倒。巨靈見之立即上前，將其捆綁起來。遠帝這時心中更驚，燭龍即趁勢橫身一掃，便將驚愕的遠帝掃倒在地，即上前將其捆綁了個結實。

你道袘二帝本來出洞去向了渾沌帝宮，為什麼又無由返來，恰在此時被渾沌諸帝眾神所擒？原來這還是狡惡的遼、遠二帝過於算計，算計到了自己頭上造成的後果。那是在醉去的遼帝向渾沌帝宮剛剛行出不遠之時，狡惡的袘恍惚中早已忘記了袘與遠帝離開赤金洞時的情景，舉目不見鬼母這時跟在身邊，醉迷中袘擔心鬼母再像上次一樣開釋渾沌諸帝眾神，那樣袘與遠帝就沒有了活路，便即拉起醉迷的遠帝道：「走，快快返回赤金洞。」

「這是為何？」魯莽的遠帝恍惚中不解，詢問道。

「現在無法講說，屆時你就知道了。」狡惡的遼帝拉著迷醉的遠帝說著立即返身，轉瞬便回到了赤金洞前。不料想遭遇等在那裏的

倏、忽二帝，見之便與之鬥在了一起，演出了鬼母剛才看到的一幕。

再說渾沌三個之所以來得如此湊巧，是因為渾沌走出囚帝丘後，牠三個找尋鬼母一陣不見，想到她或許是返回了赤金洞府。加之渾沌天帝知道倏、忽二帝正在赤金洞口，牠三個為了與之計議下步對策，便齊向赤金洞口倏、忽二帝在處集來。不想恰在洞口遇上了這場惡戰，與倏、忽二帝二神一起，一戰奪勝擒獲了遼、遠二帝。

渾沌三帝眼見擒獲了遼、遠惡帝，便收起器械，坐在赤金洞外金扶桑樹下，對燭龍與巨靈押來的遼、遠惡帝訊問起來。渾沌率先喝問道：「惡帝，我等素無怨仇，如今你等與鬼母一道，每每施害於我等，究竟是何居心？今日已被我等擒獲，必須從實講來！」

「快說，快快從實講來！」倏、忽二帝這時也早已抑制不住心中的氣惱，隨之怒吼道，「如若不然，我等就將你二帝押送天廷，交由玉皇大帝決斷！」

遼、遠二帝對這次被擒，與渾沌天帝要牠們講說「居心」倒不害怕，牠們害怕的是倏、忽二帝末了一語，即「交由玉皇大帝決斷」，確使牠二帝心驚肉跳起來。牠們當然害怕，清楚自己的作為。牠們欲謀殺害渾沌天帝，佔據其中央轄界以為己有。為了達到這一目的，牠們刺殺渾沌天帝不成，後又借用樸父毒劍殺之。並令鬼母私啟囚帝丘囚禁渾沌天帝，私啟鎖龍崖關鎖燭龍。這些罪過都是觸犯天規的。它們若被玉皇大帝察知，非受重處不可。為此牠二帝耳聽此言頓時驚怕十分，無奈之中心機陡轉，只有一齊詐服道：「我二帝有罪，罪該萬死！但我二帝今後一定誠心改過，再也不敢施惡於三位天帝！」

「說得倒好，」燭龍這時怒火填膺，吼叫起來道，「怎麼個誠心改過法？」

「我們只求三位天帝不要上達天庭，更不要將我二帝押送玉皇大

帝決斷！」遼、遠二帝答非所問，只顧繼續剛才未完的話語道，「我二帝一定永志三帝厚恩，決不食言。若要食言，神魔共誅！」

「既然你二帝願意悔改，我三帝倒是可以諒解！不過既願悔改，就要拿出實際行動。」倏帝這時寸步不讓道，「這實際行動之一，就是要把樸父大神的金童寶劍，交還過來！」

「我倆當然想交此劍，但無奈此事皆非我二帝所為，我倆都是受了鬼母慫恿。那金童寶劍也為鬼母所奪，現在仍在鬼母手中。我倆實在拿不出這一實際行動！」遼、遠惡帝這時已經認定，這次又是鬼母像上次一樣，施用惡計開釋了渾沌諸帝眾神，害苦了祂們。因而心中早已對鬼母恨之入骨，只是沒有得到時機報復她。這時有了機會，便盡情推卸罪責道。

鬼母聞聽此言，見到了遼、遠二帝之惡，沒有一點擔當。為此她深悔自己跟錯了天帝，恨不得立刻上前將祂們宰了，心中暗暗道：「壞我鬼母事者，遼、遠惡帝也！」但處此境地，她豈敢上前。無奈她只有將仇恨壓在胸中，發誓不再與祂們為伍。並要下步尋找時機，揭穿二惡根底，報雪此仇。

「你二帝還不老實，全說謊言！快快交出劍來。」然而沒容鬼母多想，她又聽到忽帝聽了遼、遠二帝之言，勃然大怒道，「不然，本帝這就押送你們交由玉皇大帝決斷！」

但是，由於遼、遠二帝實在手中無劍，無奈急言道：「我二帝實在不敢言假，那劍實在為鬼母所奪，現在鬼母手中。」接著，祂二帝便將鬼母騙劍的前後經過，一五一十地講說了一遍。

鬼母這時聽了，更是氣得在暗處火冒三丈，發誓與祂們不共戴天。恨不得渾沌天帝立即將祂們處死，只是她處此境地不敢也無法發洩。

　　渾沌三帝皆為正直寬容天帝，聽到遼、遠二帝言說至此，議論一番，全都釋然，錯誤地相信祂二帝所言不假，改過誠心。加之認為祂五帝相互之間，只可和解不可結怨。便決計不與祂二帝再作計較，放去以修舊好。於是渾沌天帝開口道：「二位天帝話語既已出口，但願今後不放空炮。我等五帝之間只可和解不可結怨，只該互相幫扶不該互相爭鬥，希望今後好自為之。」

　　「謝過天帝厚恩，我二帝一定沒齒不忘！」遼、遠二帝聽到渾沌此言，想不到事情就要這樣結束，因而大出祂們意料，不禁連謝再三道。

　　「此番去後，二帝不可再在此山留占鬼母轄山，而應各歸轄界重建帝宮，」渾沌天帝繼續道，「以便各自好生鎮撫轄界，不負玉皇大帝對我五方天帝厚望！」

　　「一定，一定！」遼、遠二帝聞聽心喜，更是答應連聲道。

　　「去吧，去吧。」渾沌隨後沒再多言，而親為遼、遠二帝解去綁縛，放祂二帝離開蒼梧神山而去。

十七、鬼母敗北

渾沌天帝放走遼、遠二帝之後，正欲與諸帝眾神計議尋找鬼母要回金童寶劍之策，卻見樸父夫婦僅言一聲，即起身向囚帝丘方向行去。

渾沌天帝知道，祂二神此去囚帝丘方向，是因為祂們剛才聽到遼、遠惡帝言講，金童寶劍為鬼母假變倏帝騙去，現在仍在鬼母手上，心中氣惱，所以要到囚帝丘尋找鬼母，奪要金童寶劍。鬼母至此一直沒有返回赤金洞來，祂夫婦猜想此惡一定仍然躲在囚帝丘上。為此渾沌與諸帝眾神稍作計議，便即隨樸父夫婦奔去方向，齊向囚帝丘行來，以助祂夫婦找尋鬼母，奪回金童寶劍。

然而渾沌諸帝眾神一陣來到囚帝丘上，不僅沒有找見鬼母的蹤影，就連樸父夫婦的蹤影也沒有找見。祂夫婦去了哪裏呢？祂諸帝眾神無奈只有四處找尋。祂們找過了一山又一山，尋過了一林又一林，末了又找回到了赤金洞府，也沒有找見祂夫婦的身影。渾沌天帝心中焦急，最後重又引領諸帝眾神一陣尋上了赤金峰頭。

樸父夫婦究竟去了哪裏，使得渾沌諸帝眾神一直找尋不見呢？原來祂們先是來到囚帝丘上尋找鬼母，向囚帝丘神詢問鬼母的去向。囚帝丘神被問不過道：「鬼母大神先前在樸父與巨靈大神來時並未遠去，一直躲身山林窺看動靜。末了在渾沌天帝與二位大神離去之前，穿林

越澗向赤金峰方向去了。」

「好一個狡詐的老鬼婆子！走，我們去赤金峰尋找她去。」樸父聽了更加氣惱地說著，即攜樸妻去到赤金峰找尋起來。當然祂們隨後在赤金峰上尋找一遍又一遍，卻都沒有找見鬼母的蹤影。

無奈中祂夫婦想到鬼母狡詐，極有可能她又潛回到了赤金洞中。祂夫婦於是即又下峰進洞，一陣東殺西砍在洞中劈出一條路來，徑向洞中尋去。

樸父手中的蠍毒寶劍揮砍金壁的鏗鏘聲響，早驚動了洞中小神。一個大膽小神迎上前來道：「二位大神入洞有何吩咐，請告知小神，小神定當盡力為之。」

「講，鬼母惡神可回洞中？」樸父不等那小神說完，「颯」地已將手中蠍毒寶劍架在了其脖頸之上，厲喝道，「若敢言假，老神這就宰了你！」

「大神，她沒有回洞。」小神生命頓時繫於須臾，急不敢言假道，「大神饒命。小神一字不敢言假。若假一字，大神可立殺小神！」

樸父見小神不敢言假，收劍即攜樸妻出洞再尋鬼母而去。祂夫婦出洞一陣登上赤金峰頭四處觀望，正在遙尋鬼母並且心中想著再往何處找尋之時，突見平時看不慣鬼母作為的赤金峰神，來到祂夫婦面前深施一禮道：「赤金峰山神特來稟報二位大神，惡神鬼母剛才還在峰巔窺伺鬥場動靜，後來看到遼、遠惡帝被擒，被渾沌諸帝眾神訊問不過，講出金童寶劍為其所騙，至今仍在其手中之時，心中大惱。待到渾沌天帝將遼、遠惡帝放走之後，她即飛身去了東南。二位大神若尋惡神，可向東南方向找尋。」

樸父夫婦聽了赤金峰山神此言，連謝再三，隨後即駕雲頭，一路向東南方向尋來，轉眼便尋到了鎖龍崖前。祂夫婦向鎖龍崖俯目看

去，只見在崖前一片隱蔽地方，惡神鬼母正坐在那裏痛心哭泣。

樸父夫婦沒有聲張，而是悄悄按落雲頭近前看視，以伺時機將其擒住。祂夫婦來到近處聽到，那鬼母惡神坐在金草地上拍打著大腿，邊哭邊說道：「遼、遠惡帝，你倆倒好，你倆被渾沌天帝輕輕鬆鬆地放了，但你們卻壞了我鬼母的大事。我那洞府成了惡鬥之場，被樸父砍得七零八落。」

樸父夫婦聽了既氣惱又可笑，笑她惡婆竟有今日！為此祂們暫且也不驚動於她，以聽她還能擺出哪些邪惡。於是祂們聽那鬼母繼續道：「我那洞府被砍壞了還算好說，玉皇大帝設下的囚帝丘也被砍開，玉皇大帝若是追究下來，這不是叫我鬼母吃不了兜著走嗎？這都還算罷了，你倆更不該將我出賣，說我騙了樸父之劍，那劍正在我處，引得樸父夫婦就要立刻尋我奪劍而來。」

樸父夫婦聽了鬼母此言心中更惱，倏然一齊近前厲喝道：「惡神既已知罪，就快將金童寶劍歸還我，方可免你一死！」

鬼母心想自己躲避在此樸父夫婦不會找到，因而正在獨自哭訴以泄胸中氣惱，突聞喝聲嚇得一跳，頓止哭聲舉起淚眼見是樸父夫婦來到面前，立即心機一動詭言道：「二位恩主休要中了惡帝姦計，切莫聽信惡帝詭言！恩主可以想想，二位恩主昔日賜予小神玉女寶劍，小神得劍之恩尚且未報，心中時刻念之不敢忘懷，怎能再去騙奪恩主之劍呢？」

樸父夫婦雖為誠樸之神，平時聽到三句好話便會信以為真。但是這時聽到鬼母如此動聽詭言，雖覺合情在理，卻也不會再去相信。因為祂夫婦近段被這鬼母眾惡弄得不僅夫婦失和，而且與身邊帝神開起了殺戒，險些釀成了大禍。所以不論鬼母這時說得多麼娓娓動聽，祂夫婦是再也不會相信其言，再上其當的。為此，樸父不等鬼母說完，

即打斷其言道：「惡婆休得花言巧語，眼下是要還劍！」

鬼母刁詐十分，她雖見自己軟語難動樸父夫婦堅心，卻也不願意就此被擒，繼續詭言動之以情道：「剛才二位恩主已經聽到小神哭訴，遼、遠惡帝害得小神實在是苦！祂們在被擒之後又信口誣陷小神，說是小神騙奪了恩主之劍，金童寶劍在小神之處，祂們正是捨棄小神以保自己，使用的金蟬脫殼之計。二位恩主想想，那時恰好小神不在跟前，祂倆隨意危言聳聽誰去與辯？又有誰去揭穿祂們的謊言？」

「若依此說，」樸妻聽到這裏，忍住氣惱一針見血指責道，「金童寶劍不在惡神之處？」

鬼母雖聽樸妻言辭犀利，但她卻仍是不願收手，欲圖推卸罪責不還金童寶劍，忙進一步詭言騙說道：「乞二位恩主相信小神所言，小神為報恩主昔日賜劍厚恩，也決不能假言欺騙恩主！恩主若信遼、遠惡帝信口雌黃，此刻就是把小神千刀萬剮活剝了皮去，也是找不到金童寶劍的！因為金童寶劍為遼、遠惡帝騙得，就藏在祂們身邊。小神對恩主不說假話，恩主切切不可遇事過分篤誠，中了祂惡帝的姦計呀！」

樸父聽到這裏，本想出手擒拿鬼母，但祂還是想先弄清金童寶劍的下落，隨之改換思路接言道：「若依惡婆此說，我夫婦就必須立即返回，再去訊問遼、遠惡帝了！」

「恩主說得對，恩主若要奪回金童寶劍，」鬼母雖知樸父此言之意，但她權當不知催促道，「就必須抓住遼、遠惡帝不放！」

「惡婆說得好，在這多事之時，為保萬無一失，」樸父畢竟閱歷深廣，這時順水推舟道，「依老神之見，我倆既然尋到了惡婆，就煩惡婆與我們共走一遭了。」

「老夫說得好。惡婆就隨我們前去一遭吧。」樸妻這時聽出了樸

父話中之意，即要借機擒住鬼母，隨之立即接言道，「即便事情果如其說，也好與遼、遠惡帝當面鑼，對面鼓敲打個清白，弄清那劍究竟藏在哪裏，以了事端！」

「老妻所言極是。惡婆，你與我夫婦就去走一遭吧！」樸父步步緊逼道，「既然惡婆被惡帝逼害良苦，也好前去弄清是非，共懲惡帝，以報受害之仇！走，走吧。」

鬼母當然不會前去，而且察覺到了自己前番騙言等於白說，不隨牠們前去必有一戰。置此境地為了尋下手時機，她又心機一動道：「恩主不必如此相脅！小神憑著心中良知，已將真情全都告知恩主。恩主不信小神，小神無可奈何。小神躲此深山幽境，正是為了哭泄胸中受遼、遠惡帝脅迫之忿，以靜心思過，好洗心革面，痛改前非！」

「小神很會說話，說的比唱的都要好聽。但只是即便你說得天花亂墜，」樸父這時怒火昇騰起來道，「老神忘不了身受你的邪惡，便就不會相信你的花言巧語，再去上你的當，受你的騙！」

「不是二位恩主到此，小神絕不與你們講說前番言辭。如今小神真情實言盡對恩主講說完了，恩主卻逼小神去見仇者，小神決不前去。」鬼母這時仍然不見下手時機來到，為此繼續其言以麻痺樸父夫婦道，「若是向小神要劍，方纔小神已經說過，就是將小神千刀萬剮活剝了皮去，劍不在小神這裏，恩主也是奪回不得。」

樸父見到鬼母如同糞坑中的石頭又臭又硬，聯想到連日來的醜惡作為，再也壓抑不住心中的氣惱，突地挺劍上前指向鬼母道：「惡婆休再花言巧語，我也對你說清，這劍你有也要還，沒有也要還！還劍也要跟隨老神走，不還劍也必須走。總之一句話，老實隨我夫婦走，免得我夫婦再費手腳。不老實隨我夫婦走，我夫婦就把你擒了過去！」

鬼母當然知道樸父夫婦尋到了她，決不會被她一番詭言輕易說離

開去，所以早有準備到了無奈之時突出殺手先發制樸父二神，以殺死其中一個再奪勝剩餘一個就容易了。或者奪勝不得，趁著鬥時退去。只是時機一直不到，自己一直在此拖延。這時眼見樸父來了硬的，自己不先出手就要吃虧，因而口中說道：「二位恩主若是如此，就莫怪小神不講恩誼了！」手中出劍已是一招「秋風掃葉」，向樸父夫婦攔腰掃了過去。

「無義惡徒，不殺你怎張恩義！」樸父夫婦當然不會怠慢，祂們眼見鬼母出手殺來，樸妻立刻口中罵著，手中已運劍一招「撥草尋蛇」，把鬼母掃來之劍攔開在了一邊。樸父這時也出手殺來，隨著祂夫婦便與鬼母惡鬥在了一處。

樸父夫婦擒惡心急，個個使絕鬥狠，勇猛十分。鬼母心藏狡詐，困獸猶鬥也不相讓，揮劍相迎，打得十分狠猛。但鬼母終因勢單力孤，不是樸父夫婦的對手。交手剛剛十個回合，便已抵擋不住。鬼母先發制樸父二神未能奪勝，這時又見自己抵擋不住，急欲伺機遁逃。

但無奈樸父夫婦這時眼見鬼母只剩下了招架之功，沒有了還手之力，打得更是狠猛，不僅使鬼母逃遁不得，而且一招防守不及左邊肋部露出了破綻。樸妻在左看得真切，即出劍一招「指南金針」，向鬼母破綻處刺去。鬼母見之大驚，但她右手玉女寶劍為樸父所纏抽回不及，無奈為保生命不死，立刻左手倏然抽出身藏金童寶劍一擋，才將樸妻刺來之劍擋了開去。

樸父夫婦突見鬼母亮出了金童寶劍，真個是又氣又喜！氣的是鬼母惡神實在為神不義，不僅不報昔日賜劍之恩，而且又壞今日之誼，實在是一個無恥惡徒！喜的是祂夫婦終於尋到了愛劍的下落，奪回此劍有了日期。為此，樸父對鬼母破口大罵道：「無恩無誼的惡婆，方纔還恬著臉皮與我講什麼恩說什麼誼，瞧你的恩誼都到哪裏去了！」

　　樸父口中罵著，手中也一劍連著一劍向鬼母刺去更疾。這時鬼母手持雙劍，倒是多了一件攔擋樸父夫婦的利器。但樸父夫婦見到金童寶劍，奪勝收劍之心更急，出劍鬥狠更加酣烈，鬼母依然招架不住，一個破綻露出，已被樸父出劍點倒了身子。

　　「啊呀！」鬼母身被樸父劍尖點中嚇得一聲大叫，虧得她身子後倒得快，方纔沒有被蠍毒寶劍刺進皮肉，如若刺進皮肉她就會立刻身死，豈能不驚怕十分！鬼母身倒嚇出一身冷汗，不敢再戰急欲逃跑。但她知道明逃難以逃脫，遂心機一轉，決計就著倒身之勢，使出遁地絕招遁逃它處，令樸父夫婦追趕不得。於是她立刻念動咒語，倒身不起倏然遁地逃去。

　　「又叫她逃了，又叫她逃了！」樸父見之後悔不迭急叫道。因為這時其金童寶劍仍在鬼母手中，其要施用攝取地下之物法術而不能，只能眼睜睜地看著鬼母遁去，焦灼中卻忘記了樸妻身上懷有的固地神功絕招。

　　「夫君莫急，瞧為妻叫她鬼母老老實實地給我出來！」樸父這時只顧焦急，卻聽樸妻「嘿嘿」一笑說著，口中隨之一陣念動咒語，一會兒即把鬼母惡神雙腳朝上惡頭朝下，擠出了金地。

　　樸妻的固地神功若用起來，立刻就會使受功之地堅固千倍，任憑身懷怎樣遁地之功的神怪都遁去不得。所以鬼母剛才遁入地下三尺，便碰上了樸妻加固的硬地，任憑她施用何種神力都遁去不得。而且那硬地逐漸向金地表面生長，硬生生地把鬼母擠上了地面。

　　鬼母被擠出地面仍不知道樸妻使用了固地法術，依舊在使用遁地法術向地下遁逃。因而還在頭插金地之中，臀腳皆露地面之外亂蹬胡伸往下施力，只是遁下不得。樸父見之一陣「哈哈」大笑，揮劍上前「叭」地拍在了鬼母蹶起的胖臀之上，道：「瞧你惡神還往哪裏逃，

快快出來受擒交劍！」

鬼母胖臀受此一擊方纔停止下鑽，手撐地面拔出獅頭看見自己身處絕境，清楚自己遁去不得，是因為金地被樸父夫婦加固所致，心中大驚。但她深知自己罪孽深重，若被樸父夫婦所擒交給渾沌諸帝眾神，祂們決不會輕饒自己。因而雖然身處絕地仍不甘心就擒，頓生奇計突然高喊一聲道：「好呀，瞧那遼、遠天帝營救本神來也！」

隨著，倏然出腳蹬倒了聞聲一愣且又心無防備的樸父，樸妻也聞喊一愣，急扭頭看視，狡詐的鬼母則即趁此機脫逃開去。待到樸父夫婦從愣怔中清醒過來，已不見了落荒逃去的鬼母蹤影。

祂夫婦於是急忙逼問鎖龍崖神鬼母逃往何方，崖神言說鬼母逃向了赤金峰，祂夫婦即駕雲頭追了過去。但祂夫婦一口氣追到赤金峰上，也沒有追見鬼母的蹤影。祂夫婦大惱，即問峰神鬼母可否歸來，峰神言說鬼母剛剛遁入金山鑽回洞中。祂夫婦聞聽，即又向赤金洞中追尋而去。

這時，鬼母剛剛遁入赤金洞中，屁股還沒有來得及坐下，氣也沒有來得及喘勻一口，守門小神即來稟報，樸父夫婦已經一路砍進洞來，心中著實氣惱萬分。本來她不想遁入赤金洞中，而想逃往別處。但她想到駕雲逃走必然會被樸父夫婦迫上，對打自己又必然敗在祂夫婦手中，所以末了她只好使用遁地逃走之法，方纔躲過了樸父夫婦的追趕。但不料她剛剛遁到赤金洞中，樸父夫婦不知為何又知道自己的行蹤，追殺進了洞來，使自己連喘一口氣的機會也沒有得到。

鬼母心中氣惱至此，即對樸父夫婦施用了阻擋之法。只見她立刻念動咒語，驀地便將樸父夫婦面前的金門身後的金閘全部關閘落下，把祂夫婦關閘在了金洞之中。然而鬼母豈奈樸父手中有蠍毒寶劍，祂颯颯幾劍便砍開了面前的金門，引領樸妻繼續向洞內殺來。鬼母無

奈，只有繼續關閉金門金閘阻攔樸父夫婦，但無奈鬼母的金門金閘硬是阻攔不住樸父夫婦，祂夫婦不一會兒便砍殺進了金洞深處。

鬼母眼見再不阻住樸父夫婦，祂倆轉瞬就要殺到自己面前，到那時祂二神再與自己交鬥，自己鬥則必敗，逃跑不得必被擒獲，心中又急又惱。急惱之中，她心想再三，認定自己若被樸父夫婦擒去押送天庭，依據自己關閘天帝和私囚天帝的諸多罪過，玉皇大帝必然賜其一死。想到這裏，她覺得自己與其被樸父夫婦擒住押往天庭受死，還不如此時再與祂夫婦拼殺一場，或可奪得活命。

為此，鬼母便不再顧忌殺死天神罪當誅死的天條戒規，決計破釜沉舟與樸父夫婦決一死戰。於是她立即起身念動咒語，隨著「忽」地一口九昧真火向洞口噴去。那真火頓時化作騰騰烈焰，將整個赤金洞府變成了烈焰騰騰的火海，欲把樸父夫婦燒死在赤金洞中。

邪惡的鬼母如此把赤金洞府變成火海之後，仍然害怕真火不烈燒不死樸父夫婦，隨後又一口連著一口地一共噴吐了九口九昧真火，直到把烈焰全部變成了熾烈的白光，燒得金洞金壁徑直往下流淌金水，方纔停住口吐真火，返回金洞神殿欲圖歇息。

她心想，自己前次在赤金洞口與樸父交戰，無奈中自己僅吐一口九昧真火，已把樸父燒得忍受不住。虧得巨靈趕到，吐出九元真氣熄滅了自己的九昧真火，方纔救得其一命。這次自己一連口吐九口九昧真火，樸父夫婦必被燒死無疑。

想到這裏鬼母心中正在高興，但就在她高興中返身欲回神殿尚未邁步之時，卻聽身後傳來一聲厲喝道：「惡神休走，樸父來也！」隨著便聽劍行之聲「颯」地傳了過來。鬼母頓然大驚，急先躍身躲過來劍，隨著急扭頭看視來者可否真是樸父。她一看來者不僅果是樸父夫婦，而且見祂二神表情依如先前，皮毛無傷地挺劍向她刺來，著實心

中更加驚怕十分。

鬼母的九昧真火這次當然不能燒死樸父夫婦，因為這次樸妻身上帶有玉皇大帝賞賜給祂夫婦的避火神珠。早在祂夫婦為玉皇大帝鑄得身佩樸父樸妻佩劍之後，玉皇大帝聞知祂夫婦為了鑄得這兩把帝王之劍，曾將自己的頭髮指甲拋入火中，以代自身作為犧牲深為感動。想到祂夫婦皆為玩火之神，避火實為要務，同時也為了獎賞祂夫婦為其鑄得帝王寶劍之功，特賞賜給祂夫婦一顆避火神珠。

玉皇大帝所賜避火神珠神功無限，不論什麼樣的神火魔煙都可防避。這顆神珠一直為樸妻隨身攜帶，前次樸父未帶因而懼怕鬼母的九昧真火焚燒。這次樸妻將神珠帶在身上，當然不怕火焚。因而剛才鬼母所吐九昧真火奈何祂夫婦不得，祂夫婦在火海中如同平時一般，樸父在前揮砍金門削劈金閘開闢通道，樸妻在後隨行一路穿洞而來，須臾便來到了正在高興必將燒死祂二神的鬼母面前。樸父夫婦對欲要燒死祂夫婦的鬼母心中更加氣惱，一見鬼母便齊仗劍殺了過來。

時間當然不再容許鬼母再去驚詫她的九昧真火為何燒不死樸父夫婦，她只好出劍接戰這對真火焚燒不死的老神。接戰之中，狡惡的鬼母心中卻沒有停歇，一直在翻江倒海般心想著下步的行動。因為，對打她不是樸父夫婦的對手，交鬥一久她必被祂夫婦所擒。而且樸妻身懷加固金地之能，如果她施起法力將金洞加固，自己打敗又脫身不得，就只有被擒一途了。心想至此，鬼母當然心中更為驚怕，不得不邊打邊思謀起了下步對策。

她很快想出了對付惡計，即自己先變身為樸妻，使這場打鬥暫且停止，以防自己遭敗被擒。而後則趁樸父辨別不出真假樸妻之時，騙取樸父手中的蠍毒寶劍。只要自己能把那劍奪到手中，樸父夫婦就無力逃出此洞，自己也就萬無一失了。想到這裏，鬼母立即行動。

只見她突吐一股烈焰炫住樸父夫婦的眼睛，與此同時自己搖身變成了樸妻。待到樸父睜開突然遭炫而閉了起來的雙眼之時，已經分辨不出站在面前的兩位樸妻誰真誰假。由此，便使得樸父不得不自己住手停止了打鬥，而且高聲喝止兩位樸妻互相廝打。鬼母由此實現了停止打鬥的首要目的，隨後恐怕時間延長真樸妻加固了金洞金壁，不敢稍怠，又急施惡計即與真樸妻交起手來，並趁打鬥將真樸妻引到了一邊。然後突然念動咒語落下金閘，將真樸妻與樸父分隔開來，則把自己與樸父關在了一起。

「快，快快砍開金閘，不然那鬼母就要逃了。我夫婦就又中了此惡的姦計了！」鬼母這一惡計的實施都在一個快字，所以她不等樸父反應過來，即又依計轉對樸父急叫著，伸手上前去奪樸父手中的蠍毒寶劍，以圖借機奪得全勝。

「惡神施計奪劍，老神險些又上惡當也。看劍！」然而鬼母所變樸妻剛把手伸到樸父手握劍柄之上，樸父口中陡然一聲高叫，已揮起手中蠍毒寶劍向鬼母所變樸妻刺了過來。

鬼母見自己被樸父識出驟然一驚，急現原形躲過來劍，隨之與樸父打鬥起來。樸父之所以突然識破鬼母所變樸妻，是因為鬼母的疏忽。鬼母雖然身變樸妻，其龍爪四肢卻沒有變化。所以其前肢抓劍一挨樸父，正不知誰是真樸妻的樸父，即感覺出了其手不是樸妻之手。發現了破綻，識出了鬼母，大叫著向鬼母殺來。不然，誠直的樸父就要真的上當，將蠍毒寶劍交給鬼母所變樸妻，使鬼母惡計得逞了。

鬼母這時邊與樸父交鬥邊在心中思想，想到樸妻雖被自己關閘在一旁脫身不得，自己獨鬥樸父說不定可以獲勝，但如果再像上次自己得勝之時，樸父再呼其金童、玉女雙劍之名，收回自己手中雙劍，自己必將勝而轉敗。再如果樸父伺機砍開金閘放出樸妻，樸妻施用法力

加固了金洞金壁，自己豈能脫身得了？想到這裏，鬼母還是認定快趁此機，走為上策。為此她向樸父虛晃兩劍，躍身便遁入了金壁之中，一路徑向峰巔遁逃而去。

樸父眼見鬼母再次遁去，忙轉身先砍開關閘樸妻的金閘放出樸妻，然後便一道穿山向峰巔追擒鬼母。祂夫婦追隨鬼母遁逃之跡，仗劍穿山來到峰巔，看見一場惡鬥打得正烈。這場惡鬥不是別個，正是渾沌三帝二神共同圍鬥鬼母。原來祂三帝二神剛才放走遼、遠二帝不見了樸父夫婦，即追隨祂夫婦蹤跡到蒼梧山各處尋找。找尋一遍不見祂夫婦身影，便來到這赤金峰頭找尋。祂三帝二神正在山頭巡視，卻見鬼母惡神突然從赤金峰中遁逃而出。祂三帝二神見之欣喜，即齊圍上來擒拿鬼母，與鬼母鬥在了一處。

鬼母遁出赤金峰巔本要逃脫樸父夫婦追擒，做夢都想不到渾沌三帝二神會待在這裏，自己剛出地網又入天羅，一出金峰即被渾沌三帝二神圍住。鬼母驚怕十分，招架兩下正想再次遁入峰中逃去，不料剛剛心想至此尚未來得及付諸行動，就見樸父夫婦一起遁出赤金峰來。

「好哇，看你鬼母惡神還往哪裏遁逃！老妻快固金峰。」樸父見之大喜叫著，樸妻聞聽立刻念動咒語，加固起了赤金峰巔金地。鬼母眼見自己打也不是對手，入地飛天都已遁逃不成，再打也是被擒，無奈只好棄劍於地，束手就擒。

渾沌三帝四神擒住鬼母，心中又喜又惱，喜的是終於擒住了惡神，惱的是這惡神實在罪孽深重，邪惡至極！渾沌天帝率先厲聲喝問道：「惡孽，你知罪嗎？」

鬼母心雖邪惡生性難改，但表面上這時也是不敢對抗，便即假裝痛心道：「知罪，小神知罪！小神知道自己罪孽深重，但只是其罪都是遼、遠惡帝逼迫所為！不過小神也一定從今往後痛改前非，不再與

諸帝眾神為敵。因而敬乞諸位天帝大神饒恕小神之罪，小神日後就是變牛作馬，也要報答天帝大神此次恕罪大恩！」

樸父這時氣惱道：「惡孽，你又講起了恩義，你有恩義嗎？你這個口是心非無恩無義的惡孽，我宰了你！」說著，出劍便要刺向鬼母，嚇得鬼母「嗷嗷」直叫。

「大神不可下手。邪惡沒有恩義，我等反以恩義對待祂們，祂們是會被感化生出恩義的！」渾沌立即攔阻道，「這次放開她去，饒恕其罪。下次若是再行邪惡被我等擒住，就決不再饒恕她了！」

「惡孽，將金童、玉女雙劍歸還老神！」樸父大為氣惱道，「老神與惡孽的恩義，從此完了！」

「恩公，請老神不計前嫌，還將玉女寶劍賜予小神吧。」鬼母這時雖然不想歸還樸父雙劍，但一時卻是不敢怠慢，急忙把扔在地上的雙劍俯身撿起，雙手遞到樸父手上道，「小神今後再也不敢忘掉恩公的恩義了！」

「屁話，只有傻子才會相信惡孽這般謊言！」樸父氣惱得不耐煩地說著，即將雙劍收了回去。

渾沌見之，對鬼母道：「你走吧，我等饒恕了你這一次，今後就看你的了！」

鬼母聞聽心中雖然恨得咬牙切齒，臉上卻不敢不帶笑容，連連恭謝渾沌三帝四神饒恕之恩，隨後三辭諸帝眾神方去。

十八、神偷盜劍

　　鬼母討得饒恕走回赤金洞中，一路心緒敗壞到了極點。回到洞中又見金洞被樸父砍得七零八落，再想到囚帝丘也被砍壞，實在羞辱難當，氣惱難抑，咬牙切齒發誓道：「渾沌諸帝眾神，此仇老娘不報，決不在神界廝混！」言畢便到神殿坐下，令小神擺上金酒金肴，一邊悶飲解煩，一邊心思起了雪恨之法。

　　隨著一杯杯悶酒灌進肚腹，一個個法兒便接連著湧上了鬼母邪惡的心頭。末了，她端杯站起身子自語道：「看來欲報此仇，還是需要去找出賣過自己的遼、遠惡帝一塊兒幹，不然不僅自己孤掌難鳴，遇事沒有個商議，而且僅靠自己一神之力，也敵不過渾沌諸帝眾神，雪報不了冤仇！」言畢，她便立刻放下未飲的酒杯，詢問小神得知渾沌諸帝眾神全都去了，即出洞尋找遼、遠二帝而去。

　　遼、遠二帝剛才身處矮簷下，無奈假低頭詐服求饒，方纔騙得渾沌諸帝眾神把祂二帝放開。祂二帝身得解脫欣喜萬分，但也仇恨達到極點。特別是祂二帝脫身之後，就近來到東方遠帝宮殿一看，只見那宮殿不存一物，全部化成了灰燼，心中著實更加惱怒。

　　遼帝目睹此景放心不下自己的宮殿，即拉著遠帝與祂一道，西去看視祂的石宮。祂二帝到那帝宮一看，仍如遠帝宮殿一樣，也盡是一

片灰燼。衹二帝看到這裏更加火冒萬丈，聲言不報此仇不雪此恨，便從此無以在神界立足！

「遼兄，我想事情至此，我們只有依然先去蒼梧神山，待渾沌諸帝眾神去後，」為了報雪此仇，兇暴魯莽的遠帝忍不住率先道，「我倆再與鬼母共商對策，與渾沌諸帝眾神再鬥一場，以報雪擒身焚宮之恨！」

「怎麼，遠帝竟然這等健忘！我倆剛才不正是被那刁鑽的鬼母出賣，才被渾沌諸帝眾神擒去的嗎？！」遠帝話聲剛落，卻聽狡詐的遼帝即不贊同，氣憤道，「若不是她老刁婦出賣我二帝，我倆豈有遭擒之厄！她老刁婦卻倒好，出賣了我二帝她自己逃了。哼，我二帝與她不算完了！」

「敝帝豈會忘記！只是依照此說，我二帝就更需要前去蒼梧神山找那鬼母了。」不料平時盡以遼帝是非為是非的遠帝，這時聽了遼帝此言卻思慮片刻，不盡贊同其言道，「假如鬼母出賣了我二帝，我二帝這次就先跟她算帳，然後再找渾沌諸帝眾神報雪擒身焚宮之仇！」

「好吧，也只有這樣了！」遼帝聽了也是無奈，便與遠帝一路向東徑奔蒼梧神山，先找鬼母算帳而來。衹二帝轉瞬來到蒼梧神山西麓，正擔心渾沌諸帝眾神尚且沒有離去，再碰上惹出麻煩，不敢疾進身入，卻見鬼母乘雲踏霧出山向西行來，恰好與衹二帝走了個迎面。

遼、遠二帝迎見鬼母既喜且惱，即上前去與之理論起來。遼帝開口譏刺道：「大神近來身子無恙啊！那是大神的福氣好，用出賣我遼、遠二帝換來之福吧！」

鬼母此來也是為了尋找遼、遠二帝，以結同心再鬥渾沌諸帝眾神報雪冤仇，想不到出山不期而遇欲找的遼、遠二帝，真個是頓然間也是心中既喜且憂起來。她喜的是遼、遠二帝率先找她而來，再結同心

有望報雪冤仇有期；憂的是怕遼、遠二帝怪罪於她，此來不善，不與自己再結同心。

「遼天帝怎麼口出此言！」鬼母心中正在如此喜憂參半地想著，突聞遼帝話頭不對，忙心機急轉辯言道，「你二帝怎麼至今還坐在鼓中不醒！」

「哼！還說我二帝怎麼口出此言，此言就太輕饒了你這刁婆，若不是你這刁婆的出賣，我二帝怎會遭擒！」魯莽的遠帝聽了鬼母此言，立刻怒喝道，「你不出賣，我二帝遭擒時為何沒了你的蹤影！快說清楚，不說清楚我二帝與你老刁婦沒完！」

鬼母聽了遠帝此言，頓覺遼、遠二帝果如其憂來者不善，心中陡地一沉，禁不住又怕又惱起來。她怕遼、遠二帝真的懲戒於她。惱的是自己沒有出賣祂二帝，祂二帝反倒說自己出賣了祂們。而祂二帝又實實在在地在渾沌諸帝眾神面前出賣了自己，結果致使自己為之南逃北竄，末了仍是沒有逃脫遭擒的厄運。可是自己如今沒去講說祂們出賣自己，祂們倒卻反咬自己一口，因而她實在氣惱至極。

然而，氣惱的鬼母這時又怕遼、遠二帝懲戒於她，自己吃了眼前虧，所以不敢發作，而只有把氣惱壓在心底，急忙故作輕鬆，一陣「嘎嘎嘎」邪笑起來，以緩和緊張氣氛，對遼、遠二帝道：「你二帝全都中了渾沌諸帝眾神的姦計，至今還執迷不悟。」

「老刁婦講說什麼？」遠帝忍抑不住心中的氣惱道，「休想再騙我二帝！」

「你二帝確實被鬼母所騙。」鬼母這時解說道。

「啊！你講說什麼？」遼帝這時也被鬼母說得不禁一愣，口中失聲道。

鬼母接著道：「但騙你二帝的鬼母，卻不是我這鬼母。」

「那她是誰？你怎麼知道？」遠帝這時又是焦急道。

「正是那個騙我離開金洞，實為樓妻所變的囚帝丘神啊。」鬼母說著，便把自己的境遇，原原本本地向遼、遠二帝講說了一遍。祂二帝聽罷方知事情真相，前嫌頓解道：「我二帝還正怪大神出賣了我二帝呢，再怪就又中了渾沌諸帝眾神之計了！」

鬼母眼見遼、遠二帝聽了其言前嫌盡釋，禁不住心中壓抑的氣惱陡騰萬丈，口中對祂二帝恨了起來道：「你們實實在在地出賣了本神，本神沒有講說你們，你們反倒說我這個沒有出賣過你們的老婆子出賣了你們，你們的天良何在！你們……」

鬼母還要繼續對遼、遠二帝發洩心中的氣惱，但那狡詐的遼帝聞聽鬼母越說氣惱越激聲調越高，害怕驚動了沒有離去仍在山上的渾沌諸帝眾神帶來麻煩，忙打斷其言道：「大神暫且息怒，我二帝那也是不得已而為之。都是我們錯了，你諒解吧！」接著祂話鋒一轉道：「渾沌那幫還在山上嗎，大神這是欲往何方？」

鬼母這時已經發洩了一陣胸中的惡氣，同時又見遼帝承認了其錯便進一步消去了氣惱，因而她聽罷遼帝末了之言，立刻轉怒婉然一笑道：「瞧都把你二帝嚇破了膽的樣子，祂們早就走了。本神這是哪兒也不去，是去找你二帝去的。」

「噢，大神找我二帝幹啥？」遠帝這時也明白了一切，故作戲謔道，「是讓我二帝幫你來修蒼梧神山嗎？」

「不找你二帝來修還找誰個！我這山上洞壞丘毀，都是為了個啥？」鬼母聽了遠帝這般戲謔之言，真個是氣憤陡昇心頭道，「還不都是為了你二帝。你二帝把我鬼母害得好苦呀！」說著，鬼母想到她一個寡婦神，受此山毀身擒之難，又被自己為之山毀身擒的遼、遠二帝出賣和誤會，竟然真的禁不住心底一陣酸楚湧上心頭，「嗚」地傷

心痛哭起來。

遼、遠二帝目睹此景，想到鬼母寡婦也著實是為了祂二帝拼死賣命，方纔落得這般心傷，對祂二帝痛哭起來，不對祂二帝哭出怨氣便無處可哭，即忙止住戲謔之言，認真勸說道：「大神不必哭泣，我等不報此仇不雪此冤，就不在神界廝混。走，到山上計議對策去！」說著，便扶鬼母一道向殘破的赤金洞行去。

進入赤金洞窟，行進中鬼母看到金洞殘破之相又欲哭泣，遼、遠二帝忙又勸說道：「大神比我二帝強得太多了，我二帝的宮室全都化成了灰煙呀！」

「我鬼母與渾沌諸帝眾神不共戴天！」鬼母聽了遼、遠二帝此言，方纔抑住心中的酸楚咬牙切齒說著，即令小神在神殿擺開金宴，隨之與遼、遠二帝一邊宴飲，一邊計議起了向渾沌諸帝眾神報仇雪恨的惡計。

隨著一杯杯金酒下肚，金宴桌上雖然生出了一條條惡計，但卻接著又一條條被否決了去。遼、遠與鬼母三惡計議許久，方纔最後議定了可行報仇方略。即欲報深仇，還是必須先殺渾沌。渾沌畢竟首無七竅，好施計殺之。殺死渾沌之後，倏、忽二帝諸神就好分而殺之了。

而要殺死渾沌，還是必須先行盜取樸父的蠍毒寶劍，只有有了那劍，方可再議具體殺害渾沌之法。如果在殺死渾沌之後，能夠再把樸父的蠍毒寶劍神不知鬼不覺地潛送回去，又正好可向玉皇大帝陷害樸父夫婦，收到一箭數雕之奇功。祂三惡議定了這一報仇方略，便接著議起了具體的盜取毒劍之法。但議起盜劍之法，話題便又自然而然地落到了鬼母身上。

鬼母是神界首屈一指的神偷，盜的事兒便當然非她莫屬。鬼母見到盜劍的事兒又要落到自己身上，便半是撒嬌半是賣弄地說道：「遇

事你二帝都是把我寡婦婆子往前推到風口浪尖上。我寡婦婆子真個是
成了你二帝的槍把子，非叫你二帝使喚個夠不可了！」

　　狡詐的遼帝聽聞，即忙半是勸說半是吹捧道：「大神對我二帝恩
重如山，如若日後我二帝好過，決不會忘記大神。」

　　鬼母立即嗔怪道：「屁話，到那時你二帝只顧自己婆后寵妃，享
受榮華富貴，心中哪裏還能想起我這寡婦婆子！」

　　「天高地厚，山高海深，」遼、遠二帝聽出鬼母話中隱含不為
之意，全都擔心她果真不去盜劍而使此計化為泡影。因而兩個不敢怠
慢，齊對天起誓道，「我二帝如果忘記大神，個個不得好死！」

　　「二帝如此起誓，話題扯遠了吧。盜那毒劍，談何容易！」鬼
母當然不是為聽遼、遠二帝口發此誓方纔那樣講說。她之所以那樣講
說，只不過是為了在祂二帝面前撒嬌逞強，以懾服祂二帝為自己報仇
賣命。因而，這時對祂二帝之誓不屑一聞，正色道：「小神聞聽，
樸父為了藏蓄寶劍，在白銀洞底辟有一處藏劍室，所鑄寶劍都藏蓄
其中。」

　　「樸父的藏劍室可非尋常去處。我聽有神言講，藏劍室門口有兩
位神將值守，室門鑰匙只有樸父夫婦才有。」遠帝聽到這裏，抑制不
住逞強之心，以展示自己博聞道，「開門進入室內，先要通過一條甬
道。甬道兩旁，設有三十六位機巧神將。若是神魔前去盜劍進門走過
甬道，三十六位機巧神將便會各施奇技向你打來。因而至今還沒有一
位神魔能夠通過此道盜取神劍獲得成功。」

　　「那怎麼辦？」鬼母當然知道得比這更多，但她為了擡高身價故
意隱而不發道，「如此說來，本神實難勝此重任啊！」

　　「進一步若能打過甬道，藏劍室還有一道二門，進入二門方能進
入室中。」遠帝還是魯莽，這時祂仿佛沒有聽到鬼母之言，繼續其言道，

「室中設有若干個藏劍閣室，各閣室皆為在銀壁上開鑿的藏劍孔穴。各閣室室門落鎖，進門神魔也是打不開那把把鎖門神鎖的。」

「小神乃一女流之輩，如此重任實在擔當不起。」鬼母這時更知擡價時機來到，即又趁機要拿一手道，「還是二位天帝擇一前去擔此重任，免得誤了我等報仇大事的好！」

狡詐的遼帝當然更是知道盜取寶劍的不易，別說是去盜取蠍毒寶劍，就是前去盜取一般的寶劍，也絕對不是易事。何況蠍毒寶劍是樸父夫婦為玉皇大帝鑄造，更是珍藏疏忽不得！前日若不是樸妻被搶，樸父仇恨至極，殺戮渾沌天帝不用此劍不行，樸父才冒受到玉皇大帝處罰之險拿出了此劍。不然，一般神魔豈有見到一眼蠍毒寶劍的福氣。

此番蠍毒寶劍樸父既已用過，不用之時樸父更會將其收起珍藏，以期早日呈獻玉皇大帝，以免因為此劍引起事端。同時祂也深知藏劍室中的情形，一般神魔都是進得出來不得的。但祂心地比遼帝狡詐十分，殺害渾沌報雪冤仇必須使用蠍毒寶劍，欲盜蠍毒寶劍又必須使用鬼母，所以祂怕言說盜劍之難過多泄去鬼母銳氣，而步步採用捧的手法使鬼母就範，不去言說盜劍困難至極！

相反魯莽的遼帝剛才為了誇示自己博見，細言藏劍室中險難之時，遼帝曾經為此多次使用眼色阻其講說，都無奈遼帝不解其意一口氣說到了底，使得遼帝這時急收話題道：「盜劍確實是難，但不難怎能顯出大神的本事！大神就露一手吧，為了你的神偷高名，也為了我等早日殺死渾沌報雪冤仇！」

「不，本神無此能耐，擔不起這一重任。」鬼母繼續拿捏道，「還是天帝自己前去的好，以免誤了報仇大事！」

「大神不可過謙至此。不然若再往後延挨時日，」以遼帝之狡點，這時當然知道鬼母擡其身價之意，為此祂繼續使用擡高之策道，「待

到樸父把蠍毒寶劍呈獻給了玉皇大帝，我等之仇怎報！」

「是呀，就是再難，蠍毒寶劍也必須盜來！」鬼母聽到遼帝言說至此，方纔「唉」地歎一口氣，鬆動下來道，「而且，時日確實向後拖延不得！」

遼帝聞聽鬼母答應下來，忙進一步催促道：「那麼大神就抓緊準備一番，開始行動吧！」

「不，不可操之過急。因為此事確實困難，」鬼母這時則不同意道，「所以我等寧可把難處想得更難一些，而切切不可想得輕易一點。只有那樣，才能確保萬無一失。」

「大神的一把萬能鑰匙，能夠啟開神、魔二界之鎖，」遼帝聽到鬼母這時心思已入細密之境，知其思謀已非一時，遂進一步故作輕鬆捧說催促道，「樸父藏劍室無論如何嚴密，又豈能擋得了大神的奇能！」

「是的，樸父的神鎖確實鎖不住小神。」鬼母這時確已對盜劍胸有成竹，但她為了擡高自己的身價，使遼、遠二帝好圍著自己旋轉，達到祂二帝離開自己而不能的境地，以為自己死心塌地地報雪冤仇，故而大講盜取蠍毒寶劍之難道，「但小神雖能開鎖進門，卻是擔心進門後能出得來門否！」

魯莽的遠帝依舊不解鬼母狡點心意，直通通地接言道：「能進就當然能出，為何出來不得？」

「不，樸父會讓你進去而輕易出來嗎？如果祂們設下可以讓你進去，不可以出來的設施呢？」鬼母立即否定遠帝之言道，「比如，祂們設計的門你進去後它就關閉，使你進去得了出來不得，你怎麼辦？」

狡詐的遼帝眼見鬼母故意講難擡高身價沒有止境，心中雖然大煩卻也不敢發作，祂擔心鬼母多講難處真的不去盜劍，就會使得報仇惡計落空了。為此祂聽了鬼母此言心中雖惱，口中卻仍是捧說道：「這

又怎能難倒大神，大神身懷遁地奇能，可以遁地出室嘛！」

鬼母聽了遼帝此言，即又攤牌講難道：「但是天帝不知樸妻身懷固地之功吧？她的固地神功，已經兩次使本神的遁地之能失去功效了！」

「若如大神此說，」遼帝聽到鬼母說到這裏，也禁不住犯起難來道，「看來我等必須好好想個萬全之策了！」

「凡事預則立，不預則廢。」鬼母這時聽到遼帝已經承認了盜劍之難，自己擡高身價的難處也已講完，遂話鋒一轉道，「我等為了奪得盜取毒劍之勝，報雪擒身焚宮之仇，一定要每一個細節都預料得到呀！」

遼、遠惡帝聽到鬼母言說有理，全都立刻認真道：「這是最要緊的。我二帝一神好好集思廣益，想想辦法。」隨著祂三惡一陣認真議論，最終決計施計由鬼母前去盜取毒劍。

在盜取毒劍的過程中，鬼母先變做小神潛入樸父白銀洞中，而後伺機靠近藏劍密室，設法打開室門進內盜劍。對於三十六位機巧神將，既然樸父夫婦進內有讓祂們不打的辦法，室中定有機巧控制。進內後鬼母要設法找到控制機巧，使祂們停止阻擊。最後進入藏劍閣盜獲毒劍，迅即遁地出洞。如果遁地不成，室門又已關閉，就用毒劍砍開室門從洞中走出。為了幫助鬼母進洞盜取毒劍，祂遼、遠二帝待到鬼母進洞行動之後，就在洞外一齊攻洞，誘引樸父夫婦出洞來戰，放鬆洞中戒備，以助鬼母盜劍成功。

惡計定出，鬼母與遼、遠二帝立即行動。只見祂三惡立刻離開神殿金宴，出得赤金洞窟，便一齊踏動雲頭向崍嵫神山白銀洞馳來。須臾來到白銀洞外，祂三惡害怕驚動洞中樸父夫婦及眾小神，先是隱身僻處觀望一番，見可依計行動，方令鬼母搖身變成了一位小神，混入

了白銀洞中。遼、遠二帝眼見鬼母入洞成功心中歡喜，等待遲些時分攻洞誘引樸父夫婦出洞與戰，給鬼母創造盜劍之機。

鬼母變做小神人洞心藏禍心，只顧循洞前行沒有觀看之心，一會兒便來到了樸父神殿門前。鬼母從門中朝殿內窺視，見到樸父夫婦正在殿中議事。鬼母不敢進內添惹麻煩，遂繞過殿門徑向白銀洞深處，查找藏劍室而來。

然而，鬼母過殿向內剛行不遠，突聞一聲厲喝道：「小神向內何干？快快返回！」鬼母嚇得一悸，方纔看到洞旁鑿有一室，室中端坐二位神將，喝止她繼續前去。

狡詐的鬼母聞喝，頓知前面一定距離藏劍室不遠。遂不敢硬行，害怕引起洞中眾神警覺，即刻順口答道：「小神酒後迷途，摸錯了地方。」隨著，返身退向了樸父神殿方向。

退出一程之後，鬼母心想再向藏劍室徑行已難，遂決計遁入銀壁以潛行入內。她看看前後沒有神將身影，便倏然遁身進了身旁的銀壁之中，向銀洞深處藏劍室行來。

鬼母循洞潛行一段距離，心想徑直遁入藏劍室中，前面的銀壁卻突然變得堅硬使她遁行不得起來。狡惡的她頓知藏劍室已到，銀壁堅硬是因藏劍室壁被樸妻加固所致，自己已經無法遁入其內。無奈她只有遁出銀壁再作打算，於是她先將其臉遁出銀壁看視洞中情形，以看可否現身。

鬼母朝洞中一看，見到她恰好來到了藏劍室門前。藏劍室雙門緊閉，門落偌大一個銀鎖，銀鎖鎖得結結實實。門口兩旁，端站著兩位兇神惡煞般威赫赫銀神，各個左手卡腰右手緊握腰佩劍柄，高度警覺地守衛在門前。鬼母目睹此景腦瓜急轉，以拿出對付神將進入室門之法。法兒不等她想出，就聽到銀洞之中突然亂聲大作，樸父夫婦在亂

嘈聲中引領洞中小神向洞外急去。

鬼母聞聽此情，心知是遼、遠二帝開始攻洞，誘引出去了樸父夫婦，為自己盜取蠍毒寶劍創造了時機，心中大喜。只是沒有法兒對付守室神將，進入藏劍室中不得，心中更加焦急萬分。

鬼母心中一急又生惡計，只見她即朝守門神將呼呼吹出兩口氣去。兩位神將被吹突覺頭昏神迷，眼皮不由自主地垂了下來，轉瞬間便已呼呼睡著了過去，「撲通通」摔倒在了地上。鬼母見其突使催眠法術，將兩位守門神將送入了夢鄉，即躍身出得銀壁，上前使用固身之術，將兩位倒下神將扶起站立而睡。隨著立即摸出萬能鑰匙，迅疾打開藏劍室門上銀鎖，進入了藏劍室內。

藏劍室中真個是險惡萬端，鬼母前腳剛剛邁過門檻，後腳還在門檻之外，門內三十六位機巧神將中的第一組兩位，便已出拳從左、右兩方向她打來。原來鬼母踏入門檻的前腳，恰好踏動這第一組機巧神將的啟動機關，啟動祂倆出拳向鬼母左、右太陽穴處一齊擊來。鬼母身子還未進門，便聞室內機巧神將出拳攜風向自己打來，心中驟然一驚。本想收腳退回，但室門已經自行關閉，機巧神將來拳也已經擊到，退已退出不得。

鬼母突置如此進退不得之境，無奈只好出手相迎。只見她立刻雙拳齊出，剛打開左、右機巧神將來拳，又不得不立刻踢開雙腳，去對付已經攻來的機巧神將的雙足。她剛打開機巧神將攻來的雙足，機巧神將之拳又已攻來。就這樣，將鬼母陷在了脫身不得招架不住的困厄境地。

鬼母處此境地不敢急慢，急忙一邊招架機巧神將的攻打，一邊尋找起了關閉機巧的法兒。然而那機巧神將神功高強，且又兩個對一，鬼母稍一分神，險些被神將擊中，嚇得她「啊呀」一聲驚叫，急閃身

躲過，方纔保得一命不死。隨後鬼母不敢稍息，迎戰更加專心，尋找關閉機巧之意更為急迫。

虧得鬼母生為神偷，練就一手迅疾十分的偷盜本領。只見她在與機巧神將的打鬥中，手腳疾急地抽空東點西摸。突然不知左手摸到了何處，頓時關掉了正鬥機巧神將的機關。使正鬥的機巧神將，驟然停下了手腳，室中立刻平靜下來。

鬼母大喜，急忙探究自己剛才左手所摸之處的奧秘一番，然後向前順著摸了過去，竟將守衛甬道的其餘機巧神將的機關全都關閉，使她順利來到了藏劍室二門跟前。鬼母這時不敢停息，急忙又用萬能鑰匙打開此門，進到了藏劍閣前。

鬼母舉目一看，原來那藏劍閣不是一個，而是許多個鑿在銀壁上的小室，一室稱為一閣，一閣藏放一劍。鬼母這時頓然犯起難來，因為小閣眾多，不知蠍毒寶劍藏在哪個閣中。但她一時雖然辨別不出，卻也不敢稍息，急率先打開中間最大一閣閣門，尋找毒劍。

然而她打開那閣門看到，其中空空沒有藏劍。她不由得心中陡然一涼，驚怕樸父夫婦或有預見，不僅蠍毒寶劍未藏此處，而且設計將自己隔在了如此藏劍室中。若是那樣，自己就只有死路一條了！心想至此，她嚇得渾身立刻滲出了冷汗。

但是驚怕歸驚怕，行動歸行動。鬼母行盜半生，連她自己也不知道曾經遇到過幾多險情，又有誰知道她身上出過多少驚怕的冷汗，又有多少次失手遭打，又有多少次險中得手！豐富的行盜經歷練就了她過神的賊膽，因而她冒汗行動，打開這個閣門又打開那個閣門，轉眼已將所有閣門全已打開，到了只剩下最後一個閣門未打開之時，還是沒有找到蠍毒寶劍。

這時，鬼母一身的冷汗頓時變成了熱汗，心中的萬分驚怕變成了

火燒般的火急。手像落入大海的無救之徒，抓到了一根漂浮在水面的稻草。眼像多日斷食的乞丐，看到了一個呈現在鏡中的燒餅。整個身心，全都寄希望在了這最後一個小閣之中。

鬼母為此不敢再去立刻打開那扇閣門，她先是閉目虔誠地向那小閣室進行祈禱，祈禱閣中藏有蠍毒寶劍。祈禱過後，她才虔心誠意地、心中忐忑萬分地前去打開那扇閣門。

「啊呀！」這次只見閣門開處，不知道鬼母是高興還是驚詫地猛然大叫一聲，隨著整個身子都向閣中撲去，雙手齊抓在了閣中的藏劍之上，將劍拿在了手中。鬼母當然高興，因為她終於在這最後的藏劍閣中，找到了她要盜取的蠍毒寶劍。有了這劍，她的冤仇就可以報雪了呀！

然而，鬼母這時手擎蠍毒寶劍，卻是說不出心中是喜是怕，仍是忐忑不安萬分。大凡偷盜之徒無論得物與否，總會如此心潮翻騰不寧。所以鬼母這時目的達到，毒劍到手，也當然不會心情如同熨燙得那般平靜。

「快走，這裏停怠不得！」鬼母這時心潮翻湧，呆愣片刻突然猛醒過來自語道，隨著便要轉身出室離去。但她轉身一看，二門也已自行關閉。鬼母見之心中一急，忙念動咒語欲要遁穿二門過去，但其頭挨到那門，卻「咚」的一聲撞得她「啊呀」一聲疼叫，猛地退了回來。

鬼母揉著痛處方纔想起，自己忘記了此門也為樸妻加固，便忙揮手中毒劍向那門猛砍過去。那門著實堅硬，只見蠍毒寶劍砍劈上去先是「嘣」的一聲脆響，隨著閃射出四濺的火花，最後才阻擋不住，被「颯」地砍入其內。

鬼母眼見手中毒劍可以砍開室門，這才心中轉喜。急忙揮劍一陣大砍，先是砍出了二門，接著又砍出了大門，隨後攜劍急向洞外潛去。

鬼母潛到白銀洞口朝外一看，只見洞外樸父夫婦與遼、遠二帝鬥得正酣。遼、遠二帝也實在狡詐，祂倆雖然知道樸父夫婦不會再信是倏、忽二帝前來攻洞，卻仍然變身為倏、忽二帝。樸父夫婦心知眼前倏、忽二帝為遼、遠惡帝所變，連連破口大罵道：「惡孽，做惡事別掛別個的招牌。有種就露出真相，與老神見個高低！」罵著，祂夫婦手中劍使得團團飛旋，與遼、遠二帝所變倏、忽二帝打得酣烈無比，不分高下。

　　樸父夫婦只顧如此惡戰，卻不知道鬼母早已潛入洞中，現已盜得了蠍毒寶劍。也不知道遼、遠惡帝在此惡戰，全是為了牽制祂夫婦，以助鬼母盜出毒劍。因此祂二帝二神只顧如此交鬥，轉眼已經鬥過多時。

　　這時，正鬥的遼、遠二帝瞥見鬼母所變小神攜劍而出，在使眼色叫祂倆離去，並隨著看見鬼母遁入銀山而去。祂二帝不禁心中大喜，口中同聲大罵樸父夫婦道：「老不死的一對糊塗蟲，今日不能殺進銀洞屠盡爾等，改日定叫爾等一個活命不成！」隨著，邊戰邊向遠處退去。

　　樸父夫婦也不追趕，眼見遼、遠惡帝所變倏、忽二帝去遠，即一起返歸洞中而來。

十九、巨靈救父

　　遼、遠惡帝離開白銀洞口行走不遠，便見盜得蠍毒寶劍的鬼母正攜劍等待祂二帝到來。遼、遠二帝見之大喜，急奔上前詢長問短，將盜劍經過問了個一清二楚。狡詐的遼帝聽畢四隻猴眼滴溜溜一轉，立刻開口對遠帝和鬼母道：「現在，樸父夫婦雖然還不知道蠍毒寶劍被我們盜來，但卻很快就會知道。祂們知道之後，必會立即前去尋找渾沌三帝商議奪劍之策。」

　　「天帝所言甚是。因而我等不可在此稍待，而要趁此渾沌三帝不知毒劍被盜心無防備之時，」鬼母聽到這裏，急言贊同道，「即去刺殺無竅渾沌。這樣成功才有把握，也好早了我等冤仇！否則，定會生出變故的。」

　　遠帝聽了祂們之言，也即稱是，但卻不知怎樣才能殺死無竅渾沌。遼帝這時也是心中未想說不出辦法，沉思片刻方纔心生一計，對遠帝與鬼母道：「我看這樣，你們二位帝神先到渾沌奇獸園北隱蔽等待，我前去渾沌帝宮探視渾沌動靜，看看有沒有我等下手的時機。若有，我便立即前去尋找你倆。」遠帝與鬼母即言贊同，因為祂們舍此也無他法，遂口中答應著一齊行動而去。

　　先說遼帝一路疾奔，須臾來到渾沌帝宮門前，隨之隱身潛入了宮

院之中。祂在宮院中潛行窺探，轉眼來到了金鑾寶殿門前。看見門前有一小神，正在引領一群獵狗作欲要出發之狀。便立刻搖身變做宮中小神，上前問詢小神將欲何去。

「倏天帝來到宮中無事，渾沌天帝要與祂前去奇獸園獵場打獵耍樂，」被問小神不知問祂者為遼帝所變，即答道，「小神故而領狗在此侍候。」

遼帝聞聽此答真個是喜從天降，因為這正好為祂三惡刺殺渾沌提供了下手良機。同時祂去過奇獸園獵場，對獵場地形地貌了若指掌。那獵場是渾沌所建奇獸園的一個部分，坐落在奇獸園的北部，占整座奇獸園面積的三分之二還多。進入獵場須從奇獸園正門進去，進門之後穿過觀獸園有一條通往獵場的大道，沿大道北行不遠便可進入獵場。

獵場南面有一座東西綿延的奇獸山，把獵場與觀獸園隔開，以免打獵聲驚嚇住了觀獸園中的奇獸異禽。奇獸山中間有一道山谷，走進獵場的道路正好沿著谷底通過。獵場東、西、北三面也皆環山，東為異禽山，西為神鳥山，北為怪物山，山山相連，恰把個偌大的獵場圍成個盆地。

在盆地獵場之中，也聳丘凸嶺，坑窪突現，地形變換多端，以增追獵奇趣。整個獵場之中，長奇樹，生異草，林茂草盛，幽僻邃遠。林中草內，跑奇獸，奔異禽，獸行禽馳，獵之不盡。

狡詐的遼帝心喜之餘，為了定奪具體刺殺渾沌之法，遂進一步詢問領狗小神道：「天帝何時出獵？」

那小神答道：「這就走，天帝正在準備。」

遼帝聞知至此不敢稍怠，唯恐錯過如此伏殺渾沌良機，便急又隱身潛出帝宮，徑向奇獸園北尋找遠帝與鬼母，共商伏襲渾沌之策而去。

正在奇獸園北焦急等待的遠帝與鬼母突見遼帝來到，忙上前詢問

情況如何，遼帝立即心喜不減道：「情況好得很，比我們想像的還要好，比我們欲尋的時機還要巧！」

遠帝與鬼母忙問如何好怎樣巧法，遼帝遂將渾沌正欲出獵的情況，對祂們講說了個清楚。遠帝與鬼母聽後大喜過望道：「真乃是天助我等報雪冤仇也！」隨後，一起計議起了趁此時機行刺渾沌之法。

「我一路上已經心想好了，我想我們這就前去埋伏在奇獸山谷口，」計議開始，遼帝率先道，「那裏恰好是渾沌進入獵場的必經之道。」

「天帝是想，借渾沌路過那裏之時，」狡惡的鬼母立即會意，不等遼帝說完即言道，「我們突出襲之，趁其不備殺之雪恨！」

「正是！大神真是睿智。」遼帝即言肯定道，「不知二位意下如何？」

遠帝與鬼母即言贊同，於是祂三惡立即依計而行，一陣便來到奇獸山谷中。隨後祂們擇一險要隱蔽之地埋伏下來，靜待渾沌天帝到來。

遼帝三惡剛待片刻，便聽山南道路之上傳來一陣歡聲笑語。祂三惡急循聲看去，果然見是渾沌天帝一行出獵行來，轉眼已經來到了祂三惡伏身近處。然而隨著渾沌天帝一行愈行距祂三惡愈近，祂三惡卻全都禁不住目瞪口呆在了那裏。

因為這時祂三惡方纔看到，渾沌天帝一行中不僅有渾沌與倏二位天帝，而且還跟隨有燭龍與巨靈二神。渾沌天帝勢眾力強，祂三惡偷襲惡招難以施用。特別是祂們全都想到，如果此刻出擊偷襲不勝，惡計暴露，就將把祂們這次刺殺渾沌的良機錯過。待到樸父夫婦察知蠍毒寶劍被盜，前來告知了渾沌諸帝眾神，渾沌有了防備，就刺殺渾沌報雪冤仇更難了。

為此祂三惡目睹此景，頓然間全都無可奈何呆愣在了那裏。眼看著渾沌所領出獵隊伍，威赫赫進入了祂們出襲的最佳路段，狡詐的遼

帝害怕遠帝與鬼母出手，驚動渾沌二帝二神造成失誤，急言止之道：
「慢，不可出手！」

遠帝與鬼母聞令靜伏不動，祂三惡就這樣眼睜睜地看著渾沌所領
出獵隊伍，浩浩蕩蕩地穿過奇獸山谷，進入眾山環拱的獵場打獵而去。

眼見渾沌所領出獵隊伍過去，魯莽的遠帝忙問遼帝道：「剛才帝
兄眼見渾沌出獵隊伍勢眾，不讓我倆出手，此刻仇者穿過山谷進入獵
場，伏襲仇者時機已經錯過，我等下步如何行動？」

「剛才停止行動極對，因為行動也難得手。」狡詐的鬼母未等遼
帝開口，搶先道，「若依小神之見，下步可以這樣。」

遼帝深知鬼母狡詐詭譎，聽聞鬼母此言忙問下步應該怎樣行動，
鬼母遂詭秘道：「小神心想，若是渾沌與候帝眾神一直一同圍獵，我
等就一直下手不得。若要奪得刺殺渾沌大功告成，一是被動等待，即
前去再施埋伏。等到渾沌獨自追獵離開候帝二神之時，方可下手。」

「大神有話快說，賣那麼多關子做啥。」遠帝性急直爽，不等鬼
母說完，已是焦急起來道，「二呢？有一就有二嘛！」

「二是主動出擊，」鬼母則不急不忙，繼續講說道，「即設法單
獨引開渾沌，下手刺殺祂。」

「時間不可久待，我等必須抓住這個時機不放。」刁鑽的遼帝聽
了，即言贊同道，「因而不可被動等待，而應主動出擊。但要主動出
擊，大神可有妙法？」

鬼母這時又是詭秘地一笑，道：「若說妙法小神倒有，但只是看
你二位天帝願不願意去做了。」

「只要能夠刺殺渾沌，報雪我等冤仇，」遼、遠二帝雖然不知鬼
母此言何意，卻也皆不退讓齊聲表態道，「什麼事兒我倆都願意去做！」

鬼母聽了遼、遠二帝此言，便接著又是莞爾一笑，方纔講說其想

道：「若是這樣，事情就好辦了。小神心想，需要先有一帝冒險變作奇豕，事先隱藏起來。」

「大神是說，讓那奇豕待到渾沌追獵腳踢其身之時，突然躍起奔逃，」遼帝這時心明道，「那樣渾沌必然去追，借之誘引渾沌獨自前追離開倏帝二神。」

「正是。」鬼母立即接言道，「然後我等則伺機突襲刺之，必獲全勝！」

遼、遠二帝聽了鬼母此言心中大喜，齊拍大腿高興道：「妙，實在是妙，大神真乃是神機超常。好，就這麼辦。這有什麼險可冒，有什麼不可！」

說到這裏，遠帝立刻自報奮勇道：「二位帝神放心，變做奇豕之事就由我遠帝去辦。我若不能把渾沌引開，你帝神找我。但我引開了渾沌，刺殺牠的事情，卻就是你倆的了。」

遼帝與鬼母立刻答道：「遠帝儘管放心，只要伺得良機，我帝神絕對不會放過渾沌！」

「那好，遠帝去也！」遠帝心喜，說著已是搖身變成一頭奇豕，追向渾沌出獵隊伍而去。

眼見遠帝變做奇豕奔突去後，狡點的遼帝與鬼母都忍俊不禁，不由得「嘎嘎」一陣邪笑起來。笑畢，遼帝突然認真地對鬼母說道：「大神，為保此舉萬無一失，我想我倆還是再施奇計為好。」

鬼母忙問遼帝有何妙計快些言講，遼帝隨即詭言道：「我想等到遠帝所變奇豕把渾沌單獨引至僻處之後，大神可以變作神女佯裝被我欺辱。我倆故意倒在渾沌追獵奇豕路旁進行廝打，大神高喊救命。」

「天帝如此是要做甚？」鬼母一時未解遼帝之意，戲言道，「是要吃老娘的軟豆腐不成？」

　　「不，不。瞧大神說到了哪兒！」遼帝想不到自己的老底被鬼母一語揭穿，狡惡的祂心底裡正是想一箭雙雕，弄假成真去占鬼母的便宜，這時老底被揭急言掩蓋講說正事道，「敝帝是想，那渾沌聞聲必會停止追獵前來救你，待祂救你近前扶你之時，你可趁機突出殺手，必置祂於死地！」

　　鬼母確實不知遼帝葫蘆裡裝的另有壞藥，更想不到自己剛才一句戲言，恰好揭穿了其老底。為此這時聽了遼帝此言心無祂想，立即覺得此計實為萬無一失刺殺渾沌之良策，遂欣然應允道：「天帝此計甚妙，我倆就依計行動吧！」言畢，便與遼帝一道隱身向獵場潛去。

　　渾沌引領倏帝與燭龍二神，心無所知因而絲毫沒有防備，高高興興地出得帝宮，一路穿過觀獸園和奇獸山谷底道路，轉瞬便來到了獵場之上。獵場上草深樹密奇獸異禽隨處皆是，因而祂們剛剛踏進獵場，便見奇獸亂奔異禽四飛，個個獵興陡漲，便撿獸中珍獸禽中異禽追獵起來。獵場中獸多禽眾獵之不盡，渾沌二帝二神獵過這個獵那個，不必遠追窮趕，一直聚在一起進行圍獵沒有分開，使得遼、遠三惡一直下手不得。

　　渾沌二帝二神如此一直集體圍獵，早急壞了欲要伏襲渾沌的遼、遠三惡。特別是變做奇豕的遠帝，眼見自己身負的誘引渾沌單獨追祂，使其離開倏帝二神的任務久久不能實現，既怕往後拖延渾沌二帝二神獵興完了收獵返回，又怕樸父夫婦發現蠍毒寶劍失盜趕了過來。到那時就會再次錯失如此伏刺渾沌的良機，那樣祂受到遼帝與鬼母的報怨事小，報雪不得心中冤仇卻就事大了。為此祂忍抑不住心中的焦急，便不再伏臥等待而主動出擊，一陣潛行來到渾沌腳下，「嗵」一頭撞在了渾沌天帝腿上。

　　渾沌正與倏帝圍獵一隻奇鹿，猛不防被遠帝所變奇豕撞了一頭，

身子一個趔趄險些摔倒。渾沌如此被撞心中好惱道：「大膽惡豕，我看你是非叫我獵你不可了。那好，我這就獵殺了你。」說著，便丟下與倏帝正在圍獵的奇鹿，轉向正往西方奔跑的奇豕追去。

那奇豕著實奇異十分，只見它在前面向西奔走，邊跑邊扭頭看向渾沌。渾沌追近後向它一擊，它就猛地一跳，硬是打它不住。而且渾沌在後邊追趕得快，它便在前邊逃跑得快；渾沌在後追趕得慢，它便在前邊逃跑得慢。引得渾沌心中大奇，決計一追到底，看它能逃多遠。

渾沌此想當然恰好中了遼帝惡計，只見祂所變奇豕向西一路奔逃，轉眼轉過兩道土丘山嶺，來到了一片茂林邊上。渾沌想像不到在祂的遊獵場中會出現意外，仍舊看那奇豕在前奔逃，隨後窮追不停。

「救命啊，救命啊！」渾沌如此向前正追，突聞從祂身旁那片茂林中傳來了一陣神女的呼救之聲。渾沌心中一詫，隨著又聽到了神女與惡魔的廝打聲和怒罵聲道：「惡孽，作惡神女，天帝不容。你決沒有好下場！」

渾沌頓然大為詫異，奇異在其奇獸園中獵場之上，為何竟會出現這種事情，禁不住停下了追獵奇豕的腳步。就在這時，神女的呼救聲和與惡魔的廝打謾罵聲，又一陣緊過一陣地傳了過來。渾沌本是一位嫉惡如仇的正直天帝，聞聽此聲想像那邪惡場景，不禁勃然大怒，隨著一聲大喝道：「惡孽住手！你是何來惡孽，膽敢在此天帝奇獸園中行惡！」身隨喝聲，已是躍向茂林之中，營救遇害神女而去。

渾沌躍入茂林恰好中了遼帝惡計，但祂卻渾然不知。剛才遼帝與鬼母等待正急，突見遼帝得手，把渾沌獨自引了過來，便急忙在這片渾沌追獵奇豕必經路旁的茂林中行起計來。開始鬼母還以為遼帝只是施計而已，但她做夢也沒有想到狡惡的遼帝不嫌其老，心中早已對她垂涎三尺猴急十分，設下此計即已懷有二心。這時祂倆在茂林中雖是

施計，邪惡的遼帝卻在這時動起了真的，頓然間弄得鬼母走亦不得，受之吃虧，進退不成，真格兒地呼救廝打謾罵起來。

渾沌的突然到來斷送了遼帝正行的好事，祂還沒有來得及從鬼母身上爬起，已被渾沌踢來之腳「咚」一聲踢了開去，摔在了遠處地上。遼帝隨之急忙起身提上褲子束紮腰帶，渾沌則忙趁此機俯身去扶鬼母所變神女。

倒在地上的鬼母這時眼見刺殺渾沌時機來到，便也顧不得了對自己動真的遼帝的氣惱，連褪下的褲子也顧不得去提，「嗖」地已抽出蠍毒寶劍，向俯下身來的渾沌當心刺了過去。

渾沌心無防備，突聞有劍挾風刺來，已經躲避不及。但祂不知道也想不到會是鬼母手持蠍毒寶劍向祂刺來，而以為是平常神劍刺祂而來，祂自知身懷刀槍不入之功，便不作防備地等待那劍刺到其身而遭敗。但祂不知道祂如此不作躲避，立刻就要被蠍毒寶劍洞穿其胸，死於非命，真個是使別個替祂心急萬分。

然而就在這時，突見一柄長槍倏然伸來，挑開了鬼母刺出的蠍毒寶劍，隨著槍頭一轉便向鬼母心窩刺了過去。鬼母突陷此境，嚇得「啊呀」一聲驚叫，連褲子也顧不及提起，即扭動著裸露的大屁股，向一旁避槍滾了過去。虧得遼帝這時繫好了腰帶，眼見鬼母危急，忙將手中乾坤圈急拋過來擋開了來槍，方纔救了鬼母一命。

這槍來自燭龍之手。剛才渾沌天帝正與倏帝共圍奇鹿，倏帝只顧獵鹿不知渾沌天帝向西追來，將鹿獵獲不見了渾沌天帝，放心不下便讓燭龍追尋過來。燭龍一路向西來到茂林旁邊，正見渾沌進入茂林去救喊叫神女。燭龍心中奇異神女何來，急忙近前看視，恰見鬼母所變神女出劍刺殺渾沌。眼見那劍就要刺中渾沌，燭龍心中陡地大驚，話也顧不得講說，即出槍擋開了鬼母刺去之劍。

燭龍如此救了渾沌，卻對其手中槍被乾坤圈擋開奇異萬分。因為那惡魔本是強暴神女者，與神女不為一路，可祂為何突然又救神女性命？同時那神女本為受辱弱女，剛才喊叫救命，但當渾沌帝伯前來救她，她又為何突出利劍刺向了帝伯？再者這惡魔為何手使乾坤圈，與遼天帝使用的傢伙一個模樣！

燭龍機智伶俐，如此一想頓然解悟開來。原來是這惡徒兩個合謀施行惡計，前來刺殺渾沌帝伯，說不定手使乾坤圈的惡魔即為遼帝所變！燭龍心想至此心中好惱，怒罵道：「何來惡孽，在此天帝獵場施計，殺我渾沌帝伯？看槍！」罵著，已挺槍與遼帝所變惡魔鬥在了一處。

渾沌聽到燭龍此言，心中也頓然明白過來，即出手與剛剛繫好腰帶的鬼母所變神女鬥在了一處。渾沌和燭龍與變做惡魔神女的遼帝和鬼母鬥得正烈，變做奇豕的遠帝聽到這邊惡鬥之聲，立刻現出真身殺了過來。燭龍見之，這才心中盡明，惱怒萬分道：「本神剛才猜想就是你等三惡，果然不錯。你等前番馴服話音未落，此刻又來施惡，今番非殺盡爾等不可！」說著，與之交手打鬥更為酣烈起來。

狡惡的遼帝與鬼母聽了燭龍此言，目睹遠帝此狀，知道自己不露真相也已被燭龍識破，遂即現原形迎鬥起了渾沌帝神。茂林中的如此打鬥怒罵之聲早驚來了鯈帝與巨靈，祂帝神眼見渾沌帝神與遼帝三惡酣戰正急，也不言說上前出手就打。一陣惡戰過去，遼帝三惡抵擋不住，不敢久戰，急忙逃出獵場而去。

渾沌二帝二神眼見遼帝三惡逃去追也追趕不上，便也不再追趕，各收器械氣憤不已。鯈帝更是氣惱，口中無奈歎言道：「常言狗改不掉吃屎，狼改不了吃羊。祂三惡豈會誠心馴服！」

「我渾沌素與祂們三個無冤無仇，今日又以赤誠之心對待祂們，」

渾沌天帝也隨之歎一口氣道，「想不到祂們仍以邪惡對待本帝。如此看來，事端實在難了啦！」

「帝兄歷經此事，應該知道僅僅以誠對待別個是不行的。常言神善被神欺，馬善被神騎。你以誠對待別個，別個反以為你好欺負而欺辱你，並不會就以誠回報於你。」倏帝聞聽一笑，語重心長道，「多長個心眼吧，帝兄。我等只要做到害神之心不可有，防神之心不可無，就是最大的以誠待神了！」

渾沌天帝頷首稱是道：「是呀，看來神道逼迫本帝如此，本帝不去就範也是不行了。」

不等渾沌話語落音，卻聽巨靈開口道：「倏帝叔，我覺得遼帝三惡此番行刺帝父，事有蹊蹺！」

「噢，侄女心有何想？」倏帝心中一悸，即言道，「快快講來。」

「帝叔試想，祂們是知道我帝父身懷刀槍不入之能的，而神界此刻除了樸父大神手中剛為玉皇大帝所鑄蠍毒寶劍，是無劍能夠刺傷帝父的。」巨靈於是接言，講說自己之想道，「可祂三惡如果手無此劍，又靠什麼來刺我帝父？難道祂三惡手中有了此劍？或者是生出了別的法術不成？若是那樣，我帝父就又身陷厄境了！」

倏帝隨之沉思片刻道：「是呀，祂三惡手中若無蠍毒寶劍此番就是白刺，而祂們是絕對不會徒刺無功的。」

「倏天帝，我那蠍毒寶劍可在你處？」倏帝話音未落，卻見樸父大神突然高聲叫著，心急如火地闖了過來。樸父如此一語，頓將倏帝問得墜入了五里霧中，驚得口張半天僅僅說出一個「我」字。

急火的樸父見狀，忙洩氣地盡否自己前言道：「老神心想，那蠍毒寶劍也定然不會在你倏、忽二帝手中，它一定是又被遼帝三惡偷盜去了！」

　　渾沌二帝二神聞聽此言，禁不住全都大驚，異口同聲道：「噢，怪不得如此！果然是衪三惡盜得了蠍毒寶劍，實在是好險啊！」

　　特別是燭龍聽了樸父此說，更是後怕萬分。因為衪知道，如果衪剛才之槍晚到須臾，渾沌帝伯就被鬼母劍穿胸膛了。急火的樸父聽了渾沌二帝二神之言，知道這裏已經發生了事端，忙問發生了何事，燭龍遂把剛才的事兒對樸父講說了一遍。

　　樸父聽完道：「衪們實在邪惡至極！蠍毒寶劍早一天晚一天我們都會奪回，但只是那劍在他們手中，渾沌天帝的安危實在懸心啊！」

　　「我等共同小心保護渾沌天帝的生命安全也就是了，但如果我等不能早日奪回蠍毒寶劍，」倏帝聞聽無奈道，「就不僅是渾沌天帝的安全需要保護，說不定還會生出別的難以預料的事端啊！」

　　「是的。我等必須找到對策才好！」渾沌眾神皆言稱是，於是衪二帝三神立刻罷獵返回渾沌帝宮，計議起了奪回蠍毒寶劍之策。

　　然而渾沌二帝三神轉眼議論到了夜過三更，議論過來商量過去，方法仍是只有前去尋到惡帝惡神，方纔可能隨時設定奪劍之策，奪回蠍毒寶劍。無奈之中渾沌言說等到天明，即去尋找遼帝三惡，倏帝眾神方纔休歇下來。渾沌也才回到自己居室，躺臥在了臥榻之上。

　　渾沌如此心神勞累一天半宵，躺上帝榻一會兒便鼾聲鳴起，呼呼酣睡進入了夢鄉。渾沌睡著不久，夜便很快交過了四鼓。就在這時，突見鬼母悄悄潛進渾沌居室，神不知鬼不覺地來到了渾沌臥榻跟前，立刻手持蠍毒寶劍照準渾沌後心，用盡吃奶的氣力，「颯」的刺了過去，必欲一劍置渾沌於死地。

　　不料隨著那劍刺向渾沌，鬼母卻被嚇得「啊呀」一聲大叫，隨著急轉身向門口逃去。這時在其身後，卻聽巨靈大喊道：「惡神休走，吃我一劍！」隨著，那鴛鴦連環雙劍已經砍向了鬼母的後背。鬼母聞

聽背後劍已砍到，只好回頭轉身出劍相迎。即刻間，鬼母便與巨靈打在了一處。

鬼母所以一劍刺下驚得扭頭便走，是中了巨靈的奇計。原來，巨靈心知樸父的蠍毒寶劍被盜，又知遼帝三惡在奇獸圍獵場伏刺渾沌帝父，心中便想到祂三惡獵場伏刺帝父失敗之後，絕對不會善罷干休，一定還會設法行刺帝父。因此她放心不下，便在剛才商議完了奪劍之策休歇之前，讓其帝父變身為自己，睡在自己居室以防不測。其則變身為帝父，住進了渾沌天帝居室。果然，她躺在帝父臥榻之上，裝睡留神動靜。剛過一更，便見鬼母潛入室內行刺而來。於是她在鬼母手中毒劍將要刺到之時，倏然翻身躲過，隨之身現原形與鬼母交起手來。

巨靈與鬼母這場惡鬥著實打得險惡無比，巨靈神功高強，鴛鴦連環雙劍舞得光閃電掣見之膽寒。鬼母也神功不弱，把手中蠍毒寶劍舞得形同風輪左旋右轉，任憑誰個也近身不得。她二神如此交起手來各個鬥狠，誰也不肯相讓，轉眼已經鬥夠十個回合。

靜夜之中，她二神的如此惡鬥之聲，早驚來了休歇在附近居室中的渾沌二帝和樸父二神，祂們眼見是鬼母與巨靈鬥在一處，心中全都大怒，即齊出手向鬼母打來。鬼母立刻成了甕中之鱉，眼看著就要被渾沌二帝三神擒住。

然而就在這時，遼、遠二帝突然從門外殺了過來，與渾沌二帝三神一陣惡鬥，雖然取勝不得，卻已贏得時機護著鬼母一道奪門而出，逃離金鑾寶殿急出渾沌帝宮而去。

原來，遼帝三惡獵場伏刺渾沌敗北之後，報仇之心不死，遂決計趁著渾沌二帝二神不知樸父蠍毒寶劍被盜之夜，渾沌心無防備之時，由鬼母潛入渾沌居室，趁其酣睡之時行刺渾沌。為此祂三惡待到夜深潛入渾沌帝宮，一直等到三更渾沌回到居室休歇，遼、遠二帝待在殿

外接應，鬼母則潛入渾沌居室行刺而去。

　　祂三惡心想渾沌無防，此次行刺必能獲勝，卻不料巨靈為防不測變身帝父，施用偷樑換柱之招救了其父一命，而行刺的鬼母卻被候帝眾神圍鬥脫身不得。祂二帝在殿外方纔聽到室內打鬥之聲酣烈，知道壞了大事，不敢怠慢，急入內把鬼母接應出來逃跑而去。

二十、渾沌擒惡

　　渾沌二帝三神正想捉住鬼母奪回蠍毒寶劍，以免再行天明攻惡奪劍之勞，但不料遼、遠惡帝突然接應鬼母奪路逃去，一個個心中好惱，齊叫不再等到天明，便出宮一路追殺遼帝三惡。

　　遼帝三惡徑往東方蒼梧神山逃去，渾沌見之便讓燭龍前去北方轄界叫其忽帝叔即往蒼梧神山，以再次共同擒拿遼帝三惡，奪回蠍毒寶劍。燭龍聞令，立刻向北騰雲飛去。渾沌二帝二神則向蒼梧神山追殺而來。

　　渾沌二帝二神轉眼追到蒼梧山上，看見遼帝三惡急急忙忙逃進赤金洞中不見了蹤影，便一起按落雲頭堵住赤金洞口，怒罵高叫起戰來。然而不論渾沌二帝二神在洞外如何高叫怒罵，逃進洞中的遼帝三惡不僅不出金洞，而且聲息盡無，弄得混沌二帝二神真個是一時間全都沒有了能耐。

　　須臾，忽帝與燭龍來到了洞口，目睹此景也全是束手無策。祂們確實全都無奈，因為如果祂們殺入洞中，鬼母就會把祂們關閘在洞中脫身不得。上次樸父諸神眾帝被鬼母關閘在洞中，樸父手中握有蠍毒寶劍可以砍開門閘殺出洞來，這時那劍握在鬼母手中，所以祂們不敢殺入洞中。為此，祂三帝三神只能堵住洞口連連叫戰，洞中的遼帝三

惡也知祂諸帝眾神不敢入洞，只是不應不出。

渾沌三帝三神如此叫罵不出遼帝三惡，隨後便越叫越急，越急越怒，越怒越叫，轉眼已經叫罵到了將近中午時分。這時渾沌三帝三神心中更惱，叫罵更烈，但就在這時，卻突見一位小神渾身滴血，手捂左耳跑來跪在倏帝面前道：「天帝，大事不好了！」

「講，有何事不好？」倏帝對其喝令道。

「是那遼、遠天帝鬼母大神剛才到了南方帝宮，將宮中小神殺戮將盡，聲言要你回去交手，不然祂們就將帝宮焚為灰燼，以雪前仇。」小神急言稟報道，「為此祂們特將小神割去一耳，讓小神前來稟報天帝。」

「會有這等事體？豈不怪了！」渾沌聽了小神此言，頓墜五里霧中道。

倏帝也不相信小神此報，因為祂親眼看著遼帝三惡鑽入了赤金洞中，其後祂們一直堵住洞口未見祂三惡出洞，祂三惡怎會到了南方帝宮呢？因此祂懷疑小神為遼帝三惡所遣，前來使用調虎離山之計，以引開祂們諸帝眾神。頓然心中大惱，拔出身佩利劍往小神脖子上一架，厲喝道：「孽神說的是真是假？快說實話，不然本天帝就宰了你！」

「天帝不可如此！小神自身一點不假，也不敢言假。遼、遠二帝鬼母山神確實在我帝宮之中，」小神脖頸上劍鋒寒涼，耳聞倏帝此言，心知倏帝懷疑自己，早嚇得戰兢不已道，「祂們割去小神一耳之時對小神言說，天帝在此蒼梧山上。小神不信，特意先到中央帝宮尋找天帝，方知天帝果然是在這裏，便又尋到了這裏。天帝，事情緊迫，你快快回去營救帝宮要緊呀！」

「若果真是這樣，」倏帝聽到小神說到這裏，心中方纔明白過來，收劍道，「我等就又中了遼帝三惡的金蟬脫殼之計了！」

渾沌這時大為氣惱道：「我等親眼看著祂三惡進入洞中，又一直堵在洞口沒見祂三惡出來，祂三惡又從何處出的此洞？沒有聽說這洞再有別的洞口呀！」

巨靈立刻提醒其父道：「帝父怎麼忘了，鬼母惡神不僅身有遁地之能，而且手中還握有可以破洞壁的蠍毒寶劍。」

「對呀，祂三惡正是施用此法，使出了金蟬脫殼之計，將我等陷在了這裏。」候帝接著肯定道，「祂三惡則從別處鑽出洞去，到南方帝宮施惡去了。」

「如此，我等就快去南方帝宮，擒惡奪劍去。」渾沌明白了一切，說著即領諸帝眾神離開蒼梧神山，徑向南方帝宮行去。

渾沌三帝三神須臾來到南方帝宮，果見宮中小神被殺遍地，殿宇被糟塌得到處狼藉不堪，只是不見遼帝三惡的蹤影。候帝忙尋找躲得活命的小神問詢，方知遼帝三惡在宮中糟塌盡夠之後，不見候帝歸來，即向北方奔行而去。渾沌諸帝眾神更為氣惱，擔心祂三惡再去如此糟塌渾沌帝宮，遂立刻離開此宮，奔向北方渾沌帝宮追尋遼帝三惡而去。

渾沌諸帝眾神眨眼來到渾沌帝宮，看見宮中清靜如常，平安無虞，小神言說遼帝三惡沒有來過宮中。渾沌諸帝眾神為此心疑遼帝三惡去了北方帝宮，害怕北方帝宮再被糟塌，便又一齊離開渾沌帝宮來到北方帝宮看視，但見北方帝宮之中也一切如常，沒有事情，遼帝三惡未曾到過。渾沌三帝三神至此無處追尋遼帝三惡，只好留下忽帝在北方帝宮看守，渾沌二帝三神則立即返回渾沌帝宮而去。

渾沌二帝三神回到宮中，天已黑了下來。這時，祂們追擒遼帝三惡仍無去處，無奈只有歇息下來，以靜度暗夜。黑夜之中，祂們一邊留心宮中動靜，護衛渾沌安全，一邊靜待遼帝三惡去向，以待天明再

去追擒，奪回蠍毒寶劍。

如此暗夜平安過去，很快到了天明。渾沌天明即起，欲開朝堂訊問轄界事情。祂起身剛剛走出居室門口，卻見懸圃花園美麗的芙蓉花仙走上前來道：「稟報天帝，只因小仙昨夜夢中一言，懸圃花園中的芙蓉鮮花，盡在這寒冬臘月冰天雪地之中開放，祈天帝恕小仙之罪，請天帝駕臨懸圃一睹芙蓉競放仙姿！」

「竟有這等事體！不知小仙夜做何夢，夢中有何言？」渾沌心中大為奇詫，詢問道，「竟催芙蓉鮮花，盡在如此寒冬臘月冰天雪地之中違時開放，快快向天帝講來。」

芙蓉花仙這時明眸連眨數眨，道：「昨夜小仙睡得特別香甜，甜睡中突做一夢，夢見天帝欲在懸圃會聚五方天帝。故而詔令我等百花仙子齊聚金鑾寶殿，敕令我等要在寒冬臘月冰天雪地之中，催令園中鮮花全都開放。」

「小仙真會做夢。」渾沌接言道，「後來呢？小仙快講。」

「小仙聞令不敢怠慢，夢中傳命園中芙蓉鮮花，謹遵天帝聖命，黎明全都開放。」芙蓉花仙繼續道，「小仙夢中傳命不以為然，一覺睡到天明醒來想到昨夜之夢，急忙到園中看視。只見朔風怒號白雪皚皚的花園之中，芙蓉鮮花竟然競相綻放，鮮花白雪將園子裝點得千姿百態，睹之神迷。小仙睹之驚怕自己夢中失言，特來向天帝請求恕罪，並向天帝稟報園中情形。」

渾沌本為心胸誠直豁達天帝，聽了芙蓉花仙如此一番娓娓言辭，心覺入情入理，沒有定罪受罰緣由，便即安慰道：「花仙夢中傳令，乃為酣睡之中所做無意之舉。即便芙蓉鮮花全都違背時令開放，朕也不會追究花仙之罪。仙子儘管放心去吧。」

芙蓉花仙聽了渾沌天帝此言，忙謝再三道：「謝過天帝恕罪之恩！

但不知天帝是否入園看視，小仙好做準備。」

「芙蓉鮮花雪地競放千載難逢，不睹此景將為千載遺恨。」渾沌心無戒備，隨口答道，「朕去觀看，小仙在園中靜待也就是了。」

「小仙遵命！」芙蓉花仙驚喜道，說著拜別渾沌天帝就要離去。然而就在她轉身欲要離去之時，一把寒光四射的冰冷霜劍，卻倏然刺來逼在了她細膩的脖頸之上，嚇得她「啊呀」一聲尖叫。

「小女不可無禮！花仙夢中失言，引得芙蓉鮮花違令開放，」渾沌見是巨靈出此殺手，立刻嗔怪道，「不是花仙之罪。小女豈可為此驚嚇於她！」

巨靈之所以搭劍攔住芙蓉花仙的去路，當然是為了守護帝父的安全，防備遼帝三惡再來行刺。是夜，她一直守護在渾沌天帝居室門旁的暗室之中。在她的守護中一夜平安過去，天剛放明她就見到這芙蓉花仙進見渾沌天帝而來。巨靈身為女流，因之平時便與懸圃花園中的眾多花仙頗有交往，但卻一直對芙蓉花仙存有疏意。

她在與其接觸中覺得，芙蓉開時色雖豔鮮，但卻姿嬌態媚，同時朝開暮落，其性無常，因之不可為師為友。正是這種看法使她心中生出的疏遠之意，引起了她對芙蓉花仙值此多事之時，突然到來的高度警覺，並使她對其戒心不已。她懷疑芙蓉花仙為鬼母假變，近前行刺帝父而來。她擔心芙蓉花仙水性楊花為鬼母所使，故此趕在此時故令芙蓉鮮花違令開放，以騙帝父前去觀花借機行刺。

懷疑擔心至此，巨靈在芙蓉花仙站到渾沌天帝面前之時，就一直屏息靜立在她的身後，凝神靜觀著她的一舉一動，若有一絲異常她就要打殺於她。然而她看過整個過程，都沒有見到芙蓉花仙有異常之舉，只是見到她明眸頻眨似動心機，因而疑之。這時在她即要離去之時，便突出利劍進行逼試，以斷芙蓉花仙是真是假，以明其心究存何

意。因而這時她劍逼芙蓉花仙脖頸，不顧毫無戒備之意的渾沌帝父阻止，厲喝道：「花仙是真是假，快快招來！」

芙蓉花仙實為花仙，這時聽到巨靈問她真假，她便毫無怯意地輕鬆言笑道：「大神難道不認識了小仙之身！」

但她話聲剛落，便聽巨靈又是一聲厲喝道：「如果為鬼母惡婆所變，就立刻交出蠍毒寶劍，方可免你一死！」

芙蓉花仙突聞巨靈此言，禁不住陡如雷擊花顏失色，口吃語鈍道：「哪裏，哪裏，小仙實為小仙，哪是什麼鬼母，乞大神明斷小仙之身，切莫錯殺無辜！」

巨靈這時一直在凝眸細察芙蓉花仙的聲色之變，眼見她聞聽鬼母之說，陡如雷擊花顏失色，口吃語鈍起來，心知此語敲在了花仙麻骨之上，點在了花仙心上要害之處，所以才引得她這般震驚不已。心中已知事情果然蹊蹺，花仙此來事出有因。同時聯想到她平時水性楊花，姿嬌態媚善於曲意逢迎，說不定此刻果真是為鬼母所使。遂接著厲喝道：「小小花仙，你可知罪！」

芙蓉花仙這時迅疾從剛才的震驚中清醒過來，深悔自己剛才不該不沉著，受到震驚顯出了驚怕，此刻被巨靈察覺壞了大事。為此為了彌補剛才的過失，急忙故作平靜之態，開口對巨靈之說詭辯道：「小仙夢囈花開，天帝已恕小仙之罪。但如果大神說是小仙有罪，小仙就有罪決不脫逃！」

「小小花仙還敢抵賴！大神我已詳查其底，你的此番所為皆受遼、遠惡帝鬼母惡神所使，快快全部招來。如若不然，大神這就送你歸天！」巨靈已從剛才芙蓉花仙的巨大震驚中，察知了其內心之變。這時又見她突作平靜之態口出詭辯之言，心中便更生疑惑，開口怒喝著，即把手中之劍向前一進。

253

巨靈此般推測之言出口，真個是頓然抽去了芙蓉花仙釜底的薪柴。因為巨靈此言在芙蓉花仙聽來，真個是如同其心中的底細盡被巨靈所知一般，使得她聞聽此言精神立刻全面崩潰。又見巨靈手中劍向前一進，頓然被嚇得「啊呀」一聲驚叫，便已癱坐在了地上。隨著，連連乞求巨靈饒她一命不死道：「大神饒命，大神饒命！小仙全都招供，小仙全都招供，絕不敢留下一字不招！」說著，便一五一十原原本本地把其中的原委，向渾沌天帝與巨靈大神講說了個清楚。

原來，這芙蓉花仙果如巨靈所料，是受了遼帝三惡的唆使，方纔為祂三惡賣命地演出了如此邪惡的一幕。遼帝三惡如此唆使芙蓉花仙，是祂們在赤金洞中定下的詭計。那是在前夜四更，祂三惡行刺渾沌敗北逃到蒼梧山上，心知能夠砍開金壁的蠍毒寶劍不在渾沌二帝三神手中，因而祂們必然不敢進洞，便躲進了赤金洞中。

渾沌二帝三神追到赤金洞口，樸父手中沒有了蠍毒寶劍祂們果然不敢進洞，只是堵住洞口罵戰不停。遼帝三惡則坐在洞中飲酒吃肉，笑談歇息，對於渾沌二帝三神在洞口的叫罵硬是不予理睬，因為祂三惡出洞鬥不過渾沌二帝三神。

許久祂三惡酒足肉飽談笑興盡，狡詐的遼帝心機一轉開言道：「我等坐在洞中倒是平安無事，並可笑聽渾沌一夥的叫罵之聲，但這樣久坐洞中卻也不是良策。因為久坐洞中，我等的冤仇何日能報？我等費力歷險盜得毒劍，又有何用？所以我等還是應該早些議定出洞之策，再設奇計殺死渾沌報雪冤仇為上！」

「遼兄所言極是。但我等若出洞去，就要與渾沌二帝三神在洞口交手，交手又打鬥祂們不過，還得返回洞中。」遠帝聽了遼帝此言，即不贊同道，「如此出去返回又有什麼意義？豈如坐在洞中享此清靜之福。」

「二位天帝不必為如何出此金洞發愁，小神不僅懷有別的出洞之法，而且這方法又可使得渾沌二帝三神皆不知曉。」鬼母聽到這裏，則絮然一笑道，「但只是出洞之後，我二帝一神再去怎樣行刺渾沌，倒要認真計議。」

「噢，我二帝怎麼把大神的奇能忘了。大神不僅身有遁地之能，而且手有蠍毒寶劍，正可引領我二帝不從洞口，而從山背出洞。那樣，就可以讓袘渾沌二帝三神全都不曉了。」遼帝聽了鬼母此言，頓然心中一明道，「只是出洞之後行刺之法，大神心中可有思考？」

鬼母正想讓遼帝前來問她再擡身價，這時聞問才滿意地嘿嘿一笑道：「小神倒有一個想法，但還十分縹緲不清，說出來天帝看看是否能用。」

「又是賣那些關子，這沒有必要。」魯莽的遠帝心生焦急，催促道，「快講出來我二帝聽聽。」

鬼母這才不慌不忙道：「昔日小神曾經兩次去過懸圃花園，由於小神身為女流，因而與園中百花仙子多有結識。小神在結識之中，觀見芙蓉花仙不同別個。她貌雖嬌好，色雖豔麗，但其姿嬌態媚，朝開暮落，其性無常。因而小神心想前去說動於她……」

「大神是說，大神前去說動芙蓉花仙，」狡詐的遼帝剛剛凝聽至此，便四隻猴眼一亮心中已經明白，立即打斷鬼母之言道，「讓她前去刺殺渾沌。大神能夠說得動嗎？」

鬼母聽到遼帝心明至此，便不再往下言說，而轉對遼帝信心十足表白道：「小神既然打算前去說動於她，就當然有辦法說動。小神向她講說我二帝一神刺殺渾沌之後，還要把倏、忽二帝除去，而後由你遼、遠二帝平分天下，並稱東西二帝。」

「那又如何？」遠帝這時仍是不解，詢問道。

「本神就說，」狡惡的鬼母詭詐道，「到了那時，我鬼母將成為東方帝后。」

遼帝這時突然心明，接言道：「大神就說，她芙蓉花仙就可成為西方帝后，與遼、遠二帝共用榮華富貴。」

「對。我還說這是你遼、遠二帝答應了的。」鬼母繼續道，「我想在此美妙前景的誘惑下，生性無常的芙蓉花仙，是絕對不會無動於衷的。」

遼帝聽到這裏，四隻猴眼又是滴溜溜一陣轉動，方纔開言肯定道：「此說倒也能夠打動芙蓉花仙之心。」

鬼母這時則進一步胸有成竹道：「本神觀那芙蓉花仙平日之態，察其心中之隱，此說定可一矢中的。」

「但願大神能夠馬到成功。但我擔心，讓芙蓉花仙前去刺殺渾沌，難保萬無一失。」然而遼帝聽到這裏，卻又放心不下道，「因為其為花仙之輩，嬌媚手軟，膽小性柔，下手刺殺天帝焉有這般狠心！」

遠帝聽到這裏，突然有了門道插言道：「我倒有個萬無一失之法。我想鬼母大神與芙蓉花仙言說，讓她在此冬日裏令園中芙蓉花兒違令開放，然後由她去請渾沌到園中賞花。屆時再由大神變為芙蓉花仙，前去親手刺殺渾沌，定可一舉報雪冤仇！」

遼帝與鬼母聽聞遠帝此說，不禁同聲叫起絕來道：「好，實在是好，還是遠帝心有妙著！」於是祂二帝一神立刻決定依計而行，先由鬼母引領祂二帝從赤金峰背後遁出金洞，避過仍在洞口叫罵不止的渾沌諸帝眾神的耳目，然後祂三惡便徑向渾沌帝宮行來。

遼帝三惡須臾來到渾沌帝宮近處，遼、遠二帝在外等待，鬼母則立即潛入宮南懸圃花園之中，找到芙蓉花仙先敘舊誼拉緊關係，隨後便講說了真情。芙蓉花仙身為柔弱女流，突聞如此刀光劍影殺戮之

事，果然頓時嚇得目瞪口呆在了那裏。

鬼母見之立刻對她曉之以害，講說若是她不去做此行刺渾沌之事，鬼母對她也決不放過，就立即除掉她以免洩露機密。芙蓉花仙聞聽鬼母此言，頓然間真個是陷入了進也害怕退又不成的無奈境地。未了她思慮再三，想到反正退也是死，就不如進或許能夠成功，就可獲得好處，便在無可奈何中答應了鬼母的要求。

鬼母聽聞忙趁此機又對芙蓉花仙曉之以利，言說此事背後有遼、遠二帝做主，事成之後遼、遠二帝將並稱東、西二帝統轄下界。她與芙蓉花仙就將成為東、西二帝帝后，雙雙貴為下界第一夫人。芙蓉花仙性為崇高仰貴之仙，聽到此利不禁為之動容，心中竟然立刻飄飄忽忽做起了帝后美夢，仿佛看見自己頭戴帝后桂冠，身著帝后輿服，威儀赫赫，下界望塵伏拜。其頤指氣使趾高氣昂，目空一切地佔有著西方下界……

於是，芙蓉花仙的自尊心，在此帝后美夢中得到了充分滿足。她深悔自己剛才對鬼母勸說自己所行之舉尚有猶豫，答應不疾且不堅定。這時為了實現這美夢，她信心堅定地即對鬼母表示道：「大神儘管吩咐，小仙一切盡力照著去做！」

鬼母聽後大喜，當即吩咐她明日一早，令其園中芙蓉鮮花違背時令在冬日裡開放，騙得渾沌來到園中觀賞。然後趁此時機，她鬼母變做芙蓉花仙上前行刺於祂。芙蓉花仙聞令皆從，隨後她倆又議定了具體細節，鬼母便安排芙蓉花仙依計而行，她則出園報告給了遼、遠惡帝。

遼、遠惡帝聞聽心喜，當即議定祂三惡先去南方帝宮殺戮小神，以引渾沌諸帝眾神前去救援。並由此告知祂們，祂三惡已經出得赤金洞府，讓祂們歸回渾沌帝宮投入圈套。遼帝三惡之計步步實施，便出

現了此刻這般場景。

渾沌與巨靈聽了芙蓉花仙如此講說，心中不僅氣惱萬分又後怕十分道：「惡帝孽神真乃邪惡萬分也！」言畢，巨靈即把芙蓉花仙囚禁起來，叫來倏帝與樸父二神計議一番，著燭龍在旁守護渾沌天帝，她則立刻搖身變做芙蓉花仙，前去懸圃與鬼母接頭。

巨靈眨眼來到懸圃花園，按照剛才芙蓉花仙招供地點，立即尋見了潛藏在花園中的鬼母。鬼母這時不知真芙蓉花仙已將真情全部供出，身被巨靈索囚，此來芙蓉花仙為巨靈所變，只是眼見芙蓉花仙歸來，急忙迎上前來詢問進見渾沌的長短。

巨靈聞問忙說渾沌天帝聽後大喜，當即答應前來花園觀賞違令綻放的芙蓉鮮花，一會兒就將來到。鬼母聽了「嘿嘿」冷笑連聲，先向潛在園中的遼、遠二帝言說商議一陣之後，隨後返回又讓巨靈去做準備，催她動身前去迎請渾沌到來。巨靈對之答應再三，對園中故意巡看一遍，安排一番，隨後讓鬼母好生等待，她即返帝宮迎請渾沌天帝而來。

巨靈回到帝宮，忙將詳情報給渾沌二帝二神。祂二帝三神細細計議一番，決計將計就計擒拿三惡，奪回蠍毒寶劍。對於如何將計就計，即由樸父在渾沌胸前至腹部綁上一個巨大的皮囊，囊中注滿濃稠的紅水。那紅水不僅色似鮮血而且形似鮮血，同時具有強力催淚功能。

祂們設想，在鬼母使用蠍毒寶劍行刺渾沌之時，定會刺中渾沌身上的皮囊。那樣皮囊被刺，倏然就會順著劍孔噴出紅水。紅水若是噴到鬼母眼中，就會將其雙眼糊住擋其視線。若是不能噴到其眼中，其強力催淚功能也會立刻揮發出來，使其淚流不止，雙眼不能睜開看視不見。從而為擒拿鬼母，奪回蠍毒寶劍創造良機。

一切計議準備妥當，渾沌便前面由巨靈所變芙蓉花仙引領，後

面由倏帝與樸父二神簇護，出宮向懸圃花園觀賞違令開放的芙蓉鮮花行來。

渾沌一行轉眼來到懸圃花園，舉目看到園中白雪之上，綴滿了姹紫嫣紅的芙蓉鮮花，真個是白雪皚皚展現著臘日冬寒，芙蓉鬥豔展示著三春之暖。寒風凜列吹送著冬日的訊息，芙蓉競放溢蕩著春花的馨香。鮮花違令雪中競放，造成的白雪同鮮花與共，鮮花與白雪爭豔，實在是神界亦為罕見之景。渾沌二帝三神睹此神異之景，禁不住全都忘卻了潛藏在身邊的險惡，連連讚歎道：「白雪鮮花，真乃罕見也！」言畢，便在園中盡情觀賞起來。

渾沌一行的輕鬆盡情觀賞之舉，實在使潛藏在園中的遼帝三惡心喜難禁，祂們眼見出手刺殺渾沌時機來到，急令鬼母上前替下巨靈所變芙蓉花仙。鬼母悄悄潛到渾沌一行身邊花下，窺得渾沌諸帝眾神不注意之機，倏然拉開巨靈所變芙蓉花仙躲藏一邊，自己則立刻變為芙蓉花仙，假裝正經地引領渾沌一行進行觀賞。觀賞之中，鬼母所變芙蓉花仙窺得渾沌一個凝神賞花之機，突出殺手揮動毒劍向渾沌前胸猛刺過去。鬼母手中的蠍毒寶劍出手狠疾，一劍恰把假裝凝神賞花的渾沌前胸刺了個正著。

然而鬼母一劍刺中渾沌前胸，恰把渾沌胸前皮囊刺穿。囊中紅水倏然噴出，恰好噴射了鬼母滿身滿臉，頓時粘糊住了其一雙蛟目。由於事生陡然，鬼母雙眼被糊沒有反應過來，躲在一旁的巨靈早出劍上前，趁此時機「嗖」一劍刺向了鬼母。虧得鬼母聞聽劍到向左一躲，躲得那劍只是刺中了其右肩。

鬼母受刺疼得「啊呀」一聲大叫，棄下手中蠍毒寶劍，急騰身躍上空中駕雲就逃。潛藏在園中的遼、遠惡帝目睹此景，方知此次計殺渾沌之舉又告失敗。為此祂二帝不敢怠慢，急踏雲趕上鬼母，護定受

傷的鬼母逃向了蒼梧神山。

　　倏帝目睹此景，立刻急叫道：「蠍毒寶劍已經奪回，鬼母惡神也已受傷，看祂三惡還往哪裏逃。追！」渾沌也知此時正是再擒遼帝三惡的良機，聞聽倏帝此言，便與倏帝眾神一路向東，追擒遼帝三惡而來。

二一、忽帝受誣

　　遼帝三惡一路東逃，敗逃途中心中驚慌十分。祂們皆知蠍毒寶劍的神功，如今那劍又回到了樸父手中，渾沌二帝三神若是隨後追來，祂們就是逃進赤金洞中，也仍是藏身不住。因而祂三惡一邊向東疾逃，一邊向後觀望，祂們不向赤金洞奔逃別的又無去處，又怕渾沌二帝三神追趕上來。好在祂三惡途中沒有看見渾沌二帝三神追來，所以一口氣逃進赤金洞中躲藏起來。

　　但祂三惡坐在洞中，全都如同臀坐針氈，唯恐渾沌二帝三神追殺過來。祂三惡心想渾沌二帝三神這次也絕對不會不來追擒，因而躲在洞中靜待渾沌二帝三神是否追來，只要一有音信祂三惡就要立刻出洞逃命。祂三惡如此忐忑不安地坐等資訊不過須臾，便見守門小神失急慌忙地進來傳報，渾沌二帝三神追趕來到。

　　遼帝三惡大驚失色，在洞中不敢再待須臾，急讓鬼母使用法力落下洞中所有金閘，關上所有金門，然後急讓鬼母遁地引領祂二帝仍從峰背後逃出金洞，一路茫無目的地竟然向北逃奔起來。剛剛追到蒼梧神山的渾沌二帝三神，仍是不知祂三惡從峰後逃走，方使得祂三惡逃出蒼梧神山之後又是一陣北逃，甩開了渾沌二帝三神的追擊。眼見身離蒼梧神山已遠，渾沌二帝三神沒有追來，祂三惡剛才忐忑不安的心

境，這時方纔稍稍平靜下來。

心情稍一平靜，鬼母頓時便感覺到了肩上傷口的疼痛難耐。然而肩上傷疼難耐還算罷了，她心中的傷疼則更甚十分。因為這時她心中想著，此著詭計本為先盜毒劍刺殺渾沌，而後再將毒劍送回陷殺樸父，以報冤仇。但豈奈自己身經九死一生方纔盜得毒劍，卻三番刺殺渾沌不成。而今又落得丟劍傷身，敗逃至此無處可去之境，心中實在氣惱到了極點。氣惱之中，鬼母再次咬牙切齒發誓道：「不殺無竅渾沌，本神誓不為神！」

「大神莫氣，勝負乃兵家之常事。」遼、遠惡帝聽了，齊忙勸慰道，「眼下大神養好傷口要緊，報仇推延一日不遲。」

「養傷，還在哪裏養傷！眼下逃往何處還不知道呢，還有什麼養傷之說！」鬼母聽了遼、遠二帝此言，頓然怒氣更盛道，「這點傷疼與報仇相比算不了什麼，傷不要緊，報仇要緊，仇不報傷更疼！」說著，便與遼、遠惡帝邊逃，邊又計議起了敗逃去處和報仇惡計。

逃向何處可以躲身，又怎樣才能報雪冤仇呢？祂們在敗逃途中議來說去，真個是沒有躲身之處，不知逃往何方。而且想出來一個又一個報雪冤仇之計，也全都一個個被否定了去。弄得祂三惡真個是進入了逃無去處、報仇無計之境。末了，還是狡詐的遼帝四隻猴眼轉個不停，無奈中想出了一條陰毒十分的無奈惡計道：「我想起一件事，不過此事干係重大，不知可否實施。」

鬼母聽了，蛟目一亮，忙問何事。遼帝便將忽帝之子燭陰，數十年前在天宮夜搶御女，被玉皇大帝鎖在崦嵫山上之事講說一遍，道：「燭陰被用鎮天鎖鎖住之後，玉皇大帝把鎮天鎖鑰匙交給了忽帝保管，讓祂永世不得開釋其子。」

「好，正好我等沒有逃處，就逃向崦嵫神山，去把燭陰放掉。」

鬼母剛聽到這裏，便忘了傷疼，高興得一拍大腿，打斷遼帝之言道，「然後即去天宮，向玉皇大帝誣告祂忽帝三個意圖謀反天庭，使其洗雪不清，必遭重罰。」

遼帝聽了，則不由得頓然犯起難來道：「計是甚妙，但就是鑰匙放在忽帝手中，如何可得？」

「天帝怎麼又忘了，我鬼母手中有一把萬能鑰匙，」鬼母聽到這裏，禁不住一陣心喜，「嘿嘿」一笑道，「任是什麼樣的鎖都能打開！我走一遭也就成了。」說著，鬼母即催遼、遠二帝前往崦嵫神山，開釋燭陰而來。

刁猾的遼帝在鬼母的催促下邊走，邊對鬼母又言道：「鑰匙大神雖然可以有，但由誰前去開釋那燭陰，我覺得卻是需要認真計議的。」

「這還用說。前去開釋燭陰，當然是鬼母大神。」遠帝不解遼帝之意，立即直言道，「不然，你我兩個誰會用她那把萬能鑰匙，打開鎮天鎖！」

「帝兄說的不是這個意思。」遼帝立刻否定遠帝之言道，「帝兄是說，我們應該讓燭陰看到，是誰開釋的祂，是忽帝還是鬼母？」

遠帝這時仍是不解遼帝之意，繼續道：「當然應該讓燭陰看見是鬼母大神開釋的祂。不然祂怎會報答我等開釋之恩，與我等結為同心。」

「不，不能讓燭陰看到是本神開釋祂。」鬼母聽到這裏，方纔盡知遼帝之意，思忖片刻否定遠帝之言道，「當然我等需要燭陰報恩於我們，並與我等結為同心，共同去鬥渾沌諸帝眾神。即使祂不能與我等結為同心，也要站在中間立場不與我等為敵。」

「你們這是說的什麼？」遠帝這時被鬼母說得迷糊起來，不禁焦急道，「怎麼是去救祂，卻又不讓祂看到？這都是說的什麼呀！」

「我們開釋燭陰的目的，並非僅僅為此，主要是為了向玉皇大帝誣告忽帝三個謀反。」鬼母對遠帝之言聞若未聞，接著道，「為了求得證據，我們現在應該抱著寧可不讓燭陰報恩，也要讓祂看到是忽帝開釋祂。那樣將來其在玉皇大帝面前，才能為我們提供鐵證。」

狡詐的遼帝聽到這裏，立刻肯定道：「大神所言極有道理。常言甘蔗沒有兩頭甜，我們只能得到一頭。從重權衡，還是讓燭陰將來證明祂為忽天帝開釋為好。至於將來讓燭陰報恩於我等之事，以後並非不能辦到，只是要看我等的能耐如何了！」

鬼母這時已經思慮成熟，隨之進一步講說自己之想道：「再退一步去說，我等即便要實現讓燭陰報恩於我等的目的，也必須變做忽帝前去。因為若以本神之身前去開釋燭陰，必被山神或者別個看見。那樣將來事情鬧大，真相就會被揭露開來，罹罪致己之身，造成被動之局了。而若以忽帝之身前去開釋燭陰，山神或者別個看見，正好將來又可為我等出證做據，使忽帝三個反口不得。」

遼帝聽了大喜道：「大神所言極是，還是以忽帝之身前去開釋燭陰的好。而且在前去開釋之時，要儘量擴大影響，故意讓山神或別個看見，以多個活口為我等作證。」

「不好！你以忽帝之身前去開釋燭陰，燭陰必以為祂被其帝父開釋，」遠帝則仍不同意道，「豈不就將感激其帝父冒罪開釋祂之恩，反與我等為敵。故而，我以為切切不可如此！」

「遠帝此言差矣！想那忽帝平日為耿直正派之輩，祂若突然看到其子燭陰被釋歸回，必先驚詫萬分，後問及被釋經過，燭陰言及為祂所釋，祂必然震怒不已！」鬼母則詭秘地「嘿嘿」一笑道，「同時祂心知燭陰之罪不該開釋，便必然會與燭陰造成父子心思不投，忽帝必勸其或者親擒其前去歸案，燭陰則必然會與父為仇，並證死其為其父

開釋。到了那時，我等不就退可以袖手旁觀鷸蚌之鬥，進則可以向燭陰言明真情，以奪燭陰報恩於我等之心了嘛！」

「唉，我這腦瓜就是不會轉圈！」魯莽的遠帝聽到這裏，方纔一拍腦袋道，「還是大神說得對，照大神說的辦。」

「只是這樣，大神就要帶傷施計了。」遼帝心藏狡詐，這時即又恭維鬼母說著，衪三惡已經來到了崦嵫山前。衪三惡於是躲過樸父白銀洞府，尋到囚鎖燭陰惡神的雪銀山前，遼、遠惡帝即隱身遠處接應鬼母，鬼母則搖身變做忽帝，到山下鎮天鎖眼處開釋燭陰而去。

鬼母變做忽帝前行不遠，即聽到從鎮天鎖眼處隱隱傳來了呼叫之聲道：「帝父救我，帝父救我！」燭陰被鎮天鎖囚鎖，時間已經過去數十載。神魔皆知雪銀山為鎖囚神魔之處，都不到此處行走恐惹麻煩。因此燭陰被鎖在此數十載，竟然沒有見到一神一魔到此，實在是孤寂萬分。

這時正在煎熬度日，突聞寂靜的空谷中傳來了腳步聲響，急忙擡頭舉目看視，遙遙地竟看到是自己的忽帝父向自己走了過來，真個是欣喜難捺。頓時忘記了昔日帝父助玉皇大帝擒鎖自己的怨恨，唯恐其父找不見自己錯過了見面時機，也唯恐帝父是奉玉皇大帝之命前來赦釋自己找不見自己，急忙高聲喊叫起來。

正行的鬼母假變忽帝聽到燭陰喊叫，忙一邊口中應著一邊加快腳步向其走去。轉眼來到鎖眼跟前，看見鎖眼鑿在山根底部，周圍長滿了荒草，燭陰身子被鎖在鎖眼之中看視不見，只有那顆長滿了荒草似長髮的大頭露在鎖眼之外。那張人臉由於數十載風吹日曬，粗枯如樹皮，色黃似蠟土，煞是難看。

鬼母所變忽帝如此看視一番，忙假惺惺地裝做動了慈父心腸，猛地撲向前去抱住燭陰露在鎖眼外邊的大頭，潸然淚下泣不成聲道：「兒

呀，這都怪帝父昔日對你嬌縱過甚，方使得嬌兒身受如此磨難啊！」

鬼母所變忽帝的如此舉動和此番言語，真個是一下子打動了燭陰乾枯數十載的荒寂心田，使得祂也立即泣不成聲，喃喃道：「帝父不要再說了，這一切都是孩兒的錯，是孩兒作繭自縛，自作自受！」

鬼母所變忽帝眼見自己把戲演得很像，目睹此景忙又言道：「不！數十載來帝父思念嬌兒，真個是思念得白日飯食無味，入夜睡而難眠呀！」

「孩兒謝過帝父！」燭陰這時哭得更痛道，「孩兒更是日思夜念帝父呀！」

鬼母所變忽帝見之，繼續演說道：「帝父心想，昔日帝父出手擒鎖嬌兒出於無奈，數十載來未看嬌兒出於不敢。但今日帝父念兒心切，決計不惜自己獲罪一死，也要開釋嬌兒出鎖！」

「帝父不可如此！」正哭的燭陰聽到這裏，其心地雖惡，但對生父卻是頓感擔當不起，急忙開口攔阻道，「孩兒寧可自己在此受難，又豈能讓帝父為孩兒罹罪赴死啊！」

「帝父故而前來至此，又豈能半途返回！」鬼母所變忽帝演得越來越加逼真，說著，已是放開抱著燭陰之頭的雙手，從身上一陣摸出鑰匙，便去開啟鎮天之鎖。

「帝父如此對待孩兒，」燭陰見之，更是感動得痛哭失聲道，「孩兒沒齒不忘帝父大恩！」

然而燭陰如此說著，鬼母所變忽帝用她的那把萬能鑰匙開啟鎮天鎖許久，出其預料的竟是開啟不得，急得她頓時滲出一頭汗來。燭陰見之忙問何故？鬼母所變忽帝急忙詭言道：「鎖頭銹蝕，開啟不得。」其實並非如此，而是其鑰匙開啟不得鎮天之鎖。所以鬼母假變忽帝雖然口中如此言說，心中卻急不可耐。

鬼母所變忽帝越急那鎖越是不能開啟，越是不能開啟心中越急。焦急中她又鼓搗半天，仍是不見進展。開始她還心想是自己沒有用對鑰匙，至此方知鎮天鎖非同一般神鎖，沒有真鑰匙無法啟開。事情至此，鬼母假變忽帝不敢再作耽擱，心思一轉忙對燭陰道：「難怪這鎖開啟不得，原來是帝父救兒心切，竟然拿錯了鑰匙。嬌兒在此稍待一時，帝父換換鑰匙就來！」

「帝父莫急，孩兒在此數十載都過去了，豈急多此一時。」燭陰聽到鬼母所變忽帝言說有理，口中說著目送鬼母所變忽帝離別而去。

鬼母離開鎖眼來到遼、遠二帝隱藏之處，忙把鎮天鎖無法開啟，燭陰不能放出，她已無奈的情形講說了一遍。火躁的遠帝聽了，急不可耐道：「既然大神的萬能鑰匙也開啟不得鎮天之鎖，我等就只有前去把那鎖砸了！」

「切切不可砸開那鎖。你想，砸開那鎖如何能將罪過誣栽到忽帝身上，玉皇大帝追究下來我等如何逃脫？」遼帝立即阻止道，「眼下欲行此計，只有一法。但要用此法，還是離開鬼母大神無可奈何！」

「天帝是說，」鬼母這時心機陡轉道，「讓本神前去盜那鑰匙？」

遼帝即言肯定道：「正是，舍此則別無它途哩！恰好此時忽帝獨在冰宮之中，沒有與渾沌二帝三神聚在一處，我等要快去行動。不然渾沌二帝三神追不到我等，來到忽帝冰宮，我等就下手不得，此計難成了！」

魯莽的遠帝聽了，又是急言道：「偷？那忽帝可不像樸父，把劍藏在藏劍室中，我等把祂引開，鬼母大神進內去偷就成了。忽帝則把鑰匙時刻貼肉掛在胸前衣內，如何偷盜得來？」

「遠帝不須犯愁。俗話說會者不難，難者不會。忽帝將鑰匙貼胸掛在衣內，若讓你我去摘確實偷盜不來。但對於鬼母大神這位神界神

偷來說，也不過是囊中取物而已！」遼帝這時「嘿嘿」一笑說，轉對鬼母道：「是吧，鬼母大神！」

「說著容易，做著也難！」鬼母則臉無笑意，嚴肅道，「而且只能成功，不可失敗呀！」

「大神所言極是，因而我等還需認真計議。」遼帝即轉認真道。說著，祂三惡便計議起了行盜之法。

又是計議許久，又是機關算盡，又是無計可施，又是尷尬十分，又是「山重水複疑無路，柳暗花明又一村」。末了還是刁鑽的鬼母打破僵局道：「我等為報冤仇，只有破釜沉舟，背水一戰了！」

遼帝聽了忙問道：「若依大神之說，我等如何行動？」

鬼母詭秘一笑道：「既然忽帝把鑰匙貼身藏在胸前，我等若要盜得祂藏在衣中的鑰匙，首先就必須設法接近其身。而若要接近其身，就必須為親近之友。若為親近之友，我們三個就必須變為渾沌、倏帝與燭龍，方可前去徑直接近其身，由本神借機施展慣技，盜而取之！」

遼、遠惡帝不等鬼母把話說完，便齊高興得叫起絕來。隨後祂三惡立刻搖身施變，遼帝變做渾沌，遠帝變做倏帝，鬼母變做燭龍，一起駕起雲頭離開崊嵫神山，向忽帝冰宮偷盜鑰匙行來。

遼帝三惡轉眼來到忽帝冰宮門前，守門小神見是渾沌二帝一神來到，急忙入宮報於忽帝。忽帝這時剛剛聞知渾沌二帝三神奪勝遼帝三惡，正在宮中為此欣喜，聞聽此報真個是更加欣喜無限，即忙迎出宮門道：「忽弟剛剛聞知二位帝兄與眾神奪勝遼帝三惡，奪回了樸父大神的蠍毒寶劍，正欲前去祝賀，想不到二位帝兄與燭龍侄兒已經到了敝宮。快快進宮，小弟當即為二位帝兄設宴慶功！」

忽帝不知這渾沌二帝一神皆為遼帝三惡所變，說著已把祂們迎進了宮中，隨著擺開宴席，為之慶起功來。一時間只見宴席開處，隨著

祂們邊吃邊喝，忽帝便讓祂們詳細講述奪勝遼帝三惡的經過。變做渾沌的遼帝心機奸詐，聽到忽帝欲要詳聽經過，便細細講說起來。

只見祂講到得意之處，故意為渾沌二帝眾神奪勝祂三惡添枝加葉，以讓忽帝為此欣喜多多飲酒。鬼母所變燭龍心領遼帝之意，也每至忽帝高興之時上前為之勸飲。如此忽帝越聽心中越加高興，越加願為眼前二位帝兄的勝利多乾幾杯，不一會兒便已飲得酩酊大醉起來。

鬼母所變燭龍眼見時機來到，便即借著上前為忽帝敬酒之機，趁著忽帝酒醉無防之時，倏然使出行盜絕招，連坐在旁邊的遼、遠二帝都沒有看到，已將忽帝藏在貼胸的鎮天鎖鑰匙取到了手中。

鬼母盜得鑰匙，忙欲用眼色讓遼、遠二帝與她立刻一起離去。但她突然想到不如乘此時機，讓祂二帝繼續在此陪伴忽帝飲酒，自己疾到崦嵫神山將燭陰開釋出來，然後再歸來將鑰匙掛到忽帝胸前，這樣一舉事畢功成更好。於是她即到遼帝耳邊一番耳語，隨之獨自離開冰宮向崦嵫神山行來。

鬼母眨眼來到崦嵫神山雪銀山下，搖身變做忽帝又向山根鎮天鎖眼處行來。她剛剛走到燭陰可以看見之處，焦急等待的燭陰便高聲詢問道：「帝父，這次鑰匙帶對了吧？」

鬼母所變忽帝忙答道：「對了。這次嬌兒就可以回到帝父的冰宮中去了！」

「孩兒謝過帝父開釋之恩！」燭陰立即高興道，「帝父快為孩兒打開鎮天鎖吧！」

「孩兒不可操之過急，」鬼母所變忽帝這時走到了燭陰跟前，說道，「帝父還有話語，要對孩兒言講。」

「帝父快講，」燭陰這時性急起來道，「孩兒一切遵從父命，也

就是了。」

「帝父對孩兒要講的是，帝父現在把孩兒開釋之後，孩兒要在此等待片刻，方可回我帝宮。因為為了開釋孩兒，帝父故在宮中宴飲五方天帝及各路大神，以讓祂們作證孩兒不是帝父開釋。」鬼母所變忽帝接言道，「現在祂們全都飲醉於宮中，帝父特乘此機悄悄前來開釋孩兒。如果孩兒隨同帝父一起回宮，祂們就會看到孩兒為帝父所釋，帝父就要罹罪於玉皇大帝了。」

「孩兒明白。」陰詐的燭陰聞聽鬼母所變忽帝此言，當即心領神會道，「孩兒待會兒再回，帝父現在就可以神不知鬼不覺地回到宴前，祂們皆醉不會注意，就不會說是帝父開釋的孩兒，帝父就可無罪了。」

「孩兒所言極是。帝父就開鎖了。」鬼母所變忽帝說著，便即上前向鎮天鎖孔中插進鑰匙，「啪」一聲打開了那鎖，開釋出了燭陰。燭陰遇釋立刻躍出鎖眼，伸腰踢腿解去數十載被鎖的困倦，隨後連謝鬼母所變忽帝再三。鬼母所變忽帝也不再言，即轉身返往忽帝冰宮而去。

鬼母返到忽帝冰宮之前重又變作燭龍來到宴前，見到遼、遠二帝仍在為忽帝勸酒。忽帝這時飲得爛醉，鬼母所變燭龍忙又趁著勸酒之機，悄然將鎮天鎖鑰匙藏在了忽帝胸前。至此事皆完了，鬼母又一怕燭陰歸來，二怕渾沌天帝一行追到，遂急使眼色讓遼、遠二帝起身告辭，一起離開忽帝冰宮，徑奔天宮向玉皇大帝誣告忽天帝而來。

遼帝三惡離開冰宮稍遠現出原形，遼帝方問鬼母道：「大神實在技藝高絕，敝帝還沒有看見，大神怎麼就把鑰匙弄到了手中，又還回到了忽帝胸前？」

「若讓天帝看見老神在何時，如何出手盜得的鑰匙，」鬼母這時

自視更高，聞問傲然一笑道，「那還怎能盜得了鑰匙！」

遠帝聽了鬼母此答，又不滿足地問道：「那麼，大神是怎樣出手，神不知鬼不覺，就盜得了鑰匙的呢？」

「那全仗眼睛瞅準時機，出手神疾無比。」鬼母接著道，「乘其不備，出其不意，方可神不知鬼不覺，盜取成功！」

遼、遠二帝聽了，齊贊道：「真乃無愧於神偷高名也！」

遼帝三惡如此一路言說，轉眼已是來到了天宮南天門外。讓守門天將傳報，面見玉皇大帝奏報要緊事情。湊巧玉皇大帝這時正在靈霄寶殿昇朝議事，聞報下界東、西兩方天帝和鬼母山神前來奏稟要事，便即傳召進殿，聽其奏稟。

遼帝三惡聞召進殿，三叩九拜晉見玉皇大帝之後，聞聽玉皇大帝詢問道：「天帝山神身在下界，今日飛臨天宮有何事奏稟，速速向朕講來。」遼帝三惡聞聽不敢怠慢，鬼母忙向遼帝使個眼色讓祂奏稟。

遼帝無法謙讓，即言奏稟道：「啟奏陛下，渾沌與倏、忽三帝在下界經此數十載慘澹經營，自覺力量已厚，預謀襲奪天庭，取代陛下為帝。此事干係重大，我等三個不敢隱瞞，特來冒死稟報陛下定奪！」

玉皇大帝乍聞遼帝此言，不相信地「呵呵」一笑，不以為然道：「有這等事體？」

「啟奏陛下，小神甘願以死為遼天帝作證，」惡毒的鬼母眼見玉皇大帝不信，急忙進一步奏稟道，「天帝決無一言欺騙陛下！」

玉皇大帝這才追問道：「若如你等所言，難道是朕錯看了渾沌不成！你等稟報祂三帝謀反天庭，有何證據？」

「為了謀反天庭，他們首先要蕩平下界，掃清後顧之憂，為此他們已將我東、西二帝宮殿焚為灰燼，並縱容樸父砍開了囚帝丘。」惡

毒的遼帝這時講說證據道，「現在，祂們又正在積聚力量。我等來時，
忽帝已將燭陰惡神開釋出來，以與祂們一同前來襲奪天庭。」

「忽帝竟敢私啟鎮天鎖，擅釋燭陰那惡，」玉皇大帝聽到這裏，
方纔心生氣惱道，「這還得了！你等所言可真？」

遼帝忙一拍胸脯，肯定道：「下帝不敢一字言假！」

玉皇大帝這時好惱，即令鯤鵬大神道：「快去崦嵫神山，看那燭
陰是否真被開釋？」

鯤鵬大神聞令，立刻展翅來到崦嵫神山，果見惡神燭陰已被開釋
離去。於是祂不敢怠慢，急忙返回靈霄寶殿稟報給了玉皇大帝。玉皇
大帝勃然大怒道：「朕真是看錯了祂們！朕待祂們不薄，祂們反要反
叛於朕，這還了得！」言畢，即命托塔天王李靖引領天兵天將，先到
忽帝冰宮，將忽帝父子擒回天宮是問。

李天王領命，即率天兵天將一陣來到了忽帝冰宮門前，即令守門
小神進內傳報忽帝，讓祂攜子前來受縛。守門小神不敢怠慢，急忙進
內報給了忽帝。忽帝這時正在冰晶寶殿與其子燭陰理論短長，忽聞小
神此報，即對燭陰道：「小子都聽到了，帝父所言不假吧！若不是別
個假借帝父之手開釋孩兒，再反過去誣陷帝父，怎會引出如此之變？
既然如此，孩兒就免得帝父再動手腳傷了父子和氣，隨我前去宮門老
老實實受縛，言明事情真相好了。」

燭陰剛才聽到小神之報，心中已是驚怕十分，做起了打算，此刻
又聞忽帝此言不敢怠慢道：「帝父既然如此斷了父子情誼，那就莫怪
孩兒不聽帝父之言了。帝父自己前去受縛去吧，孩兒去也！」說著，
竟隱身逃去。忽帝見之本欲前去追擒燭陰，但又怕耽誤了時間李天王
怪罪，便不敢前去追擒而急到宮門，迎見李天王而來。

忽帝剛出宮門，便聞李天王厲聲喝道：「小小忽帝，玉皇大帝待

爾不薄，爾卻反叛天庭私放孽子燭陰！如此還有何說，快快叫孽子燭陰出來與爾一塊兒受縛，免得我等再動手腳！」

忽帝聽聞大驚，急忙辯言道：「天王請容下帝言稟，事情絕非如同天王所說，若是如此下帝實在冤枉！」

李天王知道玉皇大帝正在天宮等待詢問忽帝，因而不容忽帝辯言道：「你冤不冤枉，此處不是辯說之地。你若真正冤枉，為何不把孽子燭陰拿來？」

「下帝孽子剛才聽聞天王來到，已驚得落慌而逃。」忽帝聽了急忙實言道，「下帝欲去追擒於祂，又怕耽擱了時間天王怪罪，故而讓祂逃去。」

李天王這時勃然大怒道：「事已至此，豈容再言。眾天將，給我拿下忽帝！」

忽帝所言皆為事實，但豈奈其所言越實，越正契投天王疑祂反叛之心，即派天將拿祂而來。忽帝雖然蒙冤受屈應該反抗，但祂心中想到反抗對洗雪冤屈並無助益，遂束手讓眾天將擒進天宮而去。

忽帝對待歸回燭陰的態度，當然被邪惡的鬼母言中。剛才燭陰被鬼母所變忽帝開釋之後，按照其安排回到忽帝冰宮，正見忽帝酩酊大醉於冰晶寶殿之中。燭陰見狀驚疑帝父為何醉酒恁快，忙上前一聲「帝父」喊叫，已驚得忽帝酒醉全醒，驚怕十分道：「孽子如何出得鎮天鎖眼？難道這是夢中？」

燭陰這時更覺帝父不該口出此言，但祂眼見帝父醉意盡消，又覺帝父故做此態，以混諸帝眾神視聽，便當即不讓道：「帝父怎麼故作糊塗？現在只剩下了你我父子兩個，帝父不必再作此態！」

「孽子言何？」忽帝更被燭陰說懵，勃然大怒道，「怎麼越說帝父越加糊塗了！」

燭陰聽了也不禁心中生急，詢問道：「怎麼，剛才明明是帝父開釋的孩兒，現在帝父怎麼矢口否認？」

「剛才我會去開釋你這孽子？」忽帝聽聞更惱道，「我永遠都不會去做這事！」

忽帝的話剛說完，便見守門小神前來傳報李天王引領天兵天將來到，正在宮門要忽帝攜子前去受縛。忽帝聞報便說出了剛才勸說燭陰同去受縛的話語，燭陰則聞聽逃遁而去。

忽帝被李天王押到靈霄寶殿玉皇大帝面前，玉皇大帝剛才聽了李天王稟報擒拿經過，正氣得臉色鐵青，對其厲聲喝問道：「朕封你為北方天帝，坐鎮下界一方，待你不薄，你卻反叛天庭。你先是私放燭陰以助反叛，剛才又故縱燭陰逃遁衪去。你罪證確鑿，還有何說！」

忽帝聽到玉皇大帝此言，真個是頓然驚怕至極，連忙口中喊起了「冤枉」。

玉皇大帝則「嘿嘿」冷笑一聲道：「你說你冤枉？那好，朕問你，朕給你的鎮天鎖鑰匙現在何處？」

忽帝聞問忙答道：「現在下帝胸前貼身珍藏。」說著，便讓天將取出呈給玉皇大帝觀看。

玉皇大帝看視一眼，即又嘿嘿一陣冷笑道：「丟過嗎？」

不善思索的忽帝不解玉皇大帝此言之意，加之衪實在不知鬼母變作燭龍盜用過其鑰匙，而且又隨即還了回來，忙開口答道：「沒有。下帝唯恐出現差錯，不敢稍有疏忽，故而藏在胸前。」

「那你還有什麼冤枉可喊。」玉皇大帝聽到這裏，著實更加氣惱道，「鑰匙沒有丟過，而別的任憑誰都打不開那鎮天神鎖！」

忽帝聽聞心中更驚，忙又喊起了「冤枉」。

「冤枉是假，反叛是真。」玉皇大帝又「嘿嘿」冷笑一聲道，「打入天牢，以待斬刑！」

忽帝聽了心中更驚，口中大喊「冤枉」。但豈奈玉皇大帝旨令已下，一隊天將立刻一擁而上，把祂押下靈霄寶殿，投進了天牢死囚監中。

二二、燭陰棄義

　　忽帝被李天王以謀反罪擒上天宮的消息，很快就傳到了正在蒼梧山上追擒不著遼帝三惡的渾沌二帝三神耳中。突聞如此惡訊，祂二帝三神頓然驚得同聲大叫道:「大事不好，我等又中了遼帝三惡的姦計!」隨著，便急忙一起計議起了應急營救忽帝之法。

　　善思多智的傒帝率先道:「看來此次決非小事。忽帝以反叛天庭罪被擒入天宮，一定是遼帝三惡向玉皇大帝誣告所為。剛才聽小神傳報，是因為忽帝開釋了燭陰，但忽帝絕對不會做出私釋燭陰之事，而一定又是遼帝三惡施計所為，反而作為證據誣陷忽帝謀反!若是如此，我想遼帝三惡絕對不會只去誣告忽帝一個，而是抓住燭陰被釋忽帝身有證據，玉皇大帝聞稟先將其擒去問斷其罪，我與渾沌天帝身無實據方纔暫且得脫!」

　　「傒帝言說極是。但無論如何，我等都又遲了遼帝三惡一步，反中了祂三惡的誣告惡計!」渾沌對於傒帝此言，即表贊同道，「事既至此，我二帝只有立刻前去天庭，再也不能只顧怕給玉皇大帝添加麻煩，而去面見玉皇大帝言明真情，營救忽天帝歸來。」

　　「不，二位天帝切切不可前去。老神心想，一定是遼帝三惡設下誣陷你三帝惡計，讓鬼母惡神盜去忽帝的鎮天鎖鑰開釋了燭陰，方

使得玉皇大帝聽信祂三惡誣陷不疑。」樸父對於渾沌此說，則忙攔阻道，「如此祂三惡詭計嚴密，忽帝推脫不掉罪證，豈不就將身陷天牢。若是那樣，你二帝前去豈不就將自投天牢。」

燭龍聽到樸父老神言之有理，言忙勸阻道：「樸父老神所言極是，乞二帝三思。」

渾沌聽罷，不由得頓陷為難之境道：「是呀，這時前去正趕在浪頭之上，是凶多吉少的。但若為此而不去，怎能讓玉皇大帝心明真相，放忽帝歸來？不去，玉皇大帝派兵來擒，我等是束手待擒還是與之對抗，造成反叛的真實？」

倏帝這時已是思慮成熟，隨之肯定道：「路只有一條，爭取主動，則立刻前去天庭，向玉皇大帝言明真情。不可再被動待擒，到那時就連說話的機會也沒有了。」

就在這時，從天宮又傳來消息說，遼帝三惡誣告渾沌三帝預謀反叛天庭，正在聚集力量，忽帝故而私釋其子燭陰。玉皇大帝為之震怒，已將忽帝定為死罪，打入天牢等待擇日行斬。並且好心提醒渾沌二帝快作打算，以防不測。

渾沌二帝意想不到事情發展如此快疾這般嚴重，祂們相信玉皇大帝為英明之帝，卻不知道遼帝三惡的詭計嚴密至極，做得連英明善斷的玉皇大帝都找不出縫隙，完全按照祂三惡之意定下了忽帝死罪，因而全都大驚道：「這可如何是好！」一時間沒有了主意。

樸父末了無奈道：「路只有一條，你二位天帝快快隨我祂去躲藏起來，以待時日。時日既可以使遼帝三惡露出尾巴，也可以弄清一時弄不清楚的問題。舍此，則別無祂途矣！」

「不，我們不能那樣去做。雖然拖延時日可以弄清冤屈，但那不是我等對待玉皇大帝應取的態度，也不是我等對待忽帝應取的態度，

更不是我等對待自己應取的態度，」渾沌對於樸父此言，即不贊同道，「我等應該即去天宮面見玉皇大帝，我相信英明善斷的玉皇大帝是會很快弄清事實，據理英斷的。」

「帝兄所言極是。我等應該立即前去天宮，把事情真相向玉皇大帝講說清楚，以早日了結如此冤屈。」條帝對渾沌之言即表贊同，接言道，「我等舍此別無祂途。即使與忽帝同一個下場，我二帝也只能前去把真情弄清，而不是逃避弄假成真，那樣就又進了遼帝三惡的圈套哩。」

「對，我等沒有謀反，這是真情。所以我等不應該害怕，也不應該回避，而應該主動前去澄清真情。」渾沌就這樣隨後又接言說著，並讓樸父三神返回渾沌帝宮好生等待，而不顧樸父三神的強烈勸阻，即與條帝一道向天宮面見玉皇大帝而去。

事情果然不出樸父所料，渾沌二帝一進天宮，便被玉皇大帝派遣天將拿進了靈霄寶殿，當即訊問起來。渾沌在靈霄寶殿中看到，端坐在寶座上的玉皇大帝盛怒不已，不容祂言說一語，便大聲怒喝起來道：「你二孽聽著，朕昔日對待爾等不薄，爾等今日卻欲反叛於朕，這是為何？快快招來！」

「萬歲在上，請聽下帝言稟。」渾沌聽了，急作辯解道，「不是下帝欲謀反叛萬歲，而是遼帝三惡誣陷我等……」

玉皇大帝聽聞渾沌此言氣惱更增三分，立刻打斷其言屬喝道：「孽帝如此是說你等受了誣陷，朕則受了祂們的矇蔽，冤屈了你等！既然如此朕問你，可是你等把東、西兩方帝宮焚成了灰燼？」

渾沌不解玉皇大帝之意，立即如實答道：「是的。」

玉皇大帝接著問道：「可是你等讓樸父砍開了蒼梧山上的囚帝丘？」

渾沌又如實答道：「是的。可是那有原因……」

玉皇大帝聽到這裏，則氣惱得不容渾沌言說道：「是的就行了，朕沒有問你原因。還有，可是你等商議讓忽帝開釋的燭陰？」

渾沌急忙辯解道：「這個沒有，下帝絕對不敢。我等冤枉，忽帝冤枉！」

玉皇大帝聽到渾沌竟然喊起了冤枉，心中更為氣惱道：「你等不敢，你等冤枉！但那燭陰則確實被從鎮天鎖中開釋了出來，祂是被誰開釋的？你二帝能給朕找出來嗎？」

渾沌二帝突然聽到玉皇大帝此問，當然都答不出話來，祂們在玉皇大帝面前不敢口說無據之言啊！末了倏帝見不答必然受冤，無奈開口答道：「我等猜想，一定是遼、遠二帝和鬼母山神所為。」

玉皇大帝聽了，大為不滿道：「猜想？這等大事能夠猜想嗎？你能猜想是誰就是誰嗎？告訴你倆，那鎮天鎖離開忽帝保管的那把鑰匙，不管是誰也是開啟不得的。而且忽帝言講，鎮天鎖鑰匙祂不曾丟過，並且至今仍在其胸前珍藏。如此你等說說，不是祂忽帝，又是誰個開釋的燭陰！」

渾沌二帝本來不知此情，聽了玉皇大帝此說，更是答不出了話來。玉皇大帝則繼續說道：「還有，托塔天王李靖引領天兵天將到其帝宮門前之時，被釋燭陰正在宮中與忽帝談說，祂若不是忽帝開釋，忽帝早就應該上報於朕，並自己將燭陰擒住。而祂卻在李靖到達之時，將燭陰放跑了去，這又作何講？」

渾沌二帝聽完這些自己不知之言，頓時又都「這……」一聲答不上了話來。

玉皇大帝見狀更惱道：「如此事實俱在，證據確鑿，你等辯解不掉，還有何言可說你等冤枉。」

渾沌二帝聽到事情向反面急轉直下，玉皇大帝又不讓祂倆具體講

說，心中大驚，不得不又齊聲高叫起了「冤枉」。

玉皇大帝睹之「嘿嘿」冷笑一聲道：「你等既然沒有預謀反叛，此時驚怕什麼！冤枉，朕看你等就是不打不招。拉下去，各個給朕重責一百天杖。」

渾沌二帝聽了急向玉皇大帝討饒，玉皇大帝硬是不允，執刑天將立刻把祂二帝按翻在地，一陣打了起來。

玉皇大帝見執刑天將責打起了渾沌二帝，即又開口喝問道：「你二帝招也不招！」

渾沌二帝無罪當然無以言招，因而只是一口氣不迭聲地連喊「冤枉」。玉皇大帝越聽祂們喊叫冤枉心中越惱，待到一百天杖打完，仍見祂二帝喊冤不止，心中更惱道：「你二帝與忽帝一樣，冤枉是假，反叛是真。事實俱在，給朕打進天牢，待與忽帝一道，擇日行斬！」言畢，立刻退朝而去。渾沌二帝頓被弄得有冤再也無處言說，即被執刑天將投進了天牢。

渾沌二帝被玉皇大帝投進天牢的惡訊，立刻傳到了正在渾沌帝宮焦急等待的樸父三神耳中。祂三神聞此惡訊，頓然大驚失色。樸父隨即慨歎道：「渾沌二帝不聽老神之言，事情果如老神所料也！」

巨靈這時陷入無奈，忙問樸父道：「大神，事已至此，玉皇大帝偏信遼帝三惡誣告之言，我等怎樣才能救得帝父三帝歸來？」

「若依小神之見，要救得帝父三帝歸來，我三神必須先行擒住燭陰，」燭龍不待樸父答言，搶先講說自己之想道，「弄清事情根底，方可說動玉皇大帝。舍此，則別無祂途哩！」

樸父贊同燭龍所想，即言道：「也只有如此。但我三神到哪裏去擒燭陰呢？」

「就是到山南海北天涯地角，」巨靈也甚贊同，於是當即鏗鏘道，

「也要擒住燭陰。」

「只說辦不成事情。我想，咱們先到忽帝叔冰宮看看，」燭龍立即接言道，「說不定燭陰又返回了宮中。」

「對的。那樣我們就將祂擒了。」樸父即言贊同道。隨之，祂三神便向忽帝冰宮行來。

樸父三神須臾來到忽帝冰宮，詢問忽帝內侍小神得知，燭陰眼見托塔天王李靖押解忽帝去後，宮中平靜下來祂便返了回來，剛剛吃罷飯食在宮中安睡。樸父三神聞聽大喜，即一起來到燭陰安睡的殿中欲行擒拿。

然而樸父三神的驟然來到，早驚醒了剛剛睡去卻戒備滿懷的燭陰。邪惡的祂知道，自己剛剛從鎮天鎖中被開釋出來，忽帝父即被玉皇大帝派遣天將擒去，說明玉皇大帝決不會放過自己，讓自己逍遙法外，因而祂每時每刻對誰都不敢疏忽大意。這時祂眼見樸父三神來到，其中雖有自己的一胎孿生哥哥燭龍與自己未來的嫂子巨靈，但也不敢大意，立刻坐起身來滿懷戒備道：「三位大神突然來到，不知對小神有何見教？」

樸父三神原想趁著燭陰睡著之機一舉將其擒住，送達天庭讓玉皇大帝問明真情，營救渾沌三帝脫離險厄。但豈料祂三神一進殿門，便見燭陰驟然坐起口出此言。情勢變化陡然，祂三神防備不足，驟然反應不及不知如何應對，全都尷尬在了那裏。

機智的燭龍頭腦反應迅疾，目睹此景心知上前擒拿必生一場惡戰，而且也難以擒住燭陰或者會使祂逃走，不若將計就計先與之言說親情，既可穩住祂，進一步或可說動其心使其自己就範。退一步言說不成，再行擒拿也是不遲。於是祂立即臉綻笑靨，對燭陰道：「弟弟，我三神前來看你皆無祂意。一來弟弟被鎖數十載，為兄三神皆都思

念。聽聞弟弟今被開釋，特來看視。」

「謝謝三位大神！」燭陰聽了，倒也講究禮貌道，「這就有勞三位了。」

「小弟不必言謝，我們都是自己人。小弟聽我講說。二來只因弟弟身被開釋，渾沌三帝為之被玉皇大帝全都打入天牢，判為死刑！」燭龍這時動情道，「我三神前來尋你，是想請教弟弟被釋原委，弄清事情真相，營救渾沌三帝脫險。」

「燭龍說得對。」尷尬中的樸父與巨靈聽了燭龍此言，立即心明其意，這時齊隨聲附和道，「我三神就是這個意思！」

燭陰雖為歹徒，但祂在自己的孿生哥哥和未來的嫂子面前，又聞聽帝父為自己被釋而判死刑，豈能禁住骨肉親情不被打動絲毫，因而驚得祂也不禁「啊」地叫出聲來，隨之道：「小弟實為帝父開釋，帝父三個為我身罹斬刑，小弟實在對不起祂們！」

燭龍聽到燭陰言說有情，便向下順水推舟問詢道：「既然如此，小弟就把被釋經過全部講給我等聽聽好嗎？」

「好。」燭陰答應一聲，即一五一十從頭到尾，把自己被釋的經過講說了一遍。忽帝內侍小神此刻也站在一旁，聽完蝕陰如此講說，禁不住心中的詫異道：「這就怪了！若如燭陰大神此說，那時忽天帝一直坐在殿中飲酒，小神身為內侍在旁侍候，沒有看見祂離開宴席一步，怎麼會去到崦嵫神山，開釋了燭陰大神呢？」

「當時，忽天帝都是在陪誰個宴飲？」燭龍聽了內侍小神此言，心中也是大為奇異，忙問內侍小神道。

「怎麼大神也不知道忽天帝在陪誰宴飲？」內侍小神突聞燭龍此問，更為奇詫萬分道，「不是陪大神你，還有渾沌與倏二位天帝嗎！」

「啊，有這等事。我三個當時都在渾沌帝宮之中，」燭龍頓時大

驚失色，道，「不曾離開宮殿一步，怎會來到這裏宴飲？」

驚詫的內侍小神繼續道：「當時你二帝一神向忽帝言講奪勝遼帝三惡，奪回了樸父大神失盜的蠍毒寶劍。忽天帝聞聽心中大喜，當即令小神設宴為之慶賀。席間，倏天帝暢敘奪勝經過，燭龍大神上前勸酒，不一會兒忽天帝已喝得酩酊大醉起來。」

樸父一直靜聽不語，聽到這裏方纔「嘿嘿」一笑道：「這就對了，老神推斷事情一定是這樣：是鬼母變作忽帝第一次前去開釋燭陰大神，想用萬能鑰匙打開鎮天鎖。但無奈神鎖開啟不得，便只好假言拿錯了鑰匙，到忽帝宮中盜取鑰匙。」

「大神言之有理，快快向下講說。」燭龍三神全都贊同樸父之言，讓祂向下繼續講說。

樸父大神接著道：「諸位可以想想，鎮天鎖鑰匙忽帝擔心出現差錯，一直珍藏在胸前，若要是祂前去開釋燭陰，怎會有拿錯鑰匙之說？又怎會有返回再拿之說？」

「對了。鬼母為了免去偷盜鑰匙的麻煩，」巨靈這時插言道，「方纔造成了第一次開鎖的失敗。」

「是的。所以她必須設法盜取鑰匙。」樸父接著道，「為了盜取鑰匙，鬼母必須接近忽帝之身。為了接近忽帝，鬼母三惡故而變作渾沌和倏二帝與燭龍大神，三位親近忽帝的帝神。而後在灌醉忽帝之時，鬼母趁機出手盜走了鑰匙，前去開釋了燭陰。」

「這就對了。若是燭龍大神為鬼母所變，就是在她勸酒時接近醉酒的忽天帝，盜走了鑰匙。」內侍小神聽到這裏心中盡明，忙言道，「中間祂曾出去一會兒，就是在那時，她去崦嵫神山開釋了燭陰大神。」

樸父接下來道：「鬼母開釋燭陰大神之後，又立刻返回把用過的鑰匙，趁著忽天帝仍在醉中還給了祂，使得陷害沒有漏洞可追。為了

還回鑰匙，所以鬼母在第二次前去開釋燭陰大神之後，對燭陰大神說要衪等待片刻再回宮中，因為宮中正在宴飲諸帝眾神。」

巨靈這時聽明白了一切，立即接言道：「鬼母還回鑰匙完了，便與遼、遠惡帝一起徑奔天庭，誣告忽帝而去。所以燭陰大神按照鬼母所說時間回到宮中之時，宴席上就只剩下了酩酊大醉的忽帝叔一個。」

「原來如此！怪道帝父硬說不是衪開釋我，與我爭執不已。」燭陰聽到這裏，也才恍然大悟道，隨著衪心轉沉痛，念及骨肉親情接著道，「帝父啊，過去孩兒自作自受已傷疼了你的心，現在你與二位帝伯又為孩兒開釋要受斬刑，孩兒不孝啊！」

燭龍聽聞燭陰此言沉重，忙趁機勸言以讓其就範道：「弟弟，近年來遼帝三惡一直與帝父三個交鬥，施用了各種邪惡手法以加害於帝父三個。今又採用如此罪惡手法，非欲置帝父三個於死地而不可。弟弟既然已知自己昔日不孝，今日則正可盡孝，前去天宮向玉皇大帝講明真情，以救回帝父三個，彌補昔日的不孝。走，我等一起前往天庭，朝見玉皇大帝去。」

然而，燭龍如此一番言說不僅沒有勸動燭陰，卻相反頓時嚇得沉痛中的燭陰心中一驚道：「怎麼，哥哥讓我前去天宮朝見玉皇大帝？玉皇大帝此刻正要擒拿於我，我此刻前去豈不就是燈蛾撲火自投羅網！哥哥怎麼將弟弟往虎口中去送！」

燭龍見燭陰臉色陡變，已知其不願自己就範，但衪仍然信心不死進一步勸說道：「弟弟怎說哥哥是把你往虎口中去送！弟弟試想，如果你不去天宮，真情就誰也向玉皇大帝講說不明。真情講說不明，玉皇大帝就不會開釋帝父三個。帝父三個不得開釋，就將盡遭斬刑。弟弟，為了盡孝，即使捨棄自己一身，而能救出帝父三個，難道你覺得不值得嗎？」

　　燭龍如此一番言辭，真個是把邪惡的燭陰說得沒有了退路。只見祂隨後思忖半天，方纔講說真言道：「值是當然值得。但我此去雖可救得帝父三個身脫險厄，可我自己卻要從此再次失去自由了。那身鎖鎮天鎖中的滋味，哥哥你是不會知道有多麼難受的。正因為你沒有嘗過那般滋味，所以你說話才這般輕易。可是我受夠了，而且剛才出來輕鬆這麼一小會兒，我不能再被鎖住了，我不去！」

　　燭龍聽了燭陰此言，雖然知道了勸動其心的艱難，但也看到了還有勸說的餘地，便繼續開口勸說道：「弟弟，你去天宮即使再被玉皇大帝鎖身，也不過是身被鎖住失去自由，而不會喪命於刀下。帝父三個脫險之後，可以設法前去救你。而你若不去，帝父三個卻就要盡被斬殺呀！你想，如果帝父三個因為事情不能弄清而被斬殺，玉皇大帝斬殺帝父三個之後，豈會不擒拿於你？會讓你優哉遊哉地享受自由嗎？我想那是絕對不會的！」

　　巨靈這時忍不住了道：「到了那時，不就將帝父三個被殺身死，弟弟你又身陷鎮天鎖中失去自由了嗎？那樣，不就要雞飛蛋打，弟弟欲要自由而不得，也無帝父三個設法救你的希望了嗎？弟弟你要三思啊！」

　　燭陰聽了燭龍與巨靈這番言說，雖然心中也有所觸動，但其心中這時卻只顧自己一時歡樂，根本不顧這些。因而不僅沒有為之所動，相反卻頓生煩惱道：「這些個道理，哥哥、嫂嫂不講弟弟也懂，弟弟都已經心思過了。但是若如哥哥前說，帝父三個身遭此難，也決非皆因我燭陰被釋所致。那是你們前日與遼帝三個結下了冤仇所致。今日為什麼非要叫我前去獻身營救祂們，為了你等的冤仇讓我再度身受鎖囚之苦？你們懂道理，你們比我孝順，你們去吧，我不去！」

　　燭龍聽到燭陰不聽自己與巨靈的勸說，祂們勸說半天完全遭到拒

絕，心中著實好生氣惱道：「燭陰，你……」

燭陰這時也是不願再聽燭龍三神勸說，聽到燭龍又要開口，便即打斷道：「不，你不要再說了。什麼我都知道，但是我就是不去。我已經心想好了，鐵心了。若救帝父三個，你快去想別的辦法吧！」說著，就要走開。

燭龍見之大怒，厲聲對其質問道：「燭陰，帝父三個昔日對你有生身養育之恩，今日你卻眼見帝父三個身死能救而不救，你於心何忍！不論你如何邪惡，也不能沒有一點骨肉親情，沒有一點良心啊！」

燭陰聽到燭龍話已說絕，也著實心中好惱道：「神各有志，哥哥何必強弟所難！哥哥願救帝父三個便去營救，弟弟不願去救就不去營救，這是弟弟的自由。你別再說了，弟弟不願聽了。若是哥哥願意再白費氣力講說下去，弟弟這就去了！」說著，又要起身離去。

燭龍三神聞聽燭陰此言目睹此景全都心中大惱，同時也都擔心時間如果再拖，遼、遠三惡殺了過來再將祂三神擒住，渾沌三帝就更是遇救無望了。巨靈因而再次忍不住了心中的氣惱，呵斥起了燭陰道：「不識好歹無先無親的孽神，你去不得了。看劍！」隨著，即揮劍向燭陰刺了過去。

邪惡的燭陰聽到巨靈罵祂已惱至極，又見巨靈出劍向祂刺來心中更惱，便也不再答言，即出雙鐗向巨靈迎了上來，欲圖殺開巨靈自己離去。燭龍見之，當然不讓道：「既然如此，我三神給禮你不要，非要敬酒不吃吃罰酒，弟弟就莫怪我三神無禮了！」說著，便與樸父一起一個出劍一個挺槍，與巨靈三個一起將燭陰圍了起來。

燭陰見之更惱，一邊迎鬥燭龍一邊口中高叫道：「原來你三神先禮後兵，非要我燭陰就範不可呀！好好好，既然我去也是遭囚，不去你等也要擒我前去遭囚，非要與我見個高低不可，就休怪我燭陰無情

無義無禮了！來來來，今個我就與你等見個高低！」言畢，祂大打出手，與燭龍三神惡鬥在了一處。

燭陰神功高強，只見祂頃刻間使開雙鐧，左一鐧「魁星點元」，右一鐧「童子拜佛」，前一鐧「羅漢鬥虎」，後一鐧「彈射天狗」，與燭龍三神打得難分難解。燭龍三神也不相讓，只見燭龍槍出不離燭陰要害，刺得燭陰連連躲擋；巨靈劍劍刺向燭陰險處，殺得燭陰每每避讓；樸父更是劍出如蛟龍戲水，鬥得燭陰前閃後攔。一時間，只見燭龍三神共鬥燭陰惡神，打得疾猛難擋。

燭陰神功雖然不弱，但祂若與燭龍三神中的一神獨鬥，尚可打個平手。如此以一對三，當然不是對手。只見祂剛剛交手片刻，便已沒有了還手之力。燭龍三神眼見燭陰招架不住，轉眼就可將其擒獲，一個個出手更加疾猛。燭陰招架不住再戰眼看就要被擒，不敢繼續戀戰，心中連忙轉動數轉，倏然擋開巨靈來劍，躍身到了巨靈身後，趁機猛地呼出一口氣去。

隨著燭陰口中氣息的呼出，一股劇烈的長風陡地從其口中狂起。這風劇烈無比，陡地已颳得正鬥的燭龍三神，連同燭陰面前的半座冰宮，全都呼啦啦軲轆轆隨風而去。燭龍三神正鬥無防被狂風連同宮殿一同颳去，轉瞬間即被颳出了數裡之遙，方纔各個清醒立住身子。燭龍站定大惱，立即怒斥燭陰道：「如此雕蟲小技，竟敢在我面前逞威！」說著，即猛地向腹內吸入一口氣去，便將正颳的長風吸入了腹中，化為了烏有。

燭陰當然知道燭龍與祂有著幾種相同的本領，這呼出長風就是祂兄弟共有的本領之一，所以燭龍具有破此長風之法。但祂剛才所以使用這必被燭龍所破的呼出長風之法，則是出於惡鬥不過一時使用祂法而不得的無奈，才乘燭龍三神不備之時突然施用了此法，保得了自

己身脫險境。然而這時祂眼見燭龍吸盡長風，祂三神又返身向自己殺來，必欲置自己於重新被囚之境地，惱得祂雙眼一瞪猛地又呼出了一口長氣。

隨著燭陰這口長氣的呼出，只見在此冰封雪凍的忽帝冰宮之中，頓時冬日變成了夏日，赤日如火照射當頭，剩餘的剛才未被長風颳走的半座冰宮，立刻冰消雪化蒸騰淨盡。剛才還巍峨峨晶亮亮聳立於此的偌大忽帝冰宮，眨眼間已是全部化為了烏有，變成了一片一無所有的空白。空白中只有燭陰與燭龍四神，和宮中的數十個小神，突兀兀地站在那裏。

燭龍眼見燭陰使此法術已經氣惱不已，更惱的是祂倆使法術，把一座偌大的忽天帝經營數載，方纔建成的奇妙冰宮化為了烏有。為此祂片刻也不能容忍，猛地閉上眼睛，深深地吸入一口長氣。頓將炎炎夏日吸入了腹中，變鎏金鑠石的夏日成了彤雲密佈大雪紛飛的冬天。燭龍再破燭陰此般法術，方纔心中氣惱稍消，欲要與樸父二神上前再擒燭陰。

然而燭龍這時只顧得勝欣喜，卻忘記了燭陰還有著祂不具有的冷凍宇宙空間的神力，祂吸入長氣變夏為冬，正為燭陰施展此力添加了效能。燭陰於是念動咒語突施此力，頓時便將忽帝冰宮這片空間凍成了冰砣。燭龍三神防備不及，逃走不掉，遂被凍在了冰砣之中，凍得連動一動眨一眨眼張一張口都不得起來。

樸父開始心想自己身攜蠍毒寶劍，可以用它砍開冰砣，但那冰砣把祂凍得動彈不得，手動不得劍抽不出，哪能再去砍開冰砣。為此祂三神只能僵直直地身在冰砣之內，無可奈何地被凍在了其中。燭陰看見，禁不住一陣「嘎嘎」怪笑道：「你等雖為親近，但無奈今日逼我太甚，就怪不得我燭陰無禮了！」說罷，竟自揚長去了。

二三、玉帝懲惡

燭陰剛才呼氣颺起的第一陣長風，曾將忽帝的半座冰宮連同正在宮中的數十位小神一起，毺轆轆颺了開去。那半座冰宮的冰牆冰瓦，和宮中數十位身無避風之力的小神，一直被颺出百里之遙，方纔因燭龍吸滅長風而停止滾動。但眾小神在百里隨風滾動之中，一個個與冰牆冰瓦殘塊相互跌撞，有的跌得頭破血湧，有的跌得頭昏腦漲，一個個失去知覺，昏倒在冰牆冰瓦冰漬之中，久久沒有蘇醒過來。

末了，才有一個小神揉揉發懵的雙眼，揩揩滿頭滿臉的血跡，先是坐起身來環視一周身邊的場景，接著站起身來呆愣在了那裏。這小神是忽帝的心腹內侍小神，就是祂剛才與燭陰對證了時間，弄清了鎮天鎖鑰匙為鬼母假變燭龍所盜。但後來祂見燭龍三神與燭陰惡鬥起來，自己怕受傷害不敢站在近處，遠遠地躲在了一邊。但卻不知怎的，突然狂風驟起，站立不住身子一陣隨風翻滾跌撞，便失去了知覺。這時祂清醒過來，站起身子卻不知道身在何處，也不知道剛才究竟發生了何事，愣怔在了那裏。

一陣愣怔過後，這小神方纔進一步清醒過來，想到定是燭陰惡神不是燭龍三神的對手，突施法術用長風抵禦燭龍三神，將冰宮連同自己眾小神一起颺到了這裏。這小神是忽帝的心腹，對忽帝忠心耿耿。

因而忽帝被擒祂救援不得憂心如焚，剛才祂與燭龍四神說明真相，眼
見燭龍三神說擒燭陰，前去天庭救回忽帝三個有望，心中正在高興，
不料突被長風颳到了這裏。這時也不知道燭陰是否已被燭龍三神擒
住，祂們是否去了天庭，或者已經救回忽帝三個。想到這裏祂不再愣
怔，遂即駕起雲頭返向忽帝冰宮而來。

　　小神一陣急馳百里路程便已走完，只是看視不到晶瑩剔透光耀百
里的冰宮坐落在何處。那巍立北方轄界，閃射銀光素輝的忽帝冰宮哪
裏去了呢？內侍小神不由得懷疑自己走錯了方向，不然那冰宮早該呈
現在眼前了呀！然而，就在祂懷疑自己走錯了方向之時，一塊閃射著
銀光素輝的巨大冰砣，卻陡地映入了祂的眼簾。

　　祂這時實際已經來到忽帝冰宮原址跟前，只因冰宮已經化為烏
有，而被這巨大的冰砣所取代。內侍小神不知道這些，眼見冰砣頓然
奇異萬分道：「何來如此冰砣？此乃何處？」隨著祂向冰砣看去，只
見透過冰砣素潔透明的冰層，凍僵在冰砣中的燭龍三神和數十名宮中
小神，盡同死去了一般在冰砣中一動不動。內侍小神頓時大驚失色道：
「這是怎麼回事？」隨著，再次驚怔在了那裏。

　　呆愣許久，祂才又恢復了常態，想到一定是剛才燭陰與燭龍三
神惡鬥時各施法術，化解了忽帝冰宮，燭陰使此法術將燭龍三神凍在
了冰砣之中，自己逃離了這裏。想到這裏，內侍小神急欲救出燭龍三
神，便忙抽出身佩利劍上前砍向了冰砣，欲將冰砣砍開一洞。但豈耐
冰砣硬如鋼鐵砍開不得，無奈祂不禁心急如焚。祂救不出燭龍三神，
而舍此三神，祂知道又是沒有別個，能夠前去營救忽帝三個的。難道
忽帝三個就這樣將在無救中蒙冤被殺嗎？祂因而急不可耐，焦急中禁
不住繞著冰砣一圈圈轉了起來。

　　內侍小神隨後不知轉過多少圈子，突然心中一亮停住了腳步，自

言自語起來道：「對，舍她下界已經無神營救忽帝三個與燭龍三神！不僅她會營救而且也一定有辦法營救。對，前往找她去。」說著，祂便踏動雲頭立刻向西北崦嵫神山飛去。

作為忽帝的心腹內侍小神，這小神對忽帝與各帝神之間的關係了若指掌。剛才焦急無奈之中，祂忽然想到在下界還有樸妻大神，正好可來解救忽帝三個和燭龍三神。因而祂焦愁頓解心喜頓生，即向崦嵫神山飛尋樸妻而來。

這時，樸妻正在崦嵫神山白銀洞中坐臥不安，不知道是條件反射還是因為別的什麼，樸父走後她獨居洞中心中一直忐忑不安。三日前，蠍毒寶劍被鬼母盜去，樸父出去尋劍一直未歸。臨行時樸父讓她留守洞中，而她留守洞中一點也不知道樸父此去的消息，事情至此究竟怎麼樣了呢？遼帝三惡邪惡無比，會不會生出自己不希望出現的事情呢？

就在這時，守門小神傳報忽帝內侍小神要求晉見於她，有要事向她稟報。樸妻聞聽既驚又喜，驚的是這「要事」恐有不好，喜的是說不定會有樸父的好消息。於是她即令傳召忽帝內侍小神，進洞見她。

忽帝內侍小神尋到此山頗為不易，等在洞口突聞傳召立刻進洞，見到樸妻跪倒在地，卻禁不住失聲痛哭，久久說不出話來。祂本不想哭，但忽帝三個被囚燭龍三神被凍，能救祂三帝三神者如今只有了這樸妻大神一個。祂見到這唯一的救星，怎能抑住心中的劇痛和激動不哭啊！樸妻眼見這小神進洞即哭，已知大事不好心中陡地一沉，但不知事情究竟也無法定奪，忙邊勸小神邊問道：「小神莫哭，有話好好講說，有大神為你做主。」

忽帝內侍小神聞勸方纔止住哭聲，對樸妻急言道：「大神，大事不好了！」

「大事如何不好？」樸妻聽聞此言，心中陡地又是一沉，忙問道，「小神快快講來！」

忽帝內侍小神於是從頭至尾，原原本本地把忽帝被誣，渾沌二帝說情被囚，燭龍三神又被燭陰冷凍冰砣之中的情形向樸妻講說了一遍。樸妻聽完小神此講，立刻驚怔在了那裏。但她很快清醒了過來，因為她想到遼帝三惡昔日騙她夫婦，任憑什麼心想不到的詭計都使了出來，頓然擔心自己再被面前小神所騙，這自己不曾謀面的小神或者就為祂三惡所變。因而在這多事之秋不可不隨時設防，便頓轉怒顏屬聲喝斥道：「何來孽神，膽敢前來詭言騙我老神！講，孽神可是遼帝三惡誰個所變？若不實言，大神我這就宰了你！」說著，「颯」地出劍便逼在了小神脖頸之上。

忽帝內侍小神把樸妻看作唯一救星，實在想像不到她會對自己驟出懷疑之言，並把利劍架在了自己脖頸之上。但祂身為真身，言皆為實，不驚不怕。並隨著心思急轉，想到樸妻大神如此作為，正是其值此多事之秋高明之處。她如此故意試探自己，唯恐生假再上遼帝三惡之當。為此祂立即開口實言道：「小神不敢言假，若有一字言假，大神即可殺無救！但只是此刻如果大神不信小神之言，奪去小神性命，小神死不足惜，就要耽誤渾沌三帝生命，難解樸父三神之危了！」言畢，即泣聲引頸就戮。

樸妻眼見忽帝內侍小神心地坦蕩，言辭有序，方纔斷定其身不假，即忙棄劍於地俯身扶起小神道：「小神見諒，值此多事之秋，老神已經數次被遼帝三惡所騙，故而擔心此次再上惡當，方纔試探於小神，使小神受委屈了！走，快快領我營救燭龍三神，然後計議營救忽帝三個去。」言畢，即與小神徑向忽帝冰宮冰砣飛來。

樸妻在忽帝內侍小神引領下，須臾來到燭陰所凍冰砣跟前，果

見情形盡如忽帝內侍小神所言，心中即對燭陰更加氣惱萬分道：「惡孽，你自己作惡受苦便也罷了，如今累及帝父三個判定斬刑，又將燭龍三神冰凍於此，親情天理哪有一絲！我等豈有再與你孽神同日而語之理！」言畢，即去探尋破開冰砣救出燭龍三神之法。然而探尋許久，樸妻身無法術破不開如此冰砣，末了只有試探用劍鑿冰，硬性救出燭龍三神。

樸妻心中焦急，「嗖」地抽出身佩銀蛇寶劍即向冰砣砍去。那銀蛇寶劍也為樸妻夫婦精煉神劍，當然勝過忽帝內侍小神手中之劍百籌，因而隨著劍落只聽「當」的一聲脆響，鋼鐵般堅硬的冰砣已被砍下了一塊。樸妻見之又喜又急，喜的是其手中劍可以砍掉冰塊，試探用劍鑿冰可謂成功；急的是冰砣堅如鋼鐵，如此一劍只能砍下一塊，幾時才能砍開冰砣救出燭龍三神！

然而樸妻如此用劍砍削冰砣雖然遲慢，但她舍此則也沒有祂法，因而遲慢也罷艱辛也可，她都必須使用此法救出燭龍三神，然後才能再設營救渾沌三帝之策。於是她即在前向燭龍三神被凍方向揮劍鑿冰開洞，而讓忽帝內侍小神隨後向外運出其鑿下之冰，以打出一條冰洞通道，把燭龍三神拖出冰砣。

樸妻如此動作起來，一時間真乃是成了開山苦工。但她為救樸父三神進而營救渾沌三帝，不怕辛苦不畏艱辛，一劍劍向前砍去。樸妻砍呀砍，她手中的神劍雖然鋒利無比，但豈奈冰砣更是硬如鐵堅如鋼，使她每砍一劍都要花費巨大的氣力。所以剛把洞砍到距離燭龍三神一半之處，已是累得渾身大汗淋漓，雙手虎口震裂開來，淌出了殷紅的鮮血。因而向前再砍冰洞，樸妻就顯得有些艱難起來。

因為她這時身已乏力，向前砍進就顯得需要付出更大的身力，同時她已被震裂淌血的雙手虎口，再受震動也更是疼痛難耐。但是為了

解救燭龍三神，她顧不得了這些，依如先前一個勁地向前砍鑿開去。只見她砍呀砍，砍呀砍，距離燭龍三神凍處畢竟越來越近了。

為此樸妻砍冰更加用力，如此她又是一陣猛砍，終於將冰洞率先砍到了距離冰砣邊沿最近的樸父身邊。隨著她一陣疾砍，便將樸父之身與冰砣砍得分離開來。樸妻之所以率先救出樸父，是為了取用其身上所佩蠍毒寶劍。這時她救出樸父立刻抽出其身上所佩毒劍，換下自己手中的銀蛇寶劍，並讓忽帝內侍小神把樸父順洞拖出了冰砣。

而後她又是一陣猛砍，便將巨靈與燭龍二神全都與冰砣砍得分離開來。樸妻眼見自己終於砍通了冰洞，救出了燭龍三神，心中一陣高興，身子一軟，已累得昏倒在了冰洞之中。

樸妻醒來之時，看到自己已在冰砣之外。是忽帝內侍小神把她拖出了冰砣，是出洞醒來的燭龍三神把她喊醒了過來。燭龍三神眼見樸妻醒來，齊謝樸妻營救之恩。樸妻聞聽急言道：「你等還有心思謝我，快快議定營救渾沌三帝之策要緊！」

燭龍三神聽了，忙與樸妻一起計議起了營救渾沌三帝之法。然而祂四神計議一陣，還是一致認為欲要營救渾沌三帝脫險，必須率先擒住燭陰惡神，方可向玉皇大帝說清真情，使玉皇大帝開釋渾沌三帝。計議定後，祂四神便又欲前去找尋燭陰。但燭陰此時到了何處？到哪裏才能尋到呢？

對此祂們又是一陣計議，末了議到燭陰性為貪圖安逸拈花惹草之徒，此刻又忍受了數十載身體饑渴，一定不會前去荒僻之地躲身，說不定會趁此時機前往渾沌帝宮享受富貴縱欲行樂。於是祂四神與忽帝內侍小神一道，即向渾沌帝宮尋找燭陰而來。

燭龍五神轉瞬來到渾沌帝宮跟前，樸父擔心祂五神一同尋到燭陰，燭陰必怕被擒再度施法，祂五神如若再被燭陰冰凍起來，就將無

神再來相救，而提議眾神止住雲頭道：「不如暫去一神前去探尋，尋到那惡我等再設計擒之。」燭龍四神一致贊同樸父之言，忽帝內侍小神自願前往。燭龍四神於是便在宮外等待，而讓目標最小的忽帝內侍小神，進宮探尋燭陰而去。

忽帝內侍小神進入渾沌帝宮一番探尋，卻是不見燭陰蹤影。正在無奈之時，卻聽宮中一位小神歎言道：「燭陰那惡正在懸圃花園對百花仙子行惡，渾沌天帝被玉皇大帝囚禁，巨靈大神不知何往，誰也攔擋不得，這可怎麼得了！」

忽帝內侍小神聞聽雖惱，但也心喜燭陰果如樸父眾神所料，正在渾沌帝宮之中行惡。於是祂即去到懸圃花園探尋一番，見到燭陰正在強迫百花仙子陪祂作愛，便急忙返到宮外將此情形報告給了燭龍四神，讓祂們設計定奪。燭龍四神聞報一番計議，頓時全都搖身變作百花仙子，一路向懸圃花園計擒燭陰而來。

燭龍四神轉瞬來到懸圃花園之中，果然看見燭陰正在追撞一位花仙欲圖行惡。燭龍四神借機行計，立刻一起從身後追上燭陰圍住其身，樸父與燭龍所變仙子各拉住其一條胳膊道：「大神何必追撞她，與我等行樂算了。」

「嗯，不識擡舉的東西，」燭陰聽了看視一眼，立刻停止追撞，「嘎嘎」怪笑道，「大神給臉她不要！」

然而，只顧高興的燭陰話還沒有說完，巨靈與樸妻二神已從背後猛地將其雙腿踢跪下去，隨著「撲通」一聲嘴啃到了地上。無防的燭陰驟被踢倒心中大驚，開口急叫道：「放開我，快放開我！你等花仙這是為何？若不放開，大神就要使用法術了！」

燭龍四神聞聽「嘿嘿」一笑，隨著一起現出了原形。燭陰見之大驚，急欲掙脫逃走。但樸父與燭龍二神則死死地扭住了其兩條胳膊，

扭得祂動彈一下也不得，祂豈能逃脫得了！燭龍四神當然也不怠慢，隨著把祂捆了個結實。

燭龍四神如此智擒燭陰成功，便欲押其上達天宮，向玉皇大帝講明真情，營救渾沌三帝脫險。然而祂四神正欲前行，樸父則又止之道：「慢。老神心想此去天宮必須一舉成功，因而此去除了燭陰與忽帝內侍小神可作證明之外，還有崦嵫山雪銀山山神可為有力見證，我等何不也讓祂一同前往！」

燭龍諸神聽到樸父言之有理，便即一起向崦嵫山雪銀山尋找山神而來。燭龍眾神轉瞬來到崦嵫山雪銀山前，樸父召來山神問詢燭陰被釋情形，山神果然盡知一切，將鬼母兩次變做忽帝偷釋燭陰，遼、遠二帝躲在遠處接應的情形講了個清清楚楚。燭龍眾神聽後大喜，即帶山神一道向天宮晉見玉皇大帝而來。

燭龍眾神押著燭陰轉眼來到天宮南天門外，守門天將立刻報於玉皇大帝。玉皇大帝聞聽燭龍眾神押著燭陰又為營救渾沌三帝而來，心中既喜又惱。喜的是燭龍眾神押來了犯罪在逃的燭陰，惱的是燭龍眾神又來給祂添惹麻煩。但祂們押來了燭陰祂不能不見，便即將燭龍眾神傳進了靈霄寶殿。

燭龍眾神進殿見到玉皇大帝，忙行三跪九叩大禮。玉皇大帝則不耐煩地先問燭陰道：「燭陰惡神，是誰把你開釋出鎖，快快如實向朕講來。」

燭陰雖然邪惡至極，但在這時卻也不敢言假，忙將自己被忽帝開釋的情形，原原本本地向玉皇大帝講說了一遍。玉皇大帝聽到末了道：「嗯，可那忽帝言說不是祂開釋於你，鎮天鎖鑰匙也從未丟過，如此祂還有何言可辯其罪！執刑天將，去將忽帝那鎮天鎖鑰匙奪回，將這燭陰仍鎖原處。」執刑天將聞命，即先去天牢奪回了忽帝的鎮天鎖鑰

匙，隨著押起燭陰便向崦嵫山而去。

玉皇大帝見燭陰之事處理完了，這時才對燭龍眾神道：「你等剛才都聽清楚了吧，燭陰為忽帝開釋，忽帝便罪有應得。朕不追究你等從惡謀反之罪，你等就快快去吧，不要再為叛帝說話了！」

「忽帝冤枉！」燭龍眾神聽聞玉皇大帝又是不讓祂們言講，無奈中立刻齊叫起來。玉皇大帝聽到此言，頓然好惱道：「怎麼？剛才燭陰已經再次證實了忽帝之罪，你等卻又在此反言忽帝冤枉！朕不追究你等這些協從之神反叛之罪也就夠了，想不到你等真個是要反叛於朕！那好，都給朕把祂們打出宮去！」

執刑天將聞令，立刻揮杖就要打將過來。燭龍眾神見之心急，齊叫：「萬歲且慢，再容下神言稟數言！」

玉皇大帝眼見燭龍眾神有話非說不可，方纔止住執刑天將，令燭龍眾神言講道：「你等有何言稟，速速向朕講來。如果再敢欺矇於朕，朕決不饒恕你等！」

燭龍眾神聞聽，齊謝玉皇大帝容稟之恩，即推燭龍向玉皇大帝進行言稟。燭龍這時有了進言之機，便原原本本地向玉皇大帝講述了燭陰被釋經過，並讓忽帝內侍小神和崦嵫山雪銀山山神為之作證。

玉皇大帝耳聽燭龍之言，越聽越覺有理。又聞二小神之證，方知自己真個是受了遼帝三惡矇騙，冤枉了渾沌三帝。然而玉皇大帝身為乾坤至尊，雖然這時知道了其錯，卻又不好意思立刻放下架子承認其錯，而故意尋找渾沌三帝之錯為自己開脫道：「燭陰為鬼母開釋，朕且暫信你等。但朕問你等，可是渾沌三帝焚燒了遼、遠兩方帝宮？可是渾沌三帝讓樸父砍壞了蒼梧神山囚帝之丘？若是此皆為實，將作何講！」

樸父聽到玉皇大帝此問，忙開口詳細講說了其中的一切，末了

則向玉皇大帝呈上了自己為其新鑄的蠍毒寶劍。玉皇大帝聽完樸父之言，接過那劍看視半天，方纔氣惱盡消，道：「原來如此，朕果然受了遼帝三惡的矇蔽，冤枉了渾沌三帝！」言畢即令燭龍眾神暫且退下，而讓執刑天將召來了遼帝三惡。

玉皇大帝見到遼帝三惡走進殿來，氣惱頓生，立刻厲喝道：「你等矇騙朕，知道該當何罪嗎！」

遼帝三惡本來就做賊心虛，擔心玉皇大帝查知真情不饒祂們，這時突見玉皇大帝陡然變色，口中言辭變調，全都心知定是事情反覆，玉皇大帝查知了真情，頓然齊嚇得渾身抖索起來，但仍為自己辯護驚叫道：「我等不敢矇騙萬歲，祈萬歲陛下明察！」

玉皇大帝眼見遼帝三惡雖然嘴硬，卻早嚇得本色盡失，更知燭龍眾神之言不假，遂氣惱萬分道：「朕已查過，是你二帝讓鬼母開釋了燭陰，然後又反來誣陷渾沌三帝聚眾反叛朕，妄圖借朕之手，報雪你等昔日宮焚之仇。」

「我等絕對不敢如此！」遼帝三惡聽了玉皇大帝此言，已知事情根底已被玉皇大帝查明，更加驚怕，妄圖扭轉道，「乞萬歲且慢聽信孽神之言，冤枉了我等！」

「怎麼，你等真個是死豬不怕開水燙嗎？！那好，朕讓你等明白明白。」玉皇大帝見到遼帝三惡事到這時尚且反咬別個一口，血誣別個矇騙自己，惱得臉色紫漲口中厲喝著，立即傳召崦嵫山雪銀山山神首先上殿作證，當眾講說了鬼母兩次前去偷開鎮天鎖的經過。

遼帝三惡聽了，嚇得說不出話來。接著，玉皇大帝又讓忽帝內侍小神和燭龍先後出證，將祂三惡偷釋燭陰的經過說了個清楚，更是嚇得祂三惡癱坐在了地上。末了，玉皇大帝又傳渾沌三帝上殿，問渾沌與倏帝是否曾去忽帝冰宮宴飲，祂二帝當即否認。

至此，玉皇大帝便讓下界諸帝眾神當面鑼對面鼓地敲明瞭事情真相，遼帝三惡罪證確鑿、罪惡昭著，無奈只有聽憑玉皇大帝發落，嚇得跪地連連求饒道：「乞萬歲陛下饒命不死，小的再也不敢了！」

玉皇大帝怒氣難消，當即懲處遼帝三惡道：「遼、遠惡帝為惡之首，罪在不赦！但朕念及你等初犯，故給你等改過之機。今日暫且饒恕你等不死，但各杖三百天杖，下界好生改過其非，重建殿宇，坐鎮轄界。如果再有不是，二罪並罰，到那時就莫怪朕不寬容了！」

遼、遠二帝聽到玉皇大帝對衪們處理寬大，急忙叩謝玉皇大帝盛恩，隨後領受杖刑而去。鬼母這時眼見遼、遠二帝受刑而去，擔心玉皇大帝不赦自己，驚怕萬分地等待著玉皇大帝對她的宣判。

「鬼母惡神為行惡之徒，也罪在不赦。但朕念及你為惡帝所使，不為主犯，故而饒你不死。」就在這時，玉皇大帝開口對鬼母宣判道，「但為懲其惡以儆效尤，朕決計撤銷你的蒼梧山神之職，由巨靈大神代之。你回山之後，從今作為小神聽從巨靈差遣，以助巨靈鎮守蒼梧神山。若再有誤，莫怪朕之嚴處！」

鬼母雖被撤職心疼萬分，但對玉皇大帝饒其不死感激不盡，忙行三跪九叩重禮，連謝玉皇大帝而去。鬼母去後，渾沌三帝燭龍眾神齊謝玉皇大帝聖明，為衪們雪洗了冤屈，功高齊天，恩厚被地。

玉皇大帝聽聞不由得陡然面露愧色，但倏然即收。隨之，好言安慰渾沌三帝燭龍眾神一番，誇讚衪們忠厚誠直，堪為神界棟樑，便讓衪們離開天宮返歸下界而去。

二四、鬼母使詐

　　渾沌三帝五神回到下界，先是聚在渾沌帝宮慶賀一番，而後分別歸去。巨靈則受玉皇大帝之命奔赴蒼梧神山，接替鬼母做起了鎮山之神。

　　鬼母惡神受到玉皇大帝嚴處，回到蒼梧舊地失去主神之位，僅僅作為小神聽從巨靈差遣，陡然間由支配地位下跌到上受巨靈支配，下受眾小神譏諷境地，實在心中仇恨倍增，惡氣難消。但無奈此乃玉皇大帝對她的處罰，所以她雖然整日對此恨得咬牙切齒，時刻都在心想著報雪此仇消解此恨，但一時間卻也不敢再像過去那樣，明火執仗地肆意妄為。而只有忍氣吞聲，韜光養晦，以期再伺時機報雪如此深仇大恨。

　　如此光陰轉眼過去月餘，這日鬼母突然愁顏綻開，心想出了報仇雪恨惡計，並決計付諸實施，以期早日報仇雪恨。為此當夜她偷出蒼梧神山來到遠帝宮殿舊址，尋得遠帝與之計議起來。

　　遠帝這時正獨坐在其樹宮舊址之上，為重建帝宮的辛勞而愁煩氣惱。祂本來就是一位貪圖安逸不好勞作的惡帝，簡陋的宮殿又被渾沌三帝火焚淨盡，今日又受玉皇大帝敕令要祂重建帝宮，為此祂更恨渾沌三帝焚其宮殿，倍惱渾沌三帝使祂受此嚴處。但只因其剛剛受過玉

皇大帝嚴懲，表面上也不得不斂起邪惡暫時不敢再鬧，內心裡卻恨不得即置渾沌三帝於死地，以泄胸中這口惡氣，以奪渾沌帝宮為己有。這時突見鬼母冥夜來到，身懷詭秘，忙迎入內室問詢道：「大神近來有恙乎？」

鬼母聞問忙答道：「無恙焉來拜見天帝，小神特為有恙而來。」

遠帝本就粗中藏細，這時聽了鬼母如此詭言，頓然心中大喜。因為祂已從鬼母的詭語中，驗證了鬼母的報仇之心仍未泯滅，正好為其所用。祂正擔心鬼母身受玉皇大帝如此嚴處，泯滅了報仇之志，故而剛才見面故意試探之。這時遠帝心中轉喜，即言道：「大神前來既然有恙，就請大神向本帝講來若何？」

「天帝，在未講小神之恙之前，小神想先請教天帝一事。」狡惡的鬼母聞問，即轉彎兒向遠帝講起了其惡計道，「即奪神何物，激神最怒？」

遠帝突聞鬼母此問，一時不解其意，思忖片刻道：「奪其愛物，使其失物喪志，激神最怒。」

「不。奪神愛物並不能使神喪志。」鬼母聞聽蛟目連眨數眨，否定道，「因而不能激神最怒。」

「奪地。奪其所居轄界，」遠帝仍是不解鬼母之意，又是思慮片刻回答道，「使其身無立錐之地，激神最怒。」

「嗯，此言還可以說得過去。但若依小神之見，不若奪神之妻，激神最怒。」鬼母這時仍不完全贊同，道，「前番我等奪去樸父之妻，即為先例。」

「噢，大神是說奪神之妻激起其仇，我等則藉以報雪我等之恨！」遠帝耳聽鬼母說到這裏，方纔恍然醒悟道，「若如此說，大神對報仇之計已經胸有成竹了。那樣大神就快別再與本帝兜圈子，快說何計。」

「天帝如此一聞即曉，實乃刁鑽之帝也！」鬼母眼見平時性情急躁的遠帝今個心細有餘，忙高興地一笑講說其計道，「小神心想，巨靈現在乃為燭龍孽神的未婚之妻，兩個愛得如膠似漆，須臾難離，令神妒忌……」

「大神妙計！」遠帝剛剛聽到這裏，已禁不住高興得「嘎嘎」大笑起來，立刻打斷鬼母之言道，「好，就這麼辦！」

鬼母聽了遠帝此言，心知魯莽的遠帝仍是魯莽有餘，因為祂還沒有聽明白計謀原委，就已經要照此辦理，因而不禁心中暗笑遠帝的魯莽，立刻開口反問道：「就怎麼辦？天帝請向小神明示，小神好去運作。」

鬼母如此一語，頓把正笑的遠帝詰問得張口結舌。遠帝當然答不上來，祂聽了只顧高興沒去細思，對下步行動毫無主張。這時被鬼母將此一軍，忙言道：「大神快說，如何行動？」

鬼母這才接言道：「小神心想，這些日子小神在蒼梧山上見到燭龍與巨靈愛得如膠似漆。」

「那又如何？」遠帝又陷不解道，「小孩子玩家家的，不都是那樣嗎？」

「我等正可借此使用離間之計，使燭龍相信巨靈變心離祂而去。」鬼母接著道。

「那又怎樣？」遠帝仍是不解道，「我們能做什麼？」

鬼母這時繼續道：「到那時燭龍必然大惱，與巨靈不共戴天地打將起來。」

「祂打祂的，」遠帝還是不解鬼母之意，問詢道，「與我等報仇何干？」

鬼母這才詭秘道：「我等再伺機使燭龍與巨靈之戰，昇級為渾沌

五帝之戰，豈不就可報雪冤仇，又不露我等馬腳了嘛！」

「好計！」遠帝聽到這裏，方纔心中明白過來即表贊同，但祂稍作思忖，仍覺鬼母之計不夠完善道，「請大神再作明言，我等好作定奪。」

「小神心想，天帝前去叫來遼帝。你與遼帝一起，先期隱於蒼梧神山赤金峰上的金樹林裡。」鬼母隨之細言道，「伺得小神判定燭龍必到蒼梧神山在其未到之前，小神設法把巨靈騙往渾沌帝宮去見渾沌。而待燭龍來到赤金洞中尋找巨靈之時，小神則與之巧言巨靈變心隨了你遠天帝，正與天帝在峰巔金樹林中幽會，而將其設法引到你與遼帝躲藏的金樹林中……」

「那又能怎樣？」遠帝又陷不解，打斷鬼母之言道，「難道是要我們擒住祂不成？」

「不是那樣。」鬼母接著狡惡道，「屆時，你讓遼帝變做巨靈，與你在金樹林中纏綿說愛。由此激怒燭龍，引出一場好打。我等的離間之計，就由此演將下去。」

「好，就這樣辦！」遠帝這才聽得心中盡明，然而邪惡的祂也著實粗中有細，剛剛口出如此一語卻又突轉換話題道，「不過，大神想過沒有，燭龍與巨靈都是聰明睿智之神，我們能像欺哄誠直的樸父一樣騙住祂倆嗎？如果欺騙不了，我們此計不是就要敗北了嗎？」

「天帝儘管放心，小神自有主張。」鬼母對之則嫣然一笑，胸有成竹道。遠帝眼見鬼母打了包票，這才放下心來。立刻約於鬼母明日行動，即送鬼母連夜返回蒼梧神山，自己則即去西方轄界約請遼帝而去。鬼母這時身為巨靈差遣小神，偷出神山當然不敢在外多停，言說完了便返回到了蒼梧神山。

轉眼次日早晌來到，狡惡的鬼母這時按照近日掌握的燭龍的習

慣，預料燭龍過一會兒必然要來山上會見巨靈。於是她先出洞來到山
巔金樹林中，看見遼、遠二帝已經來到藏在那裏，即回洞中騙說巨靈
道：「大神，剛才渾沌天帝遣一小神前來傳命，召大神立即前去中央
帝宮。」

作為巨靈的差遣小神，鬼母近日來一因受了玉皇大帝嚴懲，二為
伺機報雪冤仇，表面上總裝出對巨靈百般馴順、萬般盡忠的樣子，不
敢弄出絲毫差錯以期求得巨靈的信任，心想只有這樣方好再伺時機，
對巨靈下手報仇。

鬼母的這般作為果然麻痹了巨靈，她看到鬼母如此作為，大有痛
改前非洗心革面的模樣，而且辦事細密滴水不漏，加之為敵時日已過
月餘，便也沒有再對其留心戒備，聽了鬼母此言心中並不懷疑。再者
渾沌天帝要其前去也是平常之事，因而她沒有再言，便立刻出洞向渾
沌帝宮行去。

巨靈剛走片刻時光，刁鑽的鬼母便果然如願以償地看見，燭龍按
落雲頭入洞尋找巨靈而來。鬼母目睹此景，知其惡計就要開演心中大
喜，即忙詭詐地把燭龍迎進洞中道：「大神在洞中稍待，巨靈大神去
去就來，大神不要著急。」說著，她又讓司廚小神擺開金宴，勸讓燭
龍飲起酒來。

燭龍對巨靈愛之如命，戀之若火，只要有時間一忽兒也不捨得離
開。因而今日一早祂詢得帝父無事，便在用過早膳之後，急匆匆趕來
面會巨靈。近些天來，巨靈每天早晌都不祂去，只靜坐洞中等待燭龍
到來。所以燭龍進洞都是立刻就可見到心愛的巨靈，今天當然也仍然
是求之不得進洞立刻見到巨靈。為此聽到鬼母講說巨靈去去就來，讓
祂等待一會兒，祂也不好為此就立刻發火，但其心中卻已是燃起了急
火的火苗。

中計多在無防之中，這時頭胸聰慧的燭龍因為心中急火，也果然全部按照鬼母的惡計行動起來。只見祂開始坐下等待時，心想巨靈一定一會兒就會回來，還能忍住心中因奔湧之愛生出的急火。但等過一會兒，仍是不見巨靈歸來，已是急火難抑，可祂還是狠狠心忍抑了下來，並舉杯飲酒以澆滅心中的急火。

然而又過片刻，祂飲酒半醉還是不見巨靈歸來，便一是難抑心中急火，二是擔心巨靈出了事情，因為昨日巨靈並未對祂言說今日有何事情，約祂盼祂今日早來，她等著祂。可是現在事情生變，巨靈久去不歸，鬼母又不告訴祂巨靈去了哪裏，做何事去了，於是祂終於急火突發，唯恐鬼母邪惡不改，再與遼、遠惡帝勾結施惡於巨靈，這是祂一直擔心的。為此祂立刻厲聲叫來鬼母，喝問道：「惡婆，快快告訴大神巨靈哪裏去了，做何事去了。為何去了這麼久，仍不見回來！」

狡惡的鬼母這時眼見燭龍急火在胸中熊熊燃起，有了如此熊熊急火就不愁惱火不生，心中已經高興十分，聞聽燭龍喝問忙狡詐地嫣然一笑，故作輕鬆戲弄道：「大神何必如此火急，巨靈去去就來了嘛！」

「認真起來，快快告訴大神巨靈去了哪裏，大神好去尋她！」燭龍眼見鬼母不緊不慢的樣子，耳聽她不溫不火的話語，心中的急火即迅疾轉換成了對巨靈、更是對鬼母的多重惱火道，「如若不然，大神這就施刑於你！」

急火的燭龍如此說著，便真的傳來執刑小神將鬼母押住，就要施用杖刑。燭龍這時之所以這樣對待鬼母，當然仍是祂心中不信奸詐的鬼母，唯恐她再施惡計施害於巨靈，所以眼見她囁嚅不答，心中更加懷疑。又一直不見巨靈歸來，便即向鬼母開始了真的訊問。

鬼母雙臂被執眼見自己果真就要受刑，心中當然陡地一沉。她想不到燭龍會如此來了真的，使得自己眼看就要身受皮肉之苦。但她忽

然一想受些苦頭也好，因為看來燭龍仍不放心自己，自己受些苦頭再去講說，反倒更好弄假成真。因而靈機動罷鬼母先是對燭龍之問囁嚅不答，接著看見燭龍氣惱至極，方纔開口施計道：「大神饒了小神吧！不是小神對大神不說，而是小神先前與大神有隙，此刻雖知真情，也不敢講說呀！」

鬼母如此一言，真個是頓使燭龍心中對巨靈此去生起了疑竇，心中的急火陡地變成了惱火。同時鬼母如此一言，也正是為了達此目的，所以頓然激得燭龍立刻接著對鬼母厲喝起來道：「我看你這惡神今日有異，不真的打在你的身上，你是不會講說實言的。」

「大神饒了小神吧！大神就是打死小神，」鬼母這時眼見時機來到，狡惡的她便想再添一言，激得燭龍心中更惱更疑，忙急叫道，「小神也是不敢說出實言呀！」

鬼母如此一言，不僅把燭龍激得更惱更疑，而且也心中更急起來，為此祂即言下令道：「打，給我狠狠地打這個賊婆子。不然，她絕不會講出實話來！」

執刑小神聞令，即把鬼母按翻在地，一陣亂杖已是打在了她的身上。一瞬間，便把鬼母打得鬼哭狼嚎起來。鬼母雖然被打得一陣鬼哭狼嚎，但她這時心中想到，昔日她與燭龍眾神諸帝本為對頭，仇大恨深，唯恐自己早行惡計燭龍不信，所以她為行惡計寧可忍疼不避毒杖，仍是只嚎不語。

「看你惡婆，今日真個變了模樣。昔日你見打就逃，今日則死打不招！」燭龍見之更惱道，「好，給我狠狠地打，往死處打，看她招也不招！」

燭龍如此一語，執刑小神手中刑杖打得更狠更疾。鬼母這時眼見已可行計，而且也不願再受，同時也實在忍受不住如此皮肉之苦，方

纔連忙假言道：「大神別打了，我說，我說！反正不說也是死，說了也是死。說了，我還能多活一會兒！」

「說吧！如果惡婆再像昔日那樣言假，就莫怪我燭龍殺你。」燭龍聽出鬼母話中藏話，忙為之壯膽道，「如果惡婆字字言真，大神我不僅不會殺你，而且別個殺你，我燭龍也會救你的。」

鬼母聽了此言，心知自己此番苦肉計已贏得燭龍信任，說出假言燭龍也不會心再生疑，詭計已可施行下去，遂作詭言道：「大神若聽實言，請大神摒退左右。」

「噢！惡婆，你再耍花招，我燭龍也不會怕你。」燭龍聽到這裏，不知鬼母又要去耍什麼花招，心中一奇口中禁不住叫出聲來道。燭龍這時只顧心急知道巨靈去處，便同意了鬼母之言，即對執刑小神一聲令下道：「把這惡婆捆住，你們退下！」

執刑小神聞令，即把鬼母捆綁結實，然後退了出去。鬼母被捆動彈不得雖然難受，但她見到左右都已退去，行計時機來到。她害怕自己同著眾小神之面一派胡言，自己的老底被眾小神揭穿，方纔採用了如此一招。於是她詭祕開言道：「大神如此不信任小神，小神怎敢對大神講說真言！」

「你這惡婆叫大神摒退左右，大神照惡婆所言摒去了，可你惡婆還是不講。大神我這就宰了你這惡婆！」燭龍這時頓惱十分，口中厲喝著，手中把劍真的往鬼母胸前一戳。

鬼母老奸巨猾，目睹此景不僅不怕，反而莞爾一笑道：「殺吧，殺了我，大神就問不出真情來了。」

「好，本神就先不殺你這惡婆，」燭龍聞聽更惱道，「看你惡婆所言是真是假，再說殺你也是不遲。」

鬼母聽到這裏，方纔假作認真道：「不過，大神若聽真言，必須

答應小神兩條，小神方敢言說。」

燭龍此刻心急難耐，又聞鬼母此言便答應下來道：「只要小神口吐真言，別說兩條，就是一千條也依小神。快講，讓大神依你哪兩條？」

鬼母道：「第一條，大神聽後不可發火。」

燭龍道：「這好辦。」

鬼母又道：「第二條，大神聽後不可言說是我鬼母所說。因我鬼母與你等素來不合，若說此情是我鬼母所說，就等於是我鬼母在其中調唆使壞。小神擔當不起如此罪名，同時也怕巨靈大神殺害小神。」

燭龍不知鬼母此言又是在進一步使詐，心中更加急火欲知鬼母要說之情若何，因而聽了鬼母此言忙出口應道：「本神依你第二條，小神快說。」

鬼母眼見燭龍此刻已上圈套，便不再去兜圈子，而對燭龍故作神秘詭言道：「大神，不是小神被打死也不向大神講說實言，實在是此事關係到大神你呀！」

燭龍聽了鬼母此言，雖然頓感事情仿佛不妙，但祂強抑心中驚詫不露於面，催促道：「快講，去兜圈子有何用處！」

鬼母繼續詭言道：「正因為此事關係到大神，所以小神唯恐大神聽後，忍抑不住心中怒火生出事來。同時近來巨靈大神也實在對小神不錯，若不是大神如此神杖相逼，小神豈能惡言其主！」

「惡婆休得胡言！」燭龍聰慧異常，這時因為只顧焦急於愛情，方纔忘掉了戒備，使其墜入了鬼母的圈套。但聰慧的祂還是聽出了鬼母言辭的失當，開口警告道，「若敢誣陷大神，小心你的腦袋！」

「小神不敢，小神皆為實言。」鬼母狡惡異常，她這時當然聽出了燭龍的警告之意，但她更知道燭龍因為只顧焦急於愛情而忘掉了戒

備，因而敢於依據自己之想繼續道，「再說，那遠帝昔日也為小神一幫，小神若向大神說出實言，也便損了遠帝。」

「惡婆說的這是什麼？」燭龍這時被鬼母說得一頭霧水，一時摸不著了頭腦道，「怎麼牽扯出了遠帝？快說清楚。」

「大神別急，聽小神對你講說清楚。」鬼母繼續其言道，「所以在小神看來，在你與巨靈，這邊就調唆了你倆的關係，在遠帝那邊就叛賣了同夥。到那時小神就兩頭不得一頭，誰也不會護祐小神，小神就只有死路一條了。現在既然大神答應祐護小神，小神就敢於向大神講說實言了。」

燭龍這時更是聽不懂了鬼母如此詭言，心中更奇急切追問道：「快說巨靈之事，其祂改日再講不遲！」

「好，小神就講巨靈大神。」鬼母於是一陣察言觀色，方纔又作詭言故作神秘道，「大神，小神對你實說，你可是被那巨靈女神耍了呀！」

「什麼？你說什麼巨靈耍我，她會耍我？她怎麼耍了我？這就是你鬼母要我摒退左右，要告訴本神的所謂真言！」然而事情不出鬼母預料，燭龍聽罷其言，果如其料之一，頓然禁不住「哈哈」大笑起來不屑道，「可笑，你鬼母別在這裏囈語說夢了。不，你這不是囈語說夢，你這是調唆，這是別有用心。我這就宰了你！」說著，燭龍頓斂笑聲，倏然出劍搭在了鬼母的脖頸之上，眼看就要真的殺死鬼母。

鬼母目睹此境，看到騙說聰慧的燭龍生仇於巨靈，果然如其所料實在不易。但她也知道此刻的燭龍，已對自己之言半信半疑，因而不會殺害自己，出劍只是威逼試探自己而已。所以心機狡惡的她處此境地不卑不亢，仍然不慌不忙故作沉靜嚴肅之態，對燭龍詭言道：「此

事別說大神你乍然聽聞不會相信，就連我鬼母小神也不敢相信巨靈會耍你大神，誰個能夠心想得到呢？可那卻是眼前不得不信的現實。大神先別殺小神，聽小神說完再殺也是不遲，大神信不信均可。」

燭龍這時果如鬼母判斷，初中惡計心中陷入了對鬼母之言半信半疑狀態。燭龍知道，在一般情況下，如果巨靈果有此事，除了自己的摯友或者巨靈的仇者之外，祖言其事的。同時摯友言之是出於好意，惡者言說是出於歹心。而此刻鬼母則對自己祖言了這些，她昔日雖為自己之敵，但今日剛剛受到玉皇大帝嚴懲，斷然不敢無故生非再生邪惡，所以對其所言半信起來。但祂又心知巨靈與自己相愛之誠，懷疑鬼母邪惡不改，故施如此調唆惡計離間自己與巨靈，因而又心中半疑起來。半疑之中燭龍唯恐再上鬼母之當，所以繼續劍逼鬼母屬喝道：「我先不殺你也行！快講，我讓你把壞水倒淨。」

鬼母於是接著詭言道：「我鬼母受到玉皇大帝的嚴懲之後，決計洗心革面痛改前非。但巨靈大神受到玉皇大帝的敕封之後，卻野心急劇膨脹，與小神恰好相反。由於小神身為女流之輩，近日又在巨靈大神身邊痛改前非，因而巨靈大神也對小神漸信不疑，陸續對小神講說了其心藏的隱密。」

「她都對你說了什麼？」燭龍焦急道，「快快講來。」

「她說，她昔日覺得你面若書生，心地細膩，與你又為青梅竹馬，覺得是理想的終身伴侶。」鬼母繼續詭言道，「但如今她當上了蒼梧鎮山之神，地位高了，心就變了，反覺得你那模樣恰好不配做她的終身伴侶，倒是兇悍魯莽剛烈躁猛的遠帝，成了她心中的偶像，應做她的終身伴侶。」

「啊，竟有此事！」先被焦急所迷，後被氣急所迷的燭龍，這時更是完全喪失了對鬼母的戒備和懷疑，急問道，「惡婆快說，她還說

些什麼？」

「她說，遠帝同時貴為一方天帝，」鬼母看出了燭龍的情態之變，便也就察知了其心態之變，遂心中暗喜依舊詭言道，「也才能與她鎮山之神相匹配……」

「啊！她真的對你這樣講說嗎？」燭龍更惱至極道。

「是的。」鬼母故作調唆道，「她還對小神言講……」

「言講什麼？」燭龍這時已經氣昏了頭腦，不等鬼母說完，急不可耐打斷其言逼問道，「快講。」

「她說，大神僅為一個無職小神，」鬼母把握火候道，「豈可與她匹配。」

「啊，氣死本神也！」燭龍暴跳起來道。

「為此她在大神走後，」鬼母更加惡毒道，「逼迫小神給她與遠帝牽線，近日已與遠帝熱戀如火……」

「你這惡婆敢給祂們牽線？」燭龍這時怒火頓然轉移到鬼母身上道，「你這個皮條客，本神先宰了你這惡婆！」

「大神且慢！」鬼母見之，急按自己之想道，「大神若是殺了小神，下邊的事情大神就不會知道了。」

燭龍聽到這裏，方纔收回了欲殺鬼母之劍。隨之聯想到近日來，有時巨靈實際上是因忙對祂的點滴慢待。狂熱的愛情之火，又使祂錯誤地與鬼母之說相印證，認為那是巨靈如同鬼母所說露出的蛛絲之變。頓然惱火陡騰萬丈，腦袋脹大千斗，忘記了應對鬼母進行戒備，以及應該反思鬼母之言的真假。再也不能忍抑下去，中了鬼母惡計，開口急問道：「此刻，巨靈究竟去了哪裏！」

鬼母這時眼見燭龍已經完全被自己所騙，失去了辨別真假之能，心中高興萬分。本想順水推舟回答燭龍之言，將其騙入金樹林中觀看

假像，以進一步激惱於祂，但她唯恐事欲速則不達，故而再次留下一手，假言道：「小神不敢對大神言講。」

氣惱萬分的燭龍聽了心中更惱，即又出劍搭在鬼母脖頸之上，逼問道：「快講，不講本神這就宰了你！」

「大神別宰，小神對大神言說。」鬼母眼見再騙燭龍的時機來到，心中著實更喜十分，即又騙說道，「巨靈大神此刻並未去遠，而正在峰巔金樹林中與遠帝幽會。」

「這個不值錢的下賤娼婦，我叫她幽會不成，立刻命喪金樹林中。」燭龍立刻氣得目瞪口呆，咬牙切齒起誓說著，即揮劍斷開捆綁鬼母之繩，讓鬼母引祂去峰巔金樹林中尋殺巨靈。常言：愛得越深，恨得越狠。因愛迷失的燭龍，就這樣被惡毒的鬼母引上了這條邪道，發誓非殺巨靈而不可。

狡詐的鬼母見到自己騙得燭龍欲去尋殺巨靈，心中更是高興萬分。但她為了保得惡計得逞，卻表面不敢稍露聲色，相反卻假意攔阻燭龍道：「大神怎麼忘了答應小神的條件……」

「現在還講什麼條件，」燭龍顧不得了其祂道，「快隨我走也就是了。」

「要講條件，大神不可如此就去。」鬼母這時求之不得燭龍如此前去，但狡惡的她還是採取火上澆油的方略道，「大神不要惱不要去，要冷靜下來處理！」

遇到此等事體，別說是對巨靈愛得如命的燭龍，任憑誰個也都是不會冷靜不會不惱的。因而鬼母的如此假言，只能更給氣惱至極的燭龍火上澆油，使祂更加氣惱難抑，見到鬼母攔祂便拋下鬼母於不顧，而逕自出洞向峰巔尋去。狡詐的鬼母眼見燭龍去了也不怠慢，即隨其後出洞躲到金樹林遠處窺看熱鬧而來。

　　鬼母看得清楚，正在金樹林中焦急等待，期盼實現惡計的遼、遠二帝，這時眼見燭龍氣惱萬分中計而來，心中暗贊鬼母狡惡超常。但也都不怠慢，遼帝立刻搖身變做巨靈模樣，與遠帝頓成一對戀神，在金樹林密處談起了情愛。

　　一時間，只見祂遠帝與遼帝變成的巨靈在金樹林中或親吻擁抱，或嬉笑鬧耍，或私語竊竊，或互相嗔怪，或羞顏答答，或誓言慷慨……直將那神界情愛之舉鬧盡做絕，直看得鬼母老寡婦豔羨風流自歎弗如，直看得燭龍大神火突千丈頭脹萬斗，立刻突向金樹林中遼、遠二帝近處，出手挺槍向遼帝所變巨靈後心猛刺過來。

　　遼、遠二帝當然早已知道燭龍殺了過來，但祂二帝為了誘騙燭龍中計更深，這時依然故作熱戀專心毫無察覺之態，仍在那裏無拘無束地談甜說蜜。燭龍來槍轉瞬刺近了遼帝所變巨靈後心，燭龍這時仍是不見巨靈心有察覺，著實心中更惱，隨著厲聲大喝道：「孽神看槍！」

　　然而隨著燭龍這聲厲喝落音，其刺出之槍早被遠帝出手抓住。那遼帝所變巨靈則躍身站在了遠帝一旁，故作呆怔羞詫之態。燭龍眼見自己一槍未能刺中巨靈心中大惱，急欲抽槍再去刺殺巨靈，但那槍被遠帝抓住硬是抽回不得。燭龍為此心中更惱，邊抽槍邊對遼帝所變巨靈厲喝道：「你給我回去，把事情說清改邪歸正還算完了。如若不然，我叫你身上戳滿槍孔！」

　　「嗨嗨，叫我回去，你燭龍如今沒有了這個權力。我愛遠帝，你干涉不著。」遼帝所變巨靈聞聽此言，故作惱怒道，「你今個看見了知道了正好，好早日停止糾纏。我現在就跟你講說清楚，咱倆從現在起一刀兩斷。」

　　「你想得倒美！你說一刀兩斷就算了，」燭龍怒不可遏道，「本

神告訴你小賤婦，你斷不了！」

「本神已經對你燭龍說清，」遼帝所變巨靈繼續道，「也好使你不再夢想，遼帝也不再嫉妒。你倆都聽清楚了吧！」

「你這不要臉皮的賤貨，算是我燭龍爛瞎了眼睛看錯了你！」燭龍聽了巨靈此言心中更怒，禁不住破口大罵起來道，「好，既已如此，我也就死了這份心。不過，本神這就送你昇天！」罵著，棄槍抽出佩劍，「嗖」地便向遼帝所變巨靈刺了過去。

遼帝所變巨靈眼見燭龍出劍迅疾，不敢怠慢，也忙出雙劍相迎，祂兩個就這樣打在了一處。那遼帝這時則站在一旁故作呆怔，也不上前也不出手，硬是看那巨靈打鬥燭龍，似泄心頭之憤。燭龍眼見遼帝此態心中更惱，打鬥巨靈愈狠，恨不得一劍刺死巨靈，再回劍刺死遼帝以泄奪愛之恨。但無奈遼帝所變巨靈武功不弱，其與燭龍交手多時，燭龍硬是只能打個平手，心中更是氣惱萬分。

燭龍對巨靈的狂熱愛情，就這樣轉換成了巨大的仇恨，使燭龍陷入了迷霧之中。祂本不是魯莽之神，但這時祂受鬼母之騙至深，絲毫醒悟不得。當然也因為鬼母的惡計縝密無隙，使得燭龍難生懷疑。遼帝所變巨靈眼見已將燭龍鬥惱至極，而且擔心再鬥時久巨靈從渾沌帝宮歸來誤了惡計，即佯裝抵擋不住，開口大叫遼帝道：「親愛的，呆怔什麼，還不快來助我打殺燭龍！」

遼帝聞叫立刻揮起陰陽拐前來助戰，接過巨靈之手與燭龍打在了一處。那巨靈眼見遼帝迎住了燭龍，便即脫身跳出圈子，駕起雲頭徑向渾沌帝宮而去。燭龍迎鬥遼帝心中氣惱，恨不得一劍刺死遼帝再找巨靈算帳，但無奈祂不僅一時刺殺遼帝不得，而且又被遼帝纏住不放，心中惱恨至極。這時又眼看著巨靈飛離蒼梧神山而去，心中更加著急，手中便與遼帝打得更疾。

　　遠帝這時則按照鬼母惡計與燭龍交手片刻，眼見遠帝所變巨靈已經在視野中消逝，即佯裝敗逃向東而去。燭龍追趕巨靈心切，這時眼見遠帝向東逃去也不追趕，而急向西南追趕巨靈而來。

　　這時，遠帝所變巨靈已在剛才飛離燭龍視界之處，按落雲頭降到了蒼梧山上，還身為遠帝來到了赤金峰上金樹林中。祂剛才向前飛行一段，正是為了誘引燭龍追向渾沌帝宮，前去找尋巨靈進行打鬧。這時祂與遠帝和鬼母三惡眼望燭龍中計追去的背影，不禁一齊放聲「嘎嘎」怪笑起來。

　　而後鬼母說祂三惡應該立即潛入渾沌帝宮窺看動靜，遠帝好伺時機再助巨靈一臂之力，與之共鬥燭龍把水攪得更渾，進而引起一場五帝混戰，報雪祂三惡之仇。遼、遠二帝即言贊同，祂三惡便悄隨燭龍身後，潛向渾沌帝宮而來。

　　燭龍轉瞬來到渾沌帝宮，肚氣如鼓、惱恨填膺，立刻輕車熟路向金鑾寶殿徑尋巨靈而來。來到殿中，眼見巨靈正在與渾沌天帝平靜地說話。燭龍目睹此景立刻火突萬丈，開口喝罵道：「厚顏娼婦，裝得倒像，過來受死！」罵著便倏然挺槍刺了過去。

　　正與渾沌帝父平靜說話的巨靈，眼見進來的燭龍神色反常至極，心中正在奇異發生了什麼事情，但是時間沒有容她多想，燭龍手中之槍已是刺到了她的胸前。巨靈對先前發生之事絲毫沒有察覺，因而她還覺得燭龍此舉既可惱又可笑，故而她閃身躲過燭龍刺來之槍道：「為何罵髒，你搗的什麼鬼，著了什麼魔！」

　　但她話未說完，已見氣惱非同一般的燭龍，又是一槍刺了過來。巨靈由此看到，氣惱的燭龍今日非要與自己拼個你死我活不可，無奈便只有出劍相迎，與燭龍鬥在了一處。此後祂二神也不答話，只是惡鬥不息。

這是因為，巨靈越是辯解或者越是打鬥時避讓，燭龍便越加氣惱，越加打鬥更疾。從而使得巨靈辯解避讓不得，只好出手與之相鬥。但巨靈又越是不加辯解出手相鬥，燭龍又越加氣惱，越加打鬥更疾。由此，使得祂倆越鬥越烈，越打越加難分難解起來。

二五、巨靈身死

　　燭龍兩個如此轉眼已是鬥過數十回合，由於燭龍死力相鬥，巨靈也必須死力相迎。巨靈的功力畢竟敵不住燭龍，巨靈漸漸抵擋不住起來。一時間，只見巨靈先是一招「二龍戲水」架住燭龍刺來之槍，可她架槍之劍還未抽回，燭龍又已抽槍刺了過來。巨靈不敢怠慢，忙又使招「順風掃蓮」擋開來槍，剛要挺劍向燭龍刺去，燭龍之槍又已出招「白蛇吐信」，向其腰際刺來。巨靈忙又出招「童子獻書」將來槍擋開，但她已經沒有了還擊之力，頓然陷入了危險萬般之境。

　　巨靈至此無奈之時，又見燭龍仍然以死相拼，必欲置自己於死地而不可，心急之中無奈開口大叫道：「龍哥，靈妹對你與往日無異，為何今日非置小妹於死地而不可！你說什麼我裝得倒像，我裝什麼了？你這是什麼意思？」

　　「賤婦，死到臨頭又來妖言惑我，我燭龍再也不會相信你那一套了！」燭龍聞聽好惱道，「你裝什麼了，自己心中比我更清楚！」說著，又挺槍向巨靈猛刺過來。

　　巨靈聽到燭龍話中有話，只是口中不言講說不明，心中大為奇異。又見燭龍對刺殺自己有勢不可回之態，急忙出劍擋開來槍又叫道：「龍哥，靈妹勸你值此多事之秋，莫要聽信別個妖言，中了惡孽

317

姦計！」

「我燭龍從來不傻，今日你再說得天花亂墜，我也不會再相信你。」燭龍對於巨靈此言聞若未聞，依舊不讓道，「常言道，耳聞為虛眼見為實，我的眼睛看到的一切，告訴我燭龍沒有聽信妖言，沒有中惡孽姦計。你快快過來受死，這是你自作自受，死後也莫抱怨我燭龍對你無情少義！」說著，又是「嗖」的一槍刺向了巨靈胸口。

巨靈聞聽燭龍此言目睹燭龍此態更加心中大驚，因為剛才她想燭龍與她惡鬥，也不過是聽信了別個的妖言，一陣惡鬥過去就會怒消氣息，與自己關係恢復依舊。先前祂們之間，也曾有過多次這種小小的波折插曲，插曲過後兩人覺得倍加親近溫馨。所以巨靈剛才還以為這次惡鬥仍像先前那波折插曲一般，任憑燭龍惡鬥狠打以消溶其胸中之氣。但這時耳聞燭龍之言，卻不知道祂看到了什麼，使她從中察覺到了此次事出定然有因，決非先前波折插曲那般輕巧。同時又見燭龍必置自己於死地而不可，自己又無化解之法，禁不住大驚起來。

巨靈驚怕之中腦袋飛速旋轉，她先是勉力仗劍擋開燭龍刺來之槍，接著婉言說道：「龍哥，即使你看到了什麼，也應該容許小妹講說一言，切莫中了昔日鬼母變做樸妻戲我帝父之計！」

燭龍陡聞此言不禁一愣。但由於祂氣惱至極，頭腦已昏，失去常態，所以未做深思便又開口厲喝道：「賤婦，別再不見棺材不掉淚了。你此刻死到臨頭，方纔言說這般話語，剛才在蒼梧山上你的嘴巴到哪裏去了？別說了，你老實受死吧！」說著，又一槍向巨靈刺了過去。

巨靈這時也因惱極心緒大亂，加之力戰多時身力已絕，因而眼見那槍刺到卻擋不住那槍，只見那槍眨眼就要刺進巨靈的酥胸，嚇得巨靈「啊呀」一聲尖叫，怔在那裏等起死來。就在巨靈生命危急萬般之際，突見一根精鐵長棍倏然挺來，撥開了燭龍刺向巨靈之槍，救了巨

靈一命。

「侄兒有話慢說，怎可下此狠手！」隨著那棍挺到，一個聲音大叫道。挺棍救下巨靈者正是渾沌天帝，剛才渾沌在殿中眼見燭龍氣恨地殺向了巨靈，作為老一輩天帝，對於兒女情場之事是走過之路，同時先前祂也見到過燭龍與巨靈磕碰打鬥，所以心想此番氣鬧又是祂們兩個的情場之事，作為帝父不便過問不好插手，便避去不見讓祂倆自行解決。心想過一會兒打鬥完了，祂倆還會恩愛如初，因此並未把祂倆此番打鬥放在心上。

但不料剛才祂正在居室中靜坐，突聞小神前來稟報大事不好，巨靈抵不住燭龍，燭龍不知為何非要殺死巨靈不可，情況危急萬般！渾沌聞報坐身不住，急出室來到鬥場，正趕上燭龍槍刺巨靈危急萬分之時，便挺棍擋開燭龍之槍，救下了巨靈。

燭龍之槍被渾沌來棍擋開心中更惱萬分，不聽渾沌之言開口喝罵起來道：「怪不得你首無七竅，皆因了你心地不平。想我帝父帝叔對你不薄，你不該讓你女兒如此對我！」

「侄兒何出此言，」渾沌聽了燭龍此言，頓然奇詫萬分道，「不分長幼，不辨良莠！」

「無竅渾沌，你竟然要與你女兒共同戲侮於我，我與你不共戴天！」燭龍聽後更惱，說著便挺槍與渾沌惡鬥起來。

渾沌心中不知此番究竟為何，因而對燭龍向自己殺來開始避讓再三，並且再三勸說燭龍休得如此，切莫中了別個姦計。無奈燭龍耳如未聞，口不答言，只是惡鬥不止。渾沌無奈，只好挺棍相迎，與之鬥在了一處。

渾沌在與燭龍交手中心想，事情至此看來其中定有原委，既然說已無用，燭龍非鬥不可，祂便只好與其打鬥下去。但祂想在鬥中擒住

燭龍，然後再讓燭龍消下氣去，慢慢弄清個中原委。心有此想渾沌打
鬥之中便不退讓，棍棍使狠打向燭龍要害之處。燭龍見之心中更惱，
也槍槍使絕刺向渾沌緊要之點。一時間，只見祂兩個一帝一神大水沖
了龍王廟，自家人不認識了自家人，打得難分難解，險惡萬端。

　　祂一帝一神如此轉瞬打鬥三十餘合，雙方依然不分勝負，打鬥更
激。燭龍心懷奪情失愛之恨，盡將仇恨向渾沌發洩，手中火龍槍槍出
如游龍戲水，槍掃如烏龍擺尾，鬥得渾沌槍槍難防。渾沌則心中暗懷
擒住燭龍之想，盡將絕招使向燭龍，手中精鐵棍棍出如惡虎撲食，棍
掃如枯樹盤根，打得燭龍棍棍難擋。

　　祂兩個槍棍相對，轉眼又鬥十餘回合，燭龍畢竟年輕，打鬥之時
多出莽力，渾沌則身經百戰經驗豐富，鬥時多使技巧。燭龍雖然年輕
氣盛，但由於用力過度，氣力漸漸不支起來。只見祂先挺槍擋開渾沌
的兜頭一棍，還未來得及抽槍還擊，渾沌之棍又疾若游龍一般，倏然
掃到了祂的下處。

　　燭龍見之一驚，忙回槍使招「金花落地」擋住渾沌之棍，渾沌又
已回棍出招，「指南金針」一棍向燭龍當胸搠來。這時燭龍已經收槍
擋棍不及，嚇得「啊呀」一聲大叫。隨著急使「大蟒翻身」之招，翻
身倒地急滾幾滾，方纔躲過渾沌搠來之棍，站起身來更加氣惱，怒罵
道：「無竅渾沌，我這就為你送終！」罵著，竟又挺槍跑步加力，拼
死般向渾沌當胸刺來。

　　然而，就在燭龍之槍還未刺到渾沌身前之時，突聞從渾沌身後傳
來一聲厲喝道：「帝父，俗言殺雞焉用牛刀，讓小子來收拾燭龍這惡
吧！」隨著這聲喝叫，已見一柄邪惡的陰陽拐，不知從哪裏倏然挺到
了渾沌身前，驀然擋開了燭龍之槍，接著便與燭龍鬥在了一起。這來
者正是與遼帝、鬼母兩個一同潛藏在渾沌帝宮之中，暗窺這場惡鬥的

遠帝。

剛才，遠帝三惡潛在暗處看到渾沌即將打敗燭龍，但是燭龍雖敗卻沒有逃去之意，渾沌也沒有打殺燭龍之心，因而牠們擔心渾沌出手擒住了燭龍，然後訊問燭龍將事情原委弄清，壞了牠三惡設下的離間惡計。為此牠三惡緊急計議一陣，認定燭龍不逃絕對不能讓渾沌把牠擒住，同時必須設法加深其互相之間的仇恨，以確保牠們的毒計得逞。

出於此想，牠三惡決計讓遠帝殺上前去，既出手擋住渾沌不讓牠擒住燭龍，同時用言語再激燭龍心中生恨，以與渾沌打鬥更加酣烈。當然牠三惡也都想到，遠帝上陣與燭龍交鬥，雖可激起燭龍之恨，但巨靈因為心潔無瑕，定會反手去助燭龍與遠帝交鬥。

然而牠三惡又都認為，即使那樣也不要緊。因為燭龍氣惱已極，不會再去相信巨靈。巨靈助牠去鬥遠帝，也不能再換回其愛慕之心。相反，則會更加激起燭龍的厭惡和恥笑。到了那時，遠帝再借機使用惡語調唆，以再傷燭龍之心，說不定就可以激起燭龍手刃巨靈。而且燭龍若是相信了巨靈，遠帝則正可以借機下手打殺燭龍，以激起倏帝與渾沌之間生仇。

渾沌這時身置不明事情根底之境，遠帝上陣時再故意詭言調唆，更把渾沌推入五里霧中，使其丈二的和尚摸不著頭腦，昏噩苦鬥不知為誰。計議既定，遠帝於是立刻殺上戰陣，恰在燭龍受挫將要被擒之時，擋開渾沌之棍救下了燭龍的生命，並與之交鬥起來。

事情果如剛才遼帝三惡所料，遠帝突然殺上陣來，頓時驚呆了正鬥的渾沌和正看的巨靈，而此事則又恰在燭龍這時的錯誤預料之中。因為渾沌與巨靈不知此事就裡，其父女至此仍然坐在鼓中，突見遠帝口中對渾沌喊著「帝父」，助戰而來豈能不愣！

而燭龍在蒼梧神山中計看到的假像場面，恰使牠往下推斷到如果

打鬥激猛，遠帝必為救助巨靈殺上戰陣。這時祂眼見遠帝果如其料殺上陣來，特別是祂耳聽遠帝口中對渾沌喊著「帝父」，頓然間顛倒了原以兄弟相稱的輩分關係，真個是心中陡地更惱萬分，不禁大叫道：「惡孽，你果然殺上陣來！好好好，大神這就為你身上添個窟窿！」叫著，即「颯」一槍向遠帝刺了過來。

遠帝見之故作惱怒之態，厲聲大喝道：「孽神被巨靈大神遺棄，還不滾開，敢在這裏死皮賴臉地糾纏不休，我叫你滾！」說著，便挺拐與燭龍鬥在了一起。

正在一旁呆看的巨靈突見遠帝殺來，正不知其助戰哪方，驚呆在那裏，耳中突聞遠帝之言，頓然心中全明，氣惱萬分，開口怒罵道：「惡帝胡言亂我輩分，挑撥我與燭龍二神關係，龍哥休得相信祂，中了祂的姦計！」說著，便仗劍上前殺向了遠帝。

巨靈這時從旁殺向正鬥的遠帝，遠帝不得不空出手來邊戰燭龍，邊與巨靈接戰。但就在遠帝出手接戰巨靈之時，正鬥的燭龍卻倏然跳出圈子，呵呵大笑起來道：「好，殺得好！我想你巨靈也不至於到了不助我燭龍反助遠帝的程度。好，你就與祂大殺一百回合，替我出出胸中這口惡氣！」言畢，竟自站在一旁袖手靜觀起來。

正鬥巨靈的遠帝眼見燭龍此態，果如祂三惡剛才所料，心中著實大為高興。但是欣喜之餘，祂想到上陣時遼帝與鬼母對祂的安排，魯莽的腦袋連轉數轉，便想出了對付面前場景的惡計，開口對巨靈急叫道：「靈妹快快住手，你怎麼與我自己之間相互惡鬥，放開燭龍不戰！」

「一雙賤鴛鴦怎該交手，還是過來鬥我這情敵吧！」燭龍在旁聽到這裏，不待巨靈答言又是一陣「哈哈」大笑道，「我看你們有臉沒有，有羞沒有！」

巨靈聽了遠帝剛才故意調唆之言，心中已惱萬分。這時又聽燭龍

不辨真假，中了遼帝三惡之計所吐之言，更為氣惱，厲聲大叫道：「惡帝休得信口雌黃，毀我兄妹情誼，亂我兄妹之心。惡帝，看招，我送你歸天！」言畢，舞得鴛鴦連環雙劍風輪一般飛轉，又向遼帝更疾地惡殺過去。

巨靈本來就不是遼帝的對手，加之這時既被遼帝所羞，又被中了姦計的燭龍所侮，心中氣惱得早已亂了方寸，只顧惡鬥以洩胸中之恨，而忘記了巧鬥奪勝之理。所以剛剛交手不過十個來回，便已連連身露破綻，個個被遼帝所乘，被遼帝殺得防守不住，更沒有了還擊之力。

「惡帝，你敢殺了這個賤貨算你有種，本神佩服你！」燭龍心中更喜，又「呵呵」蔑笑起來，故意縱容道，「本神看惡帝你也沒有這個種，也不值得本神佩服！呵呵呵……」

至此，一直呆站在一旁如同坐在鼓中的渾沌，依舊被面前的如此場景弄得如墜五里霧中。是啊，祂對事情根底不清，一時也無法弄清，所以誰也無法相信，誰也不可出手相助，就連祂的女兒巨靈也包括在內。因為對於兒女情場情況的瞬息萬變、複雜糾葛，祂是經歷過來的老者。祂深知愛火轉移的迅疾，更是體會過失戀的巨大痛苦，知道在兒女情場之上什麼預想不到的事情，都有可能在一瞬間如同星光石火般地閃現發生。那些深陷於兒女情場的癡男迷女，都可以做出常神做夢都想像不到的任何事情。

所以渾沌雖然敢說瞭解自己的愛女巨靈，但祂又豈敢保證瞭解長大了的女兒巨靈，保證女兒巨靈心中不會突生變化！而這一切，又都是做女兒的不便於向父親言說的，也不是做父親的易於瞭解把握的。

誠然，根據祂的瞭解，祂寧可相信女兒巨靈的愛情沒有轉移，相信女兒的愛情之火仍向燭龍燃燒，同時依據目前女兒與遼帝的惡鬥場

景及其話語，也可以推斷出女兒巨靈的心思未變，據此祂應該立刻出手助戰巨靈打殺遠帝。

但祂又豈可否認女兒昇任鎮山大神之後，地位昇遷帶來心思陡變，引起捨棄燭龍追求遠帝之舉！俗言秋天的雲彩女人的心，根據祂做父親的瞭解不到的女兒的另一面，祂不敢否認會有這種事情發生。而且根據遠帝突來助戰及其言辭，以及燭龍的反常舉動，又都可以推斷出確有這種事情發生。

至於巨靈惡鬥遠帝之舉及其種種言辭，則可能正都是那種女兒家的「言不由衷」的適反舉動。就正如女兒家說「不」正乃是「行」，說「壞」正乃是「好」的適反舉動相同。如果真是這樣，祂渾沌作為帝父，就真是無所適從了。

因為燭龍侄兒心地誠厚，與巨靈兩小無猜，是當然的美滿情伴。同時其帝父帝叔待祂渾沌不薄，每每全家以死相助於自己。念及這些，自己怎可盡拋前恩，反助女兒一念之動捨棄燭龍，反愛昔日的仇敵遠帝呢？而遠帝雖然昔日心地邪惡，但其位尊為帝終比燭龍高貴。自古美女愛英雄，昇為鎮山大神的女兒攀個地位相匹，捨棄燭龍而愛遠帝倒也不為無理。

再說，那遠帝雖然昔日與自己為敵，但古來姻親多有仇家，聯姻化解怨仇的事兒也多得不勝枚舉，而且每每傳為佳話。此事為此又有什麼不好，作為帝父又怎可否定女兒所為呢？想到這裏，渾沌真個是事因難明，左右進退全都為難起來。

然而就在這時，渾沌聽到巨靈抵不住遠帝的攻打危急萬分，燭龍反而在旁笑催遠帝打殺巨靈，祂實在不能再容忍下去了。祂怎能容忍遠帝與燭龍一同戲殺祂的女兒呢！而且不論祂們誰是誰非，是也好非也罷，祂都不能容忍祂們在自己面前殺死自己的女兒。特別是當祂聽

到燭龍在旁那故意蔑笑巨靈的刻薄言辭，覺得自己也受到了莫大的侮辱，於是祂禁不住大喝一聲道：「孽畜休再惡言，吃天帝一棍！」隨聲便挺棍打向了燭龍。

燭龍這時仍在不停地調唆遠帝惡鬥巨靈，驀見渾沌為護女兒倏然出手向自己打來，心中惱怒陡昇，怒罵道：「無竅孽帝，果然是你唆使賤女拋棄了我，我挑死你這孽帝！」罵著，早挺槍迎住了渾沌之棍，與之惡鬥在了一處。一時間，只見祂一帝一神鬥在一處，一個使棍一個使槍，棍出如鬧海蛟龍，槍進如猛虎出山，棍攜風颯颯聲響，槍挾電閃閃寒光。

祂帝神兩個如此轉瞬交手十餘回合，燭龍雖惱但畢竟不是渾沌的對手，已經抵擋不住沒有了還擊之力。渾沌眼見燭龍抵擋不住，忙又出手更疾以期擒住燭龍弄清事情根底。如此又交手兩個回合，燭龍防備不住一個破綻露出，渾沌趁機出棍搠向其破綻，燭龍躲棍不及已「撲通」被搠倒在地。好在渾沌只想擒拿祂，因而未用死力方纔使祂保得一命不死。

燭龍倒地心中一驚，又見渾沌之棍已經點向了祂的腦門，自己躲避不掉，嚇得「啊呀」一聲大叫。燭龍的驚叫之聲，早驚止了正鬥的遠帝與巨靈。正鬥的遠帝突見燭龍被渾沌打倒，害怕燭龍為渾沌所擒，弄清是非壞了祂三惡的離間惡計，因而立刻丟下正鬥的巨靈，躍出圈子便向燭龍處躍來。以救下燭龍不被渾沌擒獲，如果救下不得就出拐將其打死。

正鬥的巨靈突見燭龍被渾沌打倒在地，唯恐自己的心上人被帝父氣惱所傷，也立刻棄下正鬥的遠帝，躍向燭龍在處營救而來。遠帝與巨靈齊在渾沌之棍點向燭龍腦門之際，躍到了燭龍身邊。倏然間只見渾沌、遠帝與巨靈三個各懷異想，齊出手中棍、拐和劍，向倒地的燭

龍身上集來。

本來，渾沌手中之棍是要擒住燭龍，遠帝手中之拐或擋渾沌之棍或打殺燭龍。巨靈手中雙劍是欲擋住棍、拐，救下心上之神燭龍。但這時若從旁邊去看，卻是三般兵器一齊殺向了燭龍。燭龍見之，更是被嚇得連聲大叫，唯有閉目等死。

就在這時，燭龍之父倏帝恰好趕到鬥場。倏帝本來無事，這時前來看視渾沌，閑敘心機。不料剛到渾沌帝宮門前便聞殺聲震耳，急循聲尋到鬥場，正看見渾沌、遠帝與巨靈三個使動三般兵器，齊向其子倒地的燭龍身上殺來。

倏帝目睹此景，真個是又氣又惱又心中迷惘萬分。祂不知道渾沌父女為何突然一齊下此毒手，非置燭龍於死地而不可！也更不知道昔日與祂們為敵的遠帝，為何今日也助渾沌帝女一起殺向了燭龍。然而時間不容祂此刻多想，因為那棍、拐、劍三般兵器，立刻就要殺上燭龍之身，將其殺死無疑。

倏帝於是不敢詢問青紅皂白，立刻大喝一聲「住手」，隨著躍身進前，揮動手中煉鋼戟便將渾沌、遠帝與巨靈的三般兵器擋了開來，拉起燭龍後退數步急問道：「孩兒為何至此厄境，快向帝父講來！」

燭龍剛才身至厄境已經閉目等死，這時突被帝父救出，禁不住氣痛萬分道：「帝父不必詳問，儘管與孩兒一起上前打殺惡帝惡神便了！是無竅惡帝不念昔日恩誼，唆使其女拋棄孩兒，反向遠帝高攀聯姻，並聯手非殺孩兒不可！」

「忘恩負義的無竅惡帝，我送你昇天！」倏帝聽到這裏，聯想剛才所見，立刻火冒沖天，陡地起身怒罵著，已挺煉鋼戟殺到了渾沌面前。

渾沌與遠帝和巨靈三個，仍然全被剛才倏帝的突然到來驚呆，還

沒有清醒過來，因而祂三個都還沒有來得及說一句話，已見儵帝與燭龍齊仗兵器殺到。渾沌帝女沒有解釋之機，無奈便與儵帝父子戰在了一處。渾沌二帝二神立即交起手來正合遠帝心意，因而其在旁也不怠慢，即出手助渾沌帝女，與儵帝父子鬥在了一處。

這時，燭龍的話語與剛才目睹的場景，已使儵帝對燭龍的話語深信不疑，特別是渾沌帝女的出手迎鬥以及遠帝的助戰，更使得儵帝惱怒萬分。因而祂與燭龍一起迎鬥渾沌二帝一神，招招使狠，式式鬥絕，非殺渾沌帝女為燭龍報仇不可。然而打鬥一陣過去，儵帝的神功終因遜於渾沌一籌，漸漸抵擋不住起來。

燭龍這時則力敵巨靈和遠帝兩個，也已經不是對手。但好在巨靈這時已經醒悟過來，邊上前與祂合鬥遠帝，邊迎擊燭龍殺去的長槍，祂三個就這樣展開了鬥場上罕見的車輪大戰。即遠帝打燭龍，燭龍打遠帝也打巨靈，巨靈則迎擋燭龍也打遠帝，方纔使得燭龍還能繼續戰鬥不息。但只是不能過去助戰儵帝父，祂父子齊又陷入了危急之境。

就在這時，突聞一聲厲喝道：「儵帝父子休怕，敝帝助戰除惡來也！」但見聲到說者即到，來者便與儵帝一起共戰起了渾沌。這來者不是別個，正是與鬼母一起潛藏在渾沌帝宮之中的遼帝。遼帝與鬼母躲在暗處看得清楚，儵帝眼看就要被渾沌打敗，祂二惡又擔心渾沌擒住儵帝便會擒住燭龍弄清原委，因而遼帝立刻上前助戰儵帝而來，以把本已攪混的混水攪得更混，或伺機出手打殺渾沌。

遼帝的出戰不僅立刻扭轉了戰局，而且也使儵帝立即想到，自己昔日雖對渾沌恩若兄弟，但現在渾沌卻背信棄義欲殺其子，相反卻弄得與自己昔日一直為仇的遼帝看不過去，助戰自己除惡而來。真個是世事翻覆，神界無常。

善思的儵帝由於被剛才的場景所蔽，就這樣不再深思，不問遼帝

為何恰在這時來到，前來究竟為何，一時心思發生轉變，對遼帝深信不疑，與祂聯手共鬥起了渾沌。倏、遼二帝聯手共鬥渾沌，渾沌神功雖高，迎鬥祂二帝也須認真力戰，因而一時間鬥得十分費力。

這時，燭龍與遼帝兩個仍在進行著車輪惡鬥，燭龍心有成見不解巨靈惡鬥遼帝避祂不戰之意，只是眼見自己昔日的情人，此刻與其情夫聯手共戰自己，自己不是對手取勝不得，心中更是氣惱萬分。遼帝目睹此景，平日粗魯的心中立刻變細思想起來。

祂想到，不如趁此混戰之機，自己暗助燭龍一臂之力，讓惱恨至極的燭龍出手殺死巨靈，渾沌必與燭龍父子不共戴天。這樣祂與遼帝就可空出手來，在旁坐觀祂們的離間惡計實施了。心想至此，邪惡的遼帝心中不由得暗笑起來，但其卻出手更疾，以把燭龍激得更惱，祂好再將此恨引向巨靈，使燭龍出手打殺巨靈。

遼帝依計而行，出手幾個狠招便打得燭龍心中惱火陡冒三丈，隨著祂邊鬥邊靠向巨靈。燭龍眼見巨靈心中更惱，倏然挺槍徑向巨靈當胸刺去。巨靈眼見燭龍來槍狠毒，急忙仗劍攔擋。

遼帝這時在旁看得清楚，邪惡的祂待到巨靈那劍還未擋到燭龍來槍之時，從旁倏然出拐拐開了巨靈之劍。燭龍之槍失去攔擋，「噗」一聲便刺進了躲避不及的巨靈胸膛。真個是槍貫酥胸，巨靈立刻嗚呼而亡。

遼帝惡計得逞心中大喜，即又出拐打向了燭龍。燭龍不知自己又中遼帝惡計，只顧氣惱沒有看清是遼帝暗中助祂一拐，方使祂殺死了巨靈，心中真個是既喜又痛。喜的是祂一槍殺死了負情的巨靈，泄出了憋在胸中的惡氣。痛的是巨靈雖然負情該殺，但也不應殺死。自己本不打算殺死巨靈，卻殺死了巨靈，心中繫念前情，後悔眼前之舉，頓感心痛萬分！

　　然而時間不容燭龍多作喜痛之想，已見遠帝趁此時機又已出拐向祂打來。燭龍不敢怠慢，急忙抽槍又與遠帝鬥在了一處。正鬥的渾沌突見燭龍殺死了巨靈，頓然長叫一聲「女兒」，精神立刻崩潰，險些癱倒在地上。正鬥的遠帝則不失此機，「嗖」地拋出乾坤圈向渾沌砸去，雖知砸其不死，也欲將其砸成重傷致其殘廢。

二六、燭龍雪仇

　　然而，就在遼帝的乾坤圈就要砸到渾沌身上之時，卻見一杆渾天蛇矛突然挺到，恰好穿在乾坤圈孔眼之中，隨著那矛一挑便將其甩向了一邊，救下了愣怔的渾沌。與那矛挺到的同時，但聽一個聲音大叫道：「倏帝兄，你父子皆中了遼帝三惡設下的離間毒計，快快醒悟吧！」

　　正挺戟欲刺渾沌的倏帝陡聞此言，頓然驚得「啊」一聲停下了手中之戟。邪惡的遼帝突見其乾坤圈被挑開去，又聞如此點醒倏帝之言，心中好惱，口中急叫道：「倏帝兄休得聽信如此妖言，眼見的事實勝過鐵鑄的謊言！快，讓我二帝殺此惡孽！」說著，舞起收回的乾坤圈便與來者鬥在了一處。

　　這來者當然是北方忽天帝，祂也是無事前來尋訪渾沌訴說心曲，不料剛到渾沌帝宮便聞殺聲陣陣。祂急忙趨近鬥場看視，看見是一場難辨你我的奇異惡戰打得正激。忽帝實在心想不到，倏帝為何會與遼帝突然為伍，一起攻戰起了渾沌？祂也實在心想不到，燭龍為何既鬥遼帝又鬥巨靈？巨靈為何既鬥燭龍又鬥遼帝？遼帝為何既鬥燭龍又鬥巨靈？祂三個為何要展開如此車輪大戰？巨靈與燭龍為何不去結伍共戰昔日的仇敵遼帝，反而互相交鬥？忽帝目睹眼前戰景，百思不得其解，一時無法下手相助，看得呆愣在了那裏。

　　突然，祂看到燭龍挺槍刺向了巨靈，巨靈忙仗劍去擋燭龍刺來之槍。巨靈之劍當然可以擋開燭龍之槍，但在這時遼帝卻突出惡拐，拐開了巨靈之劍。忽帝目睹此景心中大驚，因為祂看到燭龍將收槍不住刺進巨靈的胸膛，急欲上前救助卻已來不及。在此無奈瞬間，祂只有寄望於燭龍不會真刺巨靈，在這千鈞一髮之際驟然收住刺出的長槍。但就在祂如此思緒剛剛閃現心頭之時，卻見到燭龍之槍在遼帝拐開巨靈之劍之時，已「噗」的一聲刺進了巨靈的酥胸之中。

　　目睹此景，忽帝頓時驚得一愣，心疼巨靈萬分，氣惱燭龍不該如此混帳。因為祂從遼帝使拐拐開巨靈之劍中明白了其中的一切，正欲上前先助燭龍，鬥殺使惡的遼帝為巨靈報仇，再去質問燭龍為何要如此槍殺巨靈，卻又突然看到渾沌聞知巨靈身死頓然欲癱，邪惡的遼帝突出殺手殺向了渾沌。

　　忽帝雖知遼帝打不死渾沌，但眼見遼帝出手狠毒必把渾沌砸傷，便也不敢怠慢，急上前出手揮矛挑開了遼帝的乾坤圈，救下了將被砸傷的渾沌，隨著高叫起來急欲點醒中計的倏帝父子。然而祂卻沒有能夠點醒倏帝父子，遼帝與祂惡戰起來卻不見倏帝上前助戰，渾沌殺向前來倏帝仍然站在一邊。

　　「倏帝兄，難道我忽帝會欺騙你，」忽帝眼見倏帝此狀心中好惱，邊鬥遼帝邊開口大叫道，「遼帝反會誠實助你不成！」

　　倏帝又聞忽帝此言，雖是心中一動，但祂想忽帝剛到鬥場，不知前因，當然不會盡知今日事情之變，是仍然在用老眼光看問題。所以，祂仍不相信忽帝之言道：「忽帝不可再助渾沌，反鬥遼帝。小弟不知今日事情生變，還被矇在鼓中。帝兄有話以後對你細講，眼下快快反手鬥那渾沌。」說著，即上前去鬥起了渾沌。

　　忽帝目睹此景，心知倏帝中計甚深。忙欲脫身去向倏帝細言，但

無奈遼帝前來將其纏住不放。在與遼帝交鬥之中，忽帝不僅眼見中計的倏帝與渾沌越殺越惡，而且聽其邊戰邊向自己大叫道：「忽弟兩個快快住手，過來共鬥無竅渾沌，除掉這個無恩無義之徒！」

忽帝心中大惱，厲聲喝叫道：「糊塗倏帝，你中了遼帝的姦計了！」

「忽老弟，好心難度惡帝之腹。今日事生陡變，實在出於你我預料。」倏帝聽了忽帝之言，不僅仍不介意，而且依舊出於自己所見心中所想，對忽帝勸說道，「快快拋棄昔日成見，反手與遼帝過來共鬥渾沌惡帝！」

忽帝這時已知言辭難使倏帝回頭，自己又被遼帝纏住不放，無奈只好出手惡鬥遼帝。以期早點鬥敗遼帝空出手來，再向倏帝言明真情，喚醒倏帝父子回頭。為此祂便不再言說，只是一招緊過一招地向遼帝展開了惡鬥。

一時間，只見渾沌與倏帝鬥在一起，忽帝與遼帝戰在一處，燭龍與遠帝打做一團，直殺得難分難解，難見高低。轉眼打鬥多時，忽帝雖然急於鬥敗遼帝，但卻只能打個平手。又擔心再打下去出現傷亡，不由得心思急轉，勸說不醒倏帝改勸燭龍道：「侄兒，你槍殺巨靈，是中了遠帝的離間惡計。侄兒快快說你帝父醒悟，過來共鬥惡帝為巨靈報仇！」

「帝叔差矣！帝叔初來乍到，不知剛才事生陡變。侄兒與帝父全都清醒，哪裏會中離間之計！」出乎忽帝預料，正與遠帝交鬥的燭龍聽了其言，不僅不以為然，而且反勸其說道，「倒是帝叔你，需要快醒過來，反手與我父子和遼帝，共同來鬥渾沌與遠帝兩個。」

忽帝聽到這裏，大為奇詫在自己到來之前，究竟發生了什麼事情，竟使燭龍思想陡變至此，到了槍殺巨靈而不惜的境地，並且反與遼帝聯手惡鬥渾沌而不止，同時與昔日的仇敵遠帝卻依舊仇殺不息。

但是不論剛才發生了何種事情，忽帝都認為祂必須儘快終止目前的惡鬥，平靜下來弄清混戰的是非真相。為此，祂又說燭龍道：「侄兒，帝叔雖然來到較晚，不知事生何變，但你剛才只顧怒殺巨靈，可曾看到就在你怒殺巨靈之時，邪惡的遠帝趁你不備暗助你一拐？拐開了巨靈擋你刺去長槍之劍，方使你一槍洞穿巨靈胸膛！」

「噢！」燭龍聽了忽帝此言，方纔驚詫得叫出聲來，心中猛然一醒想到：是呀，如若遠帝果真與巨靈交好，祂豈能捨得助己屠戮巨靈！自己剛才只顧怒殺巨靈，卻沒有看見遠帝如此暗舉，因而聽了不可不信的忽帝叔之言，祂不由得心中陡然一驚。

「忽天帝，你說我會暗助燭龍去殺巨靈？你說得太演義了吧，」就在這時，同樣聽了忽帝之言的邪惡遠帝，卻詭詐地「嘎嘎」一陣蔑笑道，「我與巨靈女神愛都愛將不夠，親都親熱不足，我會暗助燭龍去殺死她？我看你說的不是謊言，就是鬼話！」

燭龍這時不知是被氣昏了頭腦還是怎的，竟然到了不辨好歹真假的程度。為此祂聽了遠帝如此詭言，竟然不僅覺得其言在理，而且還受其言所激，心中陡然倍生起了對巨靈的仇恨，開口對忽帝鏗鏘道：「忽帝叔休要再言亂我方寸！別說遠帝沒有助我殺死巨靈，就是祂助我殺死忘恩負義的賤貨，豈不更是正合我意，恰好將槍刺在了遠帝心上，使祂傷疼不已。只是帝叔需要快快醒悟，過來與我共殺遠帝！」

「侄兒，你槍殺巨靈自相殘殺，已是中計的第一惡果，」忽帝聽了燭龍此言倍覺燭龍中計至深，又氣又急吼叫起來道，「如此繼續混殺下去，你與你帝父必有一死！」

「帝叔休要胡言，侄兒親眼所見不會變假，侄兒不傻，不會受別個的詭計所騙！」燭龍聽了更惱十分道。接著便不再言說，只顧與遠帝惡鬥起來。

忽帝目睹此景心知燭龍也是勸說不醒，又立即心思急轉連忙設法回勸倏帝。於是祂邊戰遼帝邊將遼帝引向渾沌近處，待到祂退到渾沌身邊之時，急對渾沌道：「帝兄快快接手去戰遼帝，倏帝由我對付。」說著，祂急忙轉到渾沌身後，將遼帝讓給渾沌應戰，自己則接手與倏帝鬥在了一起。

忽帝與渾沌交換接鬥倏帝不為別個，正是為了借機說勸倏帝醒悟。一時間只見祂與倏帝交上手來，邊鬥邊向其講說起來。倏帝這時雖被遼帝三惡的惡計所迷，但祂對於後來的忽帝還是深信不疑的。這不僅是因為祂與忽帝一母同胞，而是祂深知後來的忽帝不知個中一切，幫助渾沌也是出於昔日的恩義。因而認為自己沒有與不知真情的忽帝交鬥的必要，忙勸說忽帝一齊停下手來。

忽帝眼見倏帝主動勸說自己停手並率先停下手來，便忙停手向倏帝講說起來。祂先講說剛才自己見到的遠帝出拐暗助燭龍殺死巨靈，又講說了遼帝趁渾沌發呆施害於渾沌的實情。講完所見忽帝概而括之道：「帝兄，你想到沒有，遼、遠惡帝眼前雖然互為敵方，但祂們卻都在做著同一的殺戮渾沌父女的惡事！因而帝兄必須猛醒，休得再繼續沿著惡帝的詭計向前行進。若是那樣，祂們殺死渾沌之後，豈不就將再殺你我，正好實現祂三惡的企圖！」

「原來如此！我父子果真中了惡帝詭計，誤殺了巨靈小女！」倏帝本來相信忽帝，這時聽到忽帝言說甚為有理，頓然驚悟道。但祂剛剛說到這裏，突又改口反悔道：「不，我看事情絕對不會如此簡單。如果事情這麼簡單，就將無法解釋我來時看到的一切！」

忽帝正喜倏帝聞言醒悟，突又見其反悔過去，便忙問倏帝所見都有哪些。倏帝於是把祂剛到之時，渾沌、遠帝與巨靈三個正要打殺燭龍的場景，向忽帝詳細講說了一遍。忽帝聽罷，也一時無法解釋起

來。倏帝於是接著講說道：「我當然也不相信事生此變，但我將燭龍救出之後即加訊問，方知是渾沌攛掇巨靈拋棄燭龍，反向遠帝高攀聯姻，故而共除燭龍以滅後患。」

「竟有此事！」忽帝聽了不解道，「會是真的嗎？」

「我耳聽孩兒之言心想剛才場景，相信孩兒之言不假，」倏帝繼續講說道，「心中氣惱，便與孩兒一起殺向了渾沌、遠帝和巨靈。」

忽帝聽到這裏，也覺得事情不好說清起來，便開口詢問道：「帝兄，燭龍侄兒是怎樣與渾沌祂們打起來的？」

「這個，」倏帝對此也是不知，因而無法回答道，「具體我也說不清楚。」

「看來事情並不簡單，若說真情看來燭龍也定然不會清楚！」忽帝見到倏帝也是講說不清，更覺事情奇異道。隨著，祂沉思片刻想出一法道：「帝兄，你昔日比我善於思考，今日我想我等需要弄清事情根底，最好的辦法就是擒住遠帝，事情方可分明！」

出乎忽帝預料，倏帝聽了其言，即不同意道：「弟言差矣！如果事情果真如此，我等豈不正好放跑了渾沌與遠帝二惡。」

忽帝則也即不贊同倏帝之言道：「兄言差矣，如果事情相反，豈不正好抓住仇者！」

然而倏帝仍不同意忽帝之言，祂二位天帝就這樣僵持起來。忽帝眼見僵持下去不是辦法，便又開口道：「帝兄儘管放心，如若事情果真如此，我二帝立刻與遠帝共結同心，定可擒住渾沌與遠帝。」

倏帝這時想到依照忽帝所言，便有祂三帝共擒渾沌二帝，那樣就不會失手，方纔同意下來道：「既如忽弟之言，我等就與渾沌共同擒住遠帝，以弄清事情根底吧。」

說到這裏，倏帝便與忽帝一起即向遠帝殺去，與正鬥的渾沌一

起，將遼帝圍在了核心。遼帝本就做賊心虛，深怕渾沌三帝分明是非祂三惡詭計敗露，因而祂與遠帝特意選準時機分為兩方助戰，以攪混是非並在是非可能被分明時，出手打殺心明的帝神。

剛才祂就擔心倏、忽二帝言說心明，想上前去交鬥以打斷祂二帝的言說，但無奈渾沌纏住自己交鬥硬是前去不得。後來祂想到忽帝最後來到不知事情根底，因而難以說動倏帝，方纔稍稍放下心來。但這時事出遼帝所料，忽帝不僅說動了倏帝，而且倏帝又與祂聯手向自己殺來，並且與渾沌一起將其圍在了核心，真個是心中大驚陡然變色，手上不敢怠慢絲毫，左迎右擋與渾沌三帝鬥在了一處。

本來，遼帝獨鬥渾沌已經不是對手，這時心中既怕又是獨對渾沌三帝，因而更加不是對手。剛剛交戰五個回合，已經抵擋不住，眼看就要被渾沌三帝擒住。遼帝身置此境心中大驚，嚇得失急慌忙忘了正行的惡計，失口大叫正在與祂詐為敵方的遠帝道：「遠弟快來救我！」

正與燭龍惡鬥的遠帝，剛才看到渾沌三帝合鬥起了遼帝，已知大事不好，惡計難以再行下去。因而祂正在出手更疾地惡戰燭龍，以期殺死燭龍多出一口惡氣。然後好空出手來，上陣攪混鬥場之水。在渾沌三帝心迷不解之時，既解救遼帝又保得惡計繼續向下實施。但無奈燭龍武功不弱，一時打殺不得。遠帝心中正在焦急，遼帝卻已身陷厄境，失口喊祂上前救助。

正鬥的遠帝聽到遼帝喊聲，心知惡計敗露。因為渾沌三帝聽到此喊，必將識破祂二惡姦計。因而遠帝心中雖惱遼帝不該口出此言，但又見遼帝危急萬般，自己不去救助祂若被渾沌三帝擒去，也是壞事。遂決計事已至此，只有不再顧及如何繼續實施惡計，即開口大叫道：「帝兄莫怕，遠弟來也！」

隨著，遠帝施招脫開正與其交鬥的燭龍，立即飛身殺了過來，

出拐擋開了渾沌搠向遼帝后心，遼帝防守不及的精鐵棍，救了遼帝一命。接著，便與渾沌三帝鬥在了一處。

這時，遼帝雖然被救，但其心中卻驚怕難消。同時，祂知道自己剛才的失口喊叫，和遠帝此來救助，已使其惡計敗露。又見燭龍也向這邊殺來，祂二帝再鬥就將難脫險境。奸詐的祂於是心思連轉數轉，忙趁遠帝擋住渾沌三帝之機，拋下正鬥的遠帝於不顧，只顧自己倏然奪路逃跑而去。

圍鬥遼帝的渾沌三帝以及與遠帝交鬥的燭龍，剛才聽到遼帝的失口急叫，目睹遠帝聞叫救助遼帝而來的場景，又立刻聯想到剛才忽帝所說，遼帝使惡暗助燭龍殺死巨靈之言，頓然心中全都知道祂們中了遼帝三個的姦計。雖然暫時不知祂們三惡姦計的根底，但也全都醒悟，一起向遼、遠惡帝殺了上來。

奸詐的遼帝趁著遠帝攔擋渾沌三帝之機逃跑去了，渾沌三帝一神便圍住遠帝惡鬥起來。遠帝不敵渾沌三帝一神，急忙舉目四周尋找遼帝，以期讓祂與自己攜力共戰渾沌三帝一神，但卻哪裏也不見了遼帝的蹤影。

遠帝身陷厄境，這時方知自己已被遼帝出賣。自己救了遼帝，祂卻拋棄自己逃去，讓自己代祂陷身在了厄境之中。為此遠帝心中好惱，心中一惱心思一分動作一慢，後背已「噗」的一棍被渾沌打個正著。遠帝受棍不住「撲通」摔倒在地，倏、忽二帝上前將其捆了個結實。

渾沌三帝一神擒住了遠帝，立刻將其押進金鑾寶殿訊問原委。遠帝知道祂三惡的姦計已經敗露，同時自己又被遼帝出賣，心中氣惱，便有問必答，盡吐實言，將其惡計產生和實施的始末，一五一十講了個清楚。最後，祂不忘為自己開脫罪責道：「這都是鬼母的詭計，遼

帝的後臺，敝帝只不過是祂們手中之槍。」

渾沌三帝一神聽完遠帝此說心中盡明，渾沌立刻痛哭其女巨靈身死之屈，候、忽二帝齊疼巨靈之死。燭龍則更是痛不欲生，追悔莫及，捶胸頓足，打臉撞頭，哭出了血淚。末了燭龍抱定巨靈之屍，追悔自己槍殺巨靈之誤，決心自殺身死以謝巨靈。

渾沌三帝見之，急勸燭龍不可如此，言說巨靈身死雖為燭龍所殺，但皆為中了遼帝三惡的姦計，要為巨靈報雪冤仇，方可使巨靈死得安息。燭龍聽到渾沌三帝之言有理，方纔放下巨靈之屍，揩乾眼上血淚，鏗鏘起誓道：「不殺仇敵，不見巨靈！」誓畢，即求渾沌三帝助祂一起前去擒殺遼帝與鬼母二惡。

渾沌三帝也正痛氣難消，聽到燭龍之求當即計議一陣，先將遠帝押進囚牢，隨後便一起向蒼梧神山追殺遼帝與鬼母而來。渾沌三帝一神剛剛行至半途，突見身後渾沌的掌宮小神追來急叫道：「天帝慢行！遼帝與鬼母剛才不知從哪裏突然到了宮中，尋到押囚遠帝的囚牢就打，守牢小神守衛不住，現在遠帝說不定已被祂們救走了！」

「原來祂二惡在我宮中，我等正找尋祂二惡不得呢！走，快快殺回宮中，擒拿送上門來的惡帝惡神！」渾沌聽了，說著引領候帝三個，急忙返向了自己帝宮。

渾沌三帝一神須臾回到渾沌宮中，恰與剛剛救出遠帝，欲要東逃的遼帝三惡撞個迎面。渾沌三帝一神看見遼帝三惡，真個是仇者相見格外眼紅，也不答話迎住便打。遼帝三惡也不相讓，出手便迎住祂們鬥在了一處。

一時間，只見祂五帝二神交起手來，各不相讓，全都使狠。雙方都巴不得早些奪勝，以雪昔日深仇大恨。真個是直打得陰風四起，煙塵飛蕩，使得偌大的渾沌帝宮都暗無天日起來。

　　原來，鬼母剛才一直潛藏在渾沌帝宮之中，她怕露面引起渾沌諸帝眾神醒悟，所以一直潛藏未動。遼帝脫身後也未遠去，而與鬼母一起潛藏在了渾沌帝宮之中。祂二惡如此潛藏在渾沌帝宮之中目睹眼前惡鬥場景，知道遠帝必被擒去，但卻誰也不敢上前救助。

　　因為祂二惡知道若要上前救助，祂二惡也必然難逃被擒的厄運。所以祂二惡眼睜睜地看著遠帝被渾沌三帝一神擒去，只有依舊潛藏在渾沌帝宮之中，等待時機再救遠帝。恰好渾沌三帝一神訊問遠帝一番，痛哭一陣向東追擒祂二惡而去，祂二惡便即趁此機救出了遠帝。

　　這時，祂三惡與渾沌三帝一神轉眼鬥過多時，遼帝三惡打鬥雖惡但畢竟寡不敵眾，打鬥時久便抵擋不住起來。目睹必定敗北的惡鬥場景，祂三惡不禁各自暗暗心想起了敗逃之路。

　　遠帝接受剛才救援遼帝被遼帝所棄的教訓，害怕心機勝過自己的遼帝與鬼母再次棄下自己雙雙逃去，渾沌三帝一神再次擒住自己絕對不會輕饒。心想至此祂不敢怠慢，急瞅機會率先倏然跳出圈子，隱身逃出了渾沌帝宮。

　　遼帝更是狡詐多謀，祂看到戰局必敗，再戰必被渾沌三帝一神所擒，在遠帝未逃之前已經定下了逃跑心計，只是還未來得及實施已見遠帝逃去。遠帝的逃跑更使戰況發生了陡變，遼帝抵擋不住心中更驚，急忙虛擋一陣也瞅准機會，拋下鬼母依舊在此惡戰，倏然隱身逃出渾沌帝宮而去。

　　遼、遠惡帝逃走之後，狡惡的鬼母則還以為祂二帝另有奇謀挽回敗局，只是來不及告訴自己離去以施奇計，很快祂們就會返殺回來。但不料鬼母終了卻是聰明反被聰明誤，這次她做夢也沒有想到，她多日來與之共結同心，苦設惡計拼死搏殺以報同仇的遼、遠二帝，此刻竟然全不顧念於她，將她拋棄於鬥場各保活命而去。

狡惡反被狡惡誤的鬼母這時仍然不知這些，只顧猛鬥渾沌三帝一神，亟待遼、遠二帝返殺回來，奪勝渾沌三帝一神。然而她猛打惡鬥急等慢待轉眼過去多時，卻仍是不見遼、遠二帝的蹤影。看看自己已經惡鬥不過渾沌三帝一神，又等待不來遼、遠二帝的蹤影，逃亦脫身不得。置此厄境，鬼母這才心中陡然明白過來，原來是祂二帝逃去，拋棄她鬼母在此受死！心中一明，鬼母大惱，口中吼叫一聲道：「惡帝害我老娘也！」隨之，又猛地出手與渾沌三帝一神惡鬥起來。

　　鬼母神功雖高，但畢竟不是渾沌三帝一神的對手，她吼叫之後方寸大亂，交手剛過三個回合防備不住，已被忽帝從身後挺矛挑翻在了地上。鬼母倒地心中大驚，又見渾沌三帝一神全都揮械殺向自己而來，急忙高叫求饒道：「諸位帝神若能饒恕小神不死，日後小神定當變牛做馬，報答諸位帝神饒命之恩！」

　　「老刁婦，你死到臨頭還欲妖言行騙！」燭龍這時則「嘿嘿」一笑道，「我不殺你，怎報巨靈身死之仇！」說著，即挺槍刺向了鬼母胸口。

　　「侄兒不可殺害鬼母！」渾沌見之急忙去攔，但祂言猶未了，已聽鬼母「啊呀」一聲痛叫，燭龍之槍已經洞穿其胸膛，送鬼母昇天而去。

　　燭龍殺死鬼母為巨靈報雪了仇恨，槍也不拔棄之而去，狂躍高喊起來道：「靈妹，你可以安息了！哥哥已經殺死了設計害你的鬼母老刁婦，為你報雪冤仇了！」喊著跑著，祂很快來到了巨靈的屍體跟前，再次抱起巨靈之屍失聲痛哭親吻一陣，而後倏然高叫道，「妹妹已走，哥哥活著何用！哥哥隨你去也！」說著，抽出佩劍往脖頸一拉，沒等看到過來攔阻的渾沌三帝趕到，已自刎身亡倒在巨靈身旁，了結了祂年輕的生命。

二七、渾沌蒙冤

　　渾沌三帝目睹燭龍自刎身亡在巨靈身旁的慘景，全都心痛萬分。特別是作為巨靈之父的渾沌和作為燭龍之父的鯈帝，眼見自己的嬌女愛子皆因中了遼帝三惡的離間毒計，雙雙殘殺身亡，斷送了年輕的生命，禁不住痛斷肝腸，齊放悲聲，痛哭不止。好在一旁有忽帝苦苦相勸，祂二帝痛哭許久方纔止住哭聲，收斂巨靈和燭龍之屍，將祂倆合葬在了一起。

　　葬畢，為安慰巨靈和燭龍的陰魂安息，祂三帝又令小神把鬼母的屍體拖到巨靈和燭龍墓前，澆油點燃燒成灰燼，以祭奠巨靈和燭龍的陰魂。祭畢，渾沌三帝離開墳墓計議一陣，擔心這次惡戰殺死三位大神，玉皇大帝曾有諭令大神殺之有罪，祂三帝為此不敢怠慢，急欲前往天宮稟報玉皇大帝。這時樸父恰好趕到渾沌帝宮，聞聽便和渾沌三帝一道，徑往天宮向玉皇大帝稟報而來。

　　渾沌三帝一神踏動雲頭須臾來到天宮南天門外，守門天將立刻報於玉皇大帝，玉皇大帝聞報即傳祂三帝一神入朝晉見。渾沌三帝一神聞傳即入宮門，沿著甬道一路徑朝靈霄寶殿走來。

　　南天門是天宮的大門，渾沌三帝一神轉眼來到了靈霄寶殿前的天宮二門跟前。祂三帝一神穿過二門踏上甬道正要繼續前行，卻突見

從甬道右廂，突然閃出一位女神攔住了去路。祂三帝一神舉目見是女神，急忙一齊下拜道：「下帝小神不知娘娘駕臨宮門，冒犯之處乞求娘娘海涵！」

這突出攔道的女神不是別個，正是玉皇大帝的御女，居住在咸池之畔守護不死仙草的仙妃娘娘。這時只見她聽了渾沌三帝一神之言目睹眼前場景，不僅不怒而且「咯咯」一笑道：「諸位請起，娘娘不責諸位帝神冒犯之罪。帝父既然傳見你等，你等就快進靈霄寶殿，面見玉皇帝父去吧。」

渾沌三帝一神這時已知攔路女神為仙妃娘娘，祂們昔日皆聞仙妃娘娘心地慈善，和藹可親，今日祂三帝一神冒犯於她已是罪在不赦，聞聽其言果知仙妃娘娘慈善之名並非虛傳，於是連忙再拜謝罪道：「謝仙妃娘娘赦免下帝小神之罪！」言畢起身，即往靈霄寶殿走去。

然而就在渾沌三帝一神起身欲行之時，卻見那仙妃娘娘嫣然一笑，竟旋風般徑向渾沌面前攔來，幾步便擋在了首無七竅看視不見的渾沌面前。渾沌雖然臉上無目，但也很快感知到了仙妃娘娘攔阻在祂面前，心中頓然大驚，連連向後退讓道：「娘娘有何吩咐，下帝洗耳恭聽！」

但是儘管渾沌向後退讓再三，言說不停，仙妃娘娘卻仍然只是朝渾沌三帝一神奇異地笑聲朗朗，口不開言，腳不停步地徑朝連連退讓的渾沌面前逼來。渾沌不知仙妃娘娘這是為何，臍又不敢言說別的，只是連連重複剛才之言，腳下急急向後退讓不停，心中驚怕萬分。

倏、忽二帝與樸父大神在旁看見，更是心中又奇又驚，但卻誰也不敢言說別的，只有呆站一旁目睹仙妃娘娘笑逼渾沌，渾沌一個勁後退避讓，唯恐碰上仙妃娘娘逼近之身，惹下殺身之罪！然而仙妃娘娘看來有意戲逼渾沌，她雖然已將無竅渾沌逼得幾次沒了退路，險些被

身後之物絆倒，卻仍是見若未見，笑逼不語。弄得渾沌越退越怕，越怕越退，越退心緒越亂。

就在這時，渾沌突然感到仙妃娘娘猛然前逼一步，就要近祂之身，嚇得「啊呀」一聲驚叫，便猛地向後躍身一退。但不料渾沌由於心驚躍退過猛，腳下站立不穩，竟然「撲通」向後摔倒過去。

渾沌這一倒頓然壞了大事，只見隨著祂身子倒下，先聽到「喀嚓」一聲脆響，接著便連連響起了「轟隆」之聲。伴著這陣聲響，只見那頂立天宮二門殿頂的一根合抱玉柱，頓被倒下的渾沌猝然撞斷倒了下來。而後失去玉柱頂立的殿頂，隨之落頂而下，砸得渾沌三帝一神急忙躍身躲開。虧得祂三帝一神躲閃快疾，方纔沒有被落下的殿頂埋壓其下。

渾沌三帝一神躲出之後心中大懼，祂們並非懼怕各自剛才險些被落下殿頂砸在其下，而是懼怕仙妃娘娘被落下殿頂砸在其下，祂們豈不就將身罹更大罪過。為此祂三帝一神懼怕之中急忙舉目看視周圍，以尋仙妃娘娘身在何處。但是祂們巡視再三，卻都不見仙妃娘娘的蹤影。

渾沌三帝一神不見仙妃娘娘蹤影，心中更加驚怕，心想仙妃娘娘一定是被埋在了落下的殿頂之下，被砸得不死即傷。於是祂三帝一神不敢怠慢，急忙口中喊叫「仙妃娘娘」之名，隨著手扒殘磚斷瓦，向瓦礫堆中尋找起了仙妃娘娘。

就在渾沌三帝一神沒有尋到仙妃娘娘之時，玉皇大帝派來的巡察天官來到了這裏。巡察天官看視一眼落下的殿頂殘磚斷瓦，向渾沌三帝一神問明原委，即向靈霄寶殿稟報玉皇大帝而去。

玉皇大帝剛才坐在靈霄寶殿，心中正在氣惱燭龍三神在下界被殺之事，突然聞聽天宮二門處傳來了柱折殿塌響動之聲，不知為何突

生此變，即派巡察天官巡察而去。這時聞聽巡察天官歸來稟報勃然大怒，即令執刑天官前往二門，把渾沌擒拿進了靈霄寶殿。

玉皇大帝看見渾沌心中更惱，立刻開口嚴訓道：「無竅渾沌，宇宙中的壞事可是非叫你做絕不可啊！你在下界剛剛殺死了燭龍和鬼母二神，並手刃了親生女兒巨靈大神，罪已犯在當斬不赦之列……」

「啟稟萬歲……」渾沌被擒已生驚怕，這時又聞玉皇大帝此言更是驚怕不已，欲要辯解道。

然而玉皇大帝不容其言，繼續怒言道：「但不料你又犯進天庭，調戲朕之御女仙妃娘娘，並為此撞折玉柱，摧塌了天宮二門！你之罪大惡極，犯在即斬之列。執刑天官，立刻將這犯帝渾沌押赴刑場，斬殺不赦！」

「是！」執刑天官聞令，口中高叫一聲，上前就要把渾沌押赴刑場，執行斬刑。

渾沌頓然大驚失色，實在不知自己初來乍到，不僅沒有見到玉皇大帝，同時玉皇大帝也沒有對其進行訊問，為什麼就把所有罪過全都算到自己身上，立即就要處斬。「萬歲請容下帝言講！」為此祂不敢怠慢，急忙開臍辯解道，「如此下帝實在冤枉」。

玉皇大帝聞聽渾沌此言更惱十分，不容渾沌開臍即言道：「惡帝罪證俱在，鐵證如山，還有何說？押下去，斬！」就這樣，玉皇大帝不容渾沌言講，執刑天官遵照玉皇大帝御旨，押起渾沌就要離去。

渾沌無奈，只有連聲喊起了「冤枉！」

但是玉皇大帝端坐如山，聞若未聞，聲色不露，紋絲不動。看著執刑天官把渾沌就要押出靈霄寶殿。就在這時，卻見靈霄寶殿門口，突然闖進了倏、忽二帝和樸父大神。一進殿門，祂三個便口中齊喊「冤枉」，迅即進到殿前，跪在玉皇大帝面前乞求道：「萬歲刀下留情，

等待問明真情，再殺渾沌不遲！」

「怎麼，你們說朕沒有弄清真情就殺渾沌！你們說朕不知真情？反過來就是說你們知道真情！朕知道你們在下界結為一夥，故而特來為其喊冤。」玉皇大帝聽到這裏，更是勃然怒起，厲喝祂二帝一神道，「好，朕叫你們喊個夠。執刑天官，給朕每個先打一百天杖，然後再給朕將他們打出宮去！」

倏、忽二帝與樸父大神聽了急要講說，執刑天官已經來到祂們跟前，押起他們便行起了杖刑。一百天杖打在祂二帝一神身上，直打得祂們喊冤之聲更烈，叫屈之聲更激。但無奈玉皇大帝聞之不理，行完杖刑齊又被執刑天官打出天宮而去。

英明慈藹的玉皇大帝對渾沌三帝一神的這番作為，當然又是遼、遠惡帝搞的鬼。從剛才渾沌帝宮惡鬥中逃跑的遼、遠惡帝，隱在渾沌帝宮之中目睹被祂們拋棄的鬼母被燭龍殺戮，而後燭龍又殉身在了巨靈身旁，心中也是又痛又喜。

痛的是鬼母與祂們同心一場，如今卻因被祂二帝拋棄身遭屠戮，祂二帝雖然邪惡但對同夥也不乏有一絲同情之心，因而對鬼母之死感到心痛。喜的是這場惡計雖然未能殺死渾沌三帝，但也殺死了燭龍和巨靈二神，還是沒有白費心力。

痛定喜餘，祂二帝心想渾沌三帝葬過燭龍和巨靈之屍，想到玉皇大帝殺害大神定為死罪之令，必定上達天庭將此三神被殺經過稟報玉皇大帝。如果祂二帝任憑渾沌三帝前去天宮向玉皇大帝稟報，玉皇大帝聞稟必將治祂二帝死罪無疑。

想到這裏祂二帝不敢怠慢，決計來它個一不做二不休，惡者先告狀，立刻上達天庭，搶在渾沌三帝之前誣告祂三帝。以再借玉皇大帝之手治渾沌三帝於死罪，報雪祂二帝及死去的鬼母之仇。

345

為此祂二帝迅疾來到天庭，果然搶在渾沌三帝之前，向玉皇大帝對祂三帝進行了誣陷。祂們誣陷說，渾沌三帝上次在天庭被陛下判勝下界之後，見陛下信任祂們不疑，便在我們誣告的提醒下，野心膨脹，真的伺機做起了預謀反叛的事情，時刻準備襲奪天庭，以奪陛下之位。

　　玉皇大帝開始聽到此說，想到上次遼帝三惡誣陷渾沌諸帝眾神，心中不信，心想是祂二神又來誣陷別個。但當祂聽了遼、遠二帝言說不料想祂們的惡行，被給巨靈充當差遣小神的鬼母發現，鬼母查知後即欲冒死上稟陛下，但是鬼母之舉被渾沌三帝發現，因而祂三帝便殺死鬼母以絕稟報之路。

　　然而渾沌三帝反叛陛下畢竟不得眾神之心，因而鬧得眾叛親離。渾沌的女兒巨靈和倏帝的兒子燭龍反對反叛陛下，力勸各自帝父。由於其帝父盡皆不允，二大神便欲上達天庭稟報陛下定奪。結果被祂二帝察知，祂們遂將祂二神雙雙殺死！

　　就這樣，祂三帝反叛未行，便已殺死下界燭龍三神。祂二帝為了稟報真情給陛下，冒著陛下不信殺身之險前來稟報，陛下不信就殺了祂倆，但到事發就後悔也來不及了。

　　玉皇大帝聽到這裏心疑盡消，陡生怒火，喝問遼、遠二帝再三，是否渾沌三帝殺了燭龍三神。遼、遠二惡都肯定不移並以生命擔保其真，玉皇大帝便怒罵起了渾沌三帝道：「不殺渾沌三個叛逆，怎服眾神之心！」

　　玉皇大帝罵聲剛落，守門天將便來稟報渾沌三帝樸父大神前來求見。玉皇大帝心中正惱，聞聽祂三帝來到，便傳晉見以訊問清楚再作定奪。

　　這時，剛剛在玉皇大帝面前誣陷罷渾沌三帝的遼、遠惡帝，躲在

暗處聽聞渾沌三帝一神來到南天門外，玉皇大帝傳召祂們晉見，頓然心中不由得驚怕緊張起來。祂二帝害怕渾沌三帝一神見到玉皇大帝一番講說，使善於察知真情的玉皇大帝察知了真情，就會不僅放過渾沌三帝，反而會把祂二帝治成死罪。

為了不使玉皇大帝察知真情，祂二帝立刻又動狡惡之心，想到祂二帝入宮之時，恰好見到居住在咸池的仙妃娘娘，從咸池歸回天宮。遼帝便潛身來到南天門裡的二天門甬道一旁，搖身變做仙妃娘娘等在那裏。須臾渾沌三帝一神來到，遼帝假變仙妃娘娘便從一旁走出，攔在了祂們面前。隨之故意戲逼渾沌使其撞折玉柱，演出了剛才柱折頂塌的一幕。

遼帝假變仙妃娘娘在柱折之時立刻逃去，渾沌的作為卻給正在氣惱於祂的玉皇大帝心上火上澆油，使得對祂更加氣惱萬分。特別是玉皇大帝聽到巡察天官稟報，渾沌硬說是御女仙妃娘娘戲逼於祂，從而嚴重詆毀仙妃名聲進而損汙自己之名，心中著實更惱。因而見之不問青紅皂白，便以遼、遠惡帝之言，判下了渾沌死罪。並將為之求情的倏、忽二帝樸父大神，在重責之後打出了天宮。

倏、忽二帝與樸父大神被執刑天官打出南天門外，恰見臍喊「冤枉」的渾沌正被五花大綁著，背後插著高高的死囚牌，由執刑天官押解著，走出南天門徑往刑場押去。倏、忽二帝一神知道，渾沌一被押到刑場，就要立刻身受斬刑。祂二帝一神知道其中的一切，渾沌如果就此受刑而死實在冤枉。但祂們剛才求情玉皇大帝不允，如今又被打出了天宮之外，已經沒有了向玉皇大帝講明真情解救渾沌之法。

然而祂二帝一神目睹此景，卻決計無法也要想法，絕不能就此眼睜睜地看著渾沌天帝含冤而死。於是祂二帝一神一陣緊急計議，計定採用無法之法，即不是辦法的辦法冒死營救渾沌。

這時，祂們仍然不知剛才所見仙妃娘娘為遼帝假變，而信以為真地認為剛才所見仙妃娘娘，既然未被塌下的門頂砸住，就一定是回到了後宮之中。仙妃娘娘過去為救渾沌曾經賜過不死仙草，因而祂們知道她不僅具有慈善之名，而且具有好行慈善之實。如果告知她渾沌因為剛才她的戲鬧身遭斬刑，好行善舉的她一定會再行善舉，出來營救渾沌脫險的。但只是天宮後宮乃為常神的禁地，要從中請出仙妃娘娘絕非易事！

然而為了救出渾沌，祂們不易也要去請，遂把請出仙妃娘娘的事兒交給了樸父。至於樸父大神如何前去宮中請出仙妃娘娘，都由祂自己去定。同時為了保住渾沌暫時不被斬殺，延擱到仙妃娘娘前來營救之時，則由倏、忽二帝立即前去冒死劫奪法場，保得渾沌暫時不死。祂二帝一神如此計議定出，時間緊迫耽擱不得，便立即開始分頭行動。

倏、忽二帝邊走邊作計議，一陣便奔到了法場之外。祂二帝舉目看視法場情形，眼見法場之上由於正要斬殺渾沌，所以氣氛肅穆，防守森嚴。法場四周，數步之遙便有一名威嚴的天兵持械守衛，百步之遠更有一名雄壯天將持械值守。眾天兵天將一線肅立，恰好形成一堵嚴整的圍牆，圍立在法場四周。在這圍牆之內，又佈設有眾多的散巡天兵天將，來來往往巡邏不息，以防法場不虞。

倏、忽二帝不睹此景，劫掠法場的決心還大，看到這裏真個是決心頓然銳減三分，全都驚呆在了法場之外。但是就在這時，法場上突然「咚咚咚」三聲天炮鳴響，震醒了呆怔中的倏、忽二帝。祂二帝聞聲急向法場看去，只見散巡天兵天將簇圍的法場中心，監刑天官在天炮震響聲中，正在向渾沌最後賞賜御酒。

按照刑場之規，祂二帝知道犯者飲過御酒，就要身受斬刑。祂二帝看到由於渾沌無口無法飲下御酒，監刑天官便將那杯賞賜御酒，灑

潑在了渾沌身上，隨著口下命令道：「斬！」監刑天官一聲令下，身穿紅衣手執鬼頭大刀的劊子手，便猛地把渾沌按跪下去，接著便向渾沌揮起了手中的鬼頭大刀。

倏、忽二帝不睹此景猶可，目睹此景心知渾沌就要死在手起刀落之間，遂不敢再怠，忙一聲喝叫：「刀下留情！」急縱身躍進天兵圍牆，落身在了渾沌身邊，驀地出腳踢飛劊子手手中之刀，救下了渾沌生命。隨著袘二帝放開渾沌，便向法場外突去。

倏、忽二帝出手驟然，頓時驚呆了刑場上的天官天將。也由於天宮中還從未發生過如此法場被劫事件，眾天官天將麻痺已極，再加上渾沌與倏、忽三帝在天界美名極高，眾天官天將心祐護之。所以渾沌三帝一陣奔突，眼看著就要劫掠法場成功，袘三帝就要突出法場而去。

不料就在袘三帝突到法場邊沿天兵圍牆之下時，恰遇掌刑天官前來法場查驗行刑情況。掌刑天官與突出法場的渾沌三帝碰個迎面，心中大驚，一邊即令隨行小神回稟玉皇大帝，一邊立刻組織眾天官天將向渾沌三帝圍殺上來。

正在突圍的渾沌三帝見之大驚，立即奮力與戰，欲圖殺開一條血路突出法場之外。但無奈眾天兵天將這時領受掌刑天官嚴令，誰也不敢怠慢，齊向前來拼殺。渾沌三帝神功雖強，一時也只能防衛自身不被傷害，硬是拼殺不出重圍。

正在渾沌三帝與法場眾天官天將奮力拼搏，突圍不得之時，玉皇大帝聞聽掌刑天官派回小神稟報，心中大惱，立即御駕親啟，率領眾天官天將趕到了法場之上。玉皇大帝來到法場眼見渾沌三帝利鬥不息，更是氣惱萬分，即令隨行天將一擁而上，須臾便將正鬥的渾沌三帝全都擒拿了個結實。

玉皇大帝看見，立即駕至法場中心，親自訊問起了渾沌三帝。

好在玉皇大帝這次眼見眾天將把渾沌三帝押到面前，沒有不讓祂三帝開口講說，而是從頭訊問仔細聽稟，憤怒訊問道：「小小三方下帝，前番你等為了反叛於朕，已在下界殺戮鬼母三神。如今你等又在天宮胡作非為，調戲仙妃撞折玉柱，現在又斗膽劫法場，你等反叛之心顯明，反叛事實做成，朕欲斬殺你等，你等還有何冤可訴，快快向朕講來！」

渾沌三帝這時雖然又被擒住，但由於看到玉皇大帝親自來到法場，終又贏得面見玉皇大帝之機。而只有能夠面見玉皇大帝，才有機會講說實情，因而祂三帝心中已是不禁暗暗歡喜。為此聞聽玉皇大帝詢問，心知向玉皇大帝申冤的時機來到，善思多智的候帝便不待渾沌二帝言說，即率先開口回答詢問道：「啟稟萬歲陛下，我等三方下帝實有千古奇冤，要向陛下陳述。乞求陛下賞賜我等點滴時間，容我等申訴完畢再殺不遲！」

「快講！」玉皇大帝應允道，「早殺晚殺，你等都是朕的籠中之鳥，難道朕會怕你等跑了不成！」

「謝過陛下賞說之恩！下帝逃跑不了。」候帝這時先是言謝，接著即向玉皇大帝侃侃講說起來。祂從這次開始巨靈如何被鬼母所騙，直至燭龍自刎身亡，以及遼帝三惡如何施計的整個過程，原原本本地講說了一遍。

「噢，事情竟是如此！」玉皇大帝聽完，禁不住心中猛然一動，方纔對自己剛才聽信遼、遠惡帝讒言，形成的成見發生懷疑，接著訊問渾沌三帝道，「但你三帝進宮，為何斗膽調戲御女撞折玉柱？」

「萬歲，此事說來實在蹊蹺！我三帝一神剛才聞聽陛下傳召，穿過二門正欲前行到靈霄寶殿拜見陛下，不料想仙妃娘娘突從一旁現身，攔住了我等的去路。」候帝聞問，即又回稟道，「我等忙下跪乞

求仙妃娘娘開恩，但無奈仙妃娘娘讓過我等三個，只是向渾沌步步進逼，直逼得渾沌後退無路，失腳摔倒撞折了玉柱……」

玉皇大帝聽到這裏頓又勃然大怒，心思陡轉厲喝道：「惡帝言何！依你所言，竟是朕剛剛回宮的御女仙妃戲弄於你等？你膽大包天！」

「下帝不敢言假，」候帝聽到玉皇大帝突然打斷其言怒喝至此，話不對頭心中大懼，急忙開口辯解道，「下帝不敢言說仙妃娘娘調戲我等！」

玉皇大帝對候帝此言更惱，道：「惡帝，你說仙妃娘娘調戲你等。你妖言詭辯，為解脫自己，反誣御女，該當死罪！」

候帝三個聽到玉皇大帝惱怒至此，全都更加驚懼萬分，連連求饒道：「乞萬歲恕罪，下帝所言皆為事實。」

玉皇大帝聽到渾沌三帝求饒之聲心中更惱，因為祂三帝竟然當著眾天官天將天兵之面，言說仙妃娘娘調戲祂們皆為事實。這不僅當著眾天官天將天兵之面損汙了仙妃娘娘的名聲，而且也損汙了自己作為仙妃娘娘之父的名聲。玉皇大帝為此惱怒至極，更覺渾沌三帝為自己辯解也可，但不該如此不知輕重，竟將污水潑上祂玉皇大帝之身，以為自己解脫罪刑。

於是玉皇大帝認為渾沌三帝為自己辯解，已至喪心病狂的境地，所以對祂三帝剛才言說，遼、遠惡帝使用離間惡計之語也全不相信，這時誣陷仙妃娘娘又該當死罪，加上其劫掠法場也該當斬刑，隨之即又開口傳旨道：「將渾沌三帝押赴刑場去，即行斬首！」

渾沌三帝陡聞此變，頓然驚怕得齊呼起了「冤枉」。但無奈祂們有口不能說清，玉皇大帝心惱不明，眾執刑天將聞旨行動，立即把祂三帝押去綁縛在了斬柱之上，只待天炮響過就要開刀問斬。

二八、仙妃出證

渾沌三帝在斬柱上剛剛被綁好，天炮便「咚咚咚」地響了起來。隨著炮響，監刑天官前來賞賜御酒，賞畢御酒便聽玉皇大帝親頒御令道：「斬！」隨著玉皇大帝的御令出口，身著紅裝的劊子手便向渾沌三帝舉起了屠刀，只等舉起之刀落下，祂三帝便要身首異處，喪身法場成為冤死之鬼。

在這等死之前的片刻光陰之中，倏、忽二帝心想前去求救仙妃娘娘的樸父早些有成，禁不住口中念說起來道：「仙妃娘娘快來解救我等！」

然而祂二帝垂死之時，焦盼樸父求來仙妃卻不見仙妃來到，只見到眼前劊子手舉起的屠刀眼看著就要砍上自己的脖頸。無奈中祂二帝只有閉起眼睛，等待死亡降臨。

樸父剛才身負向仙妃娘娘求救的重任，離開倏、忽二帝獨去執行，心中想著仙妃娘娘身在後宮，後宮乃是玉皇大帝的妻妾後妃居住之所，宮中禁地，不僅天上神靈入內不得，而且為防神魔私自偷入其內行惡，設防十分嚴密。它像咸池一樣上有恢恢天網籠罩，四周有高牆加無形地羅攔阻，宮門有玉皇大帝的心腹天將日夜守衛。並且宮門有三道之嚴，道道守衛縝密。宮牆和地面都由玉皇大帝加固萬倍，不

管何方神魔的何種遁地法術都遁入不得。整座後宮真個是防守得固若金湯，保衛得滴水不漏，除非從門口入內其牠地方進去不得。

　　樸父心想後宮防守如此之嚴，心中即對如何入內焦愁萬分，而且渾沌這時已被押赴刑場，自己又必須立即入宮見到仙妃娘娘，求她出宮前去刑場，方能救得渾沌不死。樸父為此既為時間緊迫心中焦急，又為無法進入後宮百般焦愁，腳下不敢停步，眨眼便來到了南天門前。

　　焦愁的樸父眼見來到南天門外，由於只顧心想快進後宮尋到仙妃娘娘，而忘記了自己剛被玉皇大帝頒令打出天宮，便請守門天將傳報其欲入宮。守門天將聽聞，齊譏笑牠定為老邁健忘硬是不允。方使牠清醒過來，想起自己剛被玉皇大帝頒令趕出天宮，求亦進宮不得。

　　樸父本要前去後宮向仙妃娘娘求救，這時卻連天宮南天門也進去不得，又怎能前去後宮呢？樸父為此焦愁地待在南天門外，真個是犯起了更大的焦愁。但是，時間不容許牠在此久待，無奈中牠急愁中生計，只見牠倏然向南天門內一指，開口大叫道：「看，玉皇大帝的御駕來了！」

　　眾守門天將突聞樸父此言，不知樸父使計，齊扭頭向宮院內看去。樸父眼見眾守門天將中其小計，說時遲那時快，急趁此機躍身穿過南天門，進入天宮院內立刻向縱深處跑去。眾守門天將正看視不到玉皇大帝的駕影，心中生氣樸父騙了牠們，欲要捉拿行騙的樸父是問，已見樸父躍身院中消失了蹤影，方知中了樸父之計。

　　眾守門天將氣惱得齊要進院捉拿樸父，但又恐南天門失守出現差錯，再看樸父也已身影消失在了宮院之中，又知牠為正路神仙不會行惡，便沒有對樸父再去追擊。而急將這一資訊報告給了掌宮大神，以讓牠命神擒拿。

　　樸父如此入得天宮心中大喜，但牠擔心守門天將追來，急忙東躲

西避，目標卻是向後宮門口疾去，並且邊跑心中邊想進入後宮之策。樸父奔跑疾急，頭腦中還沒有想出進入後宮之策，後宮宮門便已躍入眼簾。

樸父急忙駐足舉目看視，只見祂從未見過的後宮宮門，著實與一般宮門大不相同。後宮氣勢巍峨，富麗壯觀；宮門進深加倍，甬道狹窄深長。門口守門天將眾多，十分森嚴。樸父目睹此景心知進入宮門實在不易，而且古有定規私進後宮必定死罪。為此祂一愁沒有進宮之策，二愁時急如火燃眉。愁急至此，樸父不能再待久思良策，只好再施剛才闖入南天門小計，以期闖入後宮前門再作計議。

「看，玉皇大帝駕到！」想到這裏樸父即到後宮門前，腳未站定便向宮內一指大叫道。樸父本想自己如此一語，像剛才轉移南天門守門天將視線一樣，將後宮守門天將視線轉移，自己趁機闖入後宮宮門。但不料後宮守門天將全都不受其惑，聞之皆對樸父譏笑起來道：「大神果已老邁發昏，不然為何大白日在此口出夢話！」

樸父眼見此計不成入宮不得，立刻急出一身汗來。是呀，那邊渾沌祂來時已去赴死，自己如果不能立即進宮請出仙妃娘娘，渾沌就要死定了。常言救神如救火，自己在此哪怕再耽擱片刻時光，渾沌就可能沒命了呀！那邊渾沌須臾就將沒命，這邊祂入宮求救於仙妃娘娘不得，你說祂怎能不立刻急出一身汗來！

樸父急出一身汗來仍然進入後宮不得，無奈為救渾沌不死，祂決計冒私闖後宮之險，硬闖宮門以進後宮。想定即做，只見祂倏地拔出佩劍，猛地便向後宮大門闖了進去。守衛宮門眾天將正笑樸父老邁發昏，突見祂猛然揮劍欲要殺入宮門，一個個誰也不敢怠慢，頓然皆止笑聲，揮械攔擋上來。

樸父既已決計闖入宮門，便闖者不善。祂見眾守門天將攔了過

來，便將手中金童寶劍舞開，向攔阻天將殺了過去。守門眾天將所持兵械皆為尋常傢伙，樸父手中金童寶劍乃為上乘神界利器，因而樸父一陣攔擋，守門眾天將手中兵器碰上即斷，挨著即折。眾天將手失兵器全都嚇得「嗷嗷」大叫，躲避開去，眼看著樸父迅疾穿過宮門，沿著甬道向院內奔去。

「大神鑄劍之名果真名不虛傳，所鑄神劍實為天界一流利器！」然而樸父奔上甬道剛行數步，便見從甬道左旁倏然閃出一將，攔在甬道正中擋在樸父面前「嘿嘿」笑言道，「但只是大神這麼私闖後宮宮禁，所犯乃為死罪。大神若要進去，就要問我這手中的鐵錘，應也不應了！」

「剛才老神多有得罪天將之處，但乞天將原諒老神。並請天將網開一面，放老神入宮求見仙妃娘娘，以救渾沌不死！」樸父聽了急叫道。接著，急將渾沌受冤的經過，簡略向天將敘說了一遍。

「沒有玉皇大帝御令，誰也不可入宮。」守門天將素知渾沌篤誠敦厚，聽後甚為同情。但無奈後宮御令森嚴，開禁不得，不敢同意道，「你有御令嗎？」

樸父道：「沒有。」

「沒有就請轉回，」守門天將勸說道，「以免大神身受鐵錘傷害。」

「為救渾沌，老神只有不顧生死，以死闖入宮禁了。看劍！」樸父聽到這裏知道說亦無用，心中大惱說著，舞動手中金童寶劍，便向那守門天將殺了過去。

守門天將也不再答話，揮動手中鐵錘便迎向了樸父。祂二神如此交上手來，轉眼即鬥數個回合。樸父心中焦急解救渾沌，因而不敢再與守門天將繼續交手。於是急忙心思轉動，揮劍「颯」地向守門天將砸來的右錘猛砍過去。但聽「哱叭」一聲脆響，守門天將的右錘已被

樸父之劍削為兩半。

守門天將右錘被毀心中好惱，立刻吼叫起來道：「老神勝了我的鐵錘，但你勝不過我這兩拳皮錘，你仍是進入不了後宮！」吼著，即出拳向樸父打去。

樸父當然也不相讓，仍扙劍相迎。祂二神如此轉眼交手又近十個回合，由於雙方神功不相上下，守門天將空手對劍，漸漸抵擋不住起來。樸父本可出劍將其刺死，但祂與守門天將素無怨仇，豈能為救渾沌再去傷害無辜天將，自己身罹殺死天將之罪？為此無奈中祂靈機一轉，決計使用賄賂之術，退出圈子道：「天將大神，我將手中金童愛劍送給大神，乞大神放我入宮若何？」

守門天將本來同情渾沌了知樸父，這時又見樸父本可刺殺自己卻不傷害自己，心中當然又亟願得其金童寶劍，但口中卻為難道：「小神雖然願意放過老神入宮，但是玉皇大帝必然追究小神失職之罪，小神豈敢擔當！」

「這好辦，闖宮之罪老神擔當。」樸父眼見行賄可有轉機，急又心思一轉道，「大神只管在後追殺，就說大神攔擋不住，老神闖進宮去也就是了！」

守門天將心覺可行，遂接過了樸父所送金童寶劍。樸父送劍後即向二門奔去，守門天將便揮劍隨後追殺過來。

守門天將一陣追殺，樸父一陣急奔便來到了後宮二門跟前。樸父正欲徑闖二門前奔，突聞一陣「嘿嘿」笑聲從面前傳來。樸父急駐足舉目看視，只見二門守門天將攔擋在二門門前，詭笑道：「大神既然進得了大門，就當然可以進得二門，但只是須要送上劍來！」

二門守將話剛落音，大門守將已殺到了樸父身後，出劍向樸父刺來。二門守將一笑止之道：「二位大神的好戲已可停演，末將剛才已

經盡睹一切。」

大門守將聞聽一愣收回了正刺之劍，樸父則立刻開口笑言道：「只要大神放老神入宮，老神就將身纏腰劍贈送大神！」

二門守將聽了樸父此言，當即大喜道：「既然你們二位可以演戲，末將怎麼就不能演戲？只是大神私闖宮禁之罪，無法赦免！」

「老神只要能夠救得渾沌不死，自己則死而無憾！」樸父這時也立刻心喜道。說著，即抽出身纏腰劍，雙手捧送給了二門守將。待二門守將接過腰劍，樸父便又立刻穿過二門，向後宮奔去。

大門、二門守將遂一陣吶喊，送樸父闖向了三門。待樸父闖到三門，祂二將害怕自己所守宮門有事，便各返所守宮門而去。樸父闖到三門，早有三門守將端站門口擋住了去路道：「老神，你膽敢闖進玉皇大帝後宮，快快過來受死！」

樸父聞聲急駐足看視，只見三門守門天將身材偉岸，威猛無比。樸父知道玉皇大帝後宮守將皆為其精選愛將，個個武功高強，一門天將與自己打個平手，三門守將神功必將勝過自己三分，硬打是闖不進此三門的。為此祂又心思急轉，心想起了過此三門的計謀。

樸父想到一門、二門天將皆為自己用劍行賄鬆動，後宮守將看來皆為收受賄賂之輩，同時神界皆知其為鑄劍名師，因而其鑄神劍便為其行賄的「土特產品」。自己再用其獨有的這「土特產品」行賄三門守將，就一定可以闖過三門進入後宮之中。然而祂身上僅佩兩劍，已全部行賄給了守門天將。崍嵫山上雖有神劍，這時時間卻不容許祂前去取來。

無奈之下，樸父只好急忙取出腿藏腿劍，雙手捧獻給面前的三門守將道：「大神在上，老神身上此刻已無他劍，乞大神笑納小小腿劍，放老神入宮或大神稟知仙妃娘娘，老神求見於她！」

「神劍是你老神的土產，既求本將放你入宮，卻不帶好劍前來。」三門守將睹劍聽言「嘿嘿」冷笑道，「就拿這把尺長腿劍給我，難道本神僅值你這把尺長腿劍不成！」

樸父眼見此劍不趁三門守將心意，急忙開口道：「大神若能見允，改日老神定當奉送上乘神劍，重酬放我入宮盛恩！」

「改日，誰信你的改日？」三門守將聽了，心中更加不滿道，「若要進宮，回去取劍再來！」

樸父心中焦急，忙對三門守將起誓道：「老神落言生坑，決不放空。只因今日渾沌死在須臾，老神不敢再待！」

「本將放你進宮，須要擔當守宮不嚴之罪。不為什麼，怎該為你擔當此罪！」三門守將聽了，又是「嘿嘿」冷笑道，「你無需再言，不取劍來，進宮無門！」

樸父聽到三門守將堵死了其進宮之門，心中頓時大惱。特別是祂心想玉皇大帝後宮守將身居關鍵地位，尚且如此都是收受賄賂之徒，收受土特產品收到了後宮之中，祂們這些普通大神豈有不受冤枉之理！想到這裏祂便不再言說求進，開口怒叫道：「惡神看劍！」隨著便手出尺許腿劍，向三門守將刺了過去。

三門守將也不相讓，嘿嘿笑著揮動手中鐵杖便迎了過來。祂二神就這樣因為一個暫時無劍行賄，一個現下索賄好劍鬥在了一處，頃刻間打得難分難解起來。打鬥中樸父雖惱，但其神功畢竟與三門守將相距甚遠，交手剛過三個回合，已經抵擋不住起來。

樸父這時雖然抵擋不住，但祂心想渾沌死在須臾，而且其死其活此刻全都繫於自己能否找到仙妃娘娘身上，所以為了不負重任，祂仍舊猛打不退以期打入後宮。但無奈神功不饒大神，祂二神交手又過三個回合，樸父防守不及身露破綻，三門守將出杖打來，樸父立即中杖

倒地，守門天兵一擁上前，就要把樸父綁縛結實。

「仙妃娘娘救我，仙妃娘娘救我！」樸父被擒無奈，心想自己被縛身罹私闖宮禁死罪事小，渾沌蒙冤無救而死實在冤屈，故此禁不住開口放聲大喊起來。

樸父的這般喊叫實在是出於絕望無奈，並非心想真能喊出仙妃娘娘。但卻該是樸父僥倖，也該渾沌大限不到命不該終，只聽樸父喊聲剛落，隨著便從三門之內傳出一聲女聲道：「何神在此喊叫於我？為何喊叫於我？」

三門守將聞聲急忙循聲看視，只見仙妃娘娘隨著話聲，已出三門走了過來。三門守將不敢怠慢，急忙施禮道：「小神拜見仙妃娘娘！」

此來正是仙妃娘娘，剛才樸父喊叫之時，仙妃娘娘恰好路過三門門裡。聽到樸父喊聲急切內隱無限哀痛，知此喊者必有急難之事求助於她，便不忍離去即出宮門看視而來。

樸父此刻正在絕望喊叫，突見兩聲無望喊叫真的喊出了宮中的仙妃娘娘，真個是大喜過望。祂眼見仙妃娘娘隨著問話之聲走出宮來，便立刻衝開綁祂天兵的牽扯，膝步跪行到仙妃娘娘面前急叫道：「仙妃娘娘快救渾沌，再待須臾渾沌就要沒命了！」

慈善的仙妃娘娘認識樸父，知道樸父為神界誠實善者。也知道渾沌為正派神靈，不行邪惡。她驚聞樸父此言，目睹樸父神色急迫萬分，又見樸父身遭綁縛，急忙下問道：「大神快說事情為何！」

樸父聞問，立刻把渾沌為她撞折玉柱摧塌天宮二門，為此身罹殺身之禍，正在刑場慘遭刑戮的事兒說了一遍，然後向仙妃求救道：「事情皆因娘娘而出，因而救得渾沌不死仍需娘娘施善。下神為此特來冒死身闖宮禁，乞娘娘恕罪，乞娘娘施善！」

仙妃娘娘剛才聽了樸父之言，已是驚呆在那裏。因為她剛從咸池

回到宮中，一到天宮即進了後宮，壓根兒沒有見到過渾沌。怎會有這般渾沌因為避她，撞折玉柱摧塌天宮二門之事發生，玉皇大帝又因祂戲弄自己定為斬刑的道理！但她很快明白了過來，推斷一定是有惡神邪魔變作其模樣，故意施害於渾沌。想到這裏她不敢怠慢，即讓三門守將放開樸父，隨著引領樸父出宮急忙向法場行去。

這時法場之上，劊子手手中的屠刀正向渾沌三帝脖頸砍去，眼看屠刀就要落下，渾沌三帝就要身首異處。就在這屠刀沒有砍下之時，仙妃娘娘恰好攜帶樸父趕到了法場之上。仙妃娘娘見之更驚，遠遠便開口尖叫道：「父皇，刀下留情！」

正在行刑的三名劊子手突聞仙妃娘娘叫喊，全都急忙收住了下砍的鬼頭屠刀，等待玉皇大帝發落。就這樣，仙妃娘娘在此千鈞一髮之際，救下了渾沌三帝生命。玉皇大帝突聞女兒仙妃來到，並開口為渾沌三帝求饒，心中好惱，屬喝道：「女兒為何違朕宮規，到此法場干預朝政之事！」

仙妃娘娘自小慈善誠樸，聰慧可愛，因而深得玉皇大帝疼愛。若非如此，正惱的玉皇大帝此刻非將其打回後宮不可。正因為玉皇大帝疼愛於她，所以僅僅口出責備之言。仙妃娘娘聽了父皇之言，即回答道：「父皇暫息雷霆之怒，容小女言稟！」

「講！」玉皇大帝怒氣不息道。

「小女此來為渾沌三帝求情，並非小女故意違犯宮規，也無意干預天朝政事。」仙妃娘娘接言道，「只因事由小女而出，小女故而來此為渾沌三帝求情。」

玉皇大帝聽到仙妃所言有理，心中氣惱即平三分道：「講，無緣渾沌為何欺辱於你？」

「不，事情與父皇所知完全相悖。」仙妃即言否定道，「此事雖

因小女而出，卻與小女毫無牽涉。」

「噢，竟是如此！」玉皇大帝聞聽頓陷五里霧中，迷惑不解地如同自言自語道，「此事雖因女兒而出，卻與小女毫無牽涉？小女這是何言，快講！」

仙妃娘娘繼續道：「小女回宮之後並未見到渾沌，因而壓根就不存在小女戲弄渾沌，或者渾沌調戲小女之事……」

「啊！」玉皇大帝聽到這裏，驚詫得禁不住叫出聲來，打斷仙妃之言道，「竟真如此！」

仙妃娘娘往下道：「父皇自幼看著小女長大，是應該知道小女怎麼做事的。因而父皇也應該想到，此事是壓根也不會發生在小女身上的。」

玉皇大帝聽到這裏，方纔醒悟過來道：「噢，朕明白了。但女兒是怎麼知道父皇在此斬殺渾沌三帝的？」

仙妃娘娘即言道：「是樸父為救渾沌之命，冒死身闖後宮被小女撞見，聽聞此事來到了法場。」

玉皇大帝聞聽連連自責道：「來得好，女兒來得好！如若不然，父皇豈不就冤殺了渾沌三帝！」

樸父這時眼見說話的時機來到，立刻謹慎插言道：「啟稟萬歲，據下神所知，渾沌實在冤枉！一定還是遼、遠惡帝施此惡計，欲借萬歲之手除掉渾沌三帝，乞萬歲明察！」

玉皇大帝剛才聞聽倏帝言稟，遼、遠惡帝與鬼母惡神施用離間毒計，造成了袘下界五帝之間的戰亂，致使燭龍三神身死的事實，心中已知這又是遼、遠惡帝所施惡計，正惱遼、遠二帝膽大包天，矇騙自己。如今又已證實袘們為施邪惡，更是斗膽變作御女仙妃以欺瞞於朕，結果既把髒水潑到了御女仙妃身上，又潑上了其身，同時又險些

使渾沌三帝被自己冤殺。

為此，玉皇大帝這時聽了樸父之言心中更明更惱，立刻頒旨道：「傳遼、遠二惡上前！」傳旨天官聞旨立即傳呼，但祂們連連傳呼數遍，竟均不見遼、遠二帝上前。

原來，遼、遠二帝剛才眼見仙妃娘娘來到救下渾沌三帝性命，正竊喜的心便頓然冰涼到了極點，同時也驚怕到了極點。祂們知道仙妃此來，立即就會使玉皇大帝弄清事情真相。這樣就不僅會使祂們即將告成的惡計毀在須臾，而且玉皇大帝弄清真相後還一定會重處祂二帝。因而祂二帝不敢怠慢，一邊咬牙切齒怒罵著「不殺樸父老兒，誓不甘休」！一邊立即偷出法場，逃往下界而去。

玉皇大帝眼見傳旨天官數傳遼、遠二帝不到，又令天將四處尋找仍然不見蹤影，知道祂二帝已經畏罪潛逃，此事為遼、遠惡帝所為全已明瞭，心中著實大惱。於是祂一邊命令放開渾沌三帝，一邊傳旨托塔天王李靖，引領天兵天將前去捉拿遼、遠惡帝。

「俗言殺雞焉用牛刀！」剛剛獲釋的渾沌三帝聞聽玉皇大帝此令，立刻上前請求道，「擒拿遼、遠二帝的事兒，就不勞天兵天將，交給我等三方下帝吧！」

「好，你等要立刻行動，」玉皇大帝聞聽心喜，當即應允道，「將遼、遠惡帝擒來見朕！」

渾沌三帝領命，再謝玉皇大帝聖恩，然後即引樸父一道離別天宮，到下界擒拿遼、遠惡帝而來。

二九、樸妻喪生

　　渾沌三帝一神擒拿遼、遠惡帝遇到的第一個難題，便是到何處擒拿。遼、遠此次敗在了玉皇大帝面前，害怕玉皇大帝懲處倉皇逃離天宮，必定害怕玉皇大帝派遣天兵天將追擒，逃到一個幽僻去處躲藏了起來。因而渾沌三帝一神離開天宮追往何方，便一時間全都沒有了主張，按住雲頭計議起來。

　　計議之中，還是倏帝率先開口打破僵局道：「無論遼、遠二惡逃到何處，我等此次既已奉了玉皇大帝之命擒拿祂們，就一定要設法擒到。我看我等還是先到渾沌帝宮一尋，或許祂二惡又在宮中行惡。如果祂二惡不在，我等就再尋往別處。」

　　渾沌二帝一神都正在無奈，聽了倏帝此言，便齊踏動雲頭向渾沌帝宮奔來。須臾，祂三帝一神來到渾沌帝宮近處，遠遠地便看見從渾沌帝宮之中，向上扶搖沖起三股濃重的煙柱。

　　「不好，此煙定是遼、遠二惡焚燒渾沌帝宮所致！」樸父看到那煙柱，率先驚叫道。渾沌三帝也都在心中吃驚，聽了樸父此言踏動雲頭更疾，一陣便來到了帝宮跟前。

　　渾沌帝宮正如樸父所言被遼、遠二帝火焚，帝宮與一南一北的奇獸園和懸圃花園，正著火生煙，騰起三支煙柱徑直沖上九霄。遼、遠

二帝剛才逃離天宮之後，害怕玉皇大帝派遣天兵天將追趕，在途不敢稍停，一路疾行率先來到渾沌帝宮之中，欲圖躲藏起來。但祂二惡來到宮中找尋不見躲藏絕處，又恨渾沌不死，心中怒火噴燒，即放火焚燒起了渾沌帝宮及其園圃。然後祂二帝一陣計議，離開渾沌帝宮這片火海，徑向倏帝竹宮尋找藏身之處去了。

渾沌三帝一神來到宮中，看見宮中宮殿閣亭皆在火海中嗶叭燃燒，已盡在烈焰中化成了灰燼，根本沒有了救的價值，而且也不見有遼、遠二帝的蹤影。祂三帝一神於是即去奇獸園看視，看見園中建築也已皆在烈焰中變成了瓦礫，園中所關奇獸異禽皆已化成灰燼，僅存者也都變得焦糊一片，而且也不見遼、遠二帝的蹤影。渾沌三帝一神眼見又無撲救價值，便又即赴懸圃看視而來。

懸圃之中由於草木叢茂並且多為水鮮植物，燃燒較慢，這時依舊火勢熊熊。渾沌三帝一神來到看視一番，只見烈焰雖然燃燒較慢，但由於火勢威猛，園中百花仙子千草仙妃也皆已喪身火海之中，斷了花草性命，同時也沒有遼、遠惡帝的蹤影。渾沌三帝一神見到又無撲救價值，也尋不見欲擒的惡帝，氣惱得全都大罵起了遼、遠二惡。

渾沌三帝一神一邊怒罵遼、遠二帝，無奈一邊重又計議起了擒祂二惡之法。倏帝罵畢率先道：「看這渾沌帝宮這般情形，遼、遠二惡為報惡仇，定又去了我南方竹宮，或者我那竹宮也正在烈焰中化為灰燼！」

「帝兄所言極是，渾沌帝宮被焚若此，我忽帝冰宮已在燭陰手中化為烏有，遼帝二惡仇恨不息，」忽帝當即認同道，「定會前去帝兄竹宮再行邪惡。我等還是即去看視，擒祂二惡。」

渾沌與樸父也都認同倏、忽二帝之言，隨著祂三帝一神便向南方倏帝竹宮奔來。事情果如倏、忽二帝所料，祂三帝一神一陣疾行來到

倏帝竹宮遠處，便見竹宮上空也像剛才渾沌帝宮上空一樣，徑直向上沖起了一柱烏黑的濃煙。渾沌三帝一神見之知道倏帝竹宮又被遼、遠惡帝火焚，心中好惱，齊疾踏雲頭向倏帝竹宮火海擒拿遼、遠二惡而來。

然而祂三帝一神來到竹宮火海，不僅搜尋不見遼、遠惡帝蹤影，而且看到昔日充滿異國祂域風情的倏帝竹宮，也已在烈焰中全都化為了灰煙，失去了撲救的價值。渾沌三帝一神無奈，計議此間下界五座帝宮皆已化為灰煙，僅有蒼梧和崦嵫兩座神山可容遼、遠惡帝藏身，祂三帝一神便先向近處的蒼梧神山尋擒二惡而來。

遼、遠惡帝燒罷渾沌帝宮，來到倏帝竹宮仍是找尋不到藏身絕處，便又借機焚燒倏帝竹宮以洩冤仇，反正這竹宮再也不可能留給祂二惡享用。祂二惡如此一把大火燒掉倏帝竹宮之後，隨著又向蒼梧神山尋找藏身之處而來。至此祂二帝焚罷倏帝竹宮向蒼梧神山行來之時，尚且不知渾沌三帝一神已領玉皇大帝聖命，正向渾沌帝宮擒祂二惡，而仍在害怕玉皇大帝派遣天兵天將追擒過來。

須臾，遼、遠逃到蒼梧神山，尋找一遍不見藏身絕處，便計議一陣只有躲進了赤金洞中。進洞之後，祂二惡自知也並非進入保險箱中，因而心中仍然不能平靜，只怕天兵天將擒祂二惡而來。為此祂二惡雖對洞中情形十分熟悉，卻也仍是放心不下。齊在洞中巡視一番，然後計議起了如果天兵天將追入洞內，祂二惡採用何種對付方略。

祂二惡看到從洞口入洞不遠之處，有一段雙道連環金洞，便即把左洞入口堵死，並在兩洞相距貼近處挖出兩孔，以待天兵天將追入洞中，祂二帝躲在左洞之中，從挖通的孔洞中各出兵器，打殺入洞天兵天將以保自己不被擒去。待到一切準備妥當，方纔坐下歇息，飲起酒來。

　　祂二惡歇息多時不見天兵天將來擒，只盼天兵天將不再追來。但也擔心追來天兵天將還沒有尋到此處，因而仍然靜心不下。表面上祂二惡在歇息飲酒，實際上則是在以酒麻醉其心，壓抑胸中的驚怕。

　　祂二惡由於心中愁怕，須臾已經飲至半醉。就在這時，突見一位守門小神匆匆前來稟報道：「天帝，渾沌三帝一神殺到洞中來了！」正飲半醉的遼、遠二惡聽到此報，頓然驚得杯落身起酒醉盡醒，急問道：「還有其祂天兵天將一起殺來嗎？」

　　「沒有，就祂們四個。」守門小神急答道，「天帝不讓攔阻，此刻該已入洞來了。」

　　遼帝二惡聞知只有渾沌三帝一神殺入洞來，不由得心中奇詫十分，一時間猜度不透為何天兵天將不來，僅是祂三帝一神追殺而來。然而轉瞬狡詐的遼帝便心明過來，一定是渾沌三帝遇釋請命，代天兵天將擒祂二惡而來。心明至此，遼帝頓時咬牙切齒道：「來得恰好！本帝正在此赤金洞中，為祂們備下了葬身之地。」言畢，即與遠帝離開金宴，向洞口近處的連環雙洞左洞趕去。

　　遼、遠二惡剛剛鑽入連環雙洞左洞之中，趴在挖開的小孔中往洞口處一看，正見忽帝已經行到小孔近前不遠之處。原來，渾沌三帝一神從候帝竹宮來到蒼梧山上，心想赤金峰下這赤金洞府乃是遼帝二惡藏身的上好去處，便徑落赤金洞口，以入洞尋擒遼帝二惡。

　　「慢，此洞鬼母坐鎮之時，乃為非同尋常之洞。」渾沌三帝一神來到洞口，正要一齊入洞尋擒遼帝二惡，善思的候帝忽然止之道，「遼帝二惡素與鬼母沆瀣一氣，假如祂二惡藏在洞中能夠牽動洞中機巧，我三帝一神豈不就會皆遭暗算！」

　　「噢，對。天帝言之有理！」樸父這時即言贊同道，「我等必須議定對策，方可入內。」

「為此敝帝以為，不如你等三個盡在洞口等待，」候帝這時繼續道，「由敝帝先進洞中看視一番，瞧祂二惡在不在洞中，再作定奪。」

「此事不勞候兄大駕，忽弟前去探探行也！」忽帝聽聞打斷候帝之言，已是搶先入洞探視而來。

忽帝這時並不知道遼帝二惡藏在洞中，只是抱著可能會有，也可能會無的心境入洞探視，所以祂心中既不以為然卻也不敢大意，沿著金洞向洞內細心探視過來。這時，忽帝在探視中踏入了遼帝二惡的視界，遼帝二惡也已經做好了等待忽帝走到祂二帝扼守的兩孔中間，就從孔中突出利器殺害忽帝的準備。忽帝卻眼看不到躲在左邊洞中的遼帝二惡，絲毫不知正在前面等待著祂的險情，依舊邁著既不以為然也不敢大意的步子，向洞內探視前行。

忽帝如此一步步向洞中行進，眨眼便來到了遼帝扼守的孔眼跟前。躲身左洞的遼帝看得清楚，說時遲那時快，只見祂看准忽帝的左肋，倏地便從小孔中出劍向忽帝刺了過來。

忽帝正行雖無防備，但也存有戒備之心。突聞左邊劍風響動不敢怠慢，急向前躍身數步躲過了來劍。但是祂正要回身看視劍從何來，不料想又恰好躍到了遠帝扼守的小孔跟前。遠帝眼見時機來到，更不怠慢，急出手中陰陽拐向忽帝打了過去。

忽帝正奇剛才劍從何來，出自誰個之手，突又聞聽耳邊風聲響動，心知又有惡器殺來，不敢怠慢即又回身躍退，方纔躲過遠帝殺來惡拐。忽帝眼見惡拐立刻認出其為遠帝所用兵器，知道是遠帝藏身洞中，而剛才先出劍刺殺祂者又必是遼、遠無疑。忽帝如此尋到遼、遠二惡心中大喜，立刻「嘿嘿」大笑起來道：「我道是誰個與本帝開起了這等低級玩笑，原來是你遼、遠二惡！既如此，你二惡就快快出來老實受擒，以免我等遵行玉皇大帝聖命，再費手腳。」

　　遼、遠二惡本想出招偷襲忽帝一舉成功，不料想遼、遠偷襲殺戮不成，心中皆知喪失此機再殺忽帝已經不易，心中深悔不已而且更對忽帝仇恨萬分！這時又聽忽帝通過兵器認出了祂二帝在此，心中更是又怕又惱十分，道：「該死的忽帝，你既已知道是我遼、遠二帝在此就好，我二帝也好叫你知道你死在誰的手裡！」說著，即一起從洞中繞出身來，出手向忽帝殺了過來。

　　忽帝突被遼、遠二帝攻殺不敢怠慢，即挺手中渾天蛇矛與之鬥在了一處。頃刻之間，已聞赤金洞中殺聲驟起，響起了兵戈撞擊驚魂之聲，打破了洞中靜寂。忽帝這時進洞不遠，因而其與遼、遠二惡這陣打鬥之聲，早驚動了等在洞口的渾沌二帝一神。

　　祂三個聞聽洞內打鬥酣烈，已經猜知定是忽帝遇上了遼、遠二惡，鬥在了一處。渾沌為此急欲引領倏帝兩個入內助戰擒拿遼、遠二惡，倏帝見之急言攔阻道：「帝兄慢行！你與樸父守在洞口，以防遼、遠惡帝逃去。我去與忽帝擒拿祂二惡就行了！」說著，已躍身入洞而去。

　　倏帝轉瞬來到洞中鬥場，開口大叫道：「遼、遠惡帝快快受縛，以免我等再費手腳。我等身奉玉皇大帝聖命，前來擒拿你倆歸案，你二惡還是知趣的好！」

　　遼帝耳聽此言見是倏帝來到，心中大驚，害怕祂二帝被渾沌三帝一神趕來纏住廝殺，不用多時必被擒獲而無疑。但祂先前便為不見棺材不掉淚的歹神，這時又成被擒去也是死，拼了也是死的亡命之徒，因而在倏、忽二帝面前強裝雖怕不軟之狀，擺出「冰淩條子擦屁股——寧淌不瓢」之態，竟然「嘎嘎」邪笑起來道：「玉皇大帝敕令你等擒拿我二帝，你等就能擒住我二帝呀！欲擒我二帝，你等須先問問我手中的乾坤圈應也不應！」說著便撇下忽帝與遠帝交鬥，祂則舞

動乾坤圈向倏帝迎鬥過來。

頓然間，只見洞中戰局扭轉，由原來的遼、遠二帝共鬥忽帝，轉變成了倏帝對遼帝，忽帝對遠帝。祂四帝各個使狠，皆不相讓，打得難分難解，轉眼已是鬥過多時。洞中的如此打鬥早等急了待在洞口的渾沌和樸父。祂倆待在洞口久等不見倏、忽二帝取勝歸來，只聞殺聲盈耳，久戰不息，心中甚是放不下來，越久越等不下去，便入洞看視助戰而來。

渾沌與樸父的到來早被正鬥的遼帝看見，奸詐的祂心知再與倏、忽二帝交手尚且只能鬥個平手，這時渾沌與樸父又來助戰，祂二帝必敗被擒。因而不敢再戰，急向遠帝使個眼色，雙雙便向倏、忽二帝虛晃一招，齊脫身向洞內逃去。

倏、忽二帝了知洞中情形，知道此洞別無出口，便也不立即前去追趕。而待到渾沌與樸父來到，計議一陣決計採用步步為營之策，擒拿遼、遠惡帝，方纔向洞中一齊追去。

渾沌三帝一神向洞內追進雖然採用了步步為營之策，但卻一直追尋到了洞底絕處，也竟然絲毫沒有尋到遼、遠惡帝的蹤影。渾沌三帝一神尋遍全洞不見遼、遠二帝蹤影，仍然不信入洞而去的祂們會出洞而去。因為祂二惡身無遁地之術，所以逃跑不得，便又在洞中各處細細尋找起來。

但是尋到末了，祂三帝一神仍是不見遼、遠二惡的蹤影。渾沌三帝一神心中大奇祂二惡逃到了何處？最後計議一陣，決計為防遼、遠惡帝逃出洞去，祂三帝一神齊去洞口防守，以待祂二惡出洞時圍而擒之。

然而渾沌三帝一神出洞來到將至洞口之處，卻聽樸父突然一聲驚叫道：「怪道我等尋不到遼、遠惡帝！瞧，祂倆從這裏跑了。」

　　倐帝三帝聽到樸父此言，急忙上前看視。只見在前方的左洞壁上，生出一個洞岔，形成一個連環雙洞向洞外伸去。渾沌三帝一神循著那洞岔向外走去，走不多遠便見到洞岔與主洞會合在了一處。在洞岔與主洞會合之處，原來設有一門。將門關閉起來，從主洞中恰好看不到如此洞岔。正因為如此，剛才祂三帝一神入洞時沒有見到這一洞岔。這時洞岔之門洞開，留下了遼、遠惡帝由此逃去的痕跡。

　　「狡詐的遼、遠惡帝，」倐帝看到這裏，懊悔不已連聲道，「我三帝一神又上了祂二惡的當也！」

　　遼、遠二惡從連環洞中逃出之後，心喜逃脫渾沌三帝一神擒拿之餘，對樸父請出仙妃救得渾沌三帝不死之恨頓湧心頭，祂二帝於是咬牙切齒講說道：「讓祂三帝一神在此洞中找尋去吧，我二帝正好前去崦嵫神山，找那樸妻算帳！」隨著，祂二帝便即奔崦嵫神山而來。

　　遼、遠二帝須臾來到崦嵫神山，鎮山神婆樸妻這時尚且不知下界和天界之中新近發生的一切，心中仍覺遼、遠二帝自從前次受到玉皇大帝懲戒，近日來好像是改惡從善不再鬧事，使得偌大下界平靜如初起來。樸妻的如此認知，則使她丟掉了對遼、遠二惡的戒備，為遼、遠二惡施害於她，提供了絕佳的契機。

　　遼、遠惡帝這時來到崦嵫山前，正是想到樸妻可能不知新近發生的一切，一陣計議便徑直來到了白銀洞口，讓守門小神報於樸妻祂二帝來到，以讓樸妻前來迎接好借機殺之。

　　樸妻這時正如遼、遠惡帝所想，不知祂二帝是為再行邪惡而來，因而心中毫無防備，聞報立即親自迎出洞口而來。遼、遠二惡看見，則立刻一出乾坤圈，一出陰陽拐，齊向毫無防備的樸妻殺來。

　　樸妻突睹此景頓然一驚，不敢怠慢急閃身躲過遼帝二惡殺來器械，與此同時心思急轉便已察知遼帝二惡此來不善。為此她後悔自己

不該對衪二惡喪失戒備，親自出洞迎接衪們，使得自己喪失了躲避之機。

樸妻悔也無用，因為她知道這時遼帝二惡既為行惡而來，對自己便不會手軟下來。那樣自己一神又與遼、遠二惡不是對手，心中不由得有些驚怕。但她知道自己驚怕也是無用，無奈便只有立刻強抑驚怕之色，以圖緩解遼、遠二帝之惡，故作沉靜之態莞爾一笑道：「二帝這是為何？怎麼與老婦開起了這麼大的玩笑！」

樸妻的故作輕鬆，雖然緩解了此刻的緊張氣氛，但遼、遠惡帝實為行惡而來，因而任憑樸妻笑也好說也罷，都絲毫打動不了衪們的邪惡心腸。遼帝更是聽了樸妻之言，立刻猙獰地「嘎嘎」怪笑道：「老惡婆，事情絕對沒有你說的那般輕鬆。如今你已死到臨頭，我讓你死個明白。你夫婦與渾沌三帝屢屢施害我等，故而我倆今日前來殺你報仇！」

「慢！若是如此，我勸你二帝還是不要殺害老婦的好。因為前番我夫婦與你二帝一神屢屢作對，是因為你二帝一神屢行邪惡。」樸妻聽罷遼帝此言，方知衪二惡此來之惡，心中更驚但卻即言勸衪二帝道，「如果你二帝一神從此不行邪惡，我夫婦與你等豈有再去作對之說。如果你二帝就此殺了老婦，老婦夫君豈不就將與你等冤仇更深，不可解結。」

「還解結呢！」遠帝這時吼叫起來道，「只怕是沒有時間了吧！」

「俗言冤仇可解不可結。」樸妻這時不解遠帝一語雙關之意，繼續勸說道，「你二帝還是暫且息怒住手，三思之後再作定奪的好！」

樸妻的善言當然說不動遼、遠惡帝的黑心，因為這時衪們已知自己的死期已近，所以殺死樸妻以報冤仇，則是衪們胸中鐵定了的邪惡心思。因此暴躁的遠帝早聽不進去了樸妻之言，眼見遼帝在旁停手空

聽樸妻講說，忍不住吼叫起來道：「遼兄，不要再聽這老刁婆的囉嗦，渾沌三帝一神快該到了，我二帝沒有時間再與她磨蹭了！殺吧，反正不殺這老刁婆，我二帝被擒上天宮也是死。殺了她，我二帝活不成也出了胸中一口惡氣，而且拉一個墊背的。殺吧！」說著，又揮起手中陰陽拐向樸妻殺去。

本來詭詐刁猾的遼帝處此絕境，正因為其善思好想，所以早就想到了自己可怕的結局。因而其心已被那結局嚇得有些癡呆，反倒不如不善思謀因此心中不怕的遠帝胸有主意。剛才在樸妻言說時陷入驚怕的祂，這時聽到遠帝此言有理，也不與之搭言，立刻呆傻般地吼叫一聲「殺」，便又舞起手中乾坤圈向樸妻殺來。

樸妻眼見遼、遠惡帝黑心難動，邪惡不改，齊又揮械向自己殺來，無奈之時雖知自己迎鬥祂二惡必敗無疑，但又不鬥不可，便立刻揮動手中神劍，與遼、遠惡帝鬥在了一起。

這又是一場好殺！因為遼、遠惡帝此刻皆為亡命之徒，必殺樸妻報雪冤仇而不可。同時又怕在此惡鬥耽擱時久，渾沌三帝一神追殺上來。為此祂二惡招招使狠，式式出絕，巴不得一招置樸妻於非命。然而樸妻也是神功不弱，只見她雖然獨鬥遼、遠二帝不是對手，卻也出手攔架鬥得遼、遠惡帝心中雖急，殺害於她而不得。

樸妻雖然心像樸父一樣誠直，但由於年已老邁閱歷深廣，所以這時手中邊鬥，心中也在思謀著如何取勝遼、遠惡帝之策。她設想，先這樣慢悠悠地與遼、遠惡帝纏鬥下去，以與二惡拖延時間，等待如同遠帝剛才所說，就要追殺過來的渾沌三帝一神趕快追殺過來。

因為遠帝剛才之所以那樣講說，渾沌三帝一神就一定不會耽擱太久，定會前來。只要能把遼、遠二惡拖住，等到渾沌三帝一神到來，擒住祂二惡就定然無疑了。心懷此想，樸妻此後只是招架並不還擊，

任憑遼帝二惡百般使狠萬般鬥絕，她只是不用莽力而儘量節省氣力，以與二惡帝拖延下去，以不傷害自己為旨。

樸妻此舉當然使遼、遠惡帝心中更惱，祂們很快就覺察出了樸妻的用意，遠帝氣惱得率先怒吼道：「老刁婆，想等渾沌惡帝惡神來到救你，那是遠水不解近渴，白日做那好夢。你快快受死吧！」遠帝吼著，與遼帝又一合謀，立刻出手更疾地向樸妻打來，頓然打得樸妻招架不住起來。樸妻招架不住眼見再鬥有生命之險，遂不敢在洞外再與二惡相鬥，急忙虛晃一招跳出圈子，欲圖躲進洞中將遼、遠二帝關在洞外，以保自己無虞。

然而遼、遠二帝非殺樸妻不可，眼見樸妻跳出圈子欲要入洞，皆不怠慢，齊躍身向洞內追殺過來。樸妻剛入洞口急叫小神關閉洞門，但在小神尚未來及關門之時，祂們已隨樸妻之後殺入洞門之內。樸妻睹之好惱，回身又是與遼、遠二帝一陣大殺，但由於仍是抵擋不住，又不見渾沌三帝一神趕來，唯恐自己身遭不虞，隨又立刻向洞內躲去。

遼、遠二帝今日非殺樸妻不可，所以不論樸妻躲往何處，祂們都在其後窮追不捨。末了一直把樸妻追到了洞底藏劍室前，把樸妻追得再也沒有了躲身之處。樸妻無奈，又只有回身與祂二惡鬥在了一處。但是，一陣惡鬥過去，樸妻仍是招架不住。

樸妻無奈心想躲往洞外，但她又想到如果自己躲到洞外，渾沌三帝一神仍然不來，自己鬥又鬥不過，逃也逃不脫祂二惡的追擊，末了必被祂二惡殺死無疑。為此她即又放棄躲往洞外之想，決計躲往藏劍室中。那樣既可借助室中機巧神將打殺遼、遠二帝，又可將祂二帝盡囚室中，等待渾沌三帝一神前來擒拿。

想到這裏樸妻認定自己躲入藏劍室中最好，便即召守室小神上前共鬥遼帝二惡，她則虛晃一招趁機躲過遼帝二惡打來之招，躍身即欲

打開藏劍室門進入室內。但那遼帝二惡不僅先前就已知道藏劍室中根底，而且後來又從鬼母口中知道了藏劍室中機巧的厲害。因而祂二帝突見樸妻欲要入室而去，心中皆知若讓樸妻進入室去，祂二帝就將不能打殺樸妻，為此祂二帝絕對不能讓樸妻進入藏劍室去。

於是遼、遠不敢怠慢，眼見樸妻欲要打開藏劍室之門入室而去，急趁樸妻只顧開門瞬間，由遠帝擋住打來守門小神，遼帝則即施絕招向樸妻打來。樸妻這時只顧開門，突見遼帝施用絕招打來，門未打開惡帝已經打到，不敢怠慢，急回身出劍擋開了遼帝打來的乾坤圈。

然而就在她擋開遼帝打來乾坤圈欲要回劍之時，打殺一名守室小神的遠帝突然使拐打來，樸妻擋避不及，只聽「噗」的一聲，其脖頸便被斬成了兩段。樸妻就這樣連叫一聲也沒有顧得，已是身死在了藏劍室門前。

遼帝二惡如此殺罷樸妻，雖然出了胸中一口惡氣，但祂們仍覺怒氣難消，便在洞中大開殺戒。一時間只見祂二惡在洞中見一小神殺一小神，一口氣殺到洞口，恰好迎見渾沌三帝一神入洞而來。

渾沌三帝一神查知遼、遠二惡逃出赤金洞後，又在山上巡找一番不見二惡蹤影，計議一陣想到這時下界只有崤嵫神山可去，便認定祂二惡一定是到崤嵫神山行惡去了。

議到這裏樸父心中焦急，祂知道山上僅有樸妻守衛，同時她不知道近日發生的一切，定然會對遼帝二惡無防。如果遼帝二惡為報仇恨突下毒手，樸妻定有生命之險！樸父為此不敢怠慢，急催渾沌三帝一起向崤嵫神山奔來，想不到剛到洞口正與遼、遠二惡撞個迎面。樸父見之大惱，也不答話，立刻揮劍向身在洞口之內的遼帝二惡殺了過去。

遼帝二惡想不到會與渾沌三帝一神恰在洞口迎面遭遇，因而突見渾沌三帝一神趕到洞口也不禁心中大驚。這時祂二帝當然既不敢言說

殺死了樸妻，也不敢稍有怠慢，因為祂二帝若說殺了樸妻，激怒渾沌三帝一神拼死將祂倆擋進洞中，祂倆就必將被擒無疑。為此奸詐的遼帝身置此境，腦瓜又立刻滴溜溜連轉數轉，接著出圈擋住樸父之劍，並趴到正與樸父交戰的遠帝耳邊耳語一言，祂二帝便「颯」地沖向洞外，向渾沌三帝殺去。

遼帝二惡出手突然，沖出迅疾，渾沌三帝一閃，祂二惡已沖到了渾沌三帝背後。遼帝眼見祂二帝沖到洞外，脫離了被堵入洞中遭擒之險，方纔對渾沌三帝一神假言樸妻已經奄奄待斃，以圖將渾沌三帝一神騙入洞中，而後祂二帝逃去道：「樸父大神，你那老妻此刻僅有一息，快進洞看她去吧！」

遼帝如此一語，真個是頓使渾沌三帝一神全都倏然一驚，隨後想到不見樸妻前來，心中牽掛樸妻，便無心再戰遼、遠二帝，齊向洞中尋看樸妻而來。狡詐的遼帝就這樣又施小計，逃脫了渾沌三帝一神的擒拿，輕鬆地再次逃往蒼梧神山而去。

渾沌三帝一神如此又中遼帝姦計，棄下遼帝二惡進洞尋看樸妻，邊走邊看，但見洞中到處都是被殺小神屍體，樸妻身首異處死在洞底藏劍室前。樸父見之大哭，渾沌三帝睹之也皆垂淚。許久，祂三帝方纔強抑悲痛，勸樸父止住哭聲，然後匆匆葬過樸妻，重又議起了追殺遼、遠惡帝之計。

三十、天開地辟

　　渾沌三帝一神又計議許久，都認為遼帝二惡奸詐狡猾，若要擒此二惡既必須以計對之，又必須共施武力圍而擊之。

　　「若是渾沌天帝首有七竅，那該多好啊！」議到末了，樸父不禁感慨道，「因為以渾沌天帝的神功，再有七竅祂獨自也可擒住遼、遠惡帝！」

　　倏帝聽後立即贊同道：「是呀！若依敝帝之見，此間下界我五方天帝長此不得安寧，也可以說都是因為渾沌天帝首無七竅所致。試想，如果渾沌天帝首生七竅，以渾沌天帝的神力，遼、遠惡帝豈敢心生欺殺占其轄界惡意！」

　　樸父聽到這裏，又是不禁感慨道：「是呀，遼、遠惡帝不生如此惡意，又焉有五方天帝爭鬥之理？又怎生眾神被殺之事？又怎至於使渾沌天帝身遭如此九死一生之厄！」

　　「大神與倏兄不必犯愁，以忽弟之見此事並不犯難。」倏帝與樸父話剛說完，不想忽帝竟接著一陣「哈哈」大笑道，「渾沌天帝既無七竅，我等為祂鑿上七竅，不就成了嘛！」

　　倏帝與樸父聽了，齊贊忽帝此言有理道：「忽帝所言可行，我等立刻就為渾沌天帝首鑿七竅如何？只是渾沌帝兄，你同意否？」

376

　　渾沌也早為自己首無七竅身有諸多不便，並深受遼帝三惡欺害惱火，因而當即應允倏帝與樸父之言道：「同意。你等就立刻開鑿吧！待我七竅鑿成，好與你等一齊前去躬行玉皇大帝聖命，擒拿遼帝二惡！」

　　渾沌當即同意下來，卻使提議的倏、忽二帝一神頓時犯起難來。因為祂們都知道渾沌身懷刀槍不入之能，除了昔日樸父為玉皇大帝所鑄蠍毒寶劍，可以刺入其身，而那劍樸父又早已呈獻給了玉皇大帝，這時則無鑿能夠為渾沌鑿得七竅。同時時間又不可向後拖延，所以祂二帝一神一時全都犯起難來。

　　愁難之時，倏帝只有求助同樣犯愁但身有鑄劍奇能的樸父，對之道：「此鑿只有全憑大神去想辦法了。」

　　樸父也是一時無奈道：「老神也正無法可想啊！」

　　忽帝這時則對樸父勸言道：「大神好好想想，總比我倏、忽二帝辦法多。」

　　「有了，我想起來了，在給玉皇大帝鑄煉蠍毒寶劍時，還剩下一點劍鐵被我打成一根鐵釘，」樸父此後默不作聲心想許久，突然驚喜地叫了起來道，「而且未蘸蠍毒，釘在藏劍室壁上用作掛劍。找見它，說不定可以為渾沌天帝鑿成七竅。」

　　倏、忽二帝與渾沌聽聞大喜，即讓樸父入洞取來一試。樸父立即前去藏劍室中尋來那釘，然後一陣磨削成為鑿子模樣，交到倏帝手上便試為渾沌鑿起了七竅。

　　一時間，只見祂二帝一神讓渾沌仰臥在銀地之上，靜待倏帝開鑿。倏、忽二帝一神則一陣計議，既擔心此鑿不入渾沌之身，又恐怕鑿死了渾沌，祂二帝一神誰也擔當不起。世界上的事情就是這樣，說說容易做起來實在不易。為此祂二帝一神計議再三，認定祂三個既對

渾沌皆無惡意，又不為其鑿竅不行，才最後議定由候帝出手，上前為仰臥等待的渾沌鑿起竅來。

候帝來到仰臥的渾沌頭前，說道：「帝兄，候弟開始動手了，你做好準備！」

「候弟儘管放心快些開鑿。」渾沌這時鑿竅之心十分迫切，聽到候帝之言忙用肚臍催促道，「帝兄已經做好了準備。」

候帝應聲「好」字，即開始先在渾沌頭部量劃一陣，以防所鑿七竅歪斜不正損害渾沌面容，然後便將手中鑿子對準量劃好的渾沌左眼之處，隨之再次對之道：「帝兄，候弟開始為你先鑿左眼，帝兄意下若何？」

渾沌再言同意道：「候弟儘管隨意為之，帝兄全都同意！」

慎重的候帝這才又對站在一旁的忽弟和樸父道：「二位，敝帝開鑿了。」

忽帝與樸父齊點頭稱是，候帝見之即動手為渾沌鑿起了左眼之竅。頓然間，只見候帝左手持鑿對準渾沌左眼部位，右手揮起一把錘子，手起錘落，錘頭「當」的一聲砸上鑿頭，鑿子便「噗」的一聲鑿進了渾沌頭內。

候、忽二帝和樸父眼見鑿子可以鑿入渾沌體內心中大喜，但隨著那鑿子「噗」一聲鑿進了渾沌頭內，卻頓時疼得渾沌「啊呀」一聲大叫，嚇得正喜的候、忽二帝和樸父全都愣在了那裏。

祂二帝一神當然驚怕，那一鑿鑿進了渾沌頭顱之內，渾沌是否能夠承受得了？祂們正在擔心啊！聽到剛才渾沌那聲疼叫，顯然是承受不了才叫的呀！因此祂們愣定齊向渾沌看去，只見渾沌疼得渾身都在戰慄，便忙齊叫道：「帝兄若何？帝兄行否？」

渾沌聽到候、忽二帝與樸父的關切詢問之聲，立即抑住渾身的戰

慄堅定道：「除了疼些，其祂一切均好，不用擔心，繼續開鑿！」

渾沌之言確是實情，身體都是肉長的，頭顱挨鑿子鑿孔豈有不疼之理！但祂長期以來深受無竅之苦，疼也要忍受著鑿出七竅來。因為即使鑿時疼痛一點，只要能夠鑿成七竅，以後免受無竅之苦，疼痛一點也當然值得。

再說，渾沌體長萬里，祂自覺挨鑿雖疼，但那小鑿在其身上鑿生一孔，也定然鑿祂不死。所以祂決計往後忍疼不露，以免再喊疼痛，動搖倏帝為自己鑿竅決心。由此祂便不吭一聲，讓倏帝任意為祂鑿了起來。

倏帝也當然能夠體會到渾沌受鑿的劇疼，因而從開鑿之前到眼前一直遲疑難決，唯恐渾沌受鑿不住被鑿身死，這時聽了渾沌此言方纔放心鑿了起來。渾沌身長萬里，鑿一眼竅也有數裡之巨。而倏帝所持鑿子微小，一下鑿出孔眼不過盈尺，因而祂一鑿又一鑿地在渾沌頭上鑿了起來。大概渾沌因為挨鑿太多受疼太過的緣故，漸漸反而感覺不出了疼痛。加之祂強抑疼痛，害怕出聲動搖倏帝為其鑿竅決心，所以此後任憑倏帝前鑿後鑿，再也沒有臍出一聲，而任憑倏帝鑿了起來。

倏帝就這樣在渾沌頭上不停地鑿著，一錘一鑿，一鑿一錘，一鑿鑿出一個不過盈尺的小孔。倏帝鑿啊鑿，鑿呀鑿，如此整整鑿了一天，一直鑿到天完全黑了下來，方纔為渾沌鑿出了一隻左眼竅孔。但是倏帝鑿了一天，這時已累得一屁股坐倒在渾沌身旁，站不起身來。

「太有勞倏弟了，」渾沌見之心中甚是不忍，急忙坐起身來慰問道，「帝兄實在於心不忍！」

「帝兄不必此言，我等若能為帝兄鑿得七竅，」倏帝聽了，即回答道，「使帝兄日後免受欺辱之苦，並能帶領我等擒惡除害，我等就心滿意足了！」

　　倏帝言畢，眼見天色已黑，也由於恐怕再鑿渾沌承受不住，還由於想停停觀察一下再說下步鑿否，便將鑿竅的事兒挨到天明再做。當夜，衪三帝一神在白銀洞中休歇不提。

　　轉眼到了次日天明，倏、忽二帝一神起身率先看視渾沌被鑿如何，眼見渾沌身體無異，大家心中大喜，便又開始了再為渾沌鑿竅的勞作。渾沌隨之重又仰臥下來，等待受鑿。倏帝則又俯下身子，在其顱部量劃一番，劃定了其右眼竅孔的位置，隨著便欲開鑿。忽帝這時忍不住道：「倏兄昨天辛勞一日，今天就讓忽弟為帝兄開鑿一竅，一表我忽弟對渾沌帝兄誠心如何？」

　　倏帝當即應允，便把鑿錘交到了忽帝手上。忽帝接得鑿錘在手，即在倏帝量劃好的位置上，一錘錘一鑿鑿為渾沌鑿起了右眼竅孔。忽帝又像倏帝一樣一口氣鑿過一日，渾沌忍抑一日未喊一聲疼痛，直累得忽帝四肢擡舉不起，到了天盡黑了下來，方纔為渾沌鑿成了右眼竅孔。鑿出右眼竅孔之後，渾沌三帝一神又是休歇一宵不提。

　　轉眼天明到了第三日，樸父要過錘鑿為渾沌鑿過一日，鑿得了左耳竅孔。第四日，倏帝又為渾沌鑿成了右耳竅孔。就這樣倏、忽二帝一神整整鑿了七日，渾沌忍疼受鑿七日，終至第七日天黑時分，為渾沌鑿成了七竅。

　　倏、忽二帝一神眼見渾沌的七個竅孔全部鑿成，渾沌身體無恙，全都歡喜十分，渾沌心中則更是高興不已。隨後衪三帝一神休歇度宵，以待天明共同奉行玉皇大帝聖命，前去擒拿遼、遠二惡。

　　轉瞬到了次日天明，倏、忽二帝一神起身欲要前去擒拿遼、遠惡帝，卻見渾沌遲遲沒有起身。衪二帝一神心中震驚急忙大聲喊叫，卻不見渾沌應聲。衪二帝一神頓時大驚，急忙近前看視。這一看衪二帝一神心中更驚，因為渾沌已經氣絕身亡在了那裏。

原來，渾沌一連七日頭顱被鑿七竅，日日被鑿疼痛難忍，但為了日後不再遭受惡者的欺辱，方纔強抑巨疼臍不言聲，終至昨日半夜傷疼迸發。傷迸的劇疼雖然使祂到了忍無可忍的地步，但祂心想這或許只不過是鑿傷癒前產生的陣疼，說不定一陣疼痛過去一切就會復原，因而忍受著。

然而忍抑多時巨疼不僅仍未過去，並且隨著時間的推延越加疼痛起來，疼得祂有了忍受不住的感覺。渾沌為此不禁就要喊出聲來，但祂又想到如果自己喊叫出聲，在這夜半更深時分，不僅會使為祂連鑿七竅日日辛勞的倏、忽二帝一神不得安歇，而且會使他們的良苦心腸受到傷害，為此祂依舊忍疼不言，以待天明再作計議。

渾沌就這樣頑強地忍受著，但祂心想不到祂忍疼不言不到天明，便已疼得祂欲要再言之時，已經身無開言之力。末了竟在劇疼中一言未發，疼死在了樸父坐鎮的白銀洞中。

倏、忽二帝一神目睹渾沌受鑿身死，全都悲痛欲絕，驚怕萬分！祂們當然悲痛欲絕，因為渾沌是祂們的至親至善帝友，這時因被祂們鑿竅受鑿不住而死，祂二帝一神怎能不悲痛欲絕！祂們當然也驚怕萬分，因為玉皇大帝有令殺死大神尚處死罪，何況這時祂們鑿死了渾沌中央天帝！玉皇大帝按律追究下來，祂三個豈有活命之理，因而驚怕萬分！

悲痛驚怕之餘，祂二帝一神不敢怠慢，急忙先匆匆把渾沌屍體葬過，然後便即離崦嵫神山奔向天宮，向玉皇大帝自首鑿死渾沌之罪而去。倏、忽二帝一神須臾來到天宮，立刻拜倒在了靈霄寶殿之中玉皇大帝腳下。

玉皇大帝見是倏、忽二帝與樸父大神來到，便心喜地詢問道：「是你們擒到了遼、遠二惡，覆命來了嗎？」

條帝聞聽玉皇大帝此問，立即回稟道：「不，我等沒有擒到邀、遠二惡。」

　　「你等既然沒有擒到邀、遠二惡，來此何干！先前朕派天兵天將去擒你等不讓，你們將擒拿二惡的重任搶了過去。」玉皇大帝聽了，頓生氣惱道，「可是現在，下界時間應該都過去了八天，你等仍然沒有擒住邀、遠二惡，仍使祂們逍遙法外。惡者得不到及時嚴懲，天界怎容！你等這幾日沒有擒得邀帝二惡，做何去了？渾沌呢，祂為什麼沒來？」

　　忽帝和樸父眼見玉皇大帝氣惱，嚇得頭亦不敢擡起，豈敢再與言說。條帝也是心中害怕但卻不敢怠慢，急忙回稟道：「啟稟陛下，渾沌之所以沒來，是祂已經死了。」

　　「啊！」玉皇大帝突聞條帝此言，驚出聲來道，「怎麼，渾沌死了？邀、遠惡帝又怎麼殺死了祂！」

　　「不，不是邀、遠惡帝殺死了祂，」條帝見玉皇大帝吃驚，更是不敢怠慢，立即實言道，「而是我二帝一神鑿死了祂，故而我二帝一神向萬歲自首請罪而來！」

　　「什麼？」玉皇大帝聽了條帝此言，更是吃驚不解，急問道，「你們鑿死了渾沌？你們怎麼又為什麼鑿死了祂，快快如實向朕稟來！」

　　條帝聞問，即把祂二帝一神鑿死渾沌的經過，一五一十地向玉皇大帝講說了一遍。玉皇大帝聽完條帝之言，一時間真個是既對條、忽二帝一神行此善舉，反罹災禍甚為同情，又對祂二帝一神鑿死渾沌大為氣惱。口中無奈，既驚奇又像自語連連道：「有這等事？竟有這等事！」

　　「但是天條卻不講前因只講結局，你二帝一神如此犯下不赦之罪

了！」一陣過後，玉皇大帝方從自語中轉醒過來，對候、忽二帝一神重言著，即遣天官前去崦嵫神山查看渾沌死情，並命執刑天將把候、忽二帝一神打入了天牢，以待查明真情再作定奪。

玉皇大帝又派出托塔天王李靖率領天兵天將，下界擒拿遼、遠惡帝前來正法，以辨善惡，以張正義。托塔天王李靖領命，即遣鴨鵬天將為先鋒，率領眾天兵天將下界擒拿遼、遠二惡而來。

遼、遠二帝數日前逃出崦嵫神山白銀洞府之後，齊苦下界沒有可以躲身之所，無奈只好重返蒼梧神山赤金洞府躲身而來。祂倆進洞之後心想渾沌三帝一神目睹樸妻被殺之後，必會很快再度追來，因而急忙做好了應戰準備。但不料祂二帝緊張害怕一日，沒見渾沌三帝一神追殺過來。隨著第二日過去，仍還是不見渾沌三帝一神追來的蹤影。遼、遠二帝不知候、忽二帝一神為渾沌鑿竅之事，不由得甚為奇異祂三帝一神究竟為何不來。

但是渾沌三帝一神不來更好，祂遼、遠惡帝便在洞中安靜下來。這時，祂二惡心知自己身罹殺身之罪，而且再去鬥殺渾沌三帝一神報仇又寡不敵眾，因而無可奈何只有混過一日得過一日，只盼渾沌三帝一神不要殺來。祂們日日飲酒度日，而對天兵天將來擒毫無思想準備，如此轉眼便過到了第八日半晌。

就在這時，突聞赤金洞外雷聲陣陣，風聲颯颯。遼、遠二惡正在驚怕，隨著便見守門小神急匆匆趕到祂二惡的金宴桌前，急言稟報道：「天帝，大事不好，托塔天王李靖奉玉皇大帝聖命，率領天兵天將擒拿您二帝已到洞口了！」

遼、遠二帝雖對天兵這時到來毫無思想準備，但祂們也都知道這平靜的時日，玉皇大帝是絕對不會讓祂二惡度過長久的。因而這時

說來衪二帝皆已成了驚弓之鳥，即便在平時也已到了風聲鶴唳、草木皆兵的境地。因而這時突聞天兵天將擒拿衪們來到，齊嚇得呆愣在了那裏。

「天帝，時間耽誤不得了呀！」來報守門小神眼見遼、遠惡帝怔在那裏，而情況又危急萬分，不敢怠慢急忙提醒衪二帝道。遼、遠惡帝聞聽小神喊叫，方纔齊被驚醒「啊」一聲站起身來。但是就在這時，李靖天王已領眾天兵天將入洞來到了衪二惡面前。李靖眼見遼、遠惡帝，立刻開口厲喝道：「惡帝，你倆快快過來受縛，免得我等再費手腳！」

遼、遠二惡這時皆為亡命之徒，豈肯束手被縛。聞聽托塔天王李靖此言，齊聲嘶叫道：「反正俺與你等拼了也是死，被你等擒去也是死。俺二帝就與你等拼個你死我活，魚死網破吧！」叫著，齊揮手中器械向面前天將殺來。

李靖所率天將豈肯相讓，齊出手向衪二惡圍殺上來。遼、遠惡帝勢單力孤不敵天將，交手片刻即被眾天將一起擒住。隨之李靖率眾天兵天將押定遼、遠惡帝，離開蒼梧神山返向天宮而來。

李靖眾天兵天將須臾返到天宮，即押遼、遠惡帝向玉皇大帝覆命。玉皇大帝正坐在靈霄寶殿等待李靖擒拿遼、遠惡帝歸來，這時見到李靖將遼、遠惡帝押到，立刻開口喝問道：「你二惡可知罪嗎！」

遼、遠二帝自知罪惡深重，看見玉皇大帝已經氣泄淨盡，不敢回辯答言道：「下帝知罪。」

玉皇大帝接著喝問道：「該當何罪？」

遼、遠惡帝立刻自我定罪道：「該當死罪，死有餘辜。」

玉皇大帝即表贊同，道：「好，既然你二帝知罪，就莫說是朕冤

殺了你二帝。拉上刑場，待朕行斬！」

隨著玉皇大帝話語落地，遼、遠惡帝便被拉出了靈霄寶殿。恰在這時，玉皇大帝遣去崦嵫神山查看渾沌之死的天官歸來，稟報道：「事實盡如倏、忽二帝一神所言，臣並尋來了祂們使用的錘鑿兇器。」

玉皇大帝聽聞此報，沉吟良久方言道：「怎奈祂倏、忽二帝一神殺死天帝，罪不容赦！將倏、忽二帝一道押赴刑場，與遼、遠二帝一道行刑！至於樸父，就暫且放祂歸回崦嵫神山，戴罪為朕鑄劍。」言畢，即啟駕親赴刑場而來。

刑場之上，倏、忽、遼、遠四帝已被執刑天將綁縛在斬柱之上，只待玉皇大帝駕到，按旨行刑。玉皇大帝來到刑場，目睹此景立即旨令行刑。隨之但聞三聲天炮震響，玉皇大帝御令傳出，先對遼、遠惡帝施行斬刑。劊子手聞旨手起刀落，已將遼、遠惡帝斬為兩段。

玉皇大帝見之，隨後起身來到倏、忽二帝身前，對之不禁垂淚道：「朕雖素聞你二帝之善，但豈奈天律不念前因，只據後果判定罪過，因而朕雖為天界至尊，卻也不敢踐踏天條，亂我天界秩序，只有依律將你二帝也行斬刑。但朕於心不忍，特對你二帝網開一面，死罪可免，活罪必辦，判你二帝終身監禁。你二帝身雖冤屈，朕亦記掛心間！」

玉皇大帝說著，不禁連連揮淚。倏、忽二帝目睹此景耳聞玉皇大帝此言，皆垂淚漣漣泣不成聲，並引得周圍天兵天將也皆垂淚不止。就在這天界眾神全都垂淚的場景之中，玉皇大帝一聲厲喝道：「押下去，打入天牢。」隨著玉皇大帝御旨傳出，執刑天官便將倏、忽二帝押進了天牢。

倏、忽二帝被押進天牢之後，渾沌的事情並未完了。樸父遇赦

回到崦嵫神山渾沌墳前驚奇地看到，祂與倏、忽二帝先前埋堆的渾沌墳墓，一日之間竟然長大了數丈之巨。樸父睹之驚奇，隨後日日前來看視，只見渾沌墳墓日日變大，隨著變大墳上之土也日漸變得鬆散起來。如此日累成月，月累成年，年累成紀，紀累成代，樸父看到隨著時日的推延，渾沌的土墳日漸生長，漸漸長成了一個大黑團。

那黑團初始不大，日漸變得有如崦嵫山大，隨後比崦嵫山大，而後慢慢地彌散開來，飄蕩在了漫無邊際的宇宙空間之中。那黑團遠看好像一個大雞蛋，形狀長大扁圓。內中稀疏渾沌，輕得隨風在宇宙空間中飄蕩。它飄呀飄呀，此後竟連樸父大神也不知道究竟飄蕩了多少紀代、多少萬年⋯⋯

這在宇宙空間中飄蕩的大黑團乃是渾沌身體所化，因而在這個大黑團中渾沌的精靈不死，那精靈聚匯在這大黑團正中悄悄地孕育，也不知道孕育了多少萬年，便由於倏、忽二帝與樸父大神先前為其鑿竅之功，終於孕生出了一個有眼有耳有鼻有口，七竅俱全的新的神靈盤古。

盤古在大黑團中吮吸著養分哺育自己，生長在黑團之中就像生長在母腹中的嬰兒一般。不僅如此，祂還像嬰兒一樣整日眯縫著眼睛，在大黑團的母腹中呼呼酣睡。好似嬰兒躺在母腹中那樣放鬆，睡得那般香甜。

就這樣小盤古在黑團中生長，日漸由小變大。轉眼又是千百萬年過去，祂終於由一個娃娃樣的嬰兒，長成了一位碩大的巨人，身體成熟起來。身體的成熟使巨人盤古倏然睜開了一直眯縫著的睡眼，但由於祂眼前盡是霧狀的渾沌黑暗，所以祂睜開眼來，卻也是什麼都看不見。

　　盤古睜眼看不到光明和事物，以為眼剛睡醒，便用手連忙把眼揉了又揉。然而儘管祂把雙眼揉了數遍，但由於呈現在祂面前的依然是漫無邊際的霧狀渾沌黑暗，祂還是什麼也看視不見。巨人盤古看不到東西和光明禁不住惱怒起來，祂惱怒自己的面前為什麼只有霧狀渾沌黑暗，而沒有耀眼的光明絢麗的世界！惱怒使祂躍跳不止，一邊大喊大叫祂要光明，一邊狂跳亂躍以衝破這黑暗的世界。

　　盤古就這樣喊啊叫呀跳啊躍呀，也不知道喊叫跳躍了幾多年月，祂的喊叫跳躍之聲終於沖出渾沌黑團，傳到了端坐在天宮靈霄寶殿玉皇大帝的耳中。玉皇大帝聞聽心喜，隨手抓起一把板斧，「颯」地便向身處黑團渾沌中的巨人盤古拋了過去。巨人盤古正在黑團渾沌中跳躍喊叫，隨著板斧向祂飛來，祂的眼前突然閃現出一絲光明。正跳的盤古眼見光明，心中一奇，猛地伸手向那光明摸去，恰好抓住玉皇大帝向祂拋來的那把板斧的斧柄。

　　盤古出手摸向光明卻抓住了一把斧柄心中更奇，祂急忙低頭看視手中所抓究為何物？低頭看見手中所抓竟是一把板斧，心中更奇這板斧來自何處？但不管這板斧來自哪裏，盤古看到祂手中這時實實在在地抓住了一把板斧，因而禁不住心中一陣大喜過望道：「好，好！有了這把板斧，我非用它砍開這團渾沌黑暗，劈出一個光明的世界不可！」言畢，便立刻用力揮動起手中板斧，振臂向面前的霧狀渾沌黑暗猛劈過去。

　　盤古這一板斧著實劈得厲害，只見祂剛剛一板斧劈去，就聽到「轟隆隆」一聲天崩地裂般的巨響，隨著便見周圍的霧狀渾沌黑暗立刻被劈開一條縫來，從那條縫隙中射來了璀璨耀眼的光明。盤古見之心中大喜，立刻手揮板斧口中高喊連聲歡呼起來。

　　然而盤古的歡呼聲未落，便見到祂剛才一板斧劈開的那道透來光明的狹窄縫隙，由於上部霧狀渾沌黑暗用力下壓，已是越來越窄欲要合攏起來。那剛剛閃現的一線璀璨耀眼光明，也欲隨著那砍開縫隙的彌合就要消失了去。盤古心中大驚，害怕這剛剛劈出的一線光明再消失了去。於是祂急棄手中板斧於地，隨之舉起雙臂「嗨」的一聲吼叫，便把上部正往下壓的霧狀渾沌黑暗，向上用力舉了上去。方纔使得那條剛被劈開的縫隙沒有彌合起來，那從縫隙中射來的璀璨光明沒有消失。

　　然而，盤古雖將上部下壓的霧狀渾沌黑暗舉了上去，保住了祂用板斧劈開的縫隙，贏得了從縫隙中射進的璀璨光明，但祂高舉的雙臂，卻感受到了上部霧狀渾沌黑暗向下重壓的沉重。由此祂知道如果自己將上舉的雙臂放下，上部霧狀渾沌黑暗就會再壓下來，把祂劈開的那條縫隙彌合在一起而消失。

　　盤古不敢將上舉的雙臂放下，而一直用力將雙臂向上高舉。就這樣祂用力向上伸舉雙臂，便使得祂的渾身骨骼像竹筍拔節一樣「咯嘣嘣」日夜作響。這響聲使祂的骨骼一日日生長，隨著其骨骼的一日日生長，祂渾身的肌肉也生長不息。盤古的身軀於是每天長高一丈，也就把祂用板斧劈開的狹窄縫隙每日加高一丈。這樣十萬八千年過去，盤古身長十萬八千丈，被祂用板斧劈開的縫隙，便上下相距到了十萬八千丈。

　　至此，盤古眼見縫隙上下相距已經十分遙遠，不會再合攏在一起，方纔放心地向上向下仔細看視。盤古向上部原先的霧狀渾沌黑暗一看，見到先前的霧狀渾沌黑暗，已經全都變成了湛藍透明的天空。隨後祂又向腳下原先的霧狀渾沌黑暗看去，見到那先前的霧狀渾沌黑

暗，已經全都變成了沉穩厚重的黃褐色大地。盤古看著這無邊無際極厚極重的黃褐色大地和那湛藍透明的無垠天空，只見光明萬里，黑暗隱去，禁不住心喜萬分，高興得禁不住一陣「哈哈哈」放聲暢笑起來。

盤古的這陣「哈哈」暢笑之聲，震響在其頭頂上的萬里長空，灑滿了其腳下的無垠大地。盤古眼見自己開出了高天，辟出了厚地，高興至極，長笑難止。只見祂一陣長笑不停，竟然由於笑的時間過長，一口氣緩不過來倏然間神崩力潰，使得祂高大的身軀，頓然摧山倒壁般「撲通」一聲摔倒在了地上，從此再也沒能站起。

就這樣盤古大神倒下死去了，但祂倒下死去得壯烈，因為祂開創了開天闢地的恢宏業績。盤古大神就這樣倒下死去了，但祂又沒有死，只見祂倒下的身軀突然間迸射出萬道金光，隨著金光的射出，其身軀的每一個部位都動變起來。

祂的左眼，在動中飛向了東天，變成了一輪金光燦爛的太陽，懸掛在東方照亮著乾坤天地。祂的右眼，在動中飛向了西天，變成了一輪柔和如銀的月亮，與懸掛東天的太陽遙遙相對。祂嘴裡呼出的氣流，在一片呼嘯聲裡，變成了化育萬物的和煦春風，變成了天空中蒸騰的雲霧，變成了濃雲裡瞬息萬變的閃電，變成了震耳欲聾的驚雷。

祂的頭髮和鬍鬚分飛四面八方，在高山大川丘嶺之上，變成了稠密的樹林、如茵的芳草、繽紛的鮮花。祂的汗珠「劈劈叭叭」迸飛向天際，變成了綴滿藍天的晶亮星斗。祂的四肢蠕動生長，變成了拔地沖天的五嶽高山。祂的筋絡蠕動延伸，變成了四通八達的道路。祂的血液四溢流淌，變成了奔騰不息的千江萬河。

祂的牙齒和骨骼飛散開來，變成了閃光的金屬、潔白的美玉、晶瑩的珍珠、美麗的瑪瑙，變成了地下無窮的寶藏。祂的唾液漫天飛灑，變成了滋潤萬物的甘霖……

渾沌天帝精靈不死化育而成的盤古大神，就這樣開闢了天地，化育了萬物，演成了乾坤。因而，祂被我們古老中華民族的祖先衷心敬仰，世世代代一直活在我們中華民族每一個人心中。

　　一稿於 1990 年 4 月 19 日—7 月 7 日

　　二稿於 1990 年 10 月 1 日—11 月 8 日

　　一版於 1992 年 8 月

　　修訂於 2015 年 3 月—4 月

參考資料集萃

一、盤古（渾沌）

　　南海之帝為儵，北海之帝為忽，中央天帝為渾沌。儵與忽時相與遇於渾沌之地，渾沌待之甚善。儵與忽謀報渾沌之德，曰：「人皆有七竅，以視聽食息，此獨無有。」嘗試鑿之。日鑿一竅，七日而渾沌死。

——《莊子·應帝王》

　　昆侖西有獸焉，其狀如犬，長毛四足，似羆而無爪。有目而不見，行不開，有兩耳而不聞，有人知往，有腹無五臟，有腸直而不旋，食物徑過。人有德行而往抵觸之，有凶德則往依憑之，天使其然，名為渾沌。

——《神異經·西荒經》

　　天地渾沌如雞子，盤古生其中。萬八千歲，天地開闢。陽清為天，陰濁為地。盤古在其中，一日九變，神於天，聖於地。天日高一丈，地日厚一丈，盤古日長一丈，如此萬八千歲。天數極高，地數極深，盤古極長。後乃有三皇。數起於一，立於三，成於五，盛於七，

處於九，故天去地九萬里。

——《藝文類聚》卷一引《三五曆紀》

元氣濛鴻，萌芽茲始，遂分天地，肇立乾坤，啟陰感陽，分佈元氣，乃孕中和，是為人也。首生盤古，垂死化身：氣成風雲，聲為雷霆，左眼為日，右眼為月，四肢五體為四極五嶽，血液為江河，筋脈為地里（理），肌肉為田土，髮髭為星辰，皮毛為草木，齒骨為金石，精髓為珠玉，汗流為雨澤，身之諸蟲，因風所感，化為黎甿。

——《繹史》卷一引《五運歷年紀》

盤古之君，龍首蛇身，噓為風雨，吹為雷電，開目為晝，閉目為夜。死後骨節為山林，體為江海，血為淮瀆，毛髮為草木。據傳，盤古開天闢地，天日高一丈，地日厚一丈，如此萬八千歲，天地始成。

——《廣博物志》卷九引《五運歷年紀》

昔盤古氏之死也，頭為四嶽，目為日月，脂膏為江海，毛髮為草木。秦漢間俗說：盤古氏頭為東嶽，腹為中嶽，左臂為南嶽，右臂為北嶽，足為西嶽。先儒說：盤古氏泣為江河，氣為風，聲為雷，目瞳為電。古說：盤古氏喜為晴，怒為陰。

——《述異記》卷上

（盤古）將身一伸，天即漸高，地便墜下。而天地更有相連者，左手執鑿，右手持斧，或用斧劈，或以鑿開。自是神力，久而天地乃分。二氣昇降，清者上為天，濁者下為地，自是混茫開矣。

——《開闢衍繹》第一回

二、燭龍

西北海外，赤水之北，有章尾山。有神人面蛇身而赤，直目正乘。其瞑乃晦，其視乃明。不食、不寢、不息；風雨是謁。是燭九陰，是謂燭龍。

——《山海經·大荒北經》

燭龍在雁門北，蔽於委羽之山，不見日。其神人面龍身而無足。

——《淮南子·地形篇》

鐘山之神名燭龍，視為晝，眼為夜，吹為冬，噓為夏，息為風。

——《太平御覽》卷三八引《玄中記》

北至黑谷之北，有山極峻造天，四時冰雪，意燭龍所居，晝無日，北向更明，夜直上觀北極。

——《太平廣記》卷八十一引《梁四公記》

三、燭陰

鐘山之神，名曰燭陰，視為晝，瞑為夜，吹為冬，呼為夏。不飲，不食，不息，息為風。身長千里，在無啟之東。其為物，人面蛇身赤色，居鐘山下。

——《山海經·海外北經》

四、巨靈

巨靈與元氣齊生，為九元真母。

——《路史·前紀三》

有巨靈者，遍得坤元之道，能造山川，出江河。

——《文選·張衡〈西京賦〉》

有巨靈者，遍得元神之道，故與元氣一時生混沌。

——《太平御覽·卷一》

華嶽本一山當河，河水過而曲行。河神巨靈，手蕩腳踏，開而為兩，今掌足之跡仍存。

——《水經注·河水》

二華之山，本一山也。當河，河水過之而曲行。河神巨靈，以手擘開其上，以足蹈離其下，中分為兩，以利河流。今觀手跡於華山上，指掌之形具在。腳跡在首陽山下，至今猶存。

——《搜神記·卷三》

華山在華州華陰縣南八裡，古文以為敦物也。注雲，華嶽本一山，當河，水過而行。河神巨靈手蕩腳踏，開而為兩，今腳跡在東首陽下，手掌在華山，今呼為仙掌。河流於二山之間也。

——《史記·封禪書》

五、樸父

東南隅太（大）荒之中，有樸父焉。夫婦並高千里，腹圍自輔。天初立時，使其夫婦導開百川。懶不用意，謫之，並立東南。男露其勢，女露其牝，不飲不食，不畏寒暑，唯飲天露。須黃河清，當複使其夫婦導護百川。古者初立，此人開導河，河或深或淺，或隘或塞，故禹更治，使其水不壅。天責其夫妻倚而立之。若黃河清者，則河海絕流，水自清矣。

——《神異經·東南荒經》

六、鬼母

南海小虞山中有鬼母，能產天、地、鬼。一產十鬼，朝產之，暮食之，今蒼梧有鬼姑神是也。虎頭龍足，蟒目蛟眉。今吳越間防風廟，土木作其形，龍首牛耳，連眉一目。

——《述異志·卷上》

七、其他

曰：遂古之初，誰傳道之？上下未形，何由考之？冥昭瞢暗，誰能極之？馮翼惟象，何以識之？明明暗暗，惟時何為？陰陽三合，何本何化？環則九重，孰營度之？惟茲何功，孰初作之？

——《楚辭·天問》

　　古未有天地之時，惟象無形，窈窈冥冥，芒藏漠閔，澒濛鴻洞，莫知其門。有二神混生，經天營地。孔乎莫知其所終極，滔乎莫知其所止息。於是乃別為陰陽，離為八極；剛柔相成，萬物乃形；煩氣為蟲，精氣為人。

——《淮南子‧精神篇》

　　馴玉虬以乘鷖兮，溘埃風余上征。朝發軔於蒼梧兮，夕余至乎懸圃。欲少留此靈瑣兮，日忽忽其將暮。吾令羲和弭節兮，望崦嵫而勿迫。路漫漫其修遠兮，吾將上下而求索。飲余馬於咸池兮，總余轡乎扶桑。折若木以拂日兮，聊逍遙以相羊。

——《楚辭‧離騷》

昌明文庫・悅讀歷史　A0604016

盤古大傳

作　　　者　李亞東
版權策劃　李換芹

發 行 人　林慶彰
總 經 理　梁錦興
總 編 輯　張晏瑞
編 輯 所　萬卷樓圖書（股）公司
排　　版　小漁
封面設計　小漁
印　　刷　百通科技（股）公司

出　　版　昌明文化有限公司
　　　　　桃園市龜山區中原街 32 號
電　　話　(02) 23216565
發　　行　萬卷樓圖書（股）公司
　　　　　臺北市羅斯福路二段 41 號 6 樓之 3
電　　話　(02) 23216565
傳　　真　(02) 23218698
電　　郵　SERVICE@WANJUAN.COM.TW
大陸經銷
廈門外圖臺灣書店有限公司
電郵 JKB188@188.COM

ISBN 978-986-496-570-0（平裝）
2020 年 4 月初版一刷
定價：新臺幣 580 元

如何購買本書：
1. 劃撥購書，請透過以下帳號
　帳號：15624015
　戶名：萬卷樓圖書股份有限公司
2. 轉帳購書，請透過以下帳戶
　合作金庫銀行古亭分行
　戶名：萬卷樓圖書股份有限公司
　帳號：0877717092596
3. 網路購書，請透過萬卷樓網站
　網址 WWW.WANJUAN.COM.TW
　大量購書，請直接聯繫，將有專人
　為您服務。(02) 23216565 分機 610

如有缺頁、破損或裝訂錯誤，請寄回
更換

國家圖書館出版品預行編目資料

盤古大傳 / 李亞東著 .-- 初版 .-- 桃
園市：昌明文化出版；臺北市：萬卷
樓發行, 2020.04
面；　公分
ISBN 978-986-496-570-0（平裝）
1. 中國神話

282　　　　　　　　　　109004524

本著作物經廈門墨客知識產權代理有限公司代理，由河南人民出版社有限責任公司授權萬卷樓圖書股份有限公司（臺灣）出版、發行中文繁體字版版權。